U0132474

敦煌石窟全集

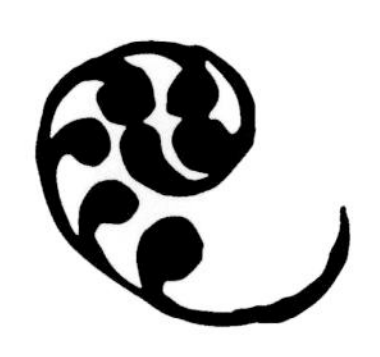

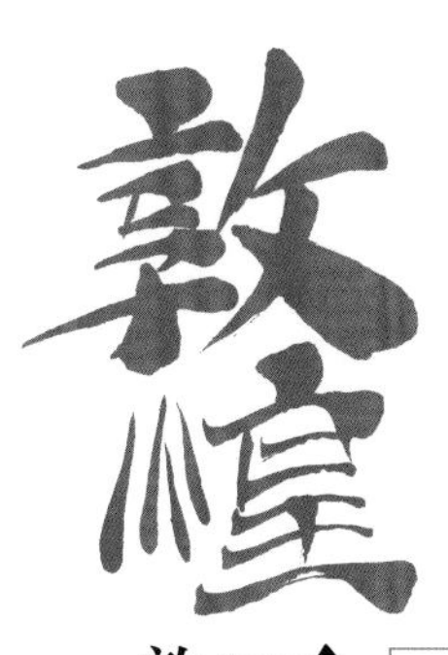

石窟全集 24

服飾畫卷

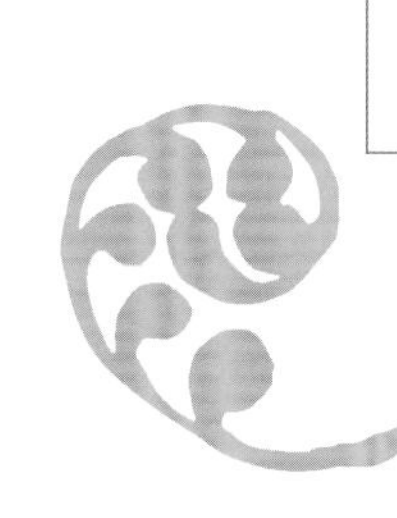

敦煌研究院主編

本卷主編　譚蟬雪

商務印書館

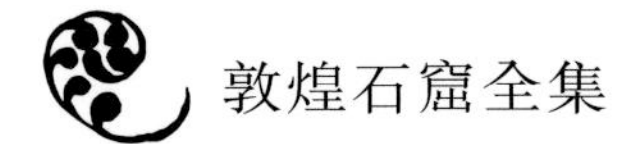

主編單位 ……………… 敦煌研究院

主　　編 ……………… 段文杰

副 主 編 ……………… 樊錦詩(常務)

編著委員會(按姓氏筆畫排序)
主　　任 ……………… 段文杰　樊錦詩(常務)
委　　員 ……………… 吳　健　施萍婷　馬　德　梁尉英　趙聲良

出版顧問 ……………… 金沖及　宋木文　張文彬　劉　杲　謝辰生
羅哲文　王去非　金維諾　周紹良　馬世長

出版委員會
主　　任 ……………… 彭卿雲　沈　竹　劉　煒(常務)
委　　員 ……………… 樊錦詩　龍文善　黃文昆　田　村
總 攝 影 ……………… 吳　健
藝術監督 ……………… 田　村

服飾畫卷

主　　編 ……………… 譚蟬雪

攝　　影 ……………… 吳　健
繪　　圖 ……………… 何靜珍　霍秀峰　吳曉慧　胡俊林　徐淑青

封面題字 ……………… 徐祖蕃

出 版 人 ……………… 陳萬雄
策　　劃 ……………… 張倩儀
責任編輯 ……………… 劉　煒
設　　計 ……………… 呂敬人
出　　版 ……………… 商務印書館(香港)有限公司
香港筲箕灣耀興道3號東滙廣場8樓
http://www.commercialpress.com.hk
製　　版 ……………… 中華商務彩色印刷有限公司
香港新界大埔汀麗路36號中華商務印刷大廈
印　　刷 ……………… 中華商務彩色印刷有限公司
香港新界大埔汀麗路36號中華商務印刷大廈
版　　次 ……………… 2015年6月第1版第2次印刷

ISBN 978 962 07 5296 4

All inquiries should be directed to:
The Commercial Press (Hong Kong) Ltd.
8/F., Eastern Central Plaza, No.3 Yiu Hing Road, Shau Kei Wan, Hong Kong

前　言

絲綢之路上的服飾畫廊

素有“衣冠王國”美譽的中國，服飾文化的歷史源遠流長。敦煌石窟的壁畫和彩塑保存了豐富而珍貴的中古時代服飾的圖像和資料，從北朝至宋元，時代跨越千年。可以說任何一本研究中國服飾史的著作都離不開敦煌石窟。本卷首次對敦煌石窟的服飾圖像進行全面而系統的研究和整理 ，大致可分為三類：

第一類是供養人服飾。供養人是指出資建窟者，他們為祈求佛的福佑，在所建洞窟內彩繪其畫像，像側有題名。供養人中大多數為當地下層的僧俗官員、僧尼佛徒、坊里百姓、畫工塑匠及奴婢等。營建一窟，少則數人、數十人，多則上千人。此外，也有當地最高首領、官員、名門豪富等， 一人或一個家族獨資建窟，則將本人和全家族的成員都列繪入畫。莫高窟現存供養人畫像8000多身，早期多為小身，如北朝時的供養人像小的只有20餘公分高。以後人像由小變大，唐宋以後的供養人像有的與真人等身，甚或高於真人，其服飾也極盡富麗堂皇。但供養人畫像不是每一個供養人的肖像，而是根據性別、年齡、身份的不同特徵來描繪，既真實地反映了當時的服飾風貌，但在同一類型的人羣中又呈現出模式化的趨勢。

第二類是故事畫、經變畫、史迹畫中世俗人物的服飾。此類壁畫是敦煌石窟的重要組成部分，雖然其目的是為了說明佛經中某一具體內容，但都是以現實生活為依據取材。如“彌勒經變”的農耕圖，就是以河西農業生產為藍圖；嫁娶圖就是當地社會風俗的記錄；商旅畫面再現了當年絲綢之路的風貌；戰爭場面反映了當年各族人民開拓西域、戍守河西的情景。這類壁畫的內容涉及社會活動的各個方面，所以比供養人服飾所涉及的範圍更為廣闊。從總體來說，世俗人物基本上保存了社會的現實生活，當然服飾也具有真實性。

第三類是佛國人物的服飾，包括了佛、菩薩、天王、力士及諸天等。其實神只是人的昇華，離開了現實世界，佛國世界也就不存在了。例如菩薩以世俗美女為藍本，天王多是模仿武將的形象，佛弟子是漢胡高僧的寫照，這類服飾來源於生活，又超越了生活。出於神化的需要，畫師往往採用誇張、變異的手法，大大美化和豐富了世俗的服飾。在這類畫面中，體現出人們的審美情趣和對美的嚮往與追求。例如唐代畫家韓幹給寺院畫釋梵天女，美妙非凡，他本人坦白地說："悉齊公妓小小等寫真也。"可見佛國人物的服飾是以現實為依據，並與高度豐富的想像力相結合的產物。

敦煌石窟中的服飾圖像，以其特有的魅力令世人矚目，在中國服飾史中佔據着不可替代的重要地位：

首先是歷史的延續性。莫高窟始建於前秦建元二年（366），從十六國直至元代，在1000多年中，歷經北涼、北魏、西魏、北周、隋、唐、五代、北宋、西夏、元，各朝代都在此建窟，從未間斷。如此集中、全面、系統的服飾畫面，使我們感受到服飾史的長河在汩汩流淌，統觀到服飾演變的概況，探索出古代服飾發展嬗變的脈絡。

其次是人物的廣泛性。從性別看男女均有；從年齡看有白髮蒼蒼、行將入墓的耆老，青春妙齡的少男少女，直至懷抱的嬰兒；從社會地位看，上自冕旒袞服的帝王，下至各行各業的黎民百姓；從行業看有耕種的農民、販運的商賈、奔馳騎射的獵戶、手工製作的陶師、鐵匠，以及酒戶、樂舞伎人和妓女等，真可謂是社會萬象的縮影。

再次是服飾文化的多元性。一方面是多民族成分，以漢服飾文化為主，同時又呈現着西域及敦煌周邊少數民族服飾文化的聚合，另一方面是中外服飾文化的融匯，隨着佛教在中亞、西亞遠至歐洲的傳播和商業貿易交流，其服飾之風尚亦傳入敦煌，不但有外國僧侶及商主的身影，而且還有漢人著胡服的畫面，波斯的條紋小口褲，不只出現在著名的閻立本繪《步輦圖》中，也出現在敦煌壁畫裏。敦煌壁畫中還保存有唐代至宋元的"各國王子禮佛圖"，細緻描繪了中世紀各國君主、使節的服飾，尤為難得，由此可以追尋到絲綢之路上使臣頻繁來華和商賈貿易的繁盛場面。

敦煌石窟中的服飾畫面還有是鮮明的地方性。由於受到敦煌氣候寒冷、乾旱等自然環境、經濟條件的影響，禦寒的服飾相對多些，面料偏重厚實，而用於潮濕溫熱地帶的雨具的出現則微乎其微。又由於地處絲綢之路的咽喉要道，作為中國外銷的重要商品，各種華麗名貴、絢麗多彩的絲綢服飾可謂美不勝收。敦煌又以佛教信仰為主，僧尼的各種服飾，甚至世俗的一些服飾都或多或少帶有佛教的烙印。

敦煌石窟的服飾文化是一個歷史悠久、積澱豐厚、異彩紛呈、絢麗奪目的寶庫，但是，由於西域各國、各民族遷徙無常，這裏成為歷史上民族成分最為複雜的地區之一，各國服飾在西域這一東西文化的大熔爐中，都經歷了很大融合和改變。加之各種文字記載的文獻十分匱乏，又有東西、古今語言和文字的障礙，以及敦煌壁畫多有模糊或殘損等等因素，為今天辨別和確定各類人物的服飾帶來相當大的困難，留下很多疑問和遺憾。目前僅做了一些初步的、概括性的梳理工作，有許多問題有待於今後的研究和破解。

目 錄

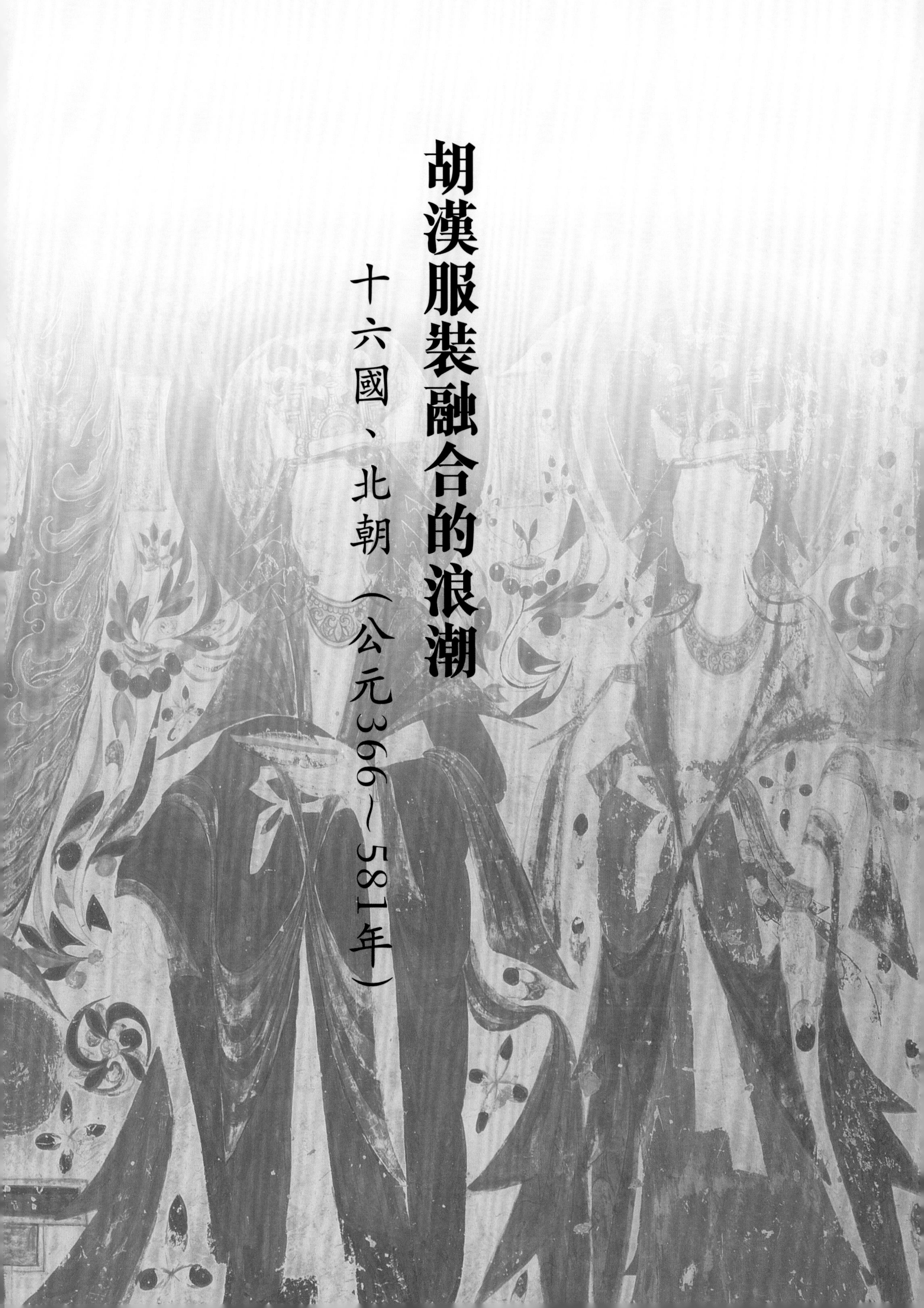

胡漢服裝融合的浪潮

十六國、北朝（公元366～581年）

魏晉南北朝的三百多年間，中國處於南北對峙的戰亂年代，南方為漢族政權控制，北方則是少數民族政權更迭的地區。政局的混亂，徹底摧毀秦漢時期創建的社會秩序，包括漢代制訂的一套標誌社會地位的服飾禮制。五胡在大舉內遷的過程中，為了鞏固對漢地的統治，自行大力改革，掀起大規模的漢化運動，漢裝在五胡大行其道，特別是貴族和文人的服裝深受魏晉風度的影響；漢族也在社會動盪中反思，南遷的世族和文人中玄學思潮風行的同時，胡服也開始引領時尚。

敦煌地處西北，自古就是多民族雜居之地。漢代形成以漢族居民為主體的人口結構。在五胡十六國的二百七十多年間，又先後歸屬諸多的少數民族政權統治，居民成分更加複雜，文化更加多元化。這一時期，少數民族的風俗文化對敦煌影響很大，從公元366年莫高窟建窟到公元589年北朝結束，敦煌壁畫中胡服與漢裝並行，漢人以胡服為時尚，胡人又以漢裝為潮流，構成了多元文化融合的主旋律。其主要特徵如下：

第一，無論是胡族還是漢族官員，正式官服都仿效漢裝，流行曲領橫頸，寬袍大袖；貴族和文人的服裝則追求灑脱不凡的魏晉風度；婦女的服裝也仿效江南貴婦，流行曲裾繞襟，飛髾飄動。

第二，西域少數民族服飾所帶有的異域風采，潛移默化地豐富了漢族服飾的元素，為隋唐服飾多元化奠定基礎。適應游牧民族騎馬狩獵的胡服盛行，上自官員、下至士庶均以袴褶為常服。頭戴籠冠，腰繫蹀躞帶，腳穿靴子，無不反映出胡服緊身窄袖，便於騎射的特色。

第三，與當時的中原比較，敦煌壁畫中服飾的整體風格，保留了當地的樸實無華的風格。即使王公貴族的服裝，也都單色搭配，少有圖案花紋。當然，壁畫繪製比較草率，也是服飾中少有花紋的原因之一。

第一節 漢化官服與重裝鎧甲

西北邊陲的敦煌，地理位置正處於中原王朝與少數民族政權的中間地帶，早在西漢以前，已經是羌人、月支、匈奴等少數民族賴以生存的牧場。西漢武帝時這裏成為開發西域的後方基地和捍衛中原的前沿陣地，具有十分重要的戰略地位。曹魏時期，敦煌已經建設成為絲綢之路上的一處重要的商貿城市和糧食生產基地。

敦煌的居民成分相當複雜，西漢武帝時基於開發西域的需要，從內地大量移民到河西戍邊，當時在河西戍邊的漢人有三十萬，與當地原有的二十八萬居民共同捍衛和開發邊陲。此時設立敦煌郡，與酒泉、武威、張掖並稱河西四郡。五胡十六國時期，敦煌最早歸屬前涼、前秦、後涼、西涼和北涼五個政權，直至北魏滅北涼後統一北方，敦煌又歸屬鮮卑拓拔氏政權之下。北魏之後又歷經西魏、北周。前秦、後涼為氐族，北涼為匈奴族，北魏、西魏、北周為鮮卑族，西涼、前涼屬於漢族。敦煌還一度成為河西割據政權——西涼的政治中心，為敦煌經濟的發展、文化的繁榮提供了條件。

五胡統治時期敦煌又掀起了移民高潮，前秦有江漢、中原百姓一萬七千餘戶遷到敦煌。西晉末年，中原地區接連遭受永嘉、建興之亂，而河西局勢卻相對穩定，吸引了一批從中州避亂而來的士大夫，加上漢代屯田戍邊的漢族軍士後裔，敦煌居民的成分變成以漢族為主。移民帶來了中原先進的生產技術和文明程度較高的生活方式，他們同河西人民一道，經過共同努力，促進了包括敦煌在內的河西地區經濟、文化的發展。

五胡政權為了鞏固對漢地的統治，大力改革自身的民族素質，掀起大規模的漢化運動。這一時期敦煌壁畫中展示的社會各階層人士的服飾，具有強烈的胡漢並行的時代風貌，而國王和官員等上層社會則流行漢裝。特別是北魏太和十八年（公元494年）遷都洛陽後，孝文帝提出“革衣服之制”，下令禁止士民著胡服，卅歲以下者禁止說胡語，這是中國歷史上繼趙武靈王之後的第二次服制大改革。不同的是，趙武靈王提倡漢人著胡服，孝文帝則是提倡胡人著漢裝，反映了服飾發展史上的雙向交流。

中原和長江流域漢文化發達地區，在魏晉南北朝以來，起居習慣和生活方式的變化也帶來了服飾的變革。先秦直至漢代，人們都是席地而坐。身著裹體的深衣，兩腿並攏跪地而坐，稱為跽坐式，與深衣相配，姿態十分高雅，符合周禮的儀軌。而西北地區以至中亞、西亞的遊牧民族流行一種簡便的摺疊凳，稱為胡床。人們坐在胡床上都是自然垂足而坐。南北朝北方少數民族在大舉進攻中原的同時，胡床也傳入進來，深受上層社會的青睞。胡床的流行逐漸改變了漢族席地而坐的踞坐式習俗，改為垂足而坐。這種新式的坐式很不利於穿著緊身裹體的漢服，由此也引發了漢服的改良，由深衣演變的寬袍大袖、褒衣博帶的漢裝和短衣下褲的胡服在王公貴族中同時成為時尚潮流。同時游牧生活向農耕生產的過渡，服飾也隨之相應變化。正是在這一歷史大背景下，敦煌壁畫中也反映了漢代建立的服飾禮制已經被新興的胡服漢裝所取代。由此可以看到，整個社會從文化、風俗、宗教信仰到衣食住行等各個方面，都處於多民族大融合的新時代。

一、北方官服漢化潮

在五胡政權的統治下，從皇帝到官員權貴的服飾，總的趨勢是呈現漢化。尤其到北魏孝文帝的改制運動以後，給北方地區帶來強烈的漢化潮。官服更受到漢族地區世家大族崇尚玄學的影響，追求盡情山水、灑脱不凡的氣質，稱為“魏晉風度”。西域風格也相當強烈地展示出來，佔據了重要地位。敦煌壁畫中出現了具有南朝士大夫風采和騎士胡服於一身的國王和官吏，例如頭戴通天冠、身著袍服、手揮麈尾的國王；頭戴小冠、身著袍服，佩假兩（官服前胸的防禦性護甲）的國王和官吏；著通肩袈裟、寬袍大袖的佛像；雜裾垂髾、帔巾飄灑的菩薩像；以及身著大袖長袍、秀骨清像的士大夫式人物等。雖然服飾還具有王公貴族與平民之間的社會等級標識的功能，但是沒有被嚴格的禮制束縛，上層社會的等級禮制也不大明顯。

當時官員的常服主要特徵是：寬袍大袖，褒衣博帶，高冠危履，雍容華貴，由此引導着整個社會的服裝潮流。

官服：敦煌壁畫中時代最早的官服，出現在莫高窟西魏第285窟“沙彌守戒自殺品”中，位居至尊的國王和豪族信士優婆塞二人，均戴籠冠，內罩平巾幘，外著大袖寬袍，領袖有緣飾，下著裙裳，腰束大帶。這是典型的北朝官服式樣，在敦煌壁畫中很常見。寬袍大袖的官服，源於西周以來的深衣。深衣是周禮的產物，“短毋見膚，長毋被土。”上衣與下裳合一，長至腳踝，全身掩蔽，披體深邃，將整個身體緊緊包裹束縛起來。但是漢代以後，人們逐漸從深衣解放出來，衣服越來越寬大。最有特徵的是衣袖，比漢代寬大一倍。大袖除了顯示身份地位外，還兼有衣袋的作用，可儲藏各種隨身物件，後世“袖珍”一詞即由此而來。在敦煌壁畫中還出現一種“垂胡袖”，袖子分為袂和袪，袂指袖身部分，袪指袖口部分，垂胡袖是袖身上半截窄，臂肘以下直至袖口突然增大，形成垂胡狀。在新疆營盤遺址出土一件女式垂胡袖絹襦，與官服垂胡袖相似。看來這是男女通行的樣式。

南北朝的國王或大臣以白色官服較多見，少有穿絳紅色官服者，到隋代絳紅色成為最高等級的官服。

在官服的大袖寬袍內還有內衣，稱為“中單”。通常以白色紗羅或白色布帛製作，領、袖、襟、裾以深色織物鑲緣，腰部無縫，直通上下。在內衣的領部綴有襯領，防止內衣的衣領上擁頸項，稱為“曲領”，平民男女也流行曲領。

還有一種具有胡服特徵的朝服，即短衣下褲，稱為“袴褶”，本是北方騎馬民族最典型的服裝，南北朝時期是平民男子的常服，而在敦煌壁畫中也常出現在官員權貴服飾中。

冠帽：莫高窟北周第290窟的國王頭戴通天金博山冠，這是中國從春秋直至明代的皇帝禮冠。據《後漢書》記載，冠高九寸，為鐵捲梁，冠前有山形牌飾，魏晉以後於冠前改為金博山形，稱為“通天金博山冠”。莫高窟第285窟國王還戴一種高屋白紗帽，有兩個特點：一是帽頂較高，二是有翅狀的裝飾。

籠冠是從國君到官員通行的冠帽，用黑漆細紗製成，形似小箱，高而平頂，兩邊有耳垂下，用絲帶繫縛。這種籠冠初為武將所戴，故稱武冠。最早於漢代畫像磚中就有籠冠的形象，直至隋唐仍然沿襲。《梁書 · 陳伯之傳》記載：魏舉行元正大會，褚緭戲為詩曰：“帽上著籠冠，袴上著朱衣，不知是今是，不知非昔非。”以上這三種冠帽都是漢族傳統樣式。西域地區少數民族統治者流行合歡帽，帽形作兩花瓣合抱，故名合歡。多以厚實的毛氈製作，禦寒保暖。莫高窟北周第290窟《佛傳故事畫》中的國王就戴此帽。

腰帶與蔽膝：與袍服相配套的是腰間束帶。帶以皮革為主，也可用絲帶繫紮。還有供官員跪拜時墊護膝部之用的蔽膝，即在腰部垂一圍裙，用皮製或布製，上廣一尺，下廣二尺，長三尺。

披袍：國君、官員或貴族常外罩一件披袍，多用厚實的織物做成，如皮毛和毛氈等。披袍有翻領或圓領，有對襟。在領口以帶繫結，下敞，直袖，袖子空垂於外。披袍與內衣形成內長外短的反差。這種服飾和西北以至西域寒冷氣候有關，早晚溫差較大，披袍穿著方便，也利於騎馬出行。

前面提到的西魏第285窟壁畫中與人交談的國王，除了著漢服以外，其隨身用具也頗具時代特徵。國王坐於方褥之上，手執麈尾，身後有侍從手執曲柄華蓋遮陽及大型羽扇煽涼。手持麈尾本是佛教中維摩詰在辯經時的特有形象，由於南朝漢族貴族和士大夫階層崇尚玄學和提倡清談，麈尾和方褥又演化成為玄學思潮的標誌，敦煌西魏壁畫中的國王也效仿了這一潮流。這幅畫面的構圖到人物的服飾、用具等，都與唐人繪畫《竹林七賢圖》相仿，可見南朝魏晉風度影響之深遠。

敦煌壁畫中還真實反映了胡床引發中原與西北地區生活起居習慣的變化。在北周第290窟壁畫上，國王坐在高床上，仙人坐在筌蹄上，兩人相對交談，完全不是中原席地而坐的姿勢，由此證實了西北地區的王公貴族早有垂足而坐的習俗。筌蹄本是西北少數民族的坐具，筌是捉魚用的竹器，圓形細腰，形似蹄，故名“筌蹄”。南朝在士大夫階層流行這種坐具，他們出門必帶筌蹄，便於坐而論談，因此成為時髦用具。隋唐以後筌蹄演變成為圓凳，在王室貴族家居中擔當主角。在莫高窟西魏第285窟的《本生因緣故事畫》中，以很細膩的筆墨描繪了釋迦佛坐在形似筌蹄的坐具上講佛法，坐具上還鋪有方褥，這些都屬於南朝士大夫的時尚。由敦煌壁畫可以追溯到胡族的胡床與筌蹄經過絲綢之路傳入中原、江南的脈絡。

二、重裝鎧甲顯神威

魏晉南北朝時期，黃河以北直至西域，都是胡漢爭奪的主要戰場，騎兵在殘酷的戰爭中發揮了巨大的威力，是戰場上的主力兵種，步兵是輔助兵種。由於騎兵的兵器弩機有了重大改進和普及，以及軍團式的戰爭規模越來越大，從騎兵、步兵到戰馬都配備了防護性能強的重裝鎧甲，被稱為防護力和衝擊力兼備的“鐵騎兵”。在敦煌魏晉壁畫中出現的鎧甲種類非常豐富，最常見的有裲襠鎧、筩袖鎧、重皮甲、戰袍等，大多是用鐵片或皮革製作的。

裲襠：騎兵大軍團作戰，使騎兵和步兵更加注重身體上部的胸部和背部的保護，在鎧甲上加厚這些部位，稱為“裲襠”。裲襠是一種背心式的鎧甲，前後兩片，前護胸後擋背，在肩部以皮襻聯結。莫高窟第285窟“五百強盜成佛”故事畫中的騎兵隊伍，都身着典型的軍服，頭戴兜鍪，下至頸部，除護頭外，還護耳、護項，頭盔頂部還插有一束纓，或為鶡的尾羽。身披裲襠鎧，長至膝上，內著袴褶、半臂，腿部套脛衣，穿靴。正如梁朝《企喻歌》所云：“牌子鐵裲襠，鞮鉾鸐尾羽。”戰馬也是全身套有鎧甲，從面廉、雞項、甲身、蕩胸至搭後，全部具備。騎兵全副武裝，手執長柄鋼，揹負盛弓的韃和盛箭的箙，再現了南北朝騎兵鏖戰的場景。秦漢時期曾經在漢匈之戰中發揮巨大威力的遠程弓箭，在重裝騎兵面前殺傷力已經大大削弱了。

在這幅故事畫中，還再現了重裝騎兵一貫採用的戰術——橫隊列，以密集的隊形快速攻擊敵方陣營，亂其軍陣。一旦與敵軍正面交鋒，隊形立即分散，單騎作戰，最終以白刃格鬥分勝負。但是，由於重裝騎兵的戰馬負擔過重，靈活性不及輕騎兵，更不宜縱隊深入長距離作戰，到隋唐之時，騎兵的防護裝置進一步改進，講究快速機動的輕騎兵取代了南北朝興盛一時的重裝騎兵。

由於南北朝戰亂連年，類似裲襠鎧式的軍服在朝野上下也廣為流行，甚至國君和朝臣都在官服的前胸和後背加有防禦性護甲，稱"假兩"。假兩形似裲襠，有的只有前片而無後片。據《南史·齊·和帝紀》記載："先是百姓及朝士，皆以方帛填胸，名曰假兩。"敦煌壁畫上真實反映了這種社會現象，莫高窟北周第290窟"佛傳故事"中的國王和大臣，其服飾就很特別，國王、太子、大臣的對襟衣服的一側有緣飾，而另一側的胸部則無緣飾，腰帶以下又恢復緣飾，無緣飾處的胸部正是一方布帛，即假兩。以此圖象來看，假兩應是和衣襟的一側連綴在一起，另一側是穿著後搭在衣襟上的。由此證實，軍人的鎧甲裲襠是用鐵片或皮製，而王公貴族的假兩則使用布帛縫製的。

筩袖鎧：是時代很早的防禦性裝備，用皮質的甲片連綴成圓筩狀的甲身，肩部裝筩袖，上下相連。早在三國諸葛亮的軍隊就常穿這種堅固實用的鎧甲，稱之為諸葛亮筩袖鎧。魏晉南北朝在大江南北都很流行，莫高窟第254窟"降魔變"中的魔王、魔將，都是頭戴兜鍪，身着橫條形甲片綴成的筩袖鎧。

重皮甲：以皮革合以為甲，分上下兩部分，上身作筩袖可護心，下著護髀，均以錦繡緣邊。內著袴褶，腿部套脛衣。

戰袍：北方出征的高級將領着厚實的戰袍，頭戴兜鍪，騎重裝鎧甲的戰馬。戰袍袖口的寬窄往往成為魏晉時期男子服飾區分貴賤與地位高低的重要標誌，而將領的戰袍都是垂胡袖。

袴褶：在魏晉之際屬於軍人的常服，在戰場上也可以穿著。軍人的袴褶形式是窄袖或半臂，腿套脛衣，頭戴兜鍪，蹬長靿靴。軍人再配備弓箭、盾、環刀、長柄鐗等，更顯精幹威武。

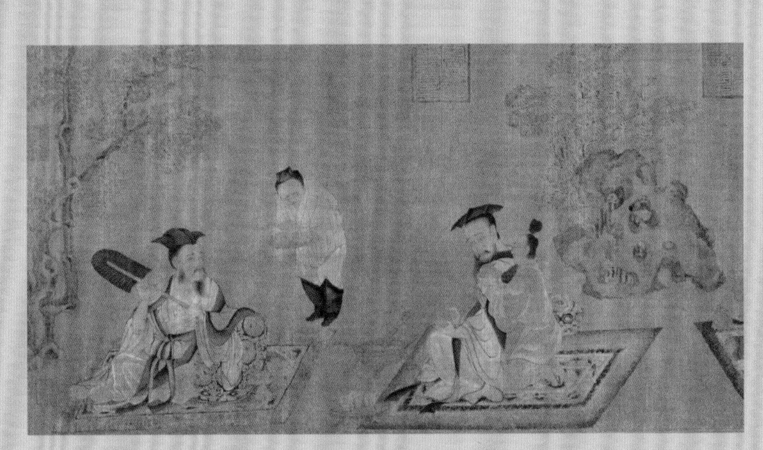

唐人繪《竹林七賢圖》人物服飾

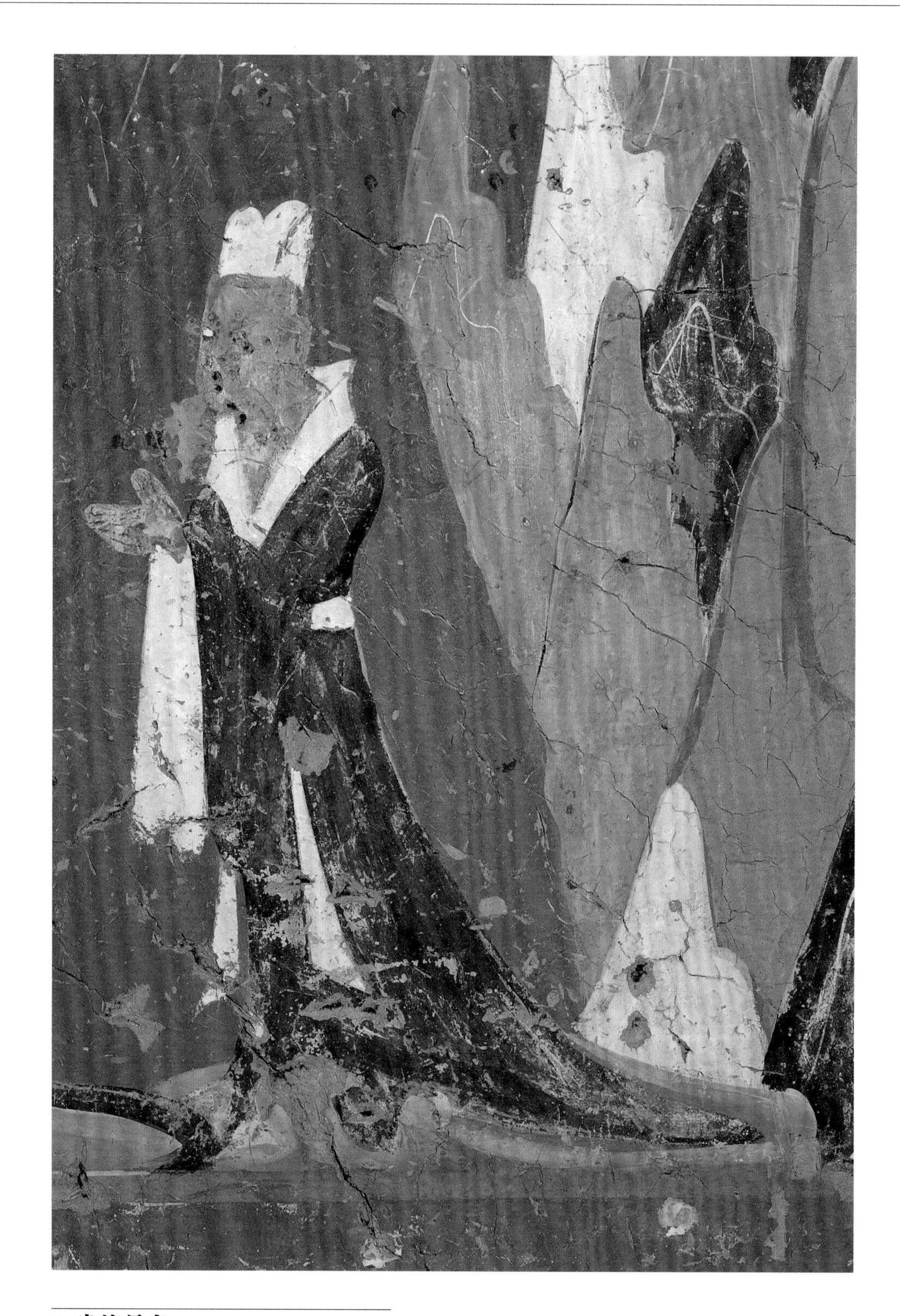

1 貴族長者

北魏統治者大力倡導漢裝，佛經故事畫中的貴族長者頭戴合歡帽，著交領寬袖袍服，腰束帶，是典型的漢裝。

北魏 莫257 南壁

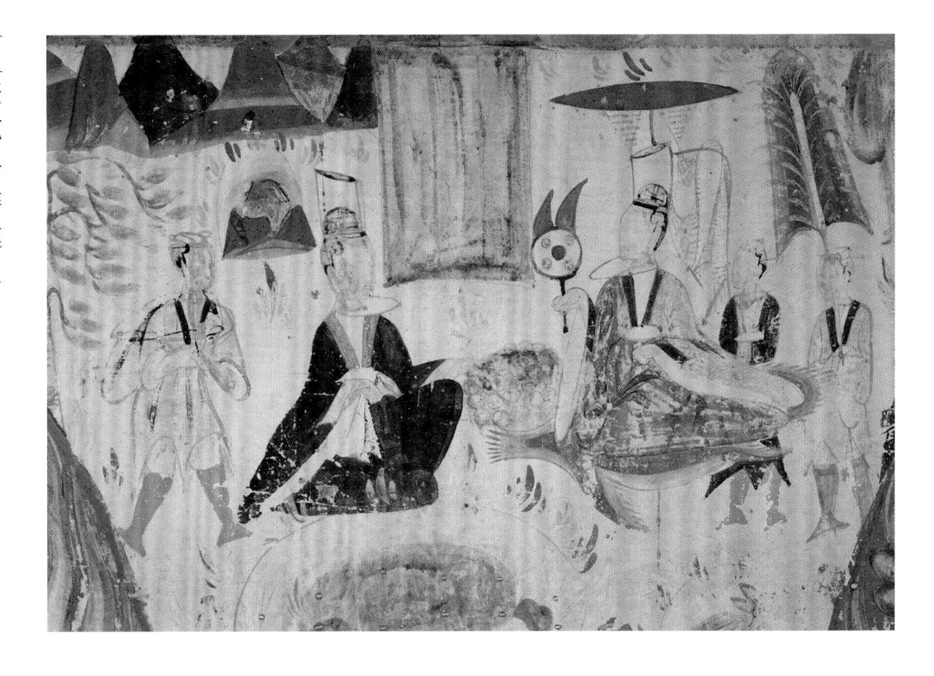

2 國王與貴族服飾

西魏是鮮卑族政權。圖中國王與信士優婆塞，正對坐交談。兩人均戴籠冠，寬袍大袖隨意而舒展，曲領內衣。國王手執麈尾，坐在方褥之上，後有侍從持華蓋和羽扇。從服飾到用具不僅完全漢化，而且有南朝魏晉風度，反映北朝上層社會的典型裝束傾向。

西魏 莫285 南壁

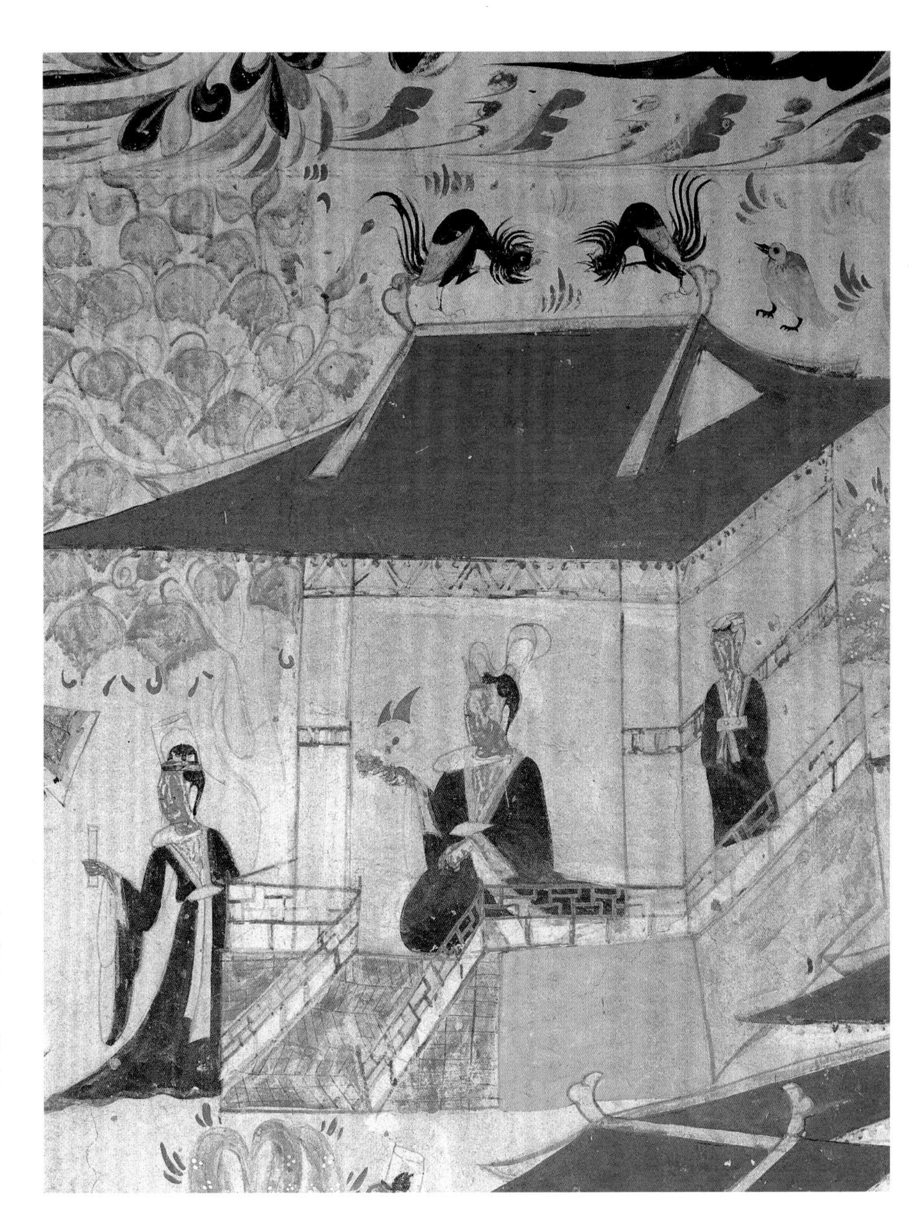

3 國王與大臣服飾

國王坐在殿堂，與站在殿堂下面的大臣談話。國王戴高屋白紗冠，寬衣博帶，手執麈尾。大臣戴籠冠，穿垂胡袖袍服，有束腰，衣帶長至膝部。國王和大臣均內着曲領中單。國王身後的侍從，戴平巾幘，著袴褶，束腰。

西魏 莫285 南壁

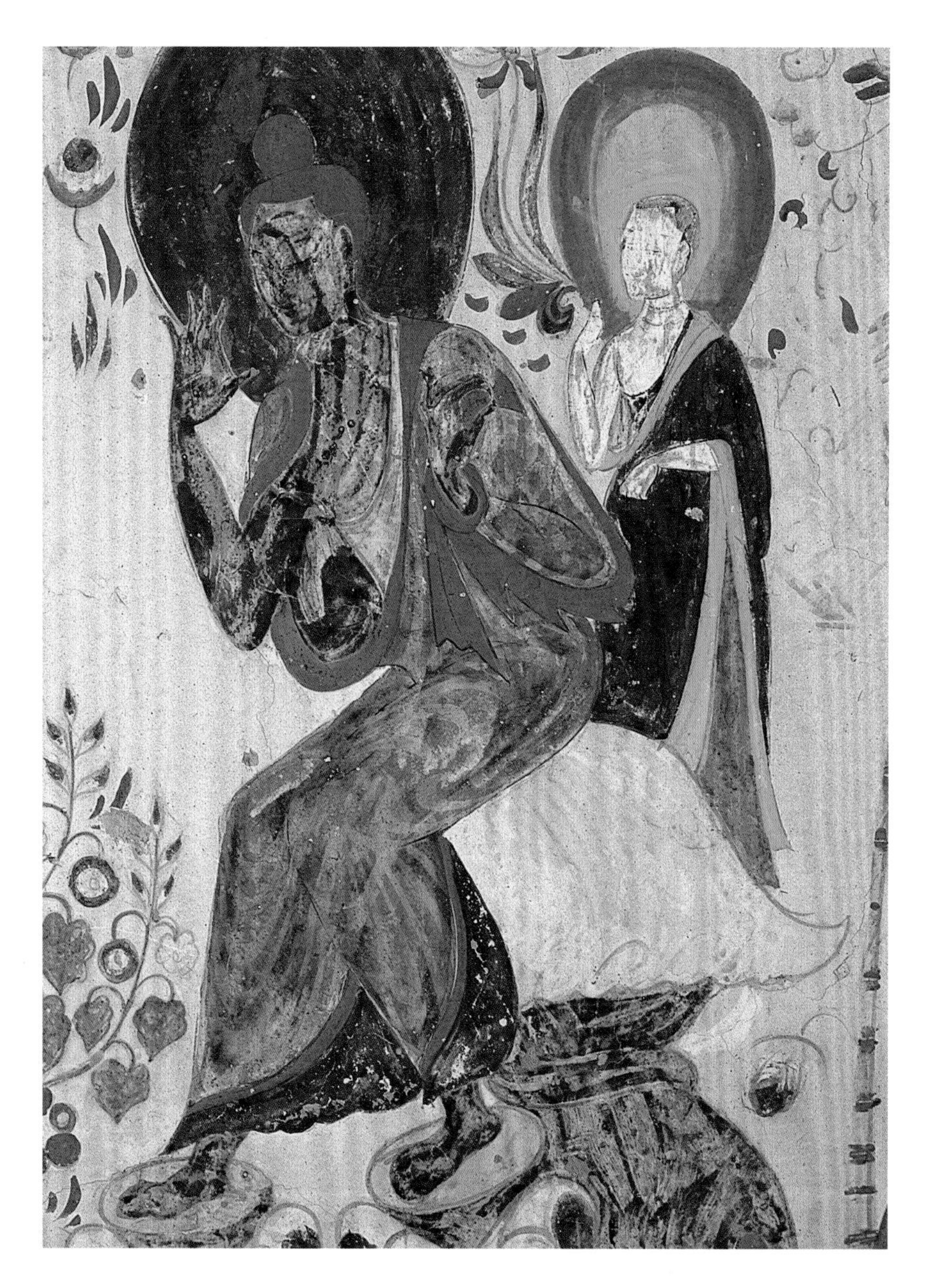

4 **釋迦服飾與坐具**

正在説法的釋迦，身著僧祇支，衣紋飄逸，應是用細薄的織物縫製的。他所坐的鋪有草褥的筌蹄式坐具，原本來自北方胡族，以後又成為南朝士大夫階層和玄學之士講究魏晉風度的時尚用具。

西魏 莫285 南壁

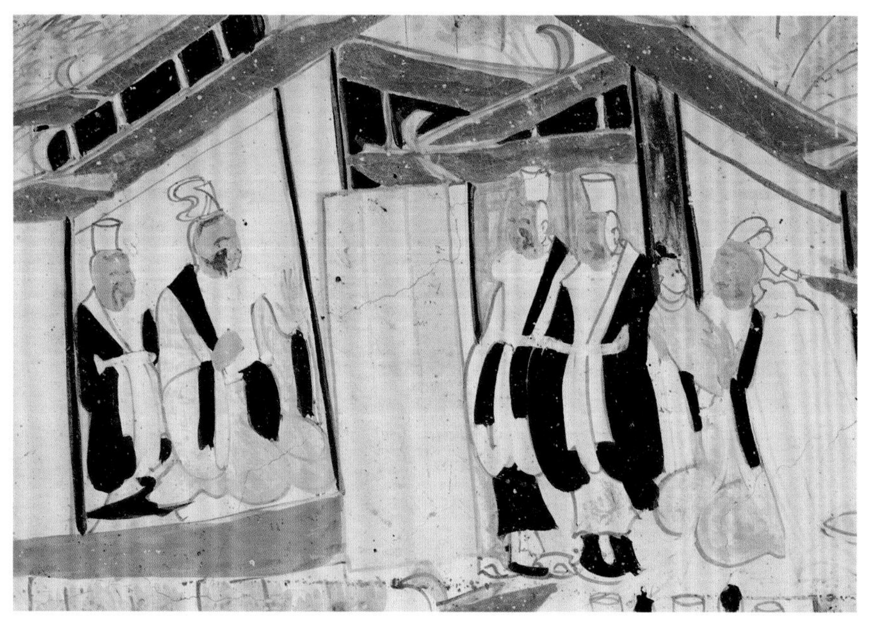

5 **國王與大臣服飾**

北周是鮮卑族統治。國王頭戴通天金博山冠，寬袖袍服，胸前佩假兩。其後的大臣戴籠冠，佩假兩，垂蔽膝。相師手抱太子，頭戴合歡帽，帽後還垂髮辮，這是鮮卑族索頭的特徵。從假兩和披袍看出，北周官服還都保留了一些西北民族的習俗。

北周 莫290 東坡

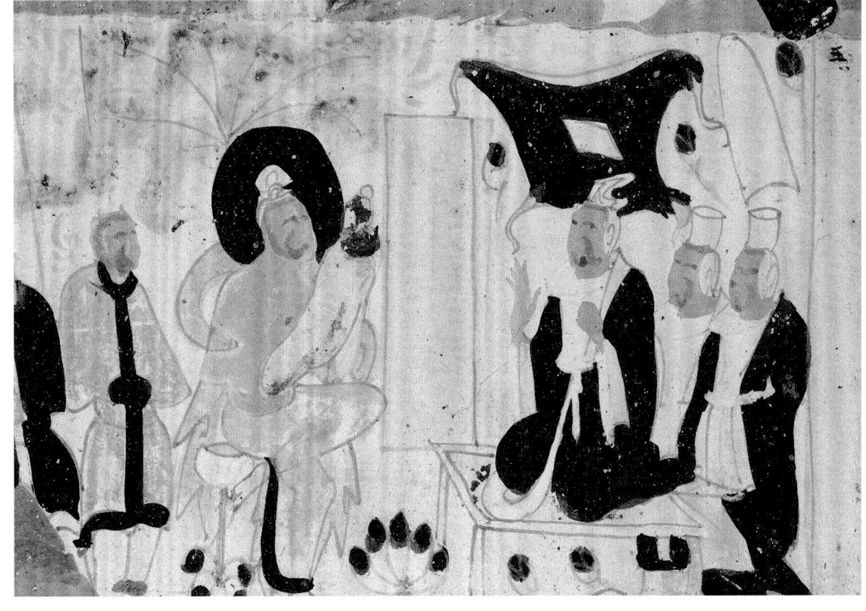

6 國王與仙人服飾、坐具

國王頭戴通天金博山冠，寬衣博帶，坐在高座上。正在給太子觀相的相士，頭梳高髻，坐在筌蹄上，一腿自然垂地，一腿盤起。國王與仙人相對交談，完全不是中原席地而坐的姿勢，而是西北遊牧民族的坐姿。筌蹄和胡床傳入中原以後，由於坐姿的改變，使漢代以來的裹體深衣禮服很不便於行動，因此促使漢裝發生變革，深衣逐漸消失。

北周 莫290 頂東坡

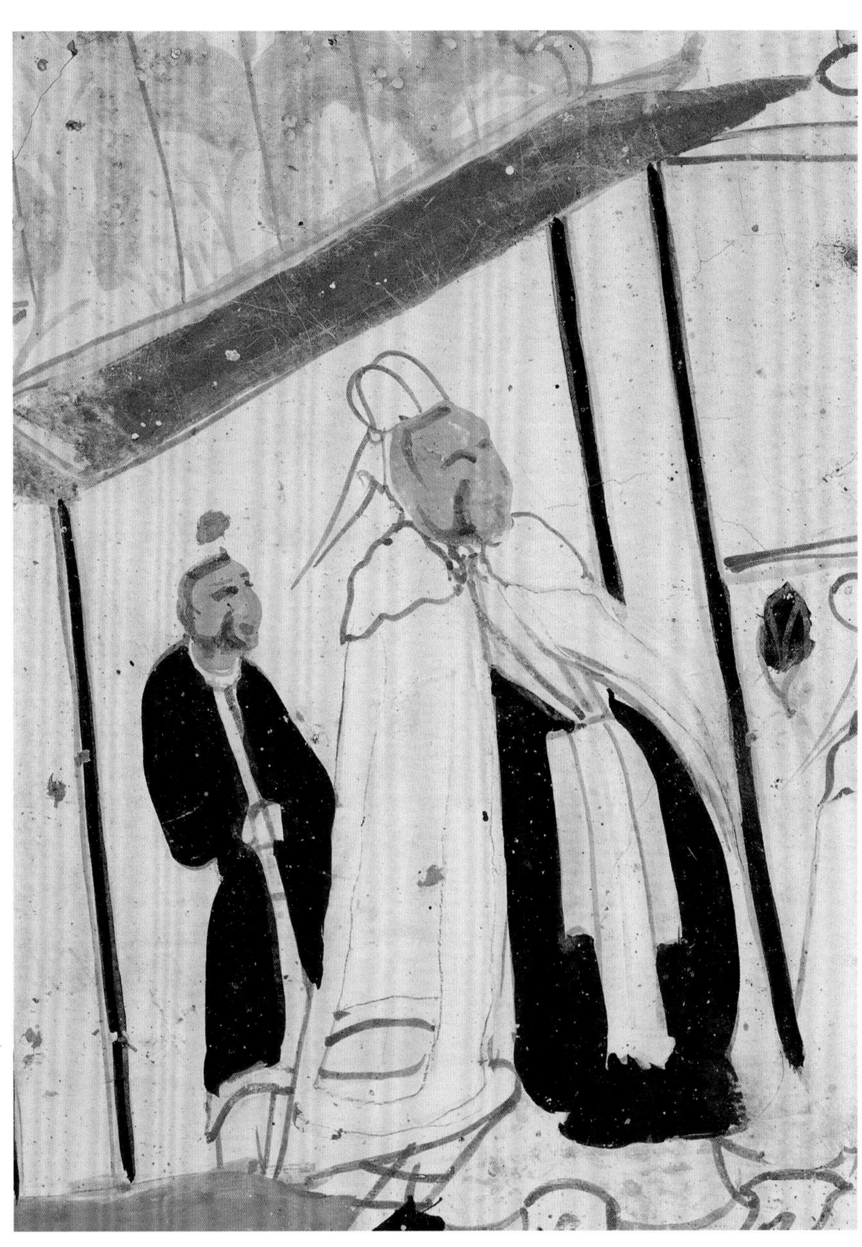

7 國王服飾

國王頭戴合歡帽，顱後垂髮辮，是鮮卑族特有的髮式，著翻領披袍，腳蹬笏頭履，垂綬帶。

北周 莫290 東坡

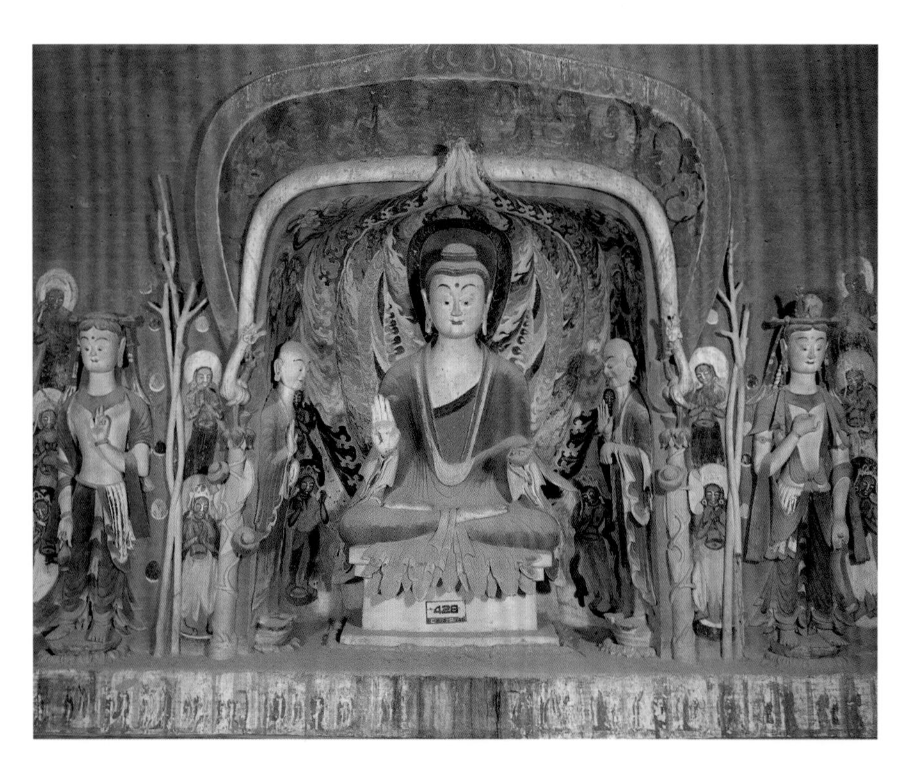

8 **佛、弟子、菩薩服飾**

佛與兩弟子均着僧祇支，外披袈裟，寬衣博帶，弟子的袈裟曲裾，鑲邊飾，是當時貴族和僧人服飾的縮影。兩側的菩薩頭戴寶冠，冠下垂帶飾，上身袒裸，下著百褶裙，襳褵綵帶下垂，是當時婦女流行的裙裝。這一時期的服飾多鑲邊曲裾，以為美飾。

北周 莫428 東壁

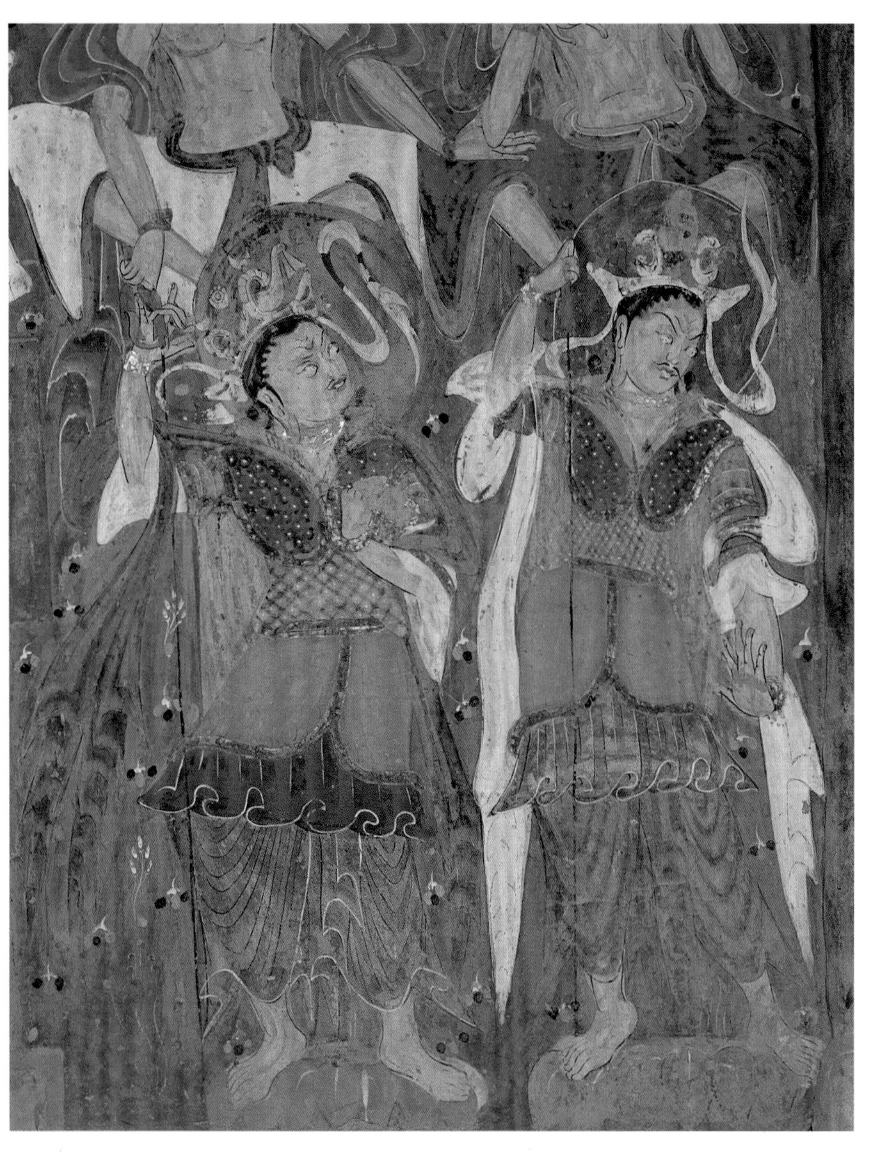

9 **天王服飾**

天王頭戴佛冠，上身皮革製半臂鎧甲，有護髀和腿裙，袖口作箭袖狀，配鐵製裲襠。畫師利用色彩和幾何圖案表現鎧甲的皮質、鐵製，還用金色顯示鎧甲的華麗。這種裝束應模仿北朝的騎兵。

西魏 莫285 西壁

10 **步兵戎裝**

官軍的步兵與強盜在激烈戰鬥。步兵頭上為巾子束髮的覆髻，著袴褶，腿套脛衣，有縛口。手執弓箭、盾、環刀等武器。步兵在騎兵戰爭中屬於輔助兵力，裝備不及騎兵。

西魏 莫285 南壁

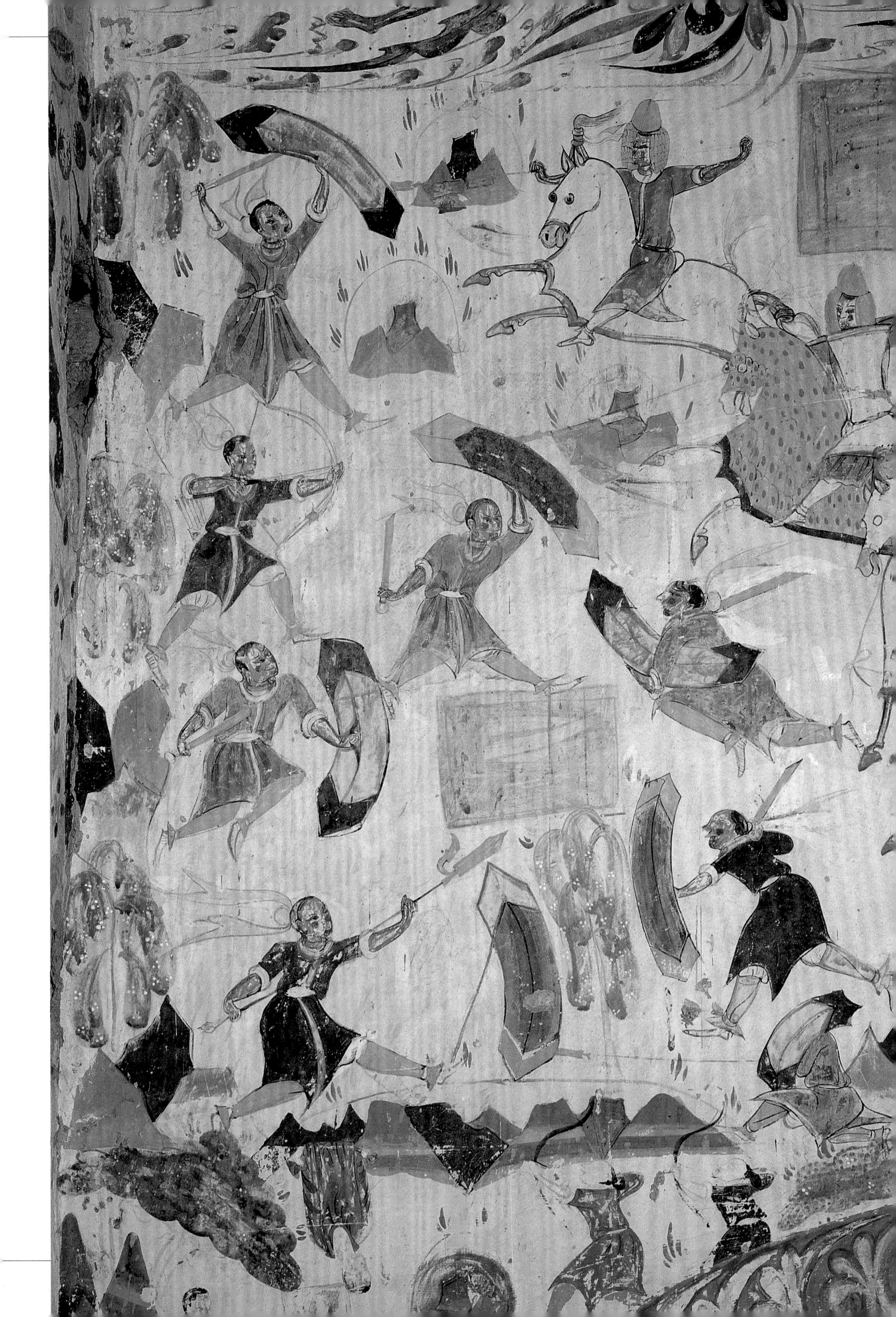

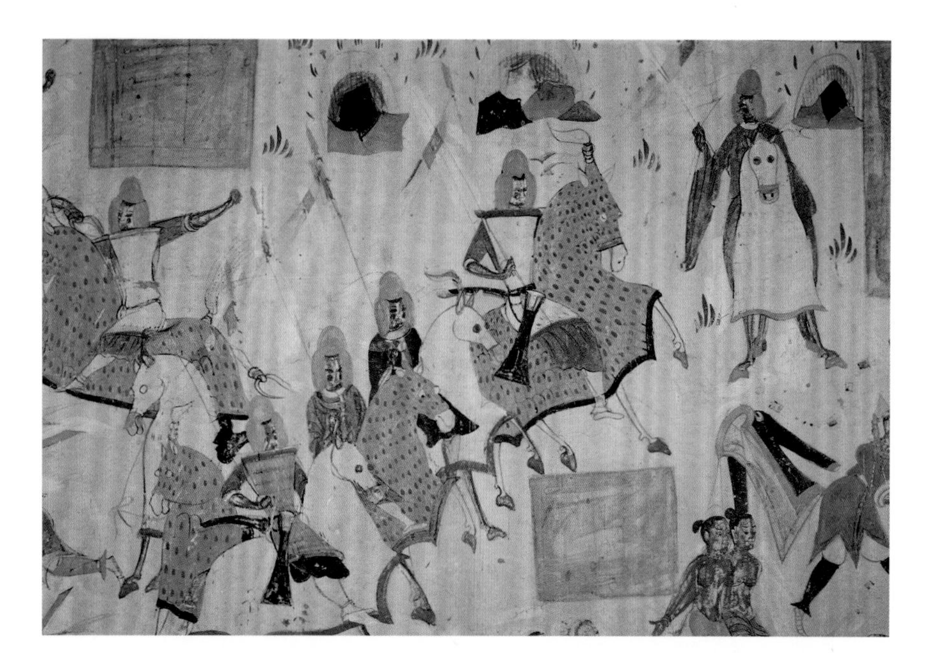

11 騎兵戎裝

官軍騎兵從將士到戰馬都有防護裝備，戰馬全身披金屬鎧甲，騎兵戴兜鍪，著裲襠鎧，執長柄鋼，屬於軍事裝備精良的重裝騎兵。著紅色垂胡袖戰袍的是軍官。

西魏 莫285 南壁

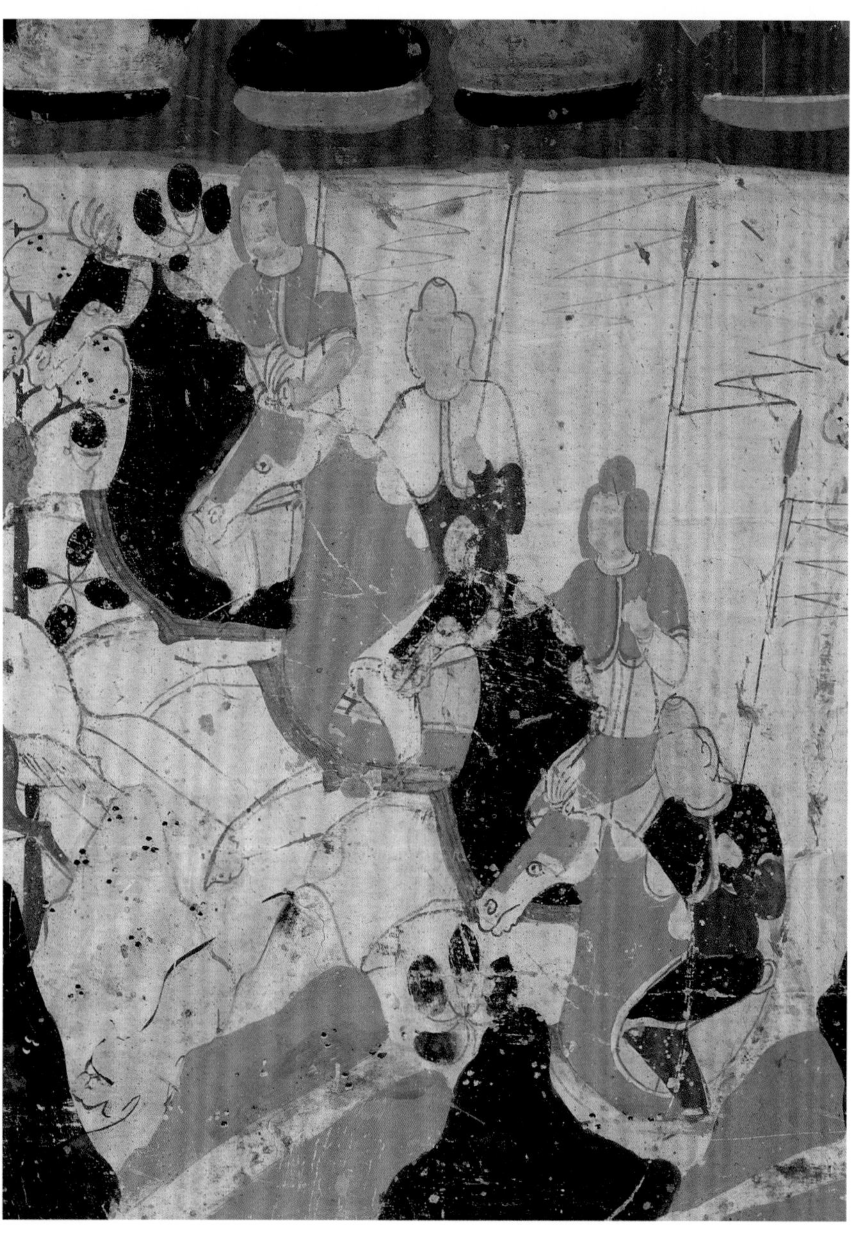

12 騎兵鎧甲

官軍的騎兵將士頭戴兜鍪，身穿袴褶，並有半臂鎧甲，蹬長靿靴。前胸和大腿用綠色和黑色繪畫的鎧甲，推測應是鐵質和皮質製作。

北周 莫296 南壁

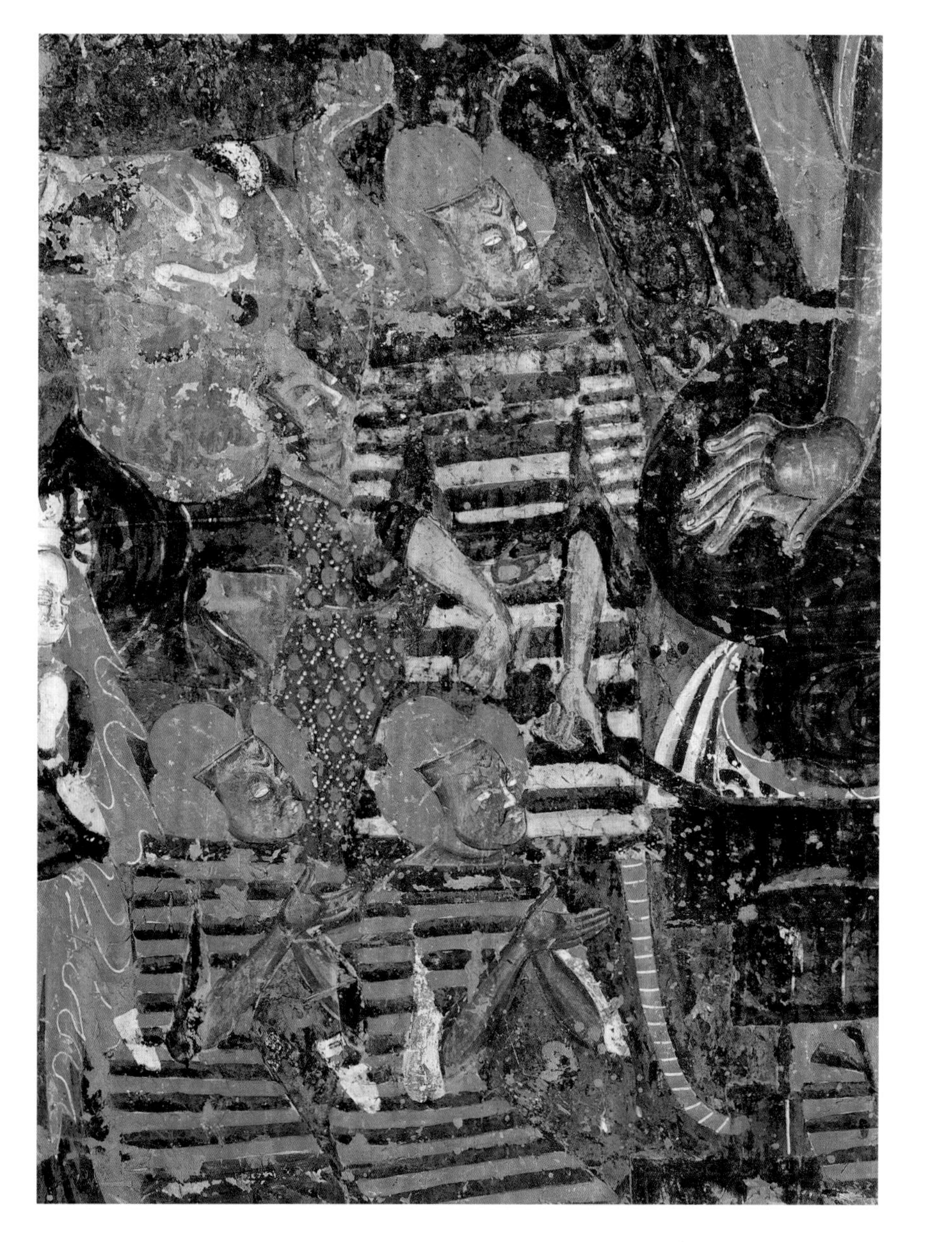

13 魔將鎧甲

魔王和魔將頭戴兜鍪，身著橫條形甲片綴成的筩袖鎧，裝束的主要特點是上衣與下裙相連，肩部有筩袖，應是模仿北朝的軍服。

北魏 莫254 南壁

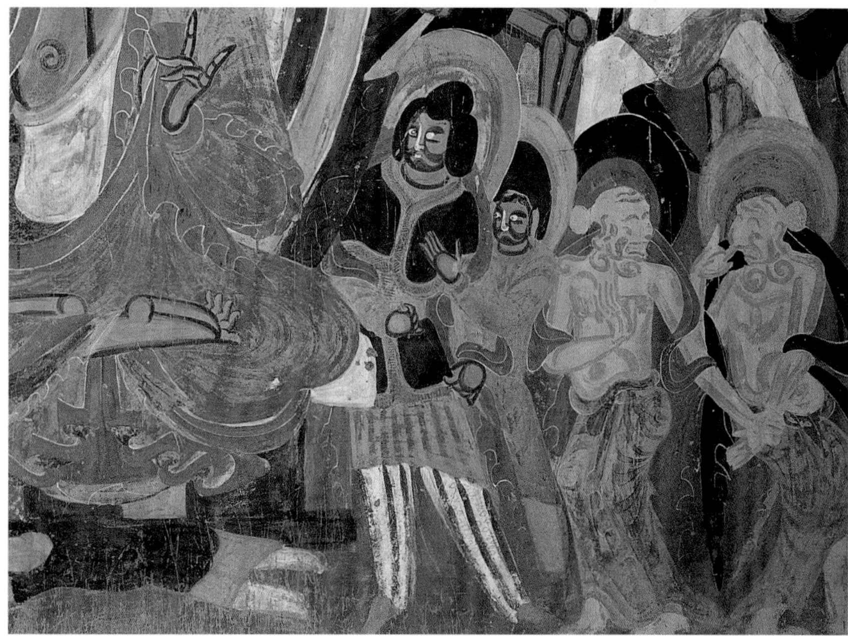

14 騎兵鎧甲

魔王頭戴長護耳兜鍪，上著皮質半臂鎧甲，有護髀和腿裙，下著波斯條紋小口褲，足蹬尖頭皮靴，是西域風格的騎兵裝束，與高昌回鶻國騎兵鎧甲近似。

北周 莫428 北壁

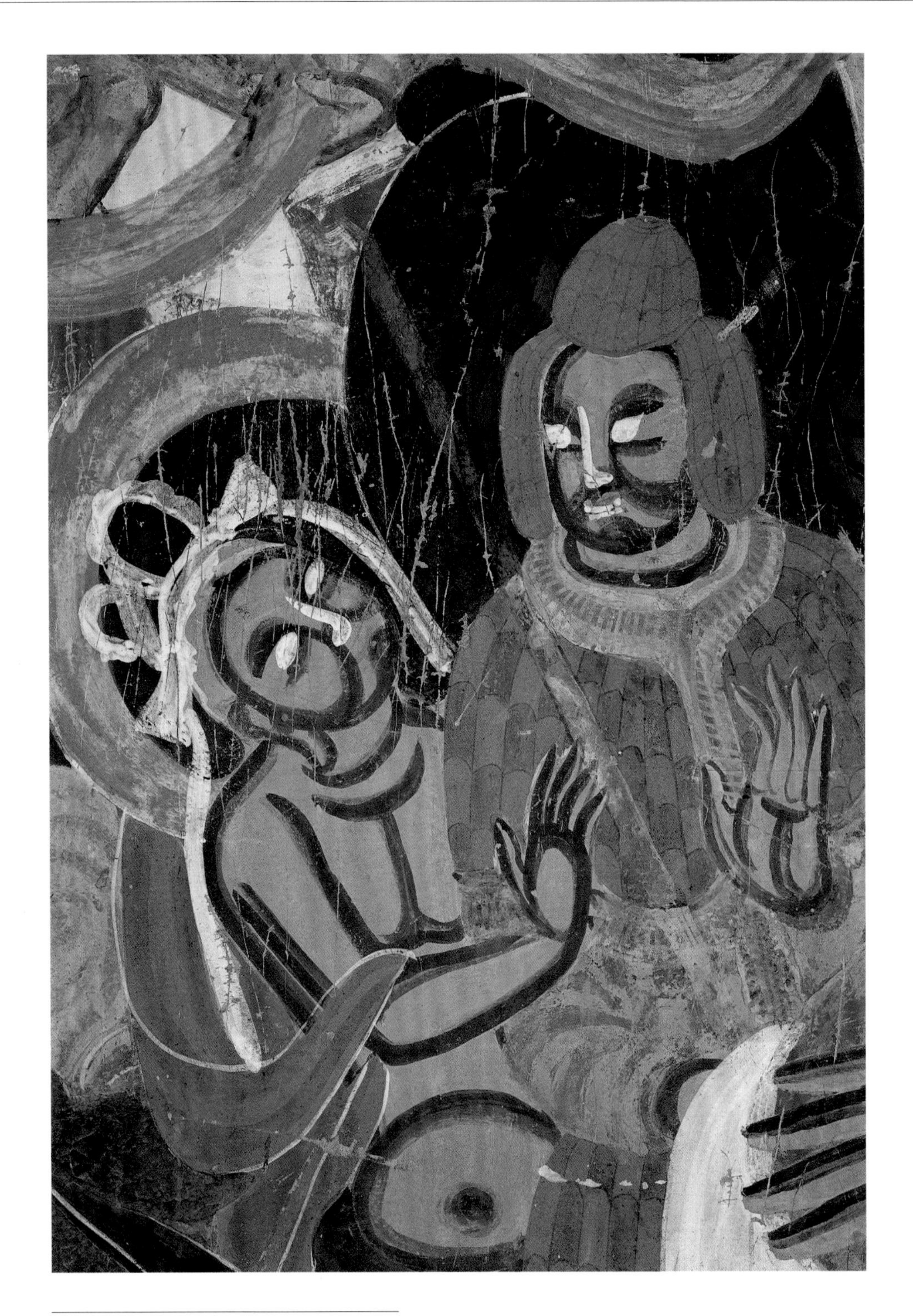

15 武士鎧甲局部

武士的鎧甲用皮革連綴而成，前胸、後背、雙肩是防護的重點部位，另用小塊鐵片連綴在皮甲上，成為半臂鎧甲，以後這種半臂樣式演變成為背心式的裲襠鎧甲，普及到中原以至長江流域，成為文武官員的官服。

北周 莫428 北壁

第二節 市井男裝胡風盛行

魏晉南北朝時期，敦煌平民男子的常服與王宮貴族不同，依然是以窄袖幹練的胡服為主體。由此證實，漢風主要在上層社會傳播，表示他們已經具有高度文明。而平民階層的漢裝不及上層社會普及，大多身著胡服，這應與胡服更適於西北地區騎馬或勞作有關。

一、男子常服袴褶

袴褶：平民男子的常服一般是短衣下褲，即袴褶，為胡服。傳說袴褶始於先秦趙武靈王，其實最早的袴褶形象見於陝西咸陽出土的春秋時期秦國騎兵陶俑。到秦漢時期，騎兵成為戰場的主力部隊以後，畫像石上常見的士卒都是短衣著褲的胡服形象。最早的文字資料載《三國志・吳志》呂範傳中註：當呂範自願任都督時，“便釋ɪ，著袴褶。”可知漢末在中原袴褶已相當流行，但多為低級將領及士卒之服。魏晉以後，袴褶廣泛傳播於民間。其實在敦煌的土著居民中，不存在引進胡服之事，袴褶本是當地男子的傳統服裝。上褶多以縑帛或織錦做成，也有用皮革者。下袴一般用白疊為料，白疊又作白w，亦名榻布，以木棉織成。《梁書・高昌傳》：“多草木，有實如繭，繭中絲如細纑，名為白疊子，國人多取織以為布。布甚軟白，交市用焉。”

這種袴褶在莫高窟第285窟有明顯的圖像，男子的上褶為圓領、對襟（也有側襟），窄袖緊身，衣長不過膝。領口、雙襟、袖口及下襬均以異色錦或較厚實的質料緣邊，下襬或作曲裾，或作平裾，束腰。下袴多白色，有小口和大口之分，有的在膝部以帶子繫縛，便於行動，名為“縛袴”。在白袴外還可以套上脛衣，在踝骨處以帶繫束，脛衣自然形成喇叭口。這種喇叭式袴腿的袴褶在南北朝的武士中相當流行，河北北朝壁畫和陶俑、河南南朝畫像磚上都有這種武士形象。袴褶非常貼身，窄袖利於馳射，短衣、長靴便於涉草。脛衣套在袴之外，其好處是乘騎作戰或外出，保護腿部肌肉皮膚少受摩擦，而且行動起來更為靈便。袴褶的流行正是受到少數民族騎馬、畜牧遊獵生活及大草原環境的直接影響。《史記・匈奴傳》記載：匈奴穿上漢服，“以馳草棘中，衣袴皆裂弊”，長袍大袖不適合他們長期以來的遊牧狩獵生活。

著袴褶者既有少數民族，也有漢族。如莫高窟第285窟的供養人行列中，就有頭裹巾子，或垂辮或披髮於顱後者，這就是索頭的形象。晉末南北分治，因為鮮卑族男子垂辮披髮，南方漢人稱鮮卑族為索頭。而從內地遷徙來敦煌地區的漢人，大多入鄉隨俗，也會著起胡服。從這些供養人題名來看，不見有官銜，應是士庶之輩，其中有一人後有抱長劍的侍從跟隨，可能是普通的武官。在北周296窟“得眼林”故事畫中，向國王陳告的僚臣中也有著袴褶者，站在戴籠冠、著寬衣大袖者的高官後面，顯然地位在其下。同窟“善事太子入海品”中也有戴籠冠、著袴褶的大臣。

腰帶：與袴褶配套的還有腰帶，上褶無扣襻，腰中繫帶。中國古代中原袍服配有大帶、革帶，均無飾件，而胡服的腰帶上則以金玉及各種圖紋做裝飾。還有一種掛飾物的腰帶，胡名“郭絡帶”，漢名“蹀躞”，以皮革為鞓，即皮帶端首綴帶舌的套環，環上可垂掛各種雜物。因為遊牧民族居無定處，往往把日常生活所需的小件物品隨身攜帶，傳入中原後亦為漢族所用。在莫高窟西魏第285窟壁畫中有一下層武官腰繫蹀躞帶，小環下懸掛着短劍、小囊等日常用物。

犢鼻褌：又稱犢鼻褌，是一種無褲腿的短褲，類似後世的三角褲，用三尺布縫製，因形似牛鼻而得名。春秋越王勾踐入臣吳國夫差時，臥薪嘗膽，就曾穿犢鼻褌。漢代司馬相如也穿著犢鼻褌，親自與傭人共同幹活，以此舉故意羞辱其岳父，可見犢鼻褌是下層勞動者的常服。在壁畫中著犢鼻褌者多是漁夫、屠夫、船夫、泥瓦匠等勞動者，從漢至唐宋一直在下層社會中沿襲。

靴：著袴褶者足下穿靴，尊卑貴賤通用，只不過製作的質料有所差別。靴的本字作“鞾”，胡人的靴有高靿、短靴之別。高靿可至膝，乘騎、外出多用之，俗稱馬靴，以皮革製作，也多為軍將士卒所用。短靴為家居日常穿用，以特殊編織的厚實的羊毛褐子、毛氈等製作而成。

巾幘：平民男子留髮束髻，庶民不戴冠弁，以巾覆髮，即巾幘。《說文》記載：“髮有巾曰幘。”《廣雅》曰：“幘，巾覆結（髻）。”幘一般以質地厚實的方形布帛做成，摺疊成固定形狀，使用時繞髻一周，至額部朝上翻捲，下齊於眉。《獨斷》曰：“幘者，古之卑賤執事不冠者之所服也，或以巾。”自東漢以來，巾幘的地位一躍而為時髦的裝束，如《傅玄子》所說：“漢末王公，多委王服，以幅巾為雅。”引起這種變化的原因有二：一是統治者的使用，如漢元帝額有壯髮，即額前長滿密髮，既不美觀，又怕被人視為缺乏智慧，於是以幅巾覆首。還有王莽禿頂，便以頭巾遮醜。統治者之所好，必定影響巨大。二是從實用出發，紮巾比戴冠輕便。魏晉南北朝天下凶荒，戰事頻仍，隨時離家出走，士人紛紛以巾裹首，流風相煽，漸成習俗。武士也束巾幘，以為儒雅。

由於裹巾形狀的不同，又分平上幘和介幘兩種。平上幘，又名平巾幘、小冠，中呈平型，幘後加高。介幘則頂端高起，形似尖角屋頂。也有用覆巾裹首的，以縑帛裁成方形，將頭部包裹，年長者居多，有利於保暖。

髮髻：男子留髮束髻，髮髻有多種式樣，主要是丸髻和丱角髻。丸髻是圓球形的髮髻，多見於青少年，有頭頂單丸、左右雙丸之分。丸髻在西周的貴族中已經很流行，到秦漢時期，男子無論地位尊卑，大多束高髻。在秦始皇兵馬俑中，以細緻入微的手法在將軍和士兵俑的頭部刻畫了丸髻的樣式。丱角髻本是一種童髻，而北朝在成年人中流行起來，可能是少數民族的風尚。

還有一種覆髻，是在丸髻上以巾覆裹，又名覆結。

二、僧侶的偏衫與隨坐衣

隨着佛教的東傳，僧人在我國社會中成為不容忽視的社會羣體。在莫高窟北周第428窟中，供養人的形象1186身，其中僧侶佔絕大多數。印度僧侶穿袒肩袈裟，而中國從儒家傳統觀念出發，認為袒肩露臂不合禮俗，因此敦煌壁畫中的僧侶多不穿田相袈裟，也不袒肩，而是穿偏衫。加之北方氣候較寒，僧侶創造性地把僧祇支(內衣)和覆肩合二而一，並參照古代袍服的樣式，裁製出偏衫。據《僧祇律》和《釋氏要覽》記載，此俗始於後魏，當時請僧人入宮作法事，宮人見其袒右肩，以為不雅觀，於是製作偏衫以代之。其主要特點是兩袖俱全，襟、領、下裾仍保持原來僧祇支的樣式。日本、朝鮮等國僧人的服飾亦受此影響。

敦煌壁畫中的僧人手臂上還搭有一塊毛氈或布帛製作的織物，名曰“隨坐衣”，梵名“尼師但那”、“尼師壇”。僧人坐臥時敷於地上，在供養佛時，雙膝跪拜其上。它有三護作用：一是護身，防禦地上植物及蟲類的傷害；二是護衣，減少衣服的污損；三是護床席臥具。直到今天僧人上殿做課誦時，手中仍持隨坐衣。其實僧人的隨坐衣與前面提到的西魏國王、說法佛的隨身坐具方褥一樣，也是當時江南文人在席地辯論時的代表性用具，被視為追求放任超脫的魏晉風度的標誌。可見南北朝佛教在東土發起的第一個傳播高潮時，從教義到傳教方式都在不斷融入中國的傳統思想和生活習俗，進行中國化和世俗化的改造，尤其在南朝玄學大盛的年代，僧人與玄學名士之間的貫通相融更是不可避免了。

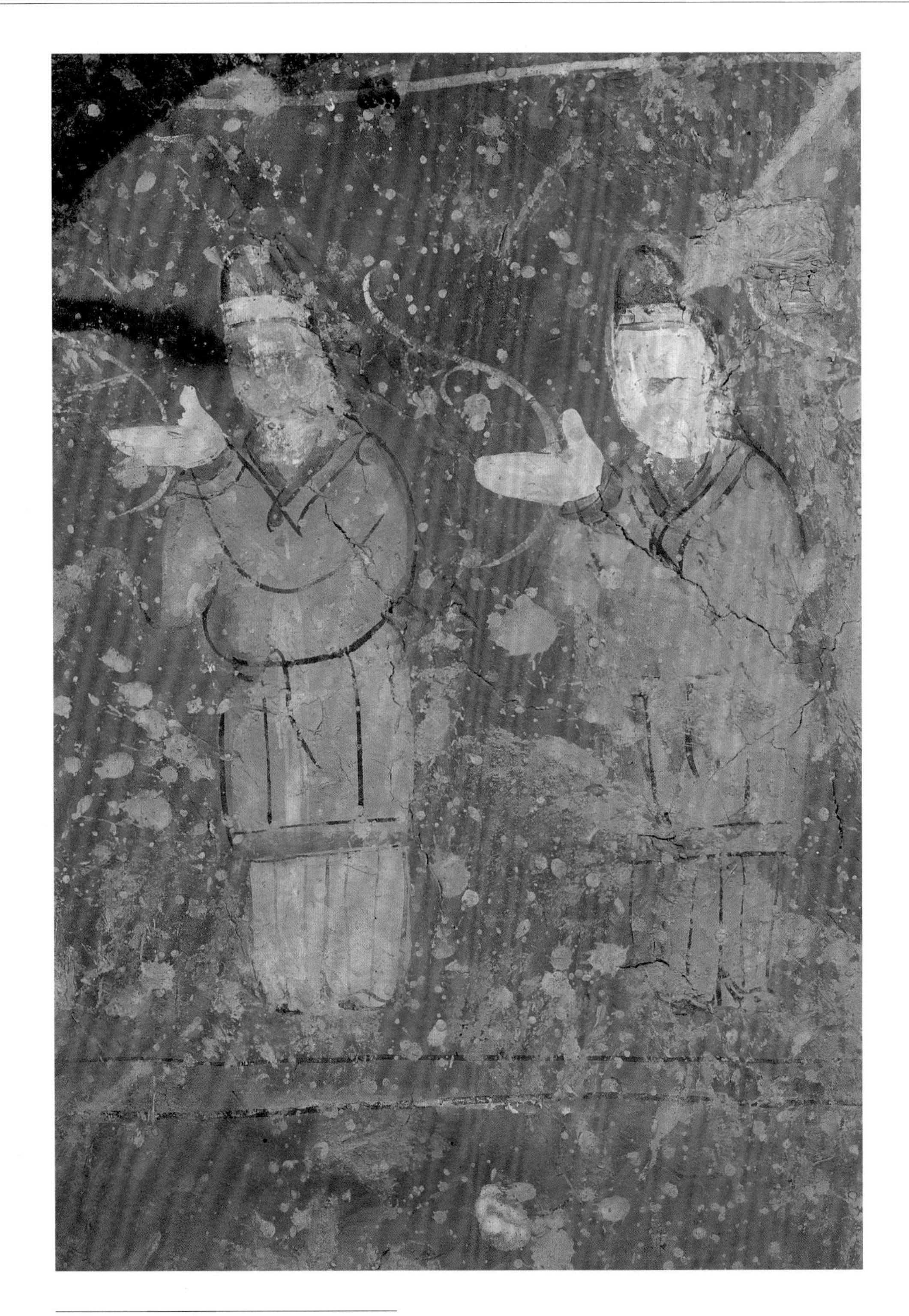

16 北魏男子常服

這是莫高窟壁畫中最早的供養人羣像。二人頭裹介幘，穿袴褶，有束腰，領部和袖口鑲邊。一人赭色袴褶，一人赭色褶，綠色褲，是北魏平民男子的常服。

北魏 莫275 北壁

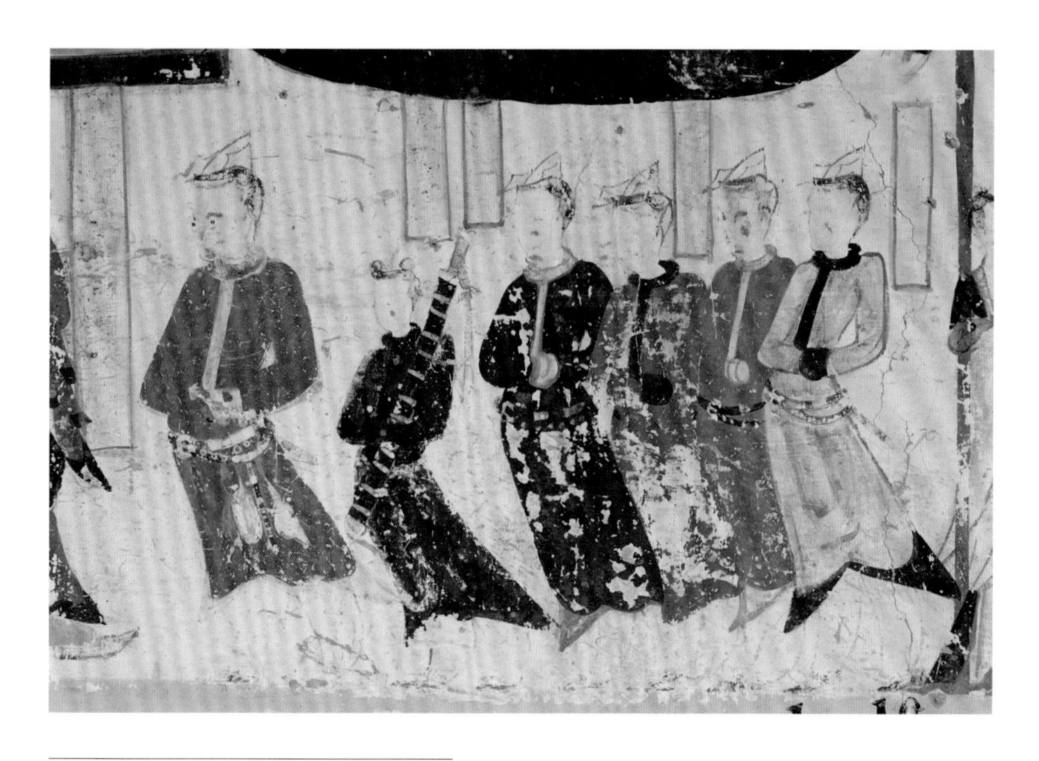

17 西魏男子常服

一羣男供養人頭裹平上幘小冠，身穿紅、綠、黑色袴褶，腰繫蹀躞帶，腳蹬靴。最前一人的蹀躞帶小環下懸掛着短劍、小囊等物。其後跟隨一侍者，梳雙丸髻，懷抱長劍。從衣著分析，他們是地位不高的武官和士庶。

西魏 莫285 北壁

18 鮮卑男子常服

男供養人均著袴褶，上褶領口和前襟有緣飾，下襬裝飾燕尾形緣邊。髮式各異，或辮髮垂後，為鮮卑族索頭的形像；或束雙丸髻；或頭裹平幘小冠。

西魏 莫285 北壁

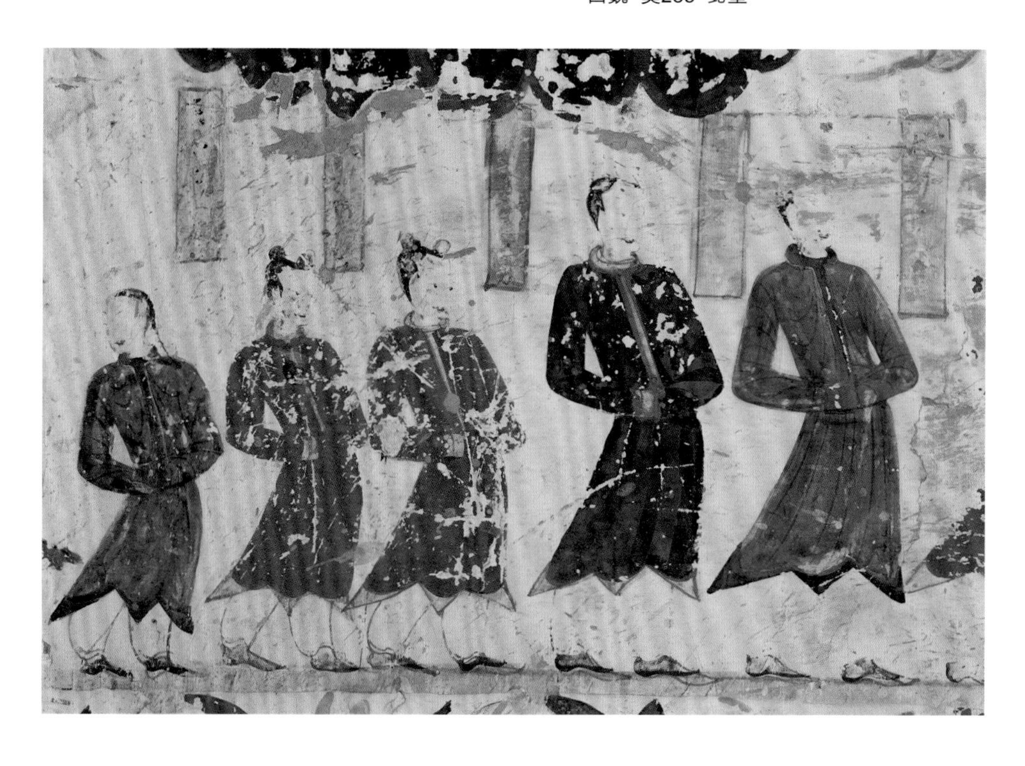

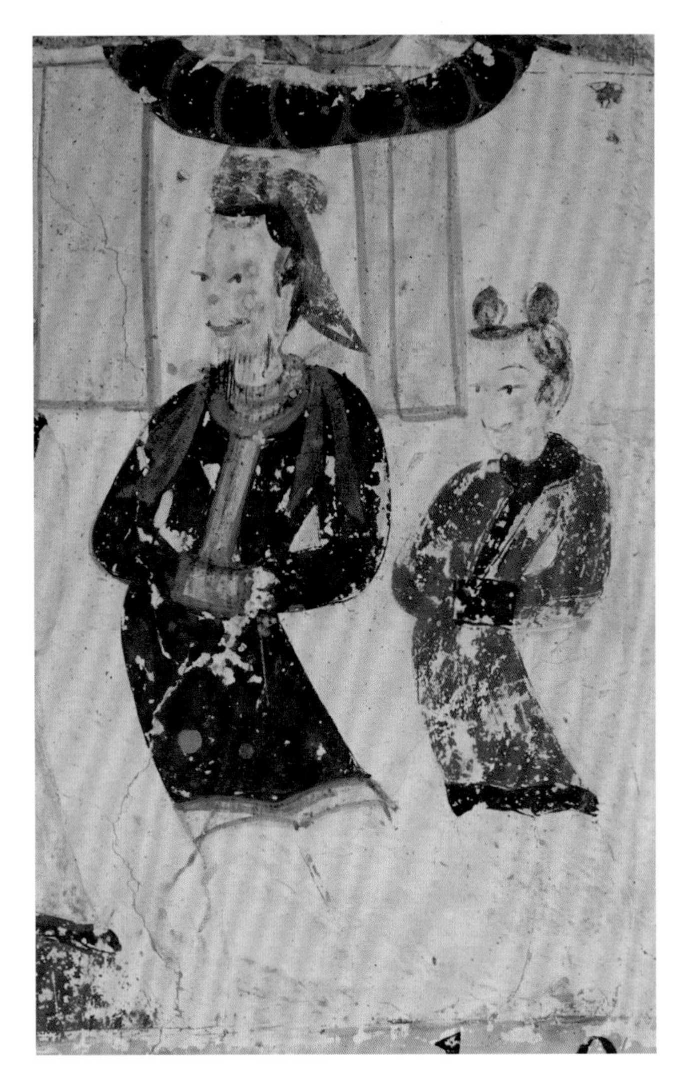

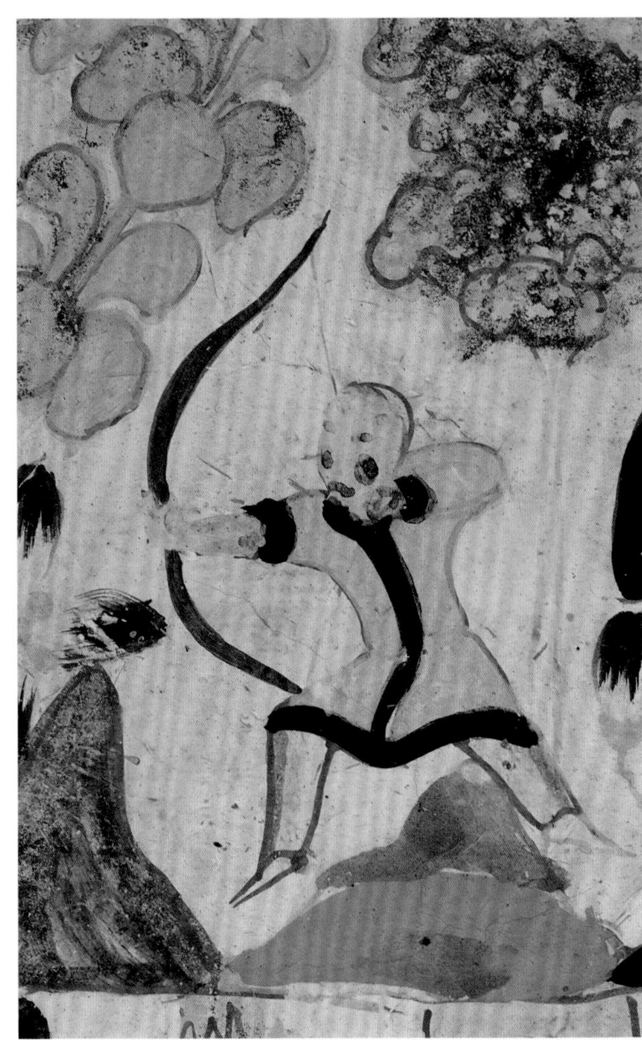

19 鮮卑男子常服

父子各穿紅、黑色袴褶，褶下襬裝飾有緣邊，是西魏男子常服。父親頭裹紅色幅巾，巾角垂後，兒童梳雙丸髻，由此可見鮮卑族成年男子和少年的髮式不同。

西魏 莫285 北壁

20 北周獵人服飾

獵人身著袴褶，腳穿靴，正張弓射獵。

北周 莫296 南坡

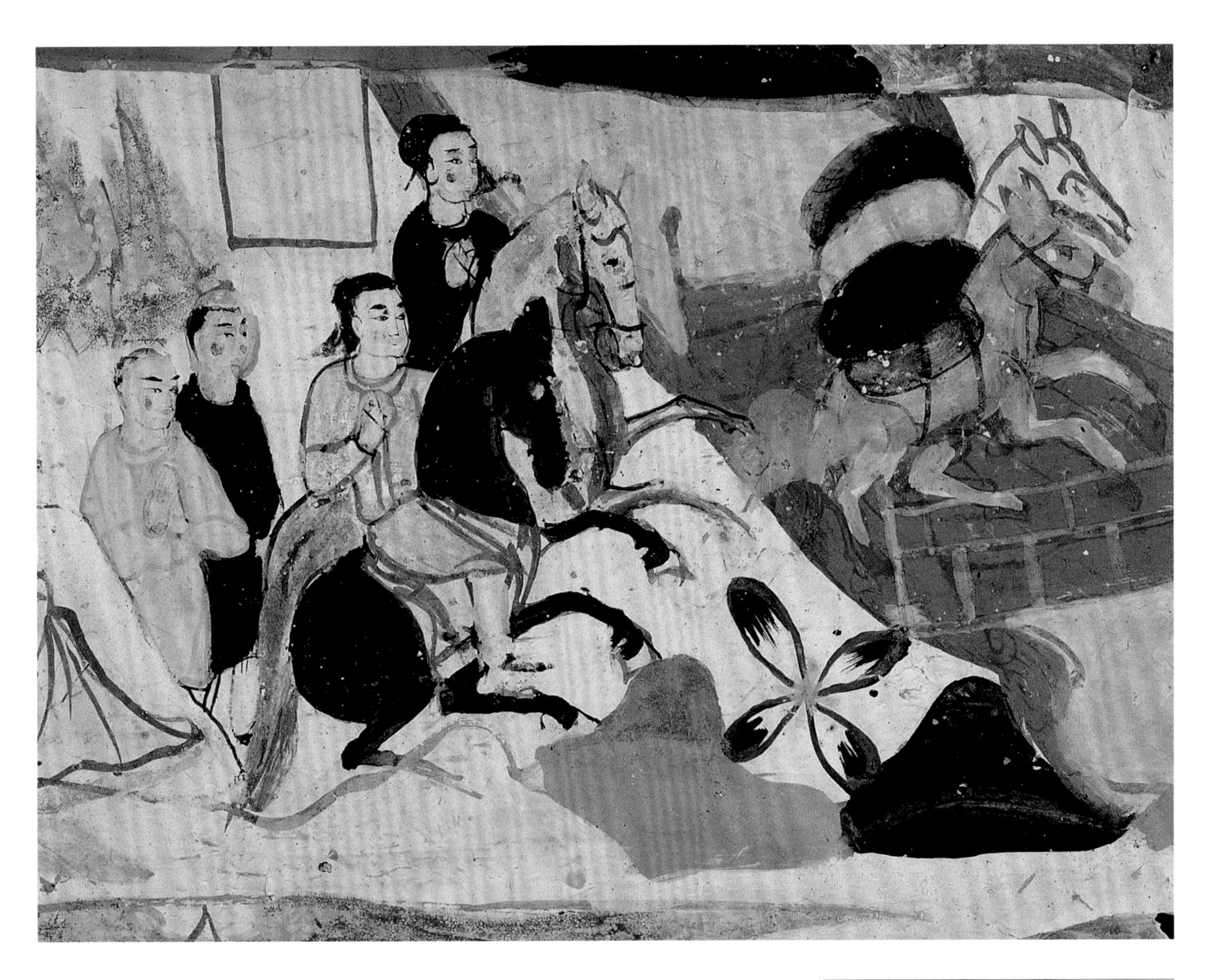

21 北周商旅服飾

北周與西魏同為鮮卑族統治，平民男子的服飾變化不大。商旅馬隊滿載貨物行進在途中，步行者頭裹平幘小冠，著袴褶；騎馬者頭裹幅巾，巾角繫於後，是擋避風塵的裝束。

北周 莫296 北坡

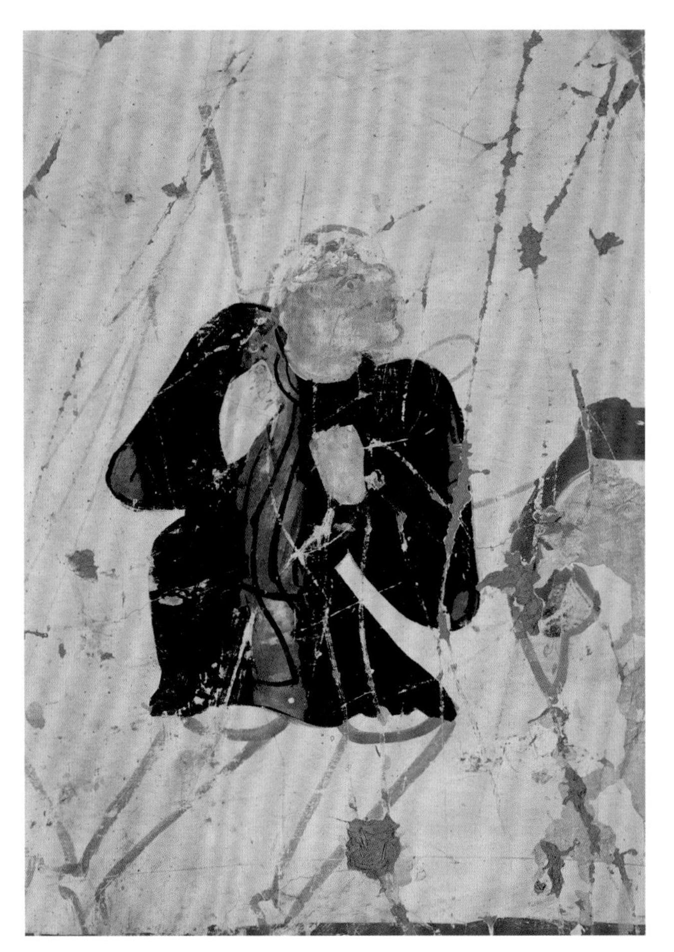

22 **胡人服飾**

牽馬的胡人深目高鼻，身著袴褶，穿長勒靴，右手持鞭，左手執馬韁繩，應是絲綢之路上的西域胡人形象。

北周 莫290 中心柱

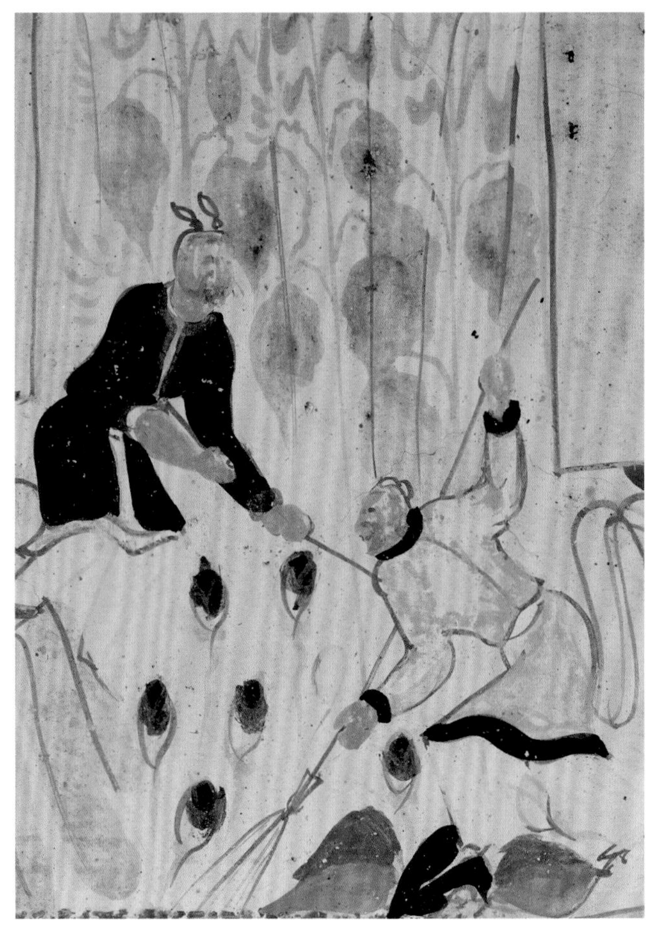

23 **北周農夫服飾**

二人手持掃帚正在清掃，一梳丱角髻，一梳雙丸髻，均著緊口袴褶。

北周 莫290 東坡

24 北周漁夫服飾

上身赤膊，著犢鼻褲的漁夫正張網捕魚。

北周 莫296 南坡

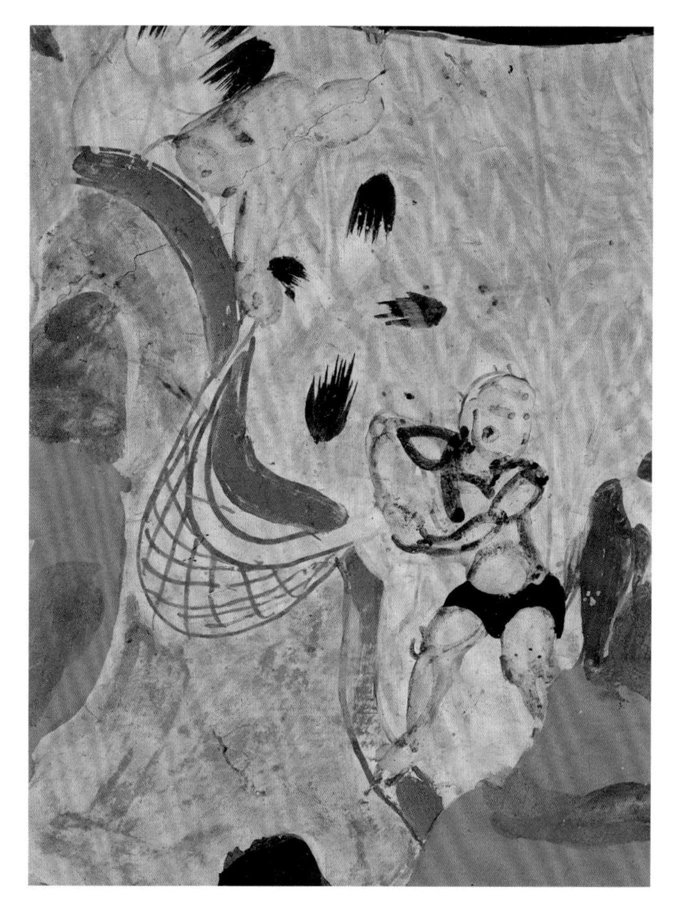

25 西魏僧人服飾

聆聽佛法的禪僧，身著印度風格的袒肩袈裟，胡跪聽法。

西魏 莫285 南壁

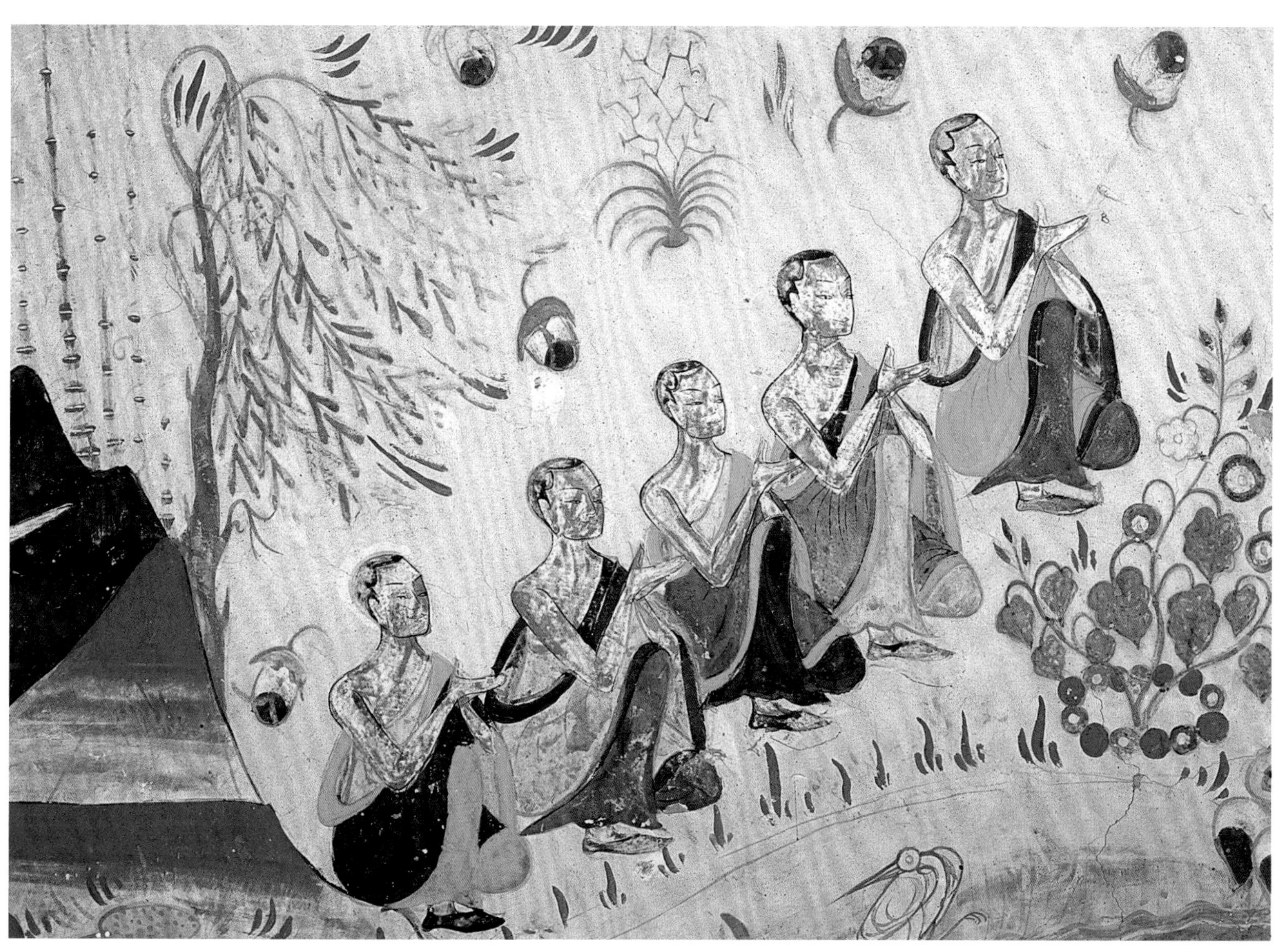

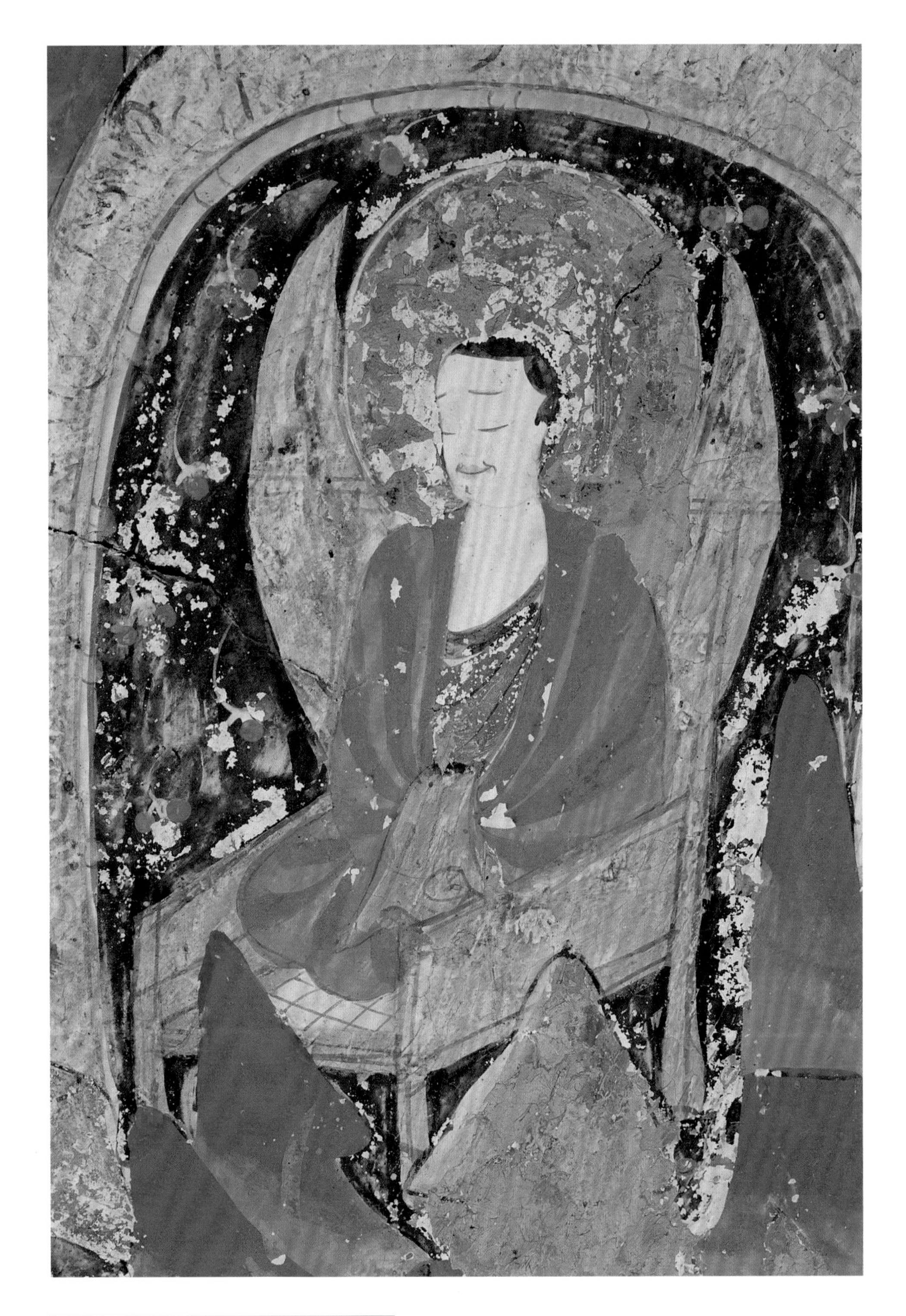

26 西魏禪僧服飾

禪僧內著赭色僧祇支，外披藍綠間色條紋袈裟，坐在胡床上結跏入定。胡床來自中亞地區，魏晉以後逐漸傳入中原。胡床和筌蹄是改變中原習俗，為漢裝帶來深刻變革的重要生活用具。

西魏　莫285　北坡

27 西魏禪僧服飾

禪僧頭戴風帽，內著僧祇支，外披田相袈裟，衣紋流暢，表現出袈裟高貴輕柔的質地，應屬地位高等的僧人。

西魏 莫285 西壁南龕

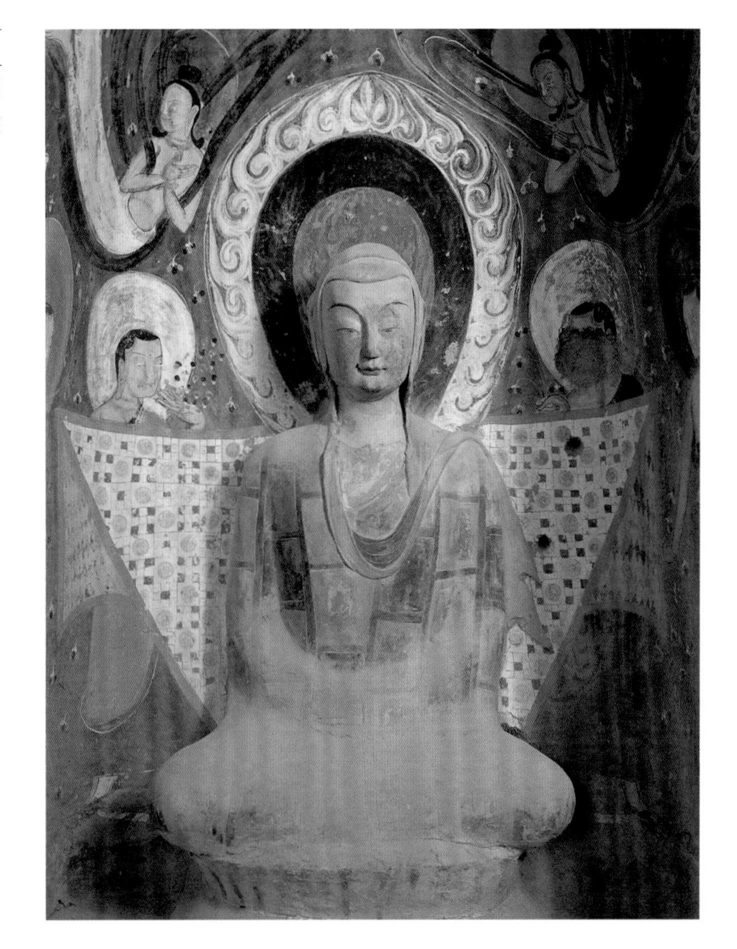

28 西魏上褶的樣式

鋪在地上有三件紅、黑色上褶，圓領、窄袖、對襟，有綠色直緣邊，西魏時期下襬的三角形裝飾消失。

西魏 莫285 南壁

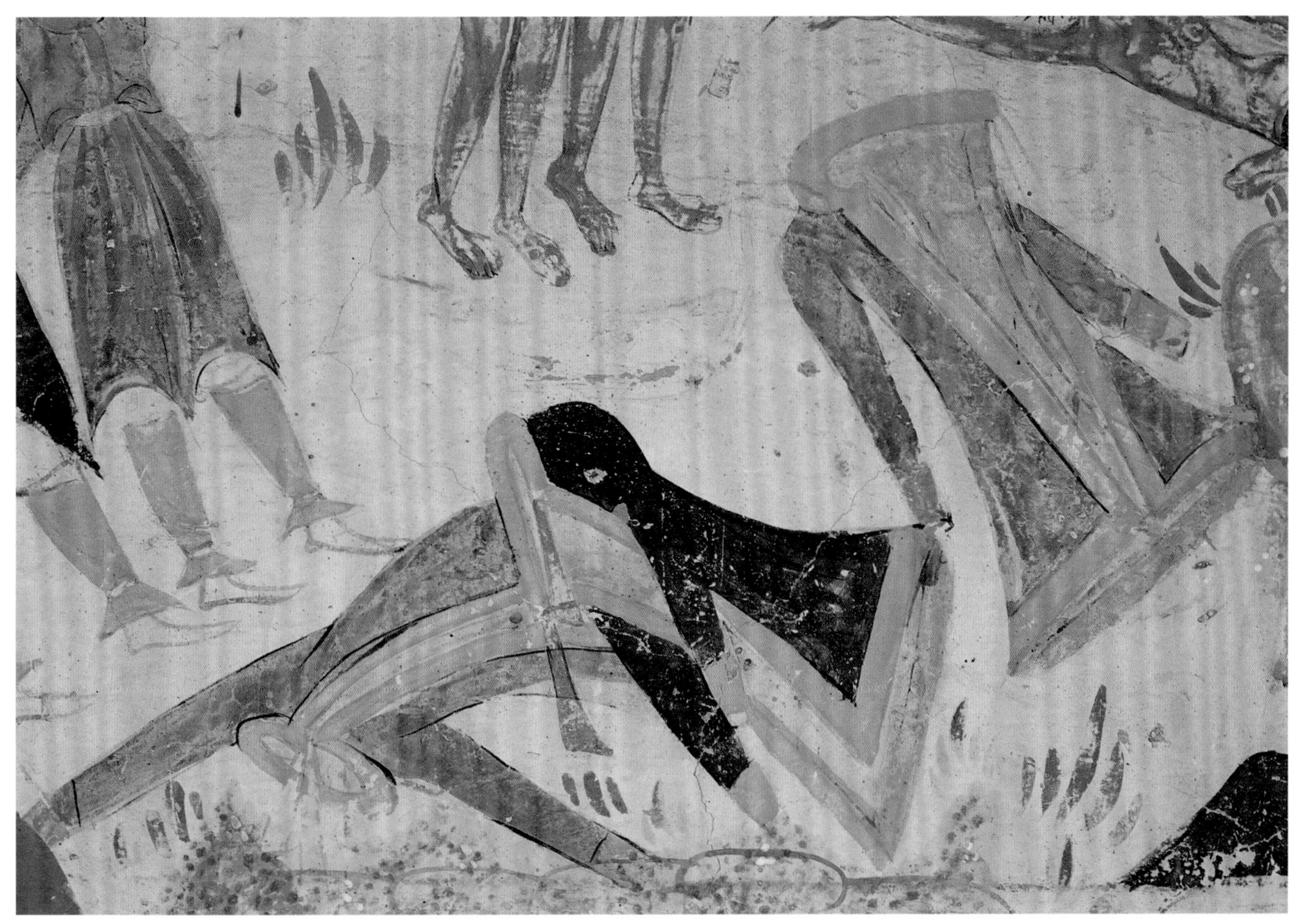

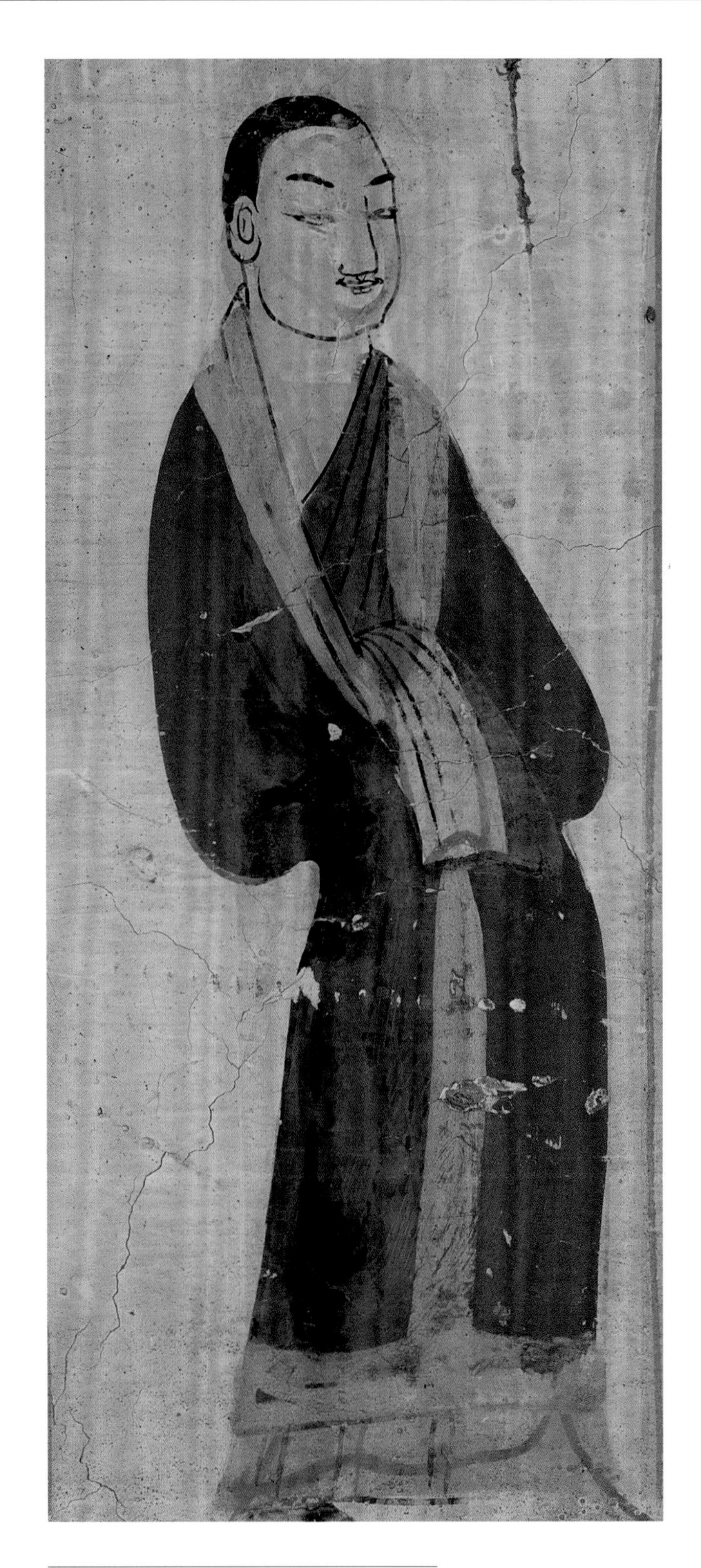

29 北周比丘服飾

比丘著寬大的紅色僧祇支，肩搭隨坐衣。

北周 莫428 北壁

第三節 顯示柔媚體態的婦女服飾

敦煌壁畫中的北朝時期漢族婦女多是身份地位較高者，她們的常服以上襦下裙的漢裝為主。漢代婦女的襦裙總體是上豐下儉，而此時的襦裙演變為上儉下豐。由於北方的貴族十分仰慕南朝貴族豪華享樂、自在休閑的生活，與前面提到的皇帝百官朝服相比，貴族婦女的飛襳垂髾式襦裙更加突顯了這一時代的氣質和品位。先秦直至漢代的深衣之制此時已經完全消失了。

一、富有動態與美感的漢裝

敦煌壁畫中這一時期婦女服飾的總體風格，與當時的審美時尚一致，以體態修長、柔媚為時尚。為了體現修長的體形，無論是服裝的造型，還是裝飾，都強調寬衣博帶的動感，這種服飾尤其在貴族階層備受青睞。但是與南朝貴婦和以後隋唐婦女追求的富麗華美、彩錦繚繞的服飾風格相比，還有顯著的區別，敦煌北朝壁畫中的婦女服飾比較講究簡約，還沒有達到奢華的程度。

襦裙：這一時期的襦裙依然延續漢代，襦是一種短衣，最長到膝部，是四季常服，單衣名“禪襦”，夾衣名“裌襦”，襦內絮有棉花的稱“複襦”。襦多作對襟交領或直領，衣袖有寬窄兩式。還有一種長襦大衣，是一種禮服。製作材料用羅、綺、絹和布，貴族則用錦繡或紗。壁畫中的襦裙講究在領口、袖口、裙下襬鑲一周不同顏色的邊飾。

敦煌壁畫中所見的裙，通常有長裙、短裙之分，短者至膝，配短襦；長者曳地，配長襦。裙多用紗、葛、白練、絹、羅等製作。敦煌地區在曹魏時對一種羊腸裙作過改革，改變了既費布又不美觀的羊腸裙。魏晉時流行間色裙，以兩種以上顏色的布條間隔縫成，色彩相間，增加美感。一條間裙用的布幅一般為六破、七破，最多不超過十二破。（破，指把裙面剖成數道，以間他色，裙子破數愈多，間色的布幅愈窄。）老婦多着素裙。

飛襳垂髾：魏晉時襦裙的特色是飛襳垂髾，襳和髾都是婦女上衣的一種絲綢裝飾物。上衣的長飄帶曰“襳”；固定在長裙下襬的燕尾狀裝飾曰“髾”，行步時長長的襳牽動着髾的尖角，隨風飄曳，如燕子飛舞。這種裝飾是在深衣曲裾的基礎上發展起來的，西周婦女在深衣的前襟續一三角形的裾，並繞至身後，直至漢代貴族婦女還保留遺風。漢魏以來，深衣演變為袿衣，即在上衣前襟加綴三角形、上廣下狹的裝飾，如刀圭狀，故名袿衣。曲裾演變為襳髾，更富有動態和美感。敦煌魏晉壁畫中的菩薩及女供養人形像多著此服飾。

襦裙的腰間還配有束帶，帶下有圍腰，比蔽膝短，長約20～30厘米。圍腰既是一種腰飾，用花錦或彩繡各種圖案，又可以把上襦與下裙更好地連接固定。據《晉書．五行志》記載："武帝泰始初，衣服上儉下豐，著衣皆壓腰。"可知魏晉年間圍腰相當流行。

履：魏晉南北朝的貴族婦女同男人一樣，腳下穿着高翹如牆的笏頭履或重台履。高翹的牆面用花紋裝飾，還可把曳地的衣裙收攬，便於邁步，以顯示貴婦高雅而含蓄的舉止。梁簡文帝《戲贈麗人》詩曰："羅裙宜細簡，畫屧重高牆。"證實了這一時代風尚。

在敦煌壁畫中還表現了僧尼的形象，與男性僧人相同的是，常服也是上著僧祇支（偏衣）。所不同的是下著裙，為長方形布片縫合其兩端而成。受世俗女裝襦裙襳髾影響，偏衣的袖頭也有髾飾。

二、婦女盛裝重髮髻

南北朝的漢族的婦女還沿襲了春秋戰國梳妝的習俗，尤其貴族婦女在參加重大的盛典時，很重視梳髮髻。當時流行的髻式有很多種，一般是將頭髮高高梳起高聳的造型，例如丸髻、螺髻、百閤分髾髻、飛天髻等。這類髮髻用髮很多，以至人們想出了填充假髮的方法，或做成假髻束在頭髮上，名假頭。當時甚至出現了專門做假髮髻買賣的行當，都是做貴族婦女的生意。而貧窮人家如果遇到盛大節日或聚會的場合需要盛裝，由於沒有錢買假髮髻，就到處借用，稱曰"借頭"。因此髮髻行當在魏晉南北朝時期很盛行。

敦煌壁畫中的婦女髮髻主要有以下幾種造型：

丸髻：有單丸髻和雙丸髻，後者多為少年兒童或少女的髮式。這是一種圓球形的髮髻，將頭髮梳至頂部，挽作實心的圓球狀。

螺髻：男女通用，亦有單雙之分，與丸髻不同的是其頂部作螺紋狀。

百合分髾髻：先集髮於頂，挽成一髻，然後分出一綹頭髮，垂於顱後，成百合狀。髻後下垂的髮尾，名曰髾。

小髻：疙瘩式髮髻，可梳一、二、三個，是西域少數民族的一種髻式。《大唐西域記》記載：濫波國人（今北印度境內）頂為小髻，餘髮垂下。此風俗傳至西域後又流行於敦煌地區。

飛天髻：髻的頂端高聳朝天。《宋書．五行志》："（南朝）宋文帝元嘉六年（公元429年），民間婦人結髮者，三分髮抽其髻直向上，謂之'飛天髻'。始自東府，流被民庶。"由此可見是南北方普遍流行的髮式。

椎髻：源自西南少數民族，《漢書．西南夷傳》："自滇以北，此皆椎結。"椎結，即椎髻，《漢書．李陵傳》注："結讀曰髻，一撮之髻，其形如椎。"

頡子髻：把頭髮挽成髻後，用色帶縛之。《晉書．五行志》記載："婦人結髮者既成，以繒急束其環，名曰頡子髻。"《晉紀》記載："永康元年（公元300年）初賈后造首紒，以繒縛其髻，天下化之，名頡子紒也。"這種裝飾在北方的廣大地區很流行，因與回鶻髻很相似，有專家認為是由回鶻傳入的，在敦煌唐代至五代的壁畫中更多見。

南北朝婦女除了梳妝髮髻之外，還注重兩鬢的裝飾，時常整理成特定各種形狀，用膠刷鬢角使其固定，又稱盛鬌。兩鬢的裝飾有帶形、飛髾形、燕尾形等，有的雙鬢捲曲作蠍子狀，最長可下垂至肩，稱髾鬢。莫高窟第285窟的女供養人及菩薩就是這種鬢飾。

在中原和長江中下游的發達地區，世家大族奢靡之風日盛，貴族婦女中流行戴各種華貴的頭飾，如東晉顧愷之《女史箴圖》中的漢族貴婦，髮髻上就插着金枝花釵。而敦煌壁畫中卻顯現了婦女梳妝的另一大特點，就是裝飾物較少，這與當時社會普遍認為花鬘髻飾是一種詭俗相符，又或是奢靡之風尚未波及到敦煌等邊遠地區。

三、婀娜多姿民族裝

與漢族婦女的襦裙相比，少數民族婦女服飾的樣式更加凸顯女性特徵，更加豐富多彩。敦煌石窟中出土年代最早的表現少數民族婦女服飾的是一幅北魏刺繡佛畫（DY0054），畫上有鮮卑王族廣陽王之母、妻和兩個女兒。其中的一名女尼，袒右肩，披紅袈裟，著蘭綠色偏衫，穿烏皮靴。另外兩名女眷頭戴合歡氈帽，顱後垂髮辮，著過膝的窄袖左衽長衫，衣上為朱紅桃形忍冬紋，內著曳地長裙。這是孝文帝漢化改制前的鮮卑婦女服飾，以後此種服制列入了改革之列，經過北魏孝文帝改制後完全被淘汰了。

此外，北魏以來由於絲綢之路的暢通，西域乃至來自中亞、西亞的各種服飾也出現在敦煌壁畫上。莫高窟第257窟壁畫中的西域王后更是盡顯異域風采。王后的西域裝，因具有龜茲女裝的特徵，又稱龜茲裝。王后頭戴花冠，冠後披一紗巾，從肩背直下又迴繞至腰下，形成似襳帶的尖角前垂。上衣袒露半臂，外套坎肩，突出豐滿的乳房，腰間有緊身束裹的圍腰，下著長裙，全身的女性曲線非常顯露而誇張，這是中原漢裝望塵莫及的。

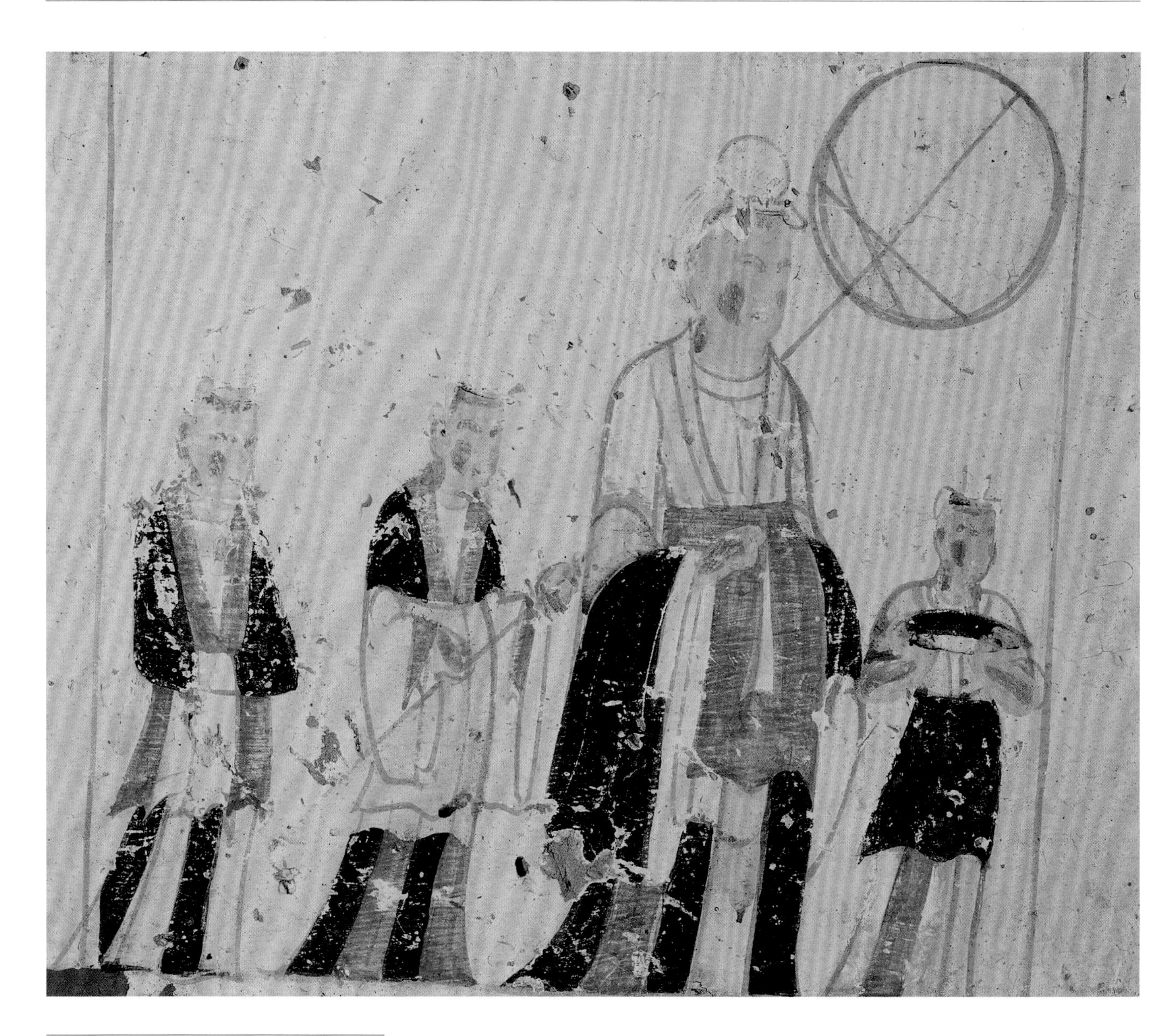

30 北魏貴婦服飾

貴婦頭梳頡子髻，把頭髮挽成髻後，用繒帛帶纏束。上著白色廣袖對襟襦衫，下著黑綠間色長裙，腰間綴綠色髾飾，中垂襳褵，是典型的漢族貴婦裝束。身後有三女侍，均梳丫髻，穿上襦下間色裙，有圍腰，但是沒有飛襳垂髾的裝飾，由此顯示貴婦與奴婢的差別。

北魏 莫288 東壁

31 西魏貴婦服飾

貴婦頭梳雙丫髻，上著窄袖對襟襦衫，披巾搭在臂上，圍腰下延伸出襳髾，下著間色裙。長長的襳帶和上身的褵帶隨風飄舞，仿佛感到貴婦在迎風前行，以簡練而誇張的藝術手法再現了飛襳垂髾的麗人形象。

西魏 莫285 北壁

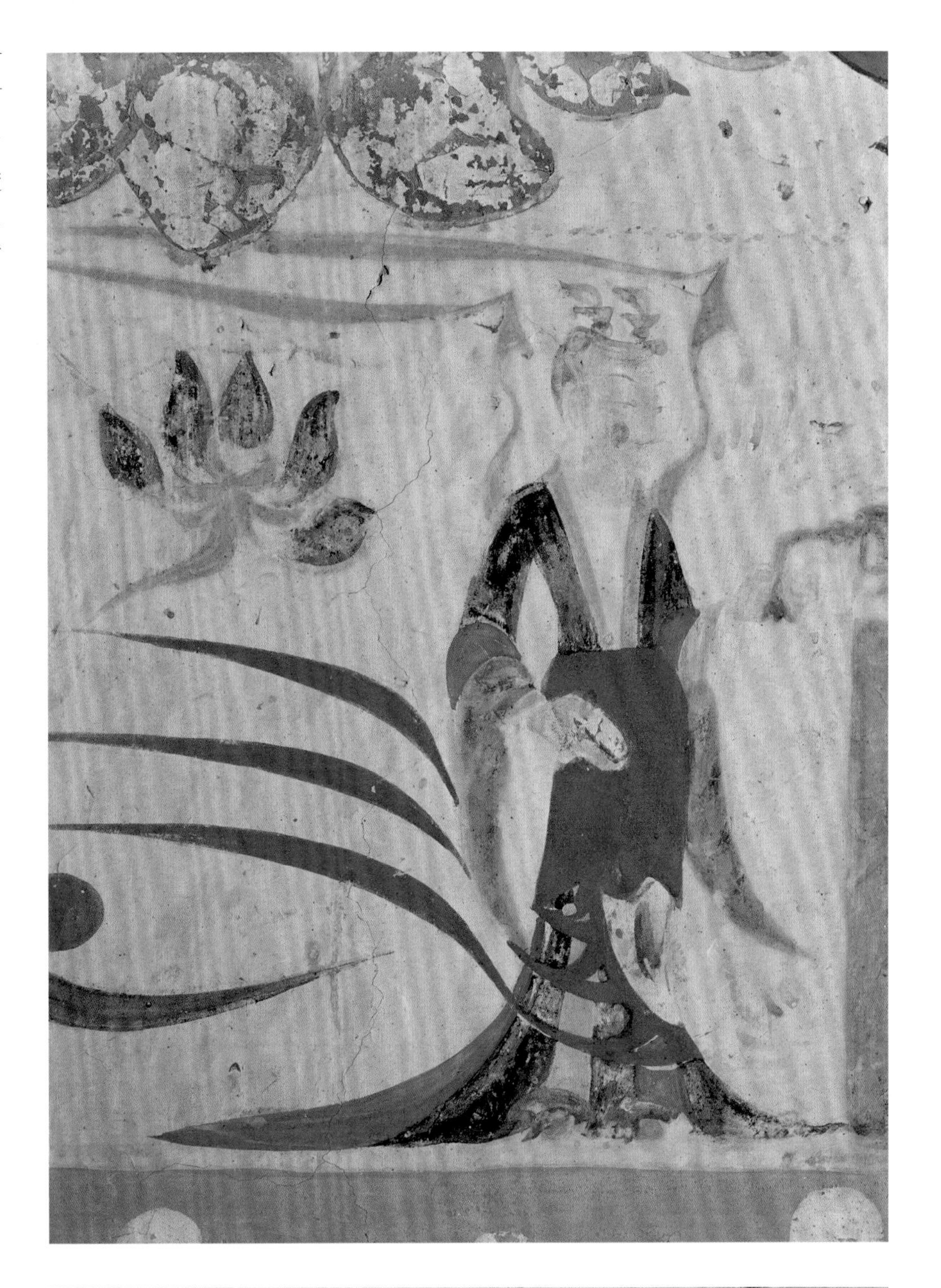

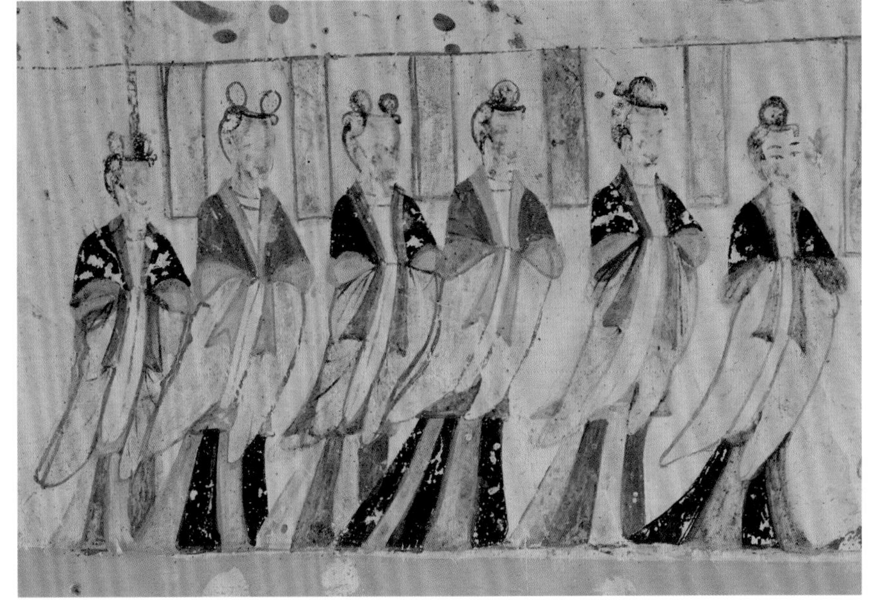

32 西魏貴婦服飾

貴婦梳單丸髻和雙丸髻，上襦中垂襳褵，披巾搭在肩上，下著各色間裙，是貴族婦女的常服。衣紋飄逸，體態修長，具有南朝風度。

西魏 莫285 北壁

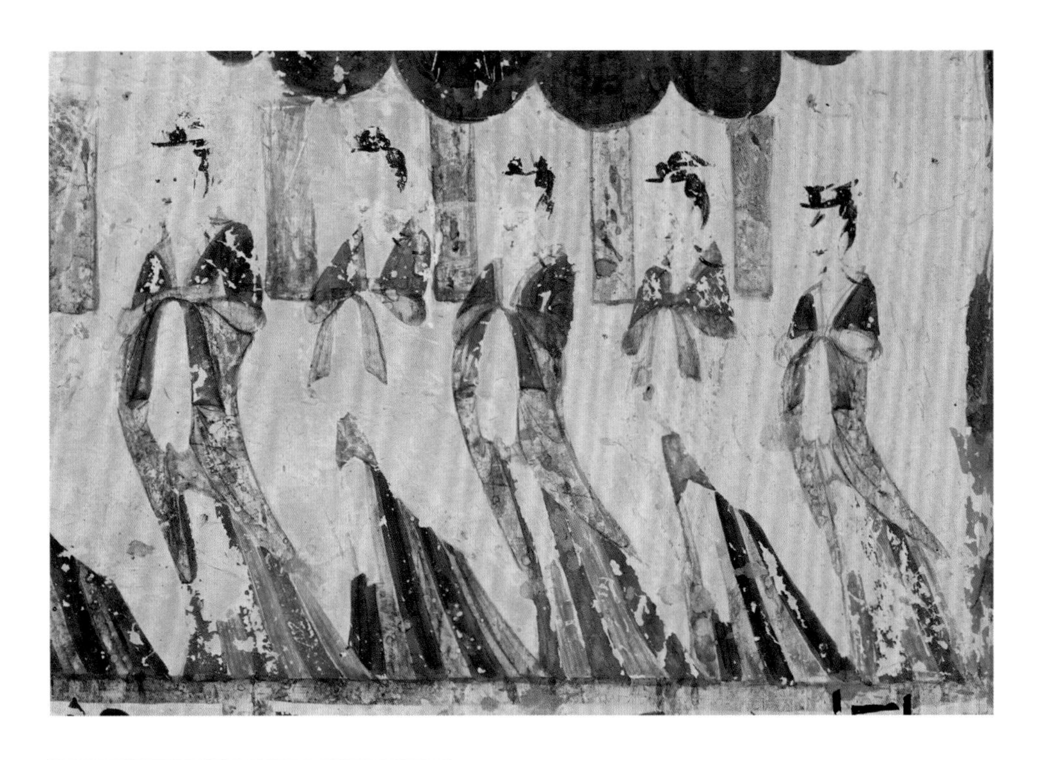

33 西魏女子服飾

女子梳朝天髻，上著袿衣，前襟加綴刀圭狀裝飾，下著各色間裙。

西魏 莫285 東壁

34 西魏少女服飾

少女梳雙丫髻，有髯鬢，寬袖襦裙。正在向人們訴説自己的遭遇，神態生動。

西魏 莫285 南壁

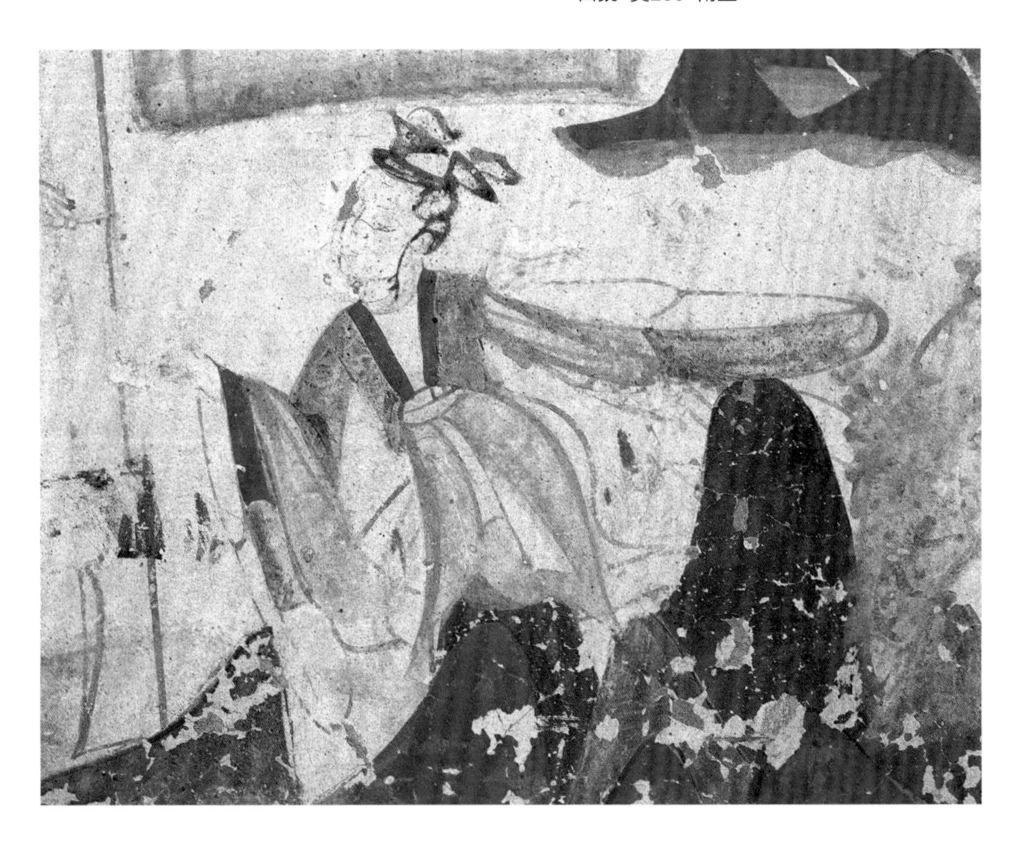

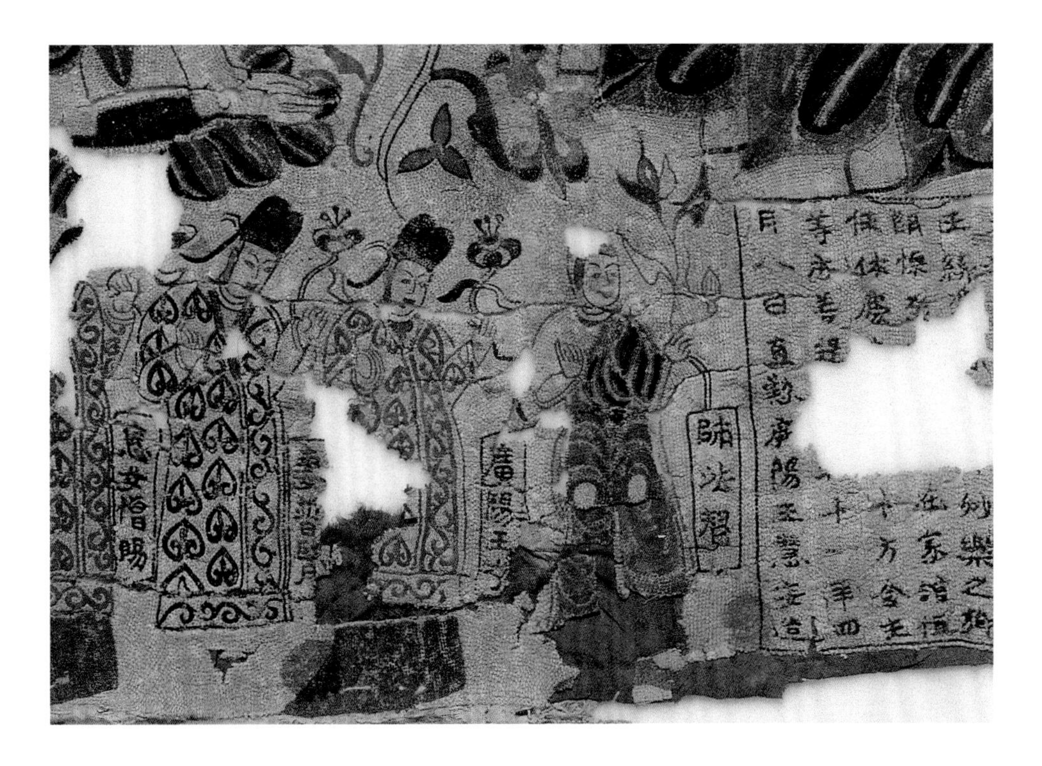

35 鮮卑王族女眷服飾

鮮卑王族廣陽王之母、妻和二女，均戴合歡氈帽，顱後垂髮辮，著窄袖左衽袍服，上有朱紅色忍冬紋圖案，內著曳地長裙，是典型的鮮卑貴族婦女服飾。前有一女尼導引，袒右肩，披紅袈裟，著蘭綠色偏衫，穿烏皮靴。在敦煌壁畫中北朝的各種人物服飾多為單色，極少見有紋飾圖案。此圖人物具有榜題，身份明確，尤為珍貴。

36 北周貴婦髮式

貴婦頭梳百合分髾髻，是北朝婦女髮式中比較複雜的一種。先集髮於頂，挽成一百合狀髻，然後分出一綹頭髮，垂於在髻後，名曰髾。

北周 莫428 中心柱

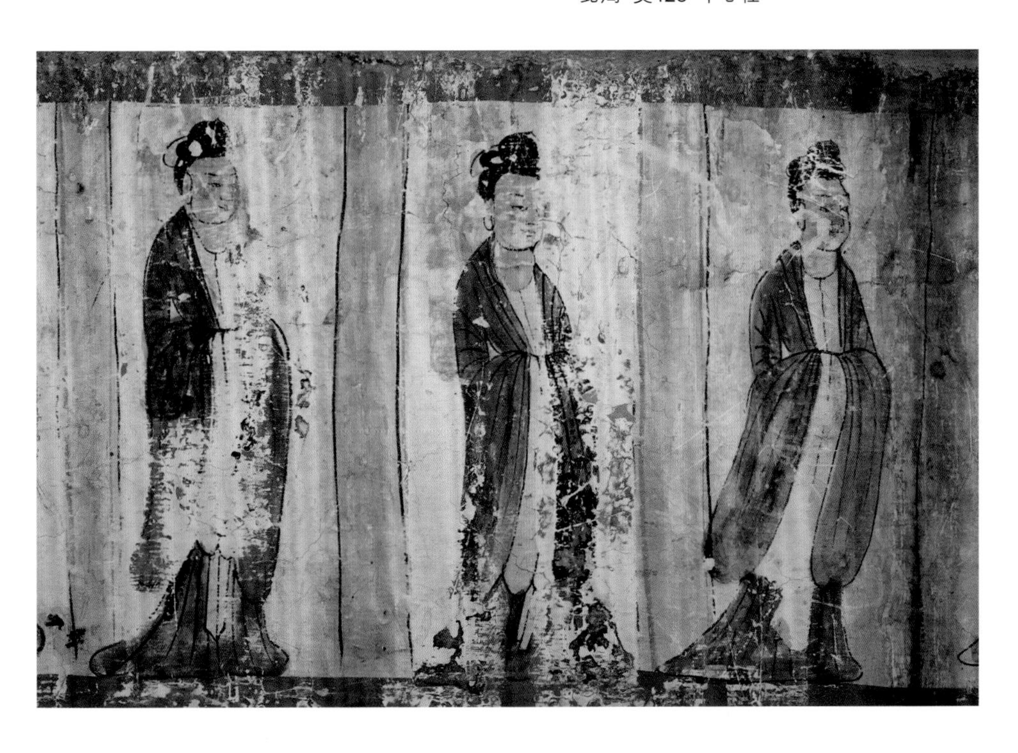

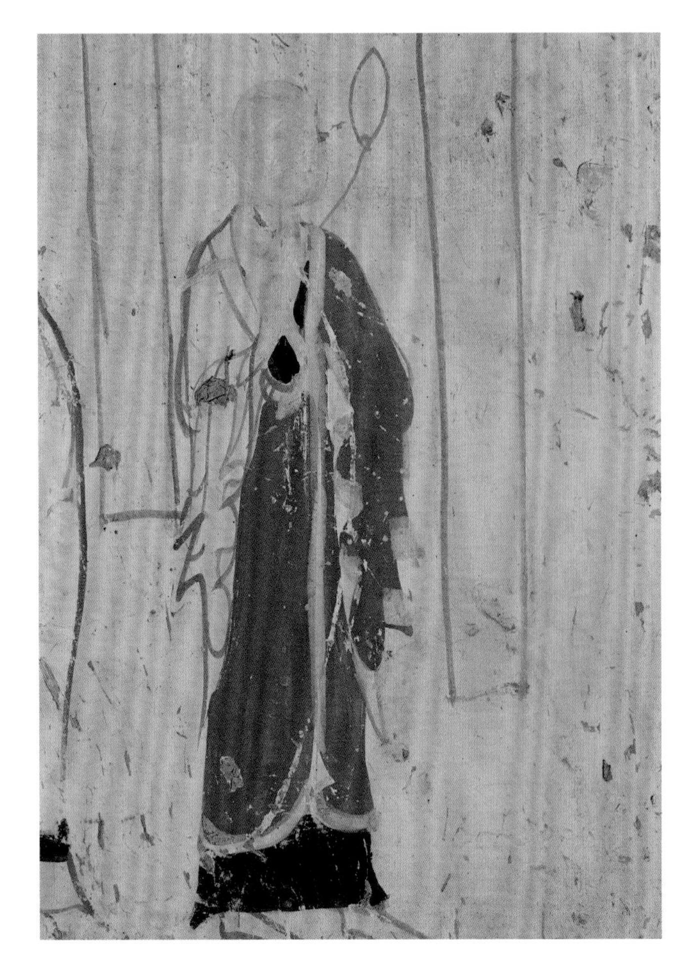

37 **北周女尼服飾**

女尼手持一支蓮花，外披紅袈裟，內著偏衣，袖端綴垂髾，由此可見女尼也在悄悄追尋襳髾飛動的裝飾潮流。

北周 莫296 東壁

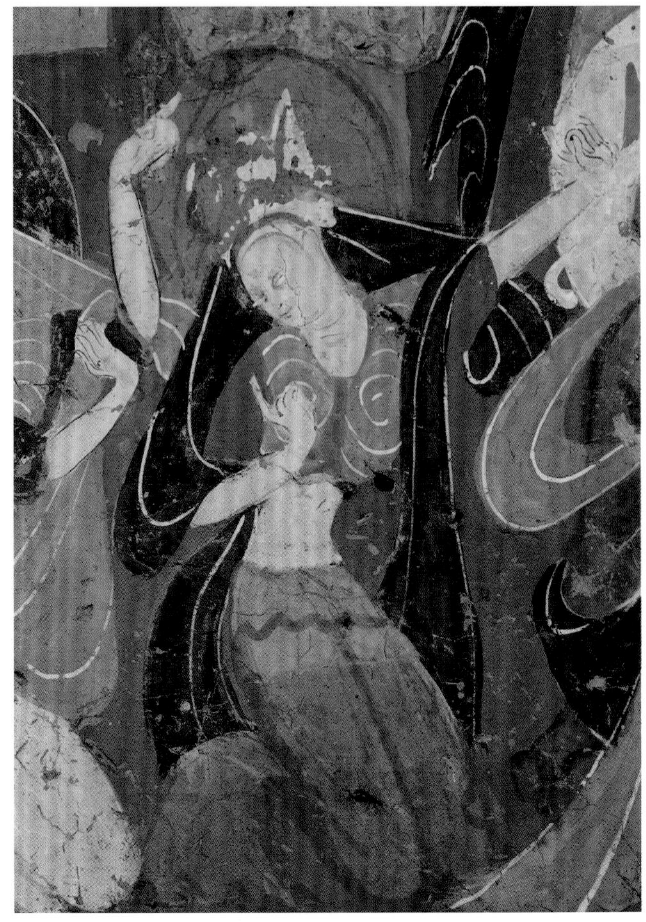

38 **西域王后服飾**

王后身著西域裝，頭戴花冠，頭上披一黑色長紗巾，窄袖短襦，有緊身護胸，下著長裙，腰部裸露。護胸的形制和圖案與西魏武士的裲襠鎧甲相似，腰部裸露又具有高昌回鶻服飾的風格。

北魏 莫257 西壁

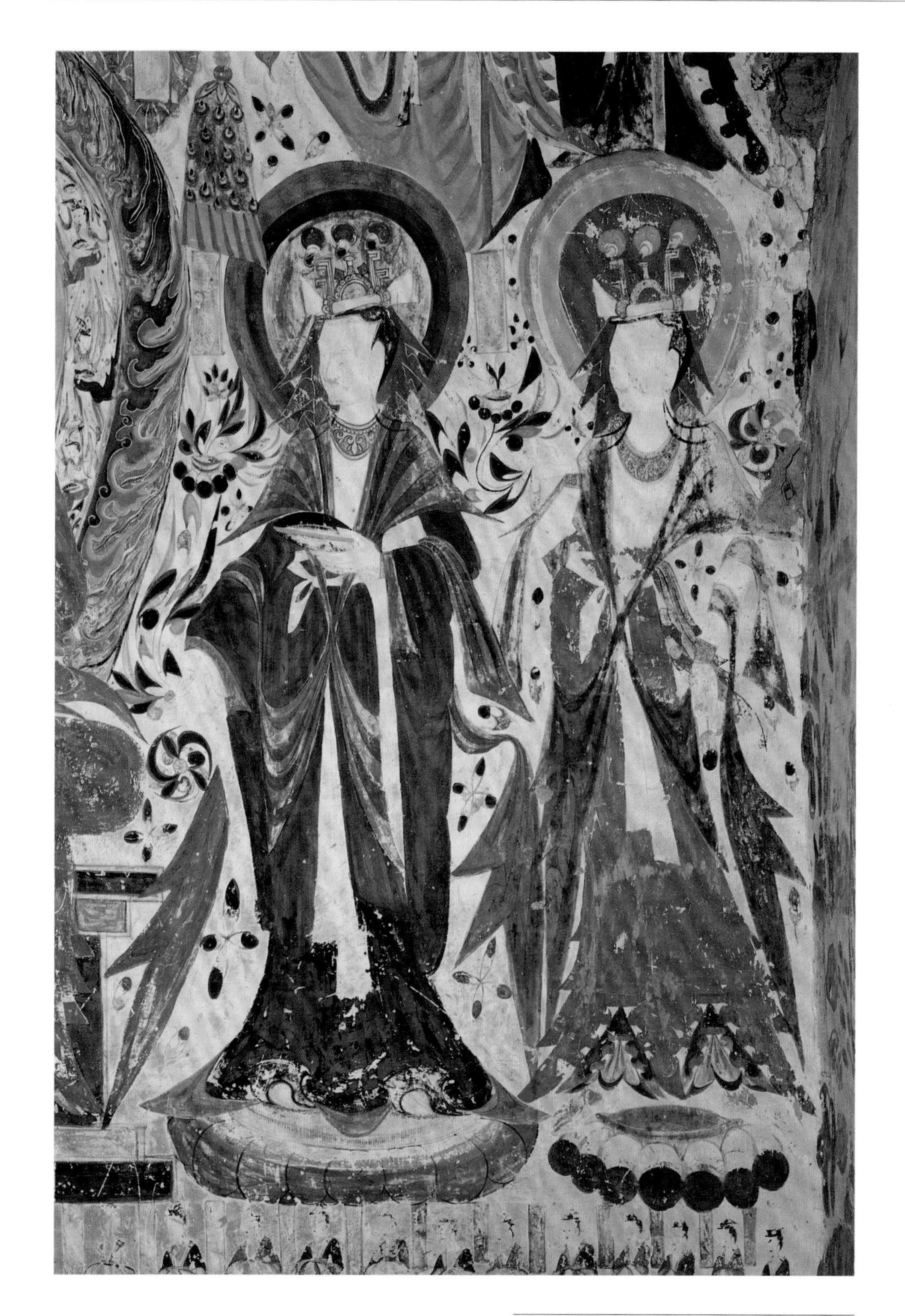

39 菩薩服飾

供養菩薩頭戴三珠寶冠，兩鬢作燕尾狀，長披巾兼作袿衣之飾，垂襳髾，衣裳下部綴髾飾。一菩薩寬袖，穿笏頭履；一菩薩直袖，穿高牆履。其服飾色彩艷麗，應來源於當時北朝貴族婦女的裝束，與南朝婦女的飛襳垂髾式華服相比，其風格顯得更加簡約明快。

西魏 莫285 東壁

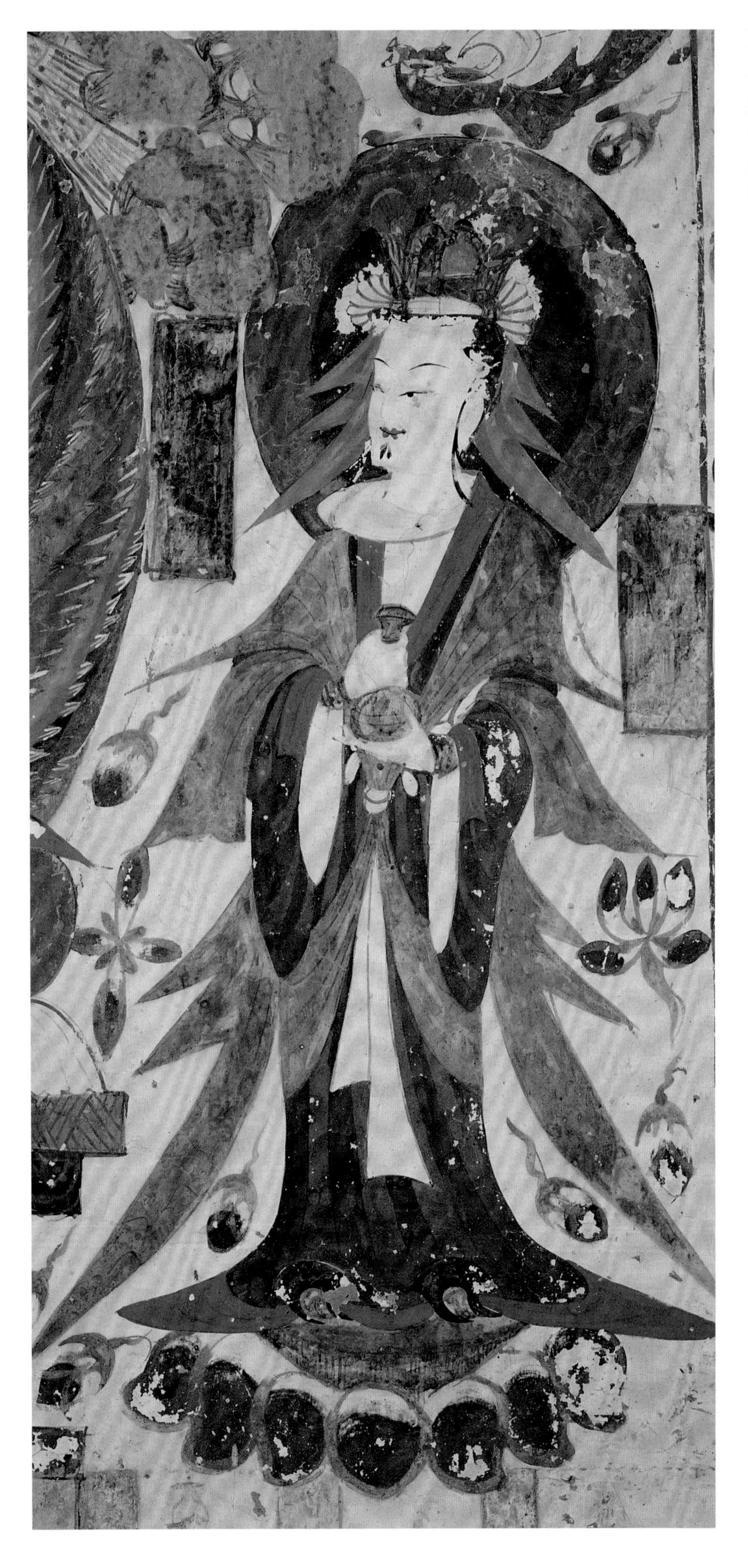

40 菩薩服飾

供養菩薩頭戴花蔓寶冠，兩鬢作燕尾狀，內著曲領中單，外著袿衣，飛纖垂髾，下長裙，穿笏頭履。由此反映出南北朝貴族婦女服飾的時尚潮流。

西魏 莫285 東壁

向奢華盛裝過渡的年代

隋代（公元581～618年）

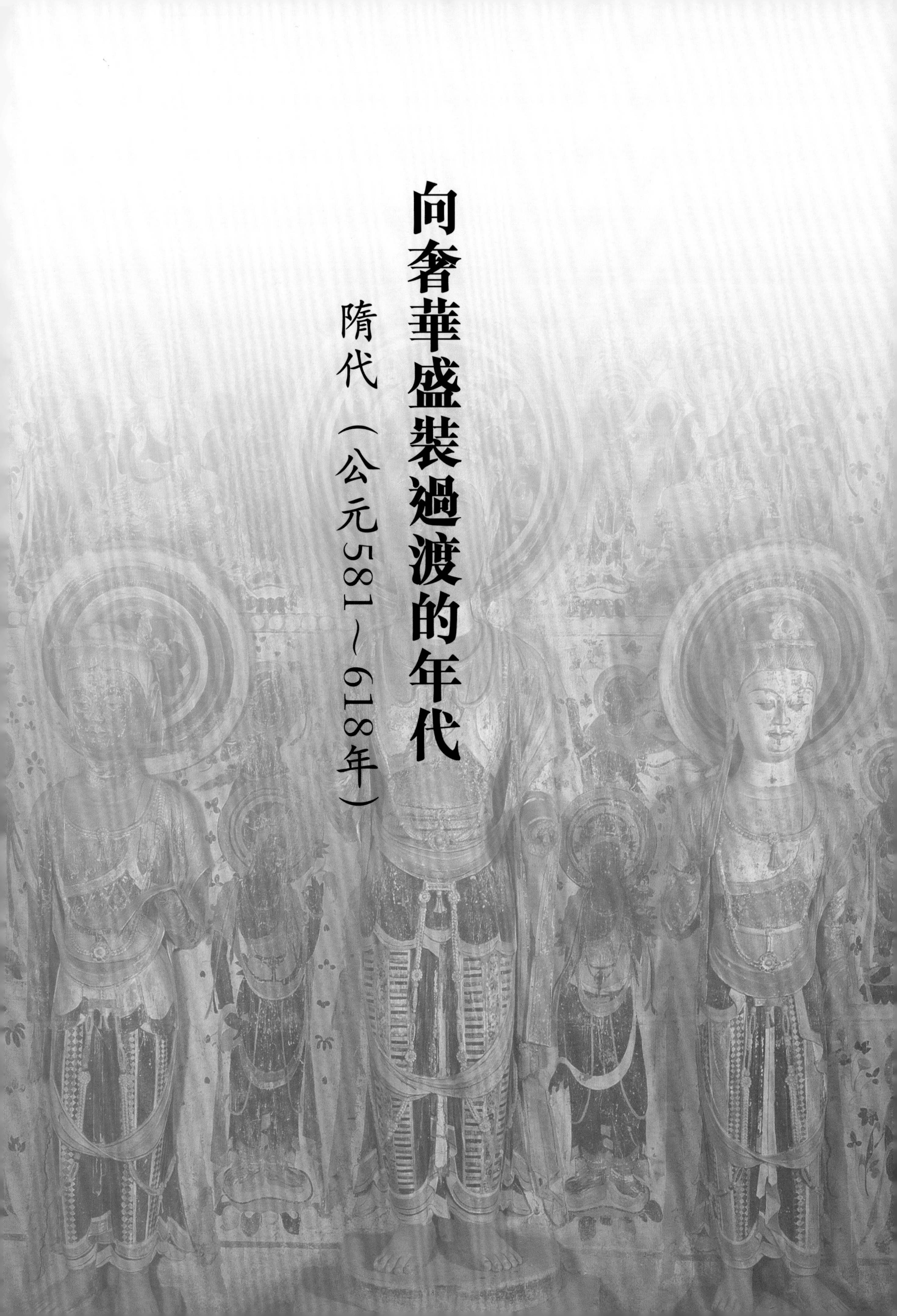

公元6世紀末，隋朝結束全國分裂割據的局面，建立了統一的多民族國家。建國伊始，統治者無暇顧及制定服飾制度，服飾大致沿襲南北朝，崇尚樸實、簡約。至大業二年（公元606年），隋煬帝欽定輿服制度，上至皇帝百官，下及黎民百姓，各有等級差別，明示地位尊卑。此後社會風尚變化，追求享樂蔚然成風。據記載，隋煬帝"自大業二年，每歲正月……於端門外建國門內，綿亘八里，列為戲場，百官起棚夾路，從昏達曙，以縱觀之，至晦而罷。伎人皆衣錦繡繒綵。其歌舞者多為婦人服，鳴環佩，飾以花髦者殆三萬人。……兩京繒錦為之中虛。"（《通典》）大業六年，隋煬帝又在天津街盛陳百戲，"盛飾衣服，皆用珠翠、金銀、錦罽、絺繡、其營費鉅億萬"。當時京都的王公貴族穿著追求華麗，伎人皆衣錦繡繒綵，東西兩京的錦繡絲織品甚至出現了空竭。此時西域及外國客商紛至沓來，精美華麗的波斯錦、薄如蟬翼的紗縠等，開始進入中國市場，受到王公貴族的青睞，西域及海外服飾紋樣也在中國廣為流行。

隋朝國祚雖短，但在服飾的發展中起着承前啟後的重要作用。隋文帝崇信佛教，使佛教盛極一時，隋代在莫高窟修建洞窟達一百多個，其壁畫和塑像人物的服飾突出表現了這一時期服飾向奢華盛裝過渡的特點。從整體上看，敦煌地區的服飾發生的重大變化，主要表現在漢化成為主流，服飾風格雖然出現了追逐色彩絢麗、衣冠華美的迹象，但是遠不及中原盛勢，依然崇尚樸實、簡約，尊卑等級在服飾樣式上差別不大，只是在衣料的質地上顯示差別。可能由於隋煬帝執政時間短暫，奢靡之風的影響力主要集中在中原，遠在邊塞的敦煌波及較小。此外，敦煌隋代的壁畫與盛唐相比，仍然難免繪畫草率，中原流行的服飾紋樣大多也難以在壁畫中展現出來。

第一節　官服披袍與明光鎧甲

敦煌隋代壁畫中從皇帝到官員的服飾，比中原地區略顯保守一些，雖然南北朝流行的曲裾繞襟，飛髾飄動的樣式已經逐漸消失，出現了服飾禮制的苗頭，但是官服基本樣式仍沿襲南北朝舊制，以漢裝為正宗，具有西北特色的披袍登上大雅之堂。在敦煌石窟中各種雕塑佛像的服飾上，首先出現了華貴艷麗的錦繡織品，打破了原來一貫單色的局面。表現尤為突出的是來自中原和西域的豐富多彩的服飾紋樣，受到貴族階層的青睞，由此開創了一代新風。

一、重建官服禮制

隋代統治者在實現統一以後，為了規範帝國新秩序，決心着手制訂辨明尊卑等級的服飾禮制。短暫的國運，雖然使許多制度來不及全面推行，卻為後世的大唐帝國奠定了基礎。從敦煌壁畫中的皇帝、官員服飾上，可以尋找到隋朝重建服飾禮制這一繼往開來的歷史轉折點。

皇帝禮服：莫高窟初唐第323窟描繪了開皇六年（586年）隋文帝在都城洛陽親自迎接名僧曇延，為民祈雨的重要事件，這是敦煌壁畫最早出現的皇帝形象。隋文帝在眾朝臣簇擁下迎賓，君臣均頭戴通天金博山冠，外著大袖寬袍，領袖有緣飾，腳蹬笏頭履，其樣式沿襲了南北朝官服舊制。這幅唐代初年創作的壁畫，人物的形象應比較真實。根據史書記載，隋代皇帝的朝服是冕服，還有出外郊遊的冠服，即頭戴通天金博山冠，下襯黑介幘，身穿袍服。此畫中表現隋文帝走出皇宮迎賓的情景，其冠服應屬郊遊服，也可作為迎賓禮服。眾臣的服飾既是五品以上朝宰文職大臣的朝服，也是常服。流傳至今的閻立本繪《列帝圖》，有隋文帝身著朝服冕服的形象，但是在敦煌壁畫中沒有出現。

官員朝服：《隋書・禮儀志》記："白紗帽、白練裙襦、烏皮靴，視朝聽訟及宴見賓客皆服之。"男子穿裙是帝王百官祭祀、朝會時的一種禮服，可用輕紗製作，名紗裙；也可用白色熟絹製成，名練裙。裙裳前垂長帶，隋制規定正三品以下、從五品以上束素帶。敦煌壁畫中的官員服飾與史書記載基本相符。

隋代有尚赤的風尚。傳說隋文帝楊堅在建國之初的開皇元年（公元581年）即位時，有赤色雀飛翔，被視為天瑞。因此隋朝自以為得火德，崇尚紅色。隋文帝制定的冠服禮制，官服等級也開始注重顏色的差別。隋文帝詔令曰："初受天命赤雀降祥，所以祭服、朝服盡令尚赤。"隋制規定，五品以上的官服為紫色。但從敦煌壁畫看，官員中有着絳紫色紗裙者，這是王公顯貴的服制。而士庶也有穿紫色袴褶者，甚至連馬夫也著紅色大褶。他們雖然穿平民服裝的樣式，但是顏色比較隨意，證實當時來自中央朝廷的官服禮制在西北地區尚未受到嚴格限制。

披袍：在敦煌壁畫中常見官員流行披袍，與南北朝一脈相承，應該屬於西北地區的特色。披袍與披風相似，披袍有袖，垂而不用，而披風無袖。披袍似用毛織物作成，有圓領和大翻領兩種樣式，衣領處繫結，下部敞開。按照中原的傳統禮儀，要求官員衣不露體，穿戴符合禮制。而隋代披袍敞開，垂袖不穿，似乎有失體統，這應該是西域以至中亞的習俗。時至今日，伊朗、阿富汗等地的官員仍外罩披袍。隋代與南北朝官服的明顯差異還在於袍服和披袍顯得越來越修長。

冠帽：壁畫中隋朝的文官頭戴小冠子，即平幘巾，依然保持着魏晉的風尚，巾幘較小，包在頭頂。《隋書·禮儀志》記載，南北朝常見的籠冠還在隋代繼續通行，從閻立本繪《列帝圖》可以得到證實。但是敦煌隋代壁畫以及中原地區出土的文官陶俑卻都沒有出現籠冠，這一現象值得關注。

僧官服；隋代官員服飾不但用於朝廷命官，還用於僧官。莫高窟303窟壁畫的一名男供養人，著當時官員的典型服飾，外罩翻領披袍，前垂長帶，下穿烏皮靴，如果不是旁邊的題記證明其身份是僧官，一定會把他視為普通官員。僧官也是由政府任命的、統領寺院僧尼以維持教法的官職。在印度佛寺中只有僧團內的各級職務，而無僧官之設。而佛教傳入中國以後，於魏晉南北朝時期設立僧官，此後歷朝皆因襲其制。隋代承襲魏晉之制，僧官以“統”為正，以“都”為副，至初唐直接以俗官治理僧團的有關事務，所以隋代出現僧官穿著俗官服飾的形象，很可能是隋末之際，恰可佐證這一史實。

西域貴族服飾：隋朝很尊重少數民族的習俗，皇帝經常饋贈給西域各國的首領特製的民族風格錦袍，作為高貴的禮品。在莫高窟390窟的供養人行列中出現兩名著圓領錦繡製作的上褶、下穿白褲的西域番客。前一番客的上褶紋樣為聯珠紋，後一番客為聯珠獸紋，均為域外情調的紋樣。據《隋書·西域傳》記載：粟特人“丈夫翦髮錦袍”，波斯人“傅金屑於髮上以為飾，衣錦袍”。據唐代閻立本所繪《步輦圖》中，謁見太宗的吐蕃使者身著鳥獸紋的團花錦袍，推測壁畫中此供養人應是吐蕃或西域少數民族貴族。

講究蓄留鬍鬚：南北朝以來，由於戰爭，北方胡族長期作戰，出於戰事的需要，男子已經有纏鬚的習俗，以後形成社會風氣，被視為男子表現陽剛之美的重要妝飾手段。《晉書》記載，西晉文人流行纏鬚，“張華多姿（髭），製好帛繩纏須。”《南史》記載崔文仲“嘗獻齊高帝以纏鬚繩一枚。”可見纏鬚已經有了特殊材料製作講究的專用工具。在敦煌隋代壁畫和塑像中可以看到，從文武官員、平民到菩薩、天神，多蓄留鬍鬚，有的還講究鬍鬚的修飾，精心保養，其妝飾手段之精細，比同時期婦女妝飾髮髻竟有過之而無不及。敦煌壁畫中男子的鬍鬚有多種樣式，常見有把鬍鬚編成辮子，垂在下頜正中；鬍鬚從嘴唇兩端上翹，作成菱角式。文武官員的鬍鬚則修理整齊，有條不紊，是嚴謹、威武的象徵。

二、輕便靈活的明光鎧甲

隋代的戎裝在製作工藝上比魏晉南北朝時期更為精良，南北朝盛極一時的鎧甲，此時還尚留餘輝。在敦煌壁畫中看到的隋代戎裝，大多來自天王的裝束，其實就是當時軍隊裝備的真實形象。南北朝的防禦性重裝鎧甲已經衰落了，而在文武官員中流行的比較簡單的裲襠鎧甲，被明光鎧甲所取代，佔據了戰場的主導地位。明光鎧甲由三部分組成，有頭盔、甲身和甲裳。頭盔頂上有一銅管，可插裝飾，如鶡尾、鳥翎、纓飾、圓珠等。兜鍪的設計相當科學，在頭部以下還有護耳和頓項，有的還加頸鎧——盆領，以保護頭的兩側和頸部。甲身一般長至臀部，有覆膊、護胸、腹甲等。甲裳有護大腿的腿裙、護小腿的吊腿，還有鶡尾在後下垂。隋朝的服飾禮制還規定，高級武官的鎧甲鍍金銀，下級武官的鎧甲為皮革，飾虎紋。

明光鎧甲的主要特徵是胸前左右各有一個圓形護甲，多以銅、鐵等金屬製成，經過仔細打磨後光亮如鏡，在太陽光的照耀下，能折射出亮光，故名“明光”。這種鎧甲在三國魏曹植《先帝賜臣鎧表》已有記載，但至魏晉戰爭中仍為罕見之物。《周書·蔡祐傳》中描述：當蔡祐穿明光鎧指揮戰鬥時，嚇得敵方喊道：“此是鐵猛獸也！”紛紛逃遁。隋代敦煌的藝術家在塑造天王神像的鎧甲時，各個部位都儘量表現了不同的質地，重要防護部位的製作材料表現鐵質或銅質，其餘部位表現用皮革和布帛等製作，以高超的藝術手法真實表現了隋代鎧甲已經改變了南北朝時期重裝鎧甲全部用金屬製作的缺陷，顯示了騎兵在實戰中既靈活輕便又不失防護功能的優勢。這是中國軍事防禦裝備的的重大改進。

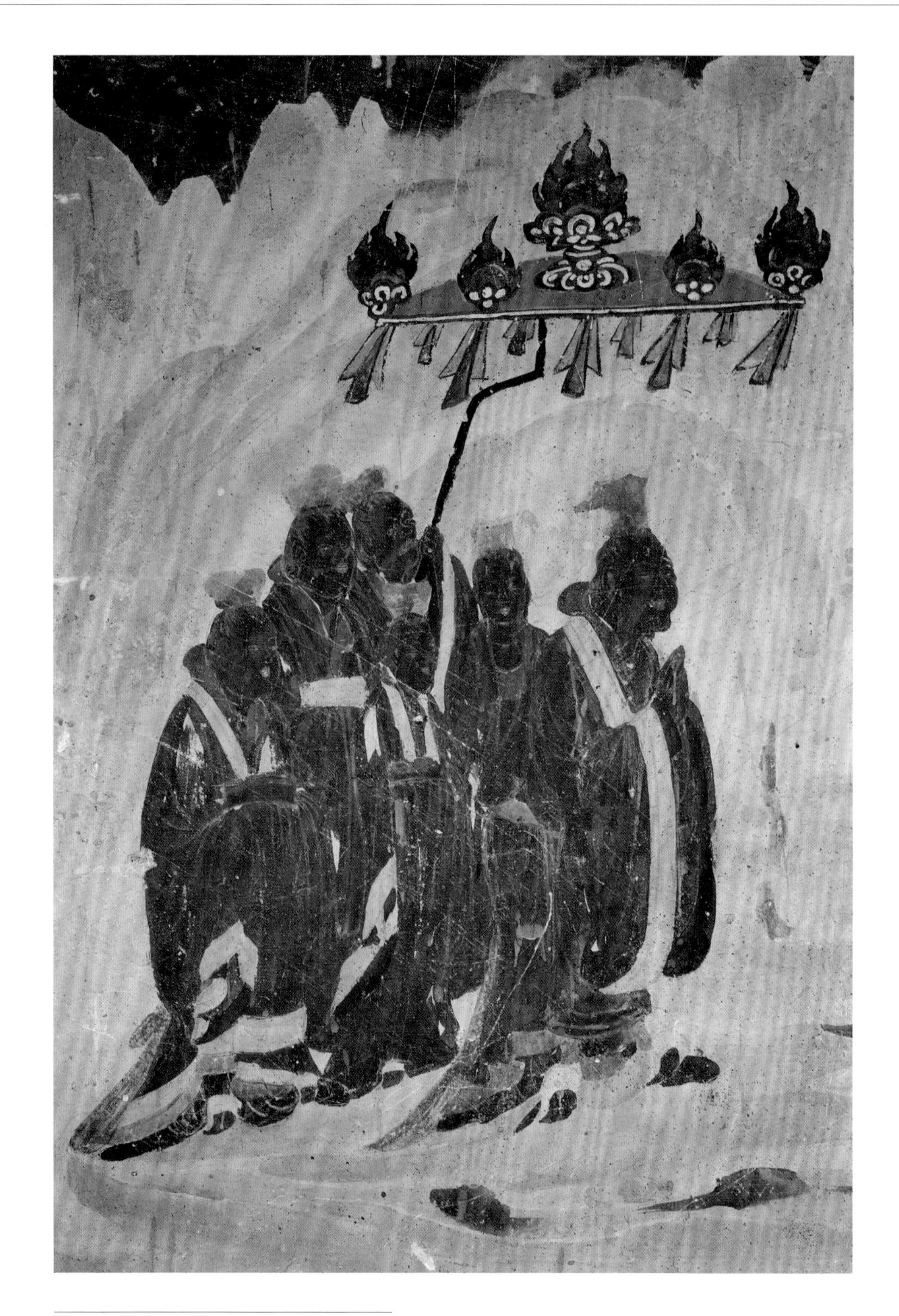

41 隋文帝與朝臣迎賓禮服

初唐繪製，記錄了隋代中國遭遇大旱，隋文帝親自率領羣臣禮佛求雨的場景。君臣的服飾基本沿襲南北朝漢裝舊制。曲柄華蓋下的隋文帝戴通天冠，著寬袖袍服，雲頭高牆履。身後的朝臣戴黑介幘、著袍服，應為文官。

初唐 莫323 南壁

42 貴族常服

維摩詰經變中維摩詰以上層社會儒雅之士的形象向眾人宣揚佛法。他一手揮麈尾，頭戴綸巾，美髯規整，外披絳色圓領長披袍，雙袖空垂，質地厚實，應為棉夾袍。內著曲領中單，質地輕柔。氣質瀟洒高貴，服飾精緻，應是隋朝典型的貴族常服。

隋 莫276 西壁

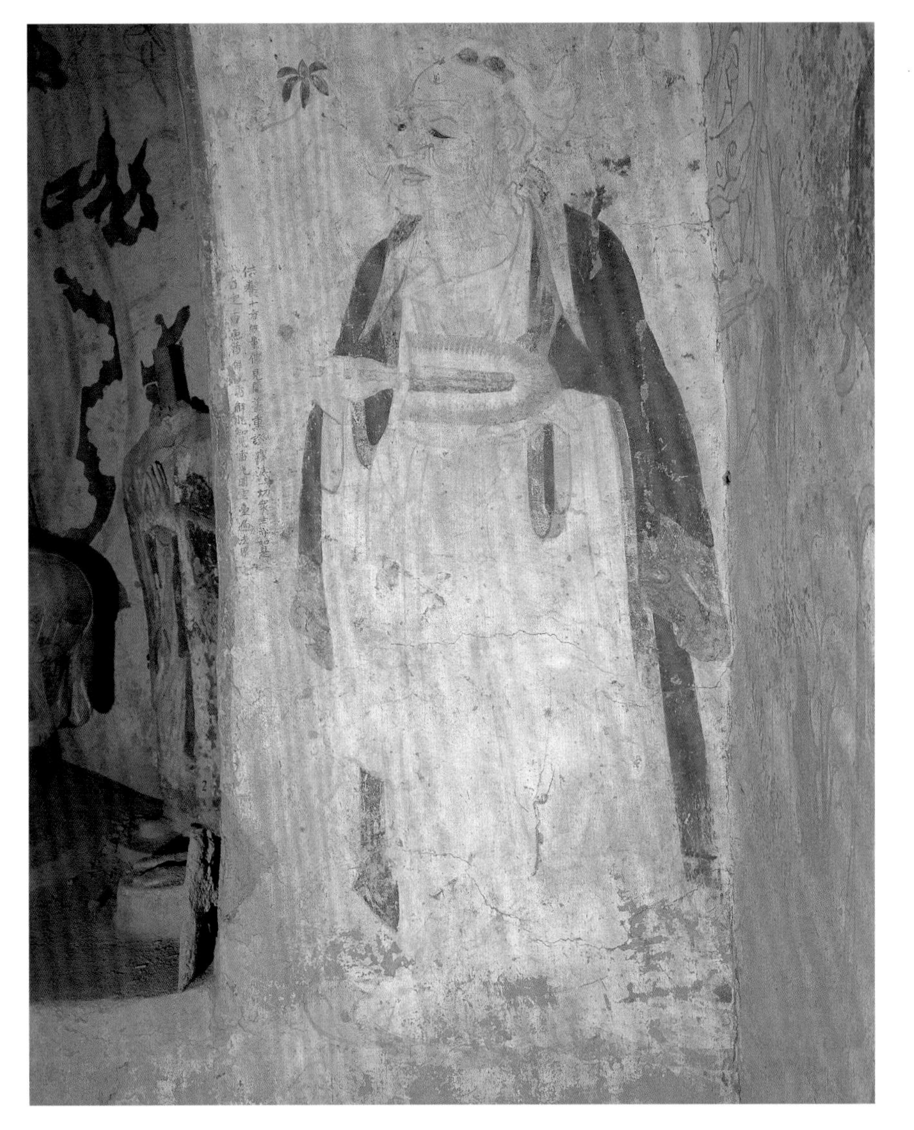

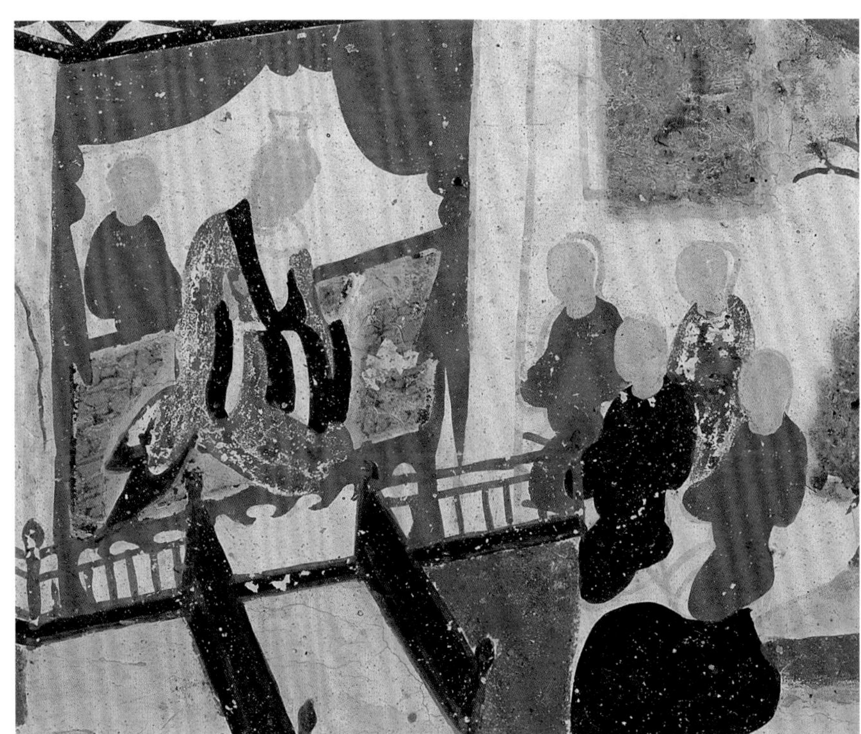

43 官員與平民服飾

官員著隋代典型的紅色官服，戴小冠，曲領中單，寬袍廣袖。四信眾著圓領大褶衣，多著紅色衣。可見從官員到平民的服飾與南北朝一脈相承，禮制尚不嚴格，官員和平民都可以穿紅色衣服。

隋 莫303 人字坡西坡

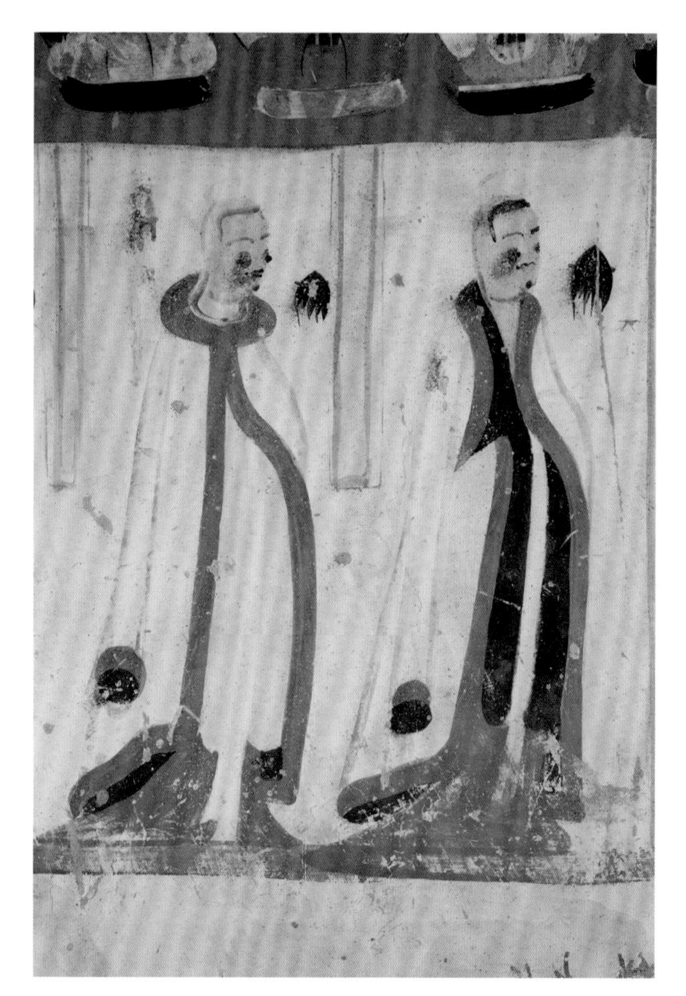

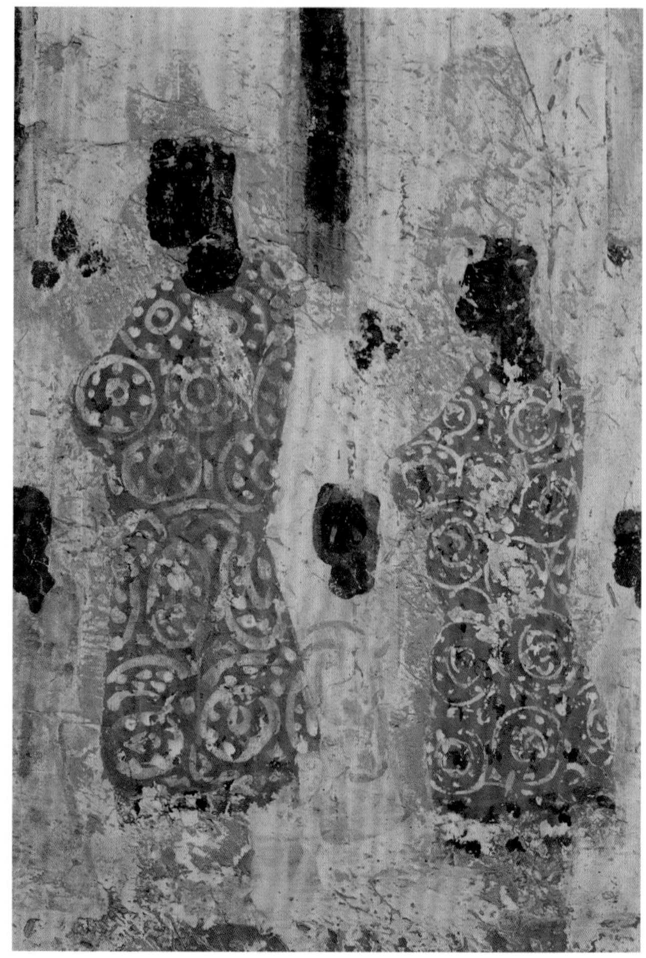

44 官員披袍

二人頭戴小冠，分別著翻領和圓領的袂披袍，雙袖空垂，內著大袖袍服，前垂長帶，應是官員或貴族的常服。著翻領披袍者還留有菱角式髫鬚，保留着西域少數民族男子的特徵。

隋 莫303 北壁

45 西域貴族錦繡袴褶

二人頭戴尖頂氈帽，著紅色圓領團花錦繡製作的袴褶，下著白色袴。前一人為聯珠紋袴褶，後一人為聯珠獸鳥紋袴褶，是由西域傳來的錦繡圖案紋樣，應是隋代貴族中流行的圖案。

隋 莫390 北壁

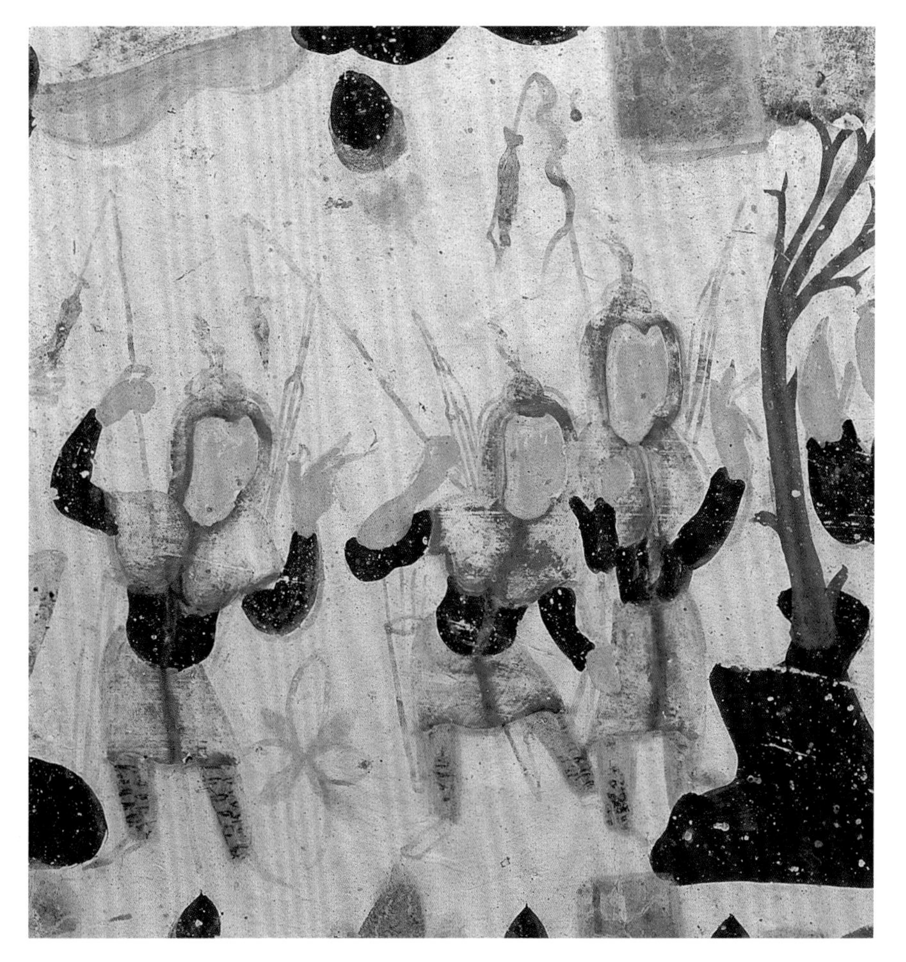

46 步兵戎裝

步兵頭戴長耳兜鍪，頂插纓毛，著護胸鎧甲，下著腰裙，足蹬長靴。與南北朝步兵的戎裝相比，已經向輕便型改進。

隋 莫303 人字坡東坡

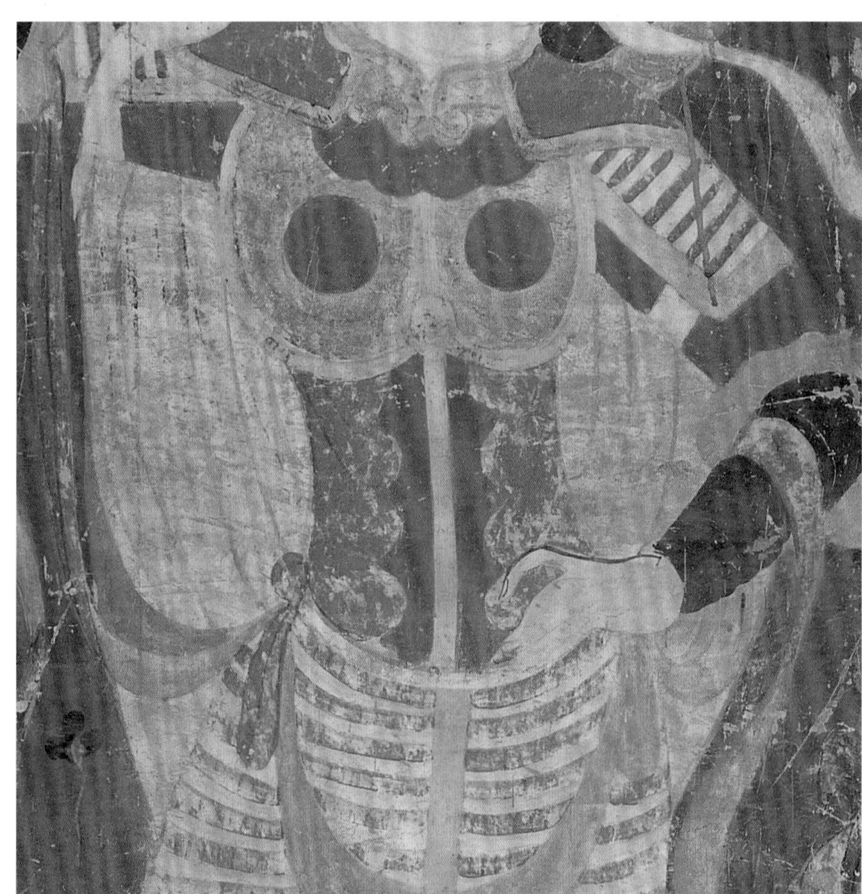

47 天王明光鎧

廣目天王，著典型的戎裝，有護頸、護肩、護臂、箭袖。胸部有二圓護甲戴佛冠，這是明光鎧的標誌。下著腹甲，其身後有下垂的鶡尾。其中護臂和腹甲似是用魚鱗狀小鐵片連綴成長條拚接而成，胸前圓護是用銅鐵打磨製作，護頸、腹甲是革製，其它可能為絹帛製作。其樣式仍然保留南北朝西域或高昌回鶻武士鎧甲的風格，比前圖步兵戎裝顯沉重。

隋 莫380 東壁

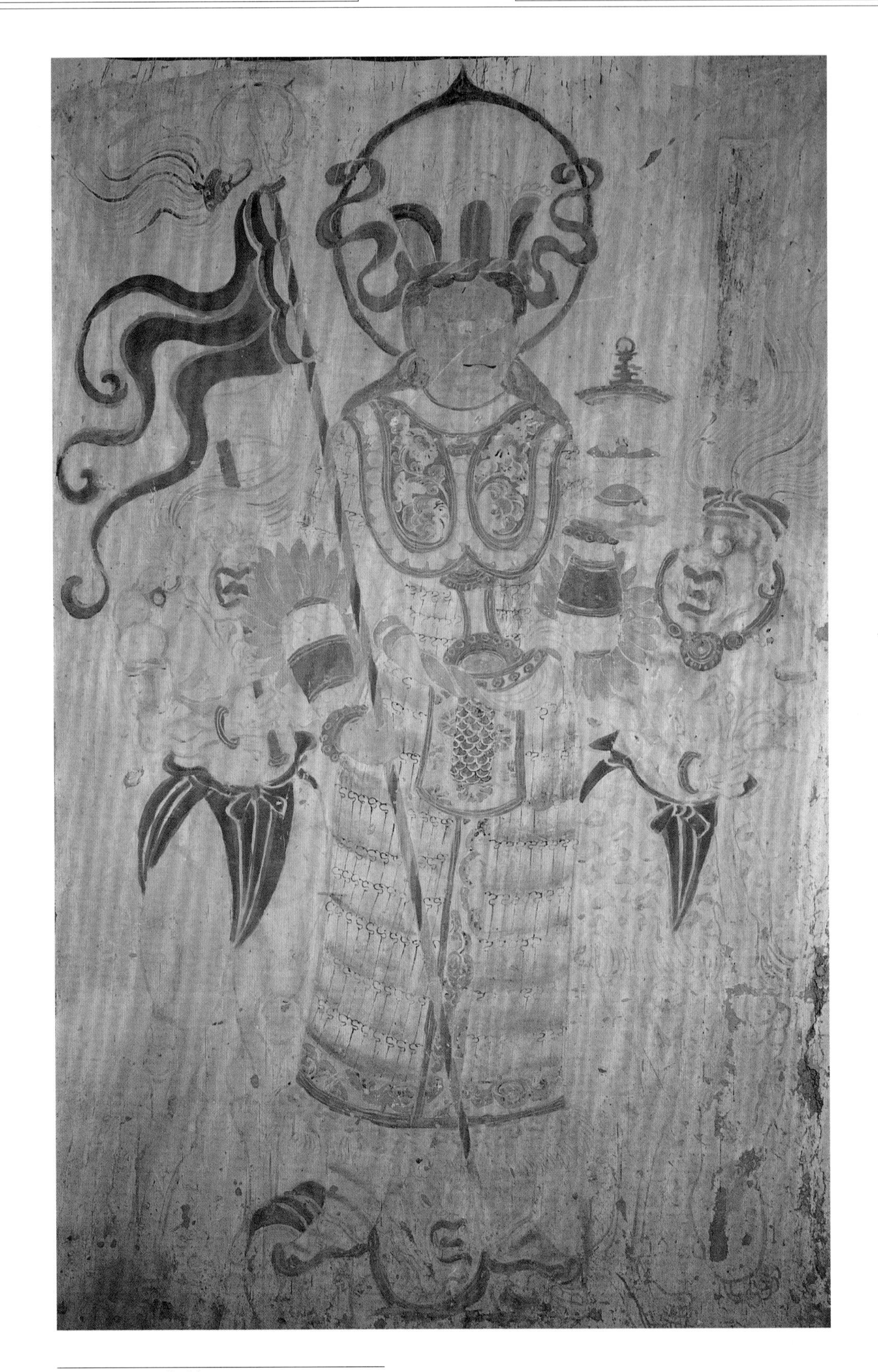

48 天王明光鎧

北方多聞天王身著明光鎧。用細緻的筆墨勾畫出鎧甲的製作工藝，即用長方形的皮條或鐵條連綴而成，便於全身動作靈活，是唐宋時期鎖子甲的前奏，與敦煌市博物館藏元代鎖子甲工藝相似。

隋 莫380 東壁

第二節 胡漢通服大褶衣

敦煌壁畫中反映魏晉時平民男子的常服袴褶，在進入隋朝以後仍在延續，但在樣式上開始發生變化，演變成為大褶衣。這是上至王公貴族，下至平民百姓的常服，甚至在西域各族中也廣為流行。

一、大褶衣蔚然成風

魏晉的上褶一般長至膝上。隋代男子常服出現了一種長至膝下，是介於長袍與短衣之間的上衣，這就是大褶衣。大褶衣保留了袴褶窄袖、緊身、束腰的特徵。領部從原來的高圓領，有緣邊，演變為低圓領、無緣邊。大褶衣的束腰，一般可用韋帶，無任何裝飾；也可用蹀躞帶，上有環，可懸掛飾物及所需的小件物品。

隋代男供養人大多上著大褶衣、下袴子、穿靴，明顯保留了袴褶的遺風。穿大褶衣的不僅是士庶之輩，還進入了官宦人家。

由於隋朝國家安定統一，絲綢之路暢通，出現了四夷來朝的局面。尤其隋煬帝巡幸了包括敦煌在內的河西地區，西域二十七國均拜謁於道旁，可見隋朝對西域巨大的政治影響力。這時敦煌壁畫的供養人行列發生了重大變化，有一些留有胡族髮式的顱後披髮者，身著漢族的大褶衣、束腰、蹬靴。他們都是北方的鮮卑、西域的柔然、突厥等少數民族貴族。隋代壁畫少有南北朝壁畫中穿著西域服飾者，大褶衣在當地成為胡漢各族男子的通服。由此可見西域各族對漢族文化和習俗的崇敬和吸納。

還有一個現象值得關注，大褶衣基本上都為紅色，這是隋代尚赤的風尚，士庶均可服紫色，甚至連馬夫也著紅色。可見朝廷所尚，波及社會，同時也是禮制尚未嚴格的又一例證。大褶衣的廣泛普及性，為唐代的袍服奠定了基礎。

隋朝大褶衣還有一些局部的變化。敦煌地區流行一種長袖大褶衣，袖子長至膝部。長袖古時為舞伎的形象，春秋《韓非子．五蠹》中說："長袖善舞，多錢善賈。"漢《蜀都賦》云："紆長袖而屢舞，翩躚躚以裔裔。"但在隋代著長袖者不局限於舞伎，也在平民階層普及，如莫高窟第419窟壁畫中的著長袖者就是平民青年。

隋朝士人之輩喜穿襴衫，"襴"與"欄"通，有界欄之意。在大褶衣膝下部位加一橫襴，以象徵古代上衣下裳的分制，稱為"襴衫"。襴衫始於南北朝，一說早在北周保定四年（564年）武帝詔令在袍下加襴；另一說是襴衫又名馮翼衣，《圖畫見聞記》中說："晉處士馮翼，布衣大袖，周緣以皂，下加襴，前繫二長帶，隋唐朝野服之，謂之馮翼衣，今呼為直裰。"壁畫中隋代已出現的襴衫，以後在唐代士人中廣泛流行，襴袍之盛即源於此時。

二、巾幘紗帽新變化

四腳巾幘：隋代男子頭戴的巾幘也發生了變化，幅巾裁作四腳式，又稱摺上巾。巾幘額前的裝飾謂之“顏題”，垂於兩旁者為“耳”，合於頸後者稱“收”。四腳巾幘的特點是比較平矮，無屋，即把幅巾直接裹於髮上。唐代的襆頭即是由四腳巾發展而來，以後在襆頭內又加襯墊，形成各種式樣。四腳巾首倡於北周，太建年間周武帝常戴四腳式巾幘，隋代在社會上無論尊貴還是貧賤，都以此為時尚。在敦煌西千佛洞第9窟壁畫中的三個男供養人頭裹巾幘，四腳很明顯地顯露出來，或繫於左右兩側，或繫於前後。莫高窟第28窟的兩名男供養人也裹四腳巾幘，前後繫紮。

紗帽：隋代男子還有頭戴紗帽者。如莫高窟第303、305窟的男供養人，頭戴一種透明帽子，可以清晰地顯示在帽子內還有一頂平巾幘，此帽應是用紗製成的。紗帽流行於魏晉之際，不拘形式，最初惟有天子才有資格戴。《北齊書》云：“齊制，宮內唯天子紗帽，臣下皆戎帽。”以後成為文人居士所戴的便帽，並逐漸為貴族和平民所通用了。在敦煌壁畫中戴紗帽者，多著襴衫，應屬於士人之輩。

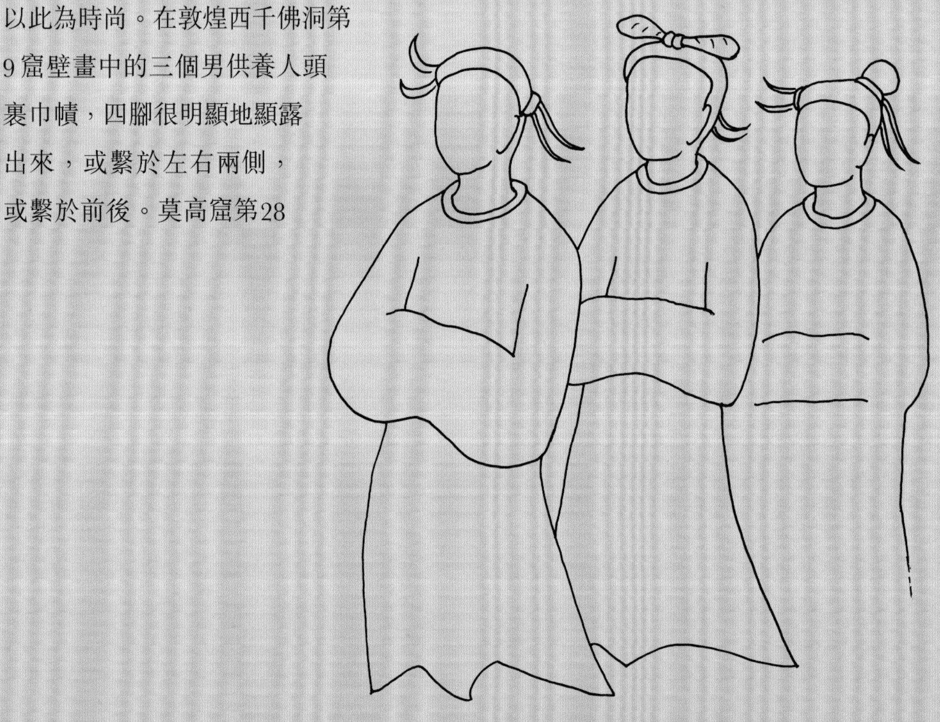

頭裹各式巾幘的男供養人

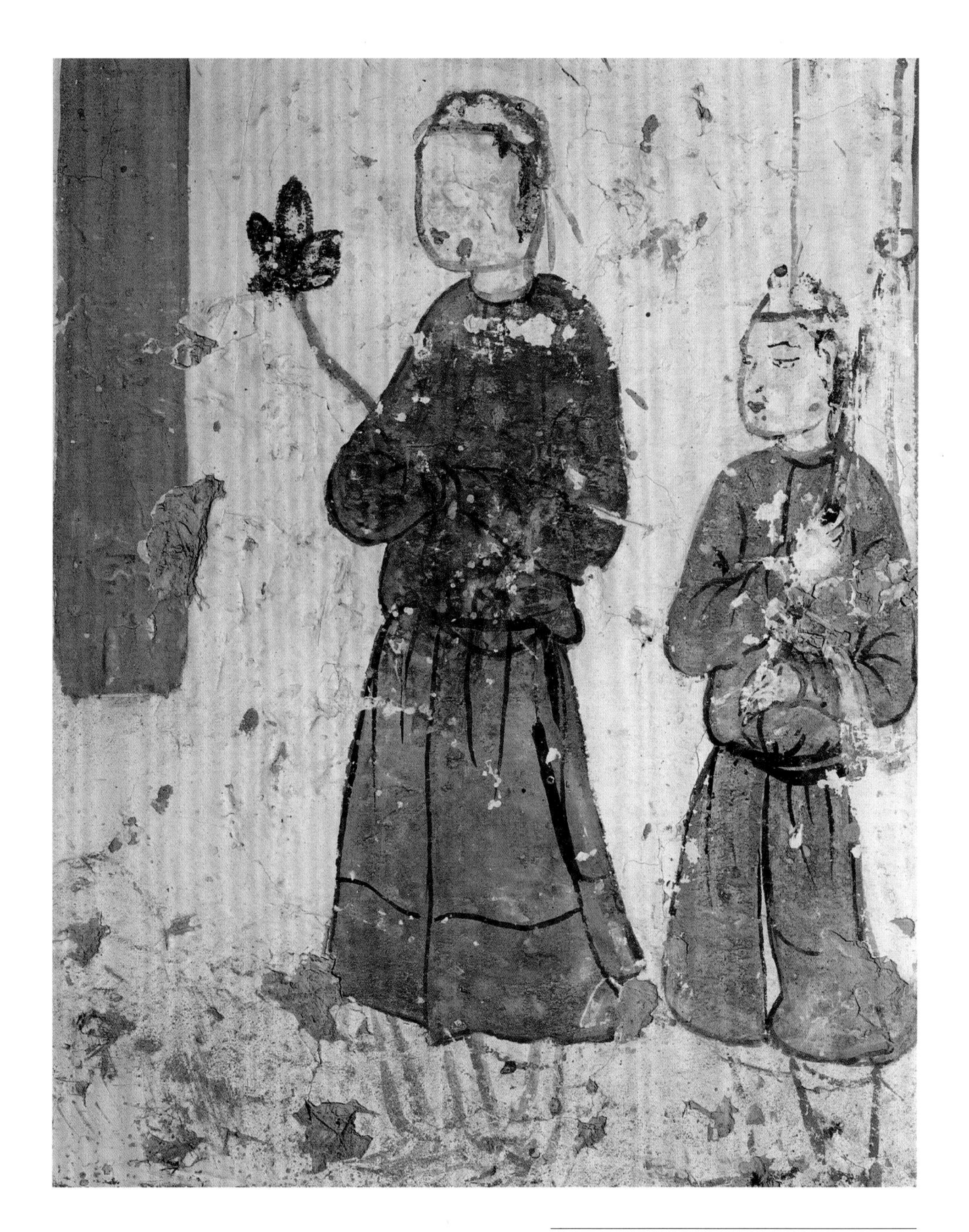

49 士人襴衫與侍從大褶衣

士人身份的男子頭裹巾幘，後有兩巾腳。著絳紅色圓領大褶衣，束腰，膝下有襴，屬於襴衫，下著白褲。身後侍從著綠色圓領大褶衣，白褲。主人與侍從服裝的樣式和顏色不同，以此區別身份地位。但在敦煌壁畫中以服飾的顏色規範尊卑，從南北朝直至元代都不大嚴格。

隋　莫62　北壁

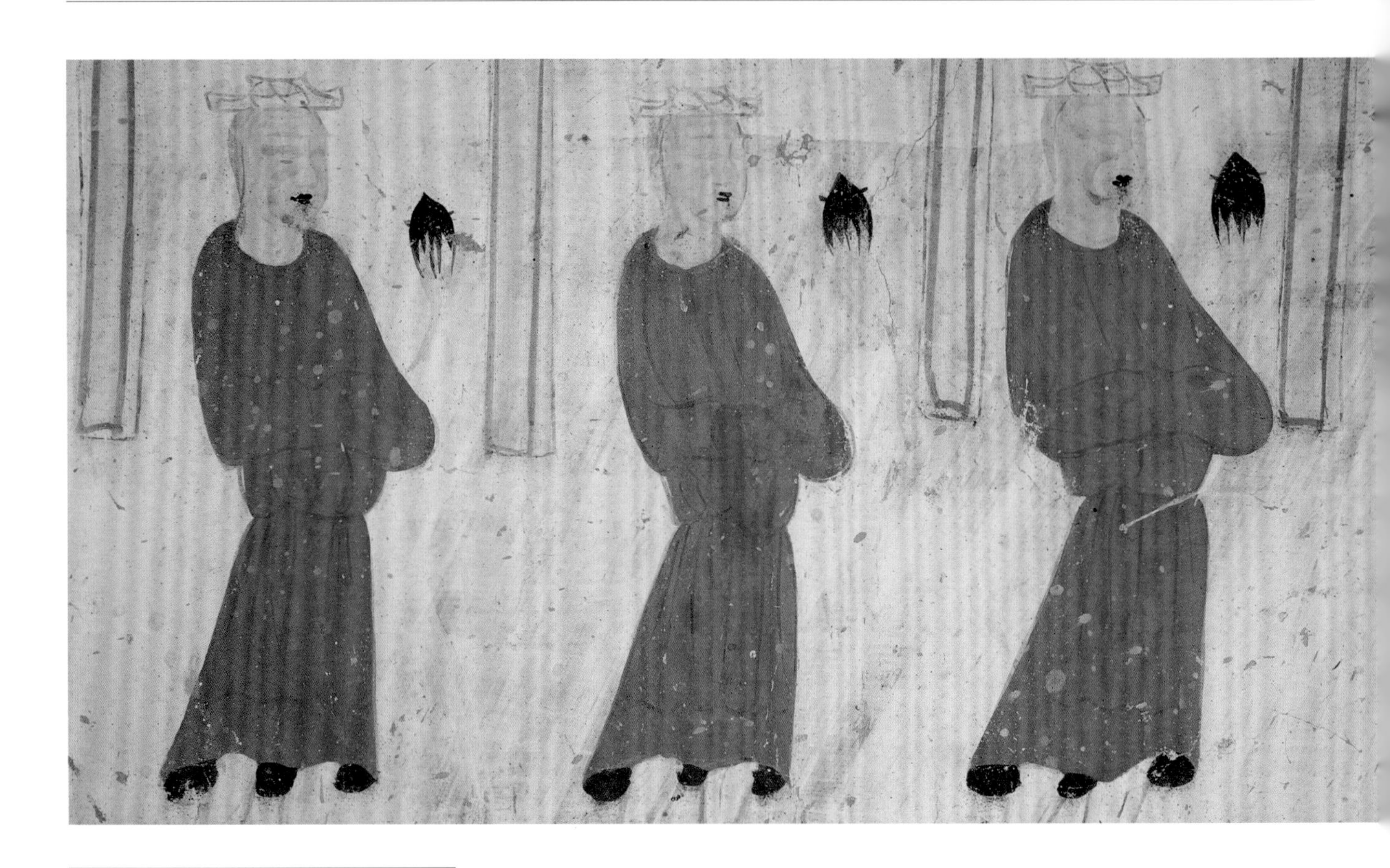

50 士人襴衫與紗帽

士人身份的男子戴寬檐紗帽，內有小冠清晰可見，著紅色圓領大褶衣，下部有襴，屬於襴衫。

隋 莫303 西壁

51 男子點丹脂

男子著圓領大褶衣，束腰。在前額上部髮根處有五個葉瓣形的紅點，這是以丹脂點成。可能是源自印度的習俗或佛教信徒塗香供養的一種方式，《金剛頂經·蘇悉地羯囉經》云：若以塗香供養諸佛、菩薩，則能獲甚大功德。塗香是用香粉末和水調之，塗身上、臉上。也可能是伎人的一種裝飾。

隋 莫389 北壁

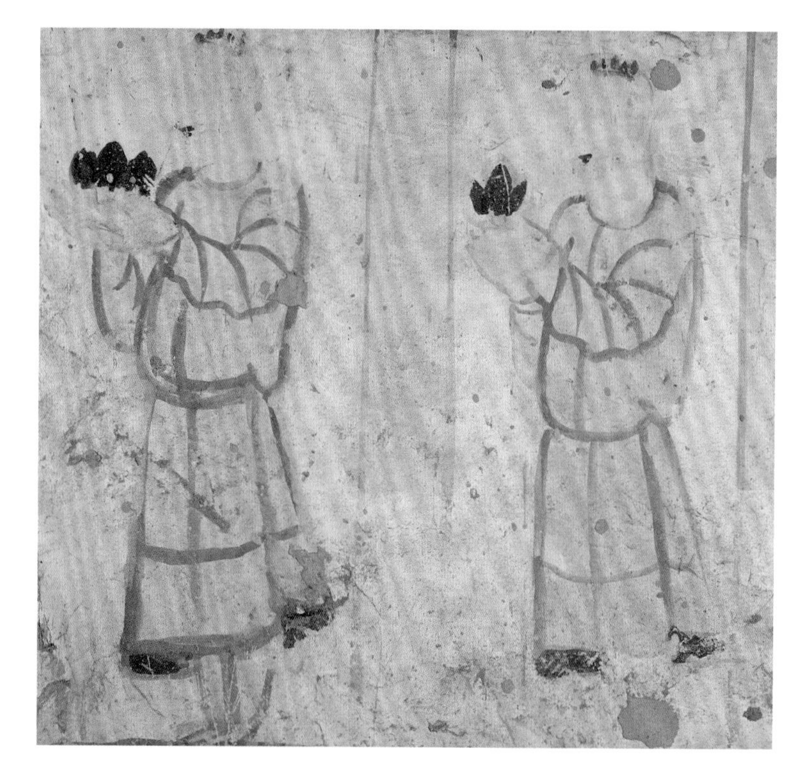

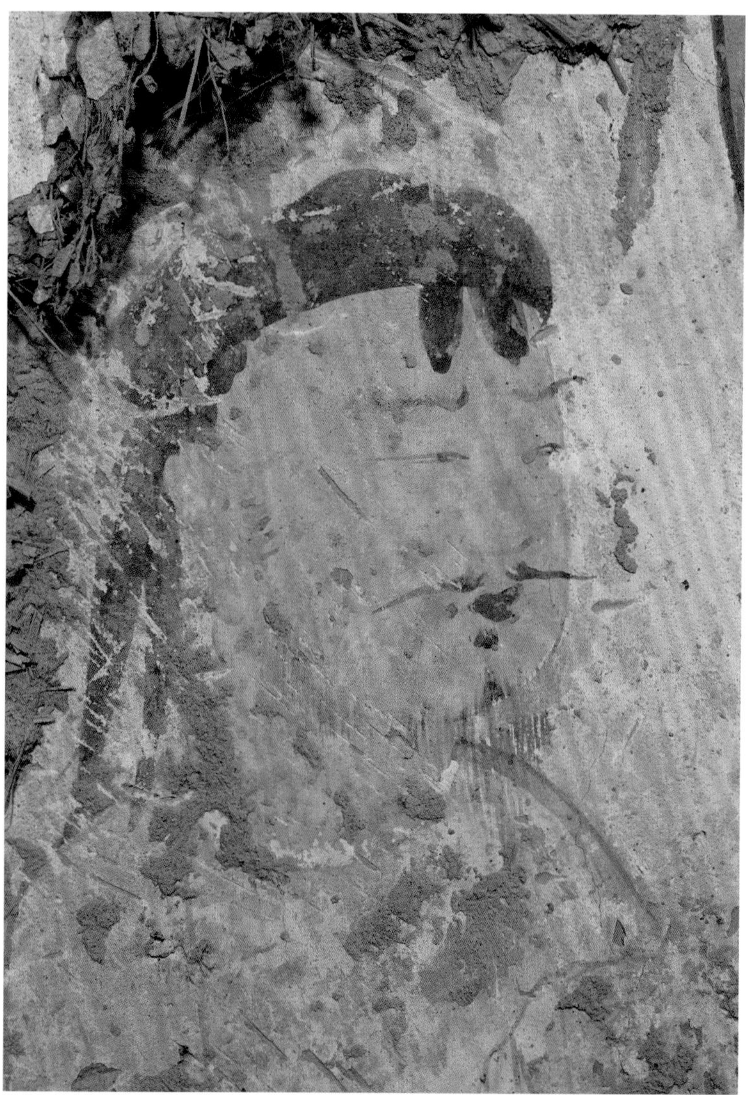

52 留髯鬚男子

男子頭繫四腳巾，前後各繫兩腳。有髯鬚，從嘴唇兩端上翹。隋代男子以留髯鬚為美，並講究髯鬚的樣式。

隋 莫281 西壁

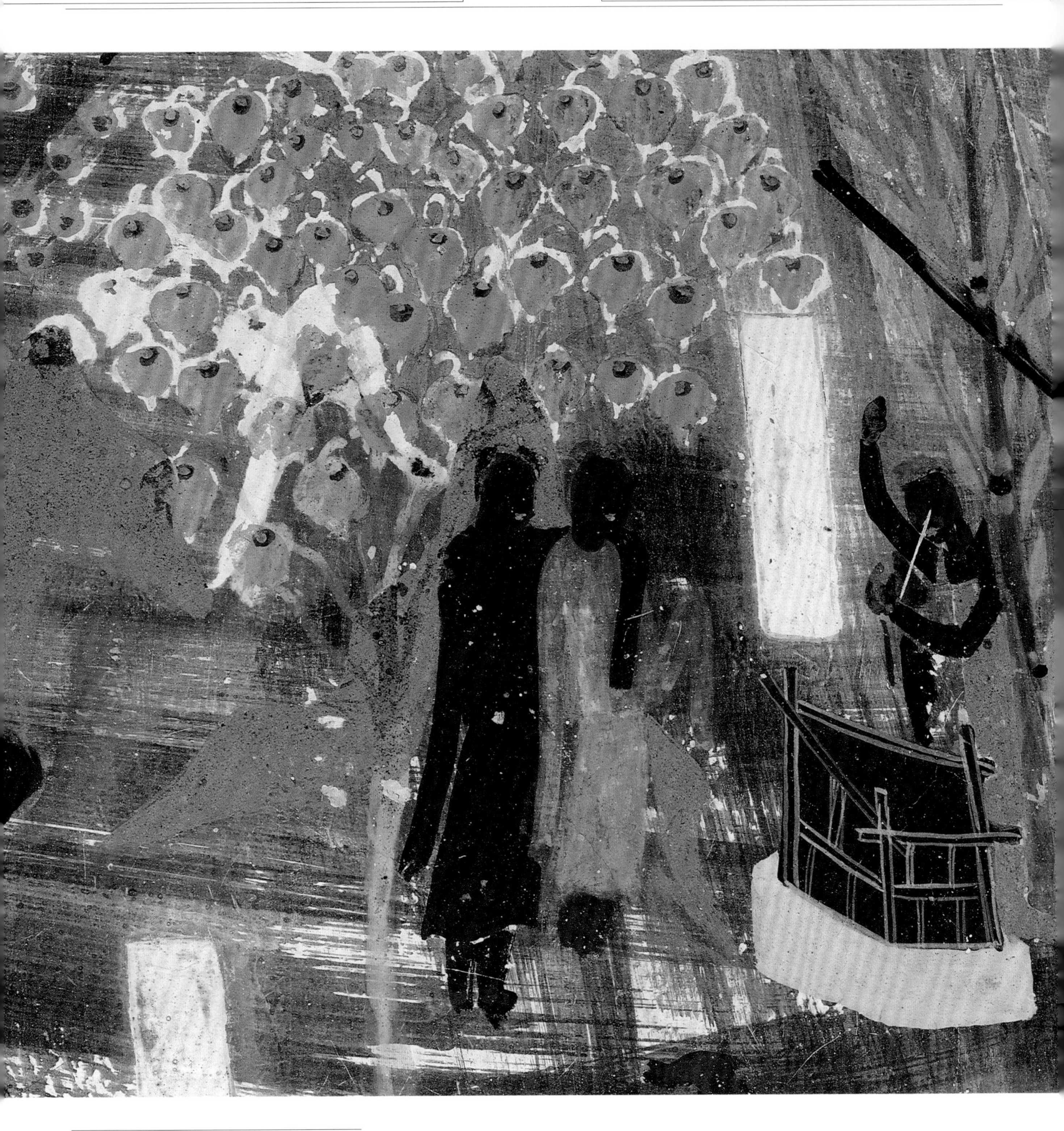

53 少年服飾

兩名少年梳雙丫髻，著長袖大褶衣，正在觀望井邊汲水的少婦。由此可見少年和成年男子都穿大褶衣，只是髮式有差別。

隋 莫419 東坡

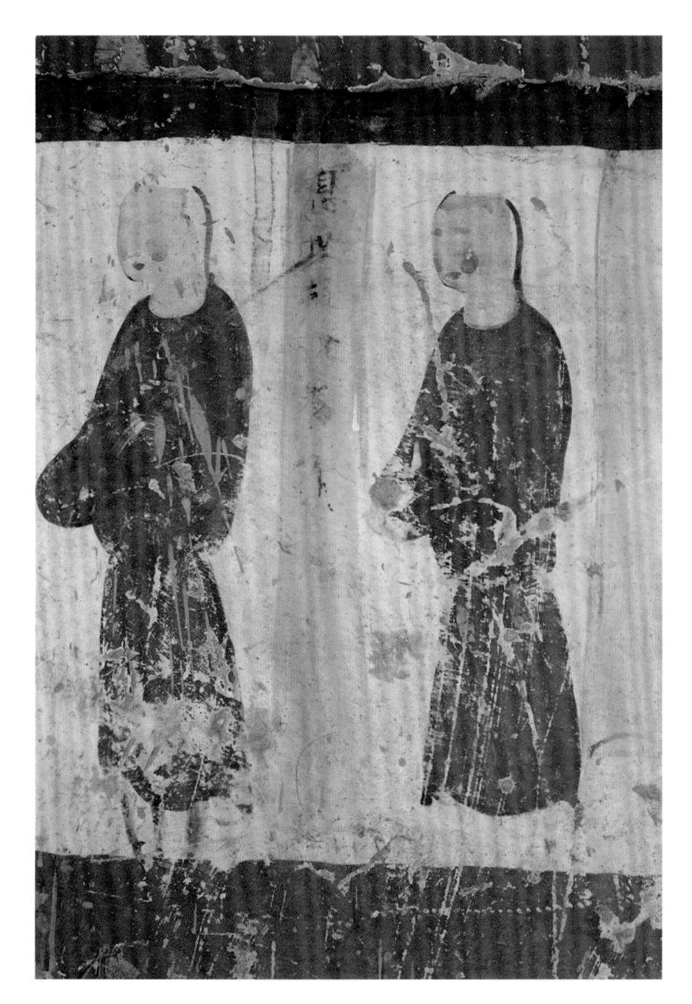

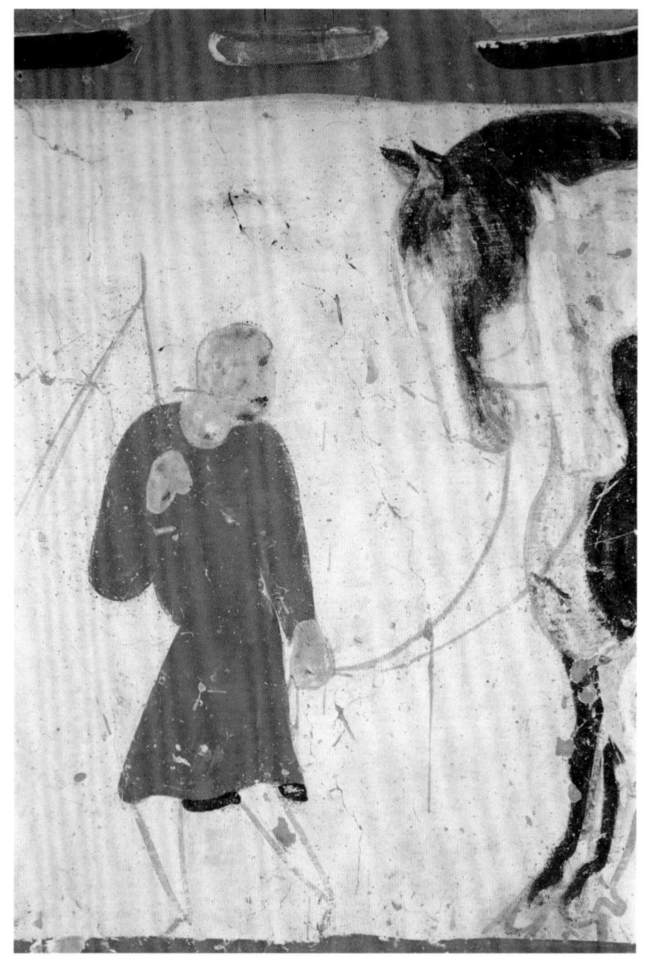

54 **西域民族服飾**

西域民族髗後披髮，著紅色圓領大褶衣，小口褲。可見敦煌以至西北地區少數民族除保留髮式以外，衣服的樣式基本與漢族相同。

隋 莫305 中心柱

55 **馬夫服**

正在牽馬的馬夫著紅色大褶衣。可見隋代大褶衣不是士人階層所專有，勞力者中也可以穿著。

隋 莫303 東壁

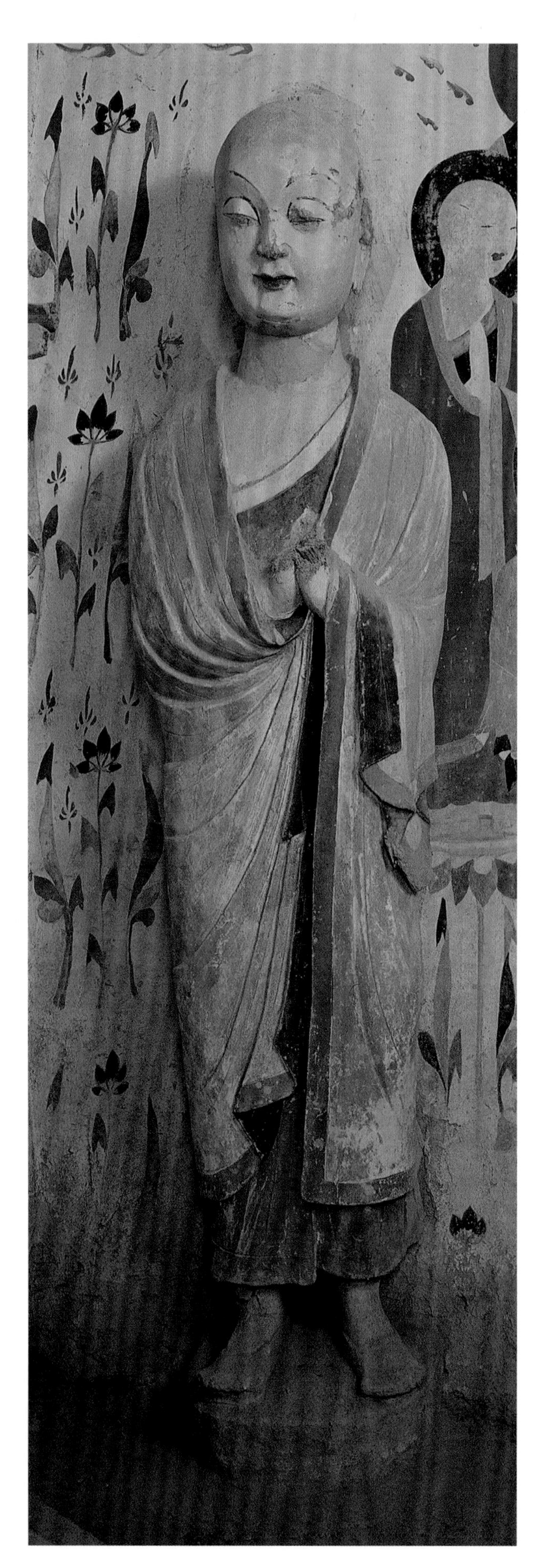

56 僧祇支

阿難身著南北朝僧人流行的偏衫式僧祇支，外披袈裟。應當是隋代僧人通行的樣式，與南北朝變化不大。

隋 莫280 西壁

第三節 求新思變的婦女服飾與梳妝

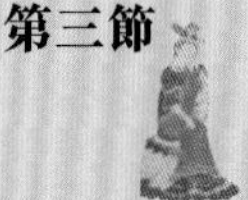

從敦煌壁畫看，剛剛脫離了戰亂年代的隋朝前期，婦女的服飾同男服一樣沿襲北朝的舊制，仍然流行上襦下裙的單一款式。其主流還是講究簡樸素潔，加之社會崇尚婦女體態以瘦為美，婦女穿著窄袖長裙，胸束飄帶，別有風韻。隋朝後期，在隋煬帝奢侈無度的影響下，萬千後宮粉黛，絲錦繞身，珠光寶氣，爭奇鬥艷。一時敦煌壁畫中的貴族婦女也開始傚法，盛裝逐漸進入畫面，但遠不及中原繁盛，質樸仍然是主流。

一、婀娜多姿窄襦裙

敦煌壁畫中的隋代婦女服飾比南北朝更加講究突出纖細柔媚的體形和飄逸的風韻。在上襦下裙的基礎上，出現了新潮流，大致可分為三种類型：

長裙窄袖型：這是年輕女子的常服。上襦圓領露頸，緊身窄長袖，舞伎則袖子更長。長裙繫腰部位很高，上至腋部，下裾曳地，裙形瘦窄，裙腰束帶前垂膝下，其樣式與今日朝鮮族長裙很相似。長裙外另加長帔，搭肩繞臂而下，與束帶隨風擺動，形成一種飄逸的動感。上儉下豐的服飾突出了婦女窈窕多姿的體態，有詩讚曰：“裊娜腰肢淡薄妝，六朝宮樣窄衣裳。”長裙的顏色多很柔和清新，或為淺綠、淺青，或作間色，不過隋代的間色裙已不如魏晉時那樣風靡。在長裙外再配以紅色或皂色的長帔，是年輕婦女的時尚穿著。這種緊身窄袖是受西域習俗的影響，史籍記載仇池、高昌、滑國、竭盤陀、且末、蠕蠕等地婦女都流行衣錦小袖長裙。

還有一種半臂式短襦，常穿在緊身長袖襦的外面。半臂自古原本是勞動者的常服，此時已經逐漸成為女裝中的新款式，到唐初進入皇宮，宮女一律穿半臂長裙。莫高窟隋代第292窟有一尊菩薩身著半臂，其上有紅、白、黑三色相間的幾何圖案，是西域流行的紋樣風格，在出土的絲織品中較常見。

長裙大袖型：這是以寬大的袖為特徵的婦女常服，上襦為交領，領口、袖口可鑲緣，少有不緣邊的。這種樣式本是中原漢地的傳統樣式，源於周禮提倡的深衣，經過歷代演變形成的。從敦煌壁畫的畫面比例來看，隋代婦女的大袖約寬三尺左右。大袖從腹部掩至膝部，裙子比窄袖型長裙略短一些，同樣前垂長帶，肩披長帔。所不同的是胸前都圍有一塊布帛，短者至腰，長者至膝，這應是圍腰，有的圍腰上還裝飾緣邊或紋飾。其作用既使長裙增加美感，又可束緊上襦與下裙。

長裙披袍型：同官員一樣，黃河流域以北氣候較寒冷地區的貴婦也常在長裙外面加上一件披袍。敦煌壁畫中披袍有圓領和翻領兩種，在領部繫結，均為直袖。披袍的穿著方式也有兩種，內著窄袖裙襦者，則把披袍穿在身上；內著長裙廣袖者，則把披袍披在身上。而官員都是在寬袍大袖外披袍，因此只能披而不穿了。婦女披袍的顏色比官員披袍更為鮮艷，以暖色調的淡紅、紫紅為主，還有花披袍。

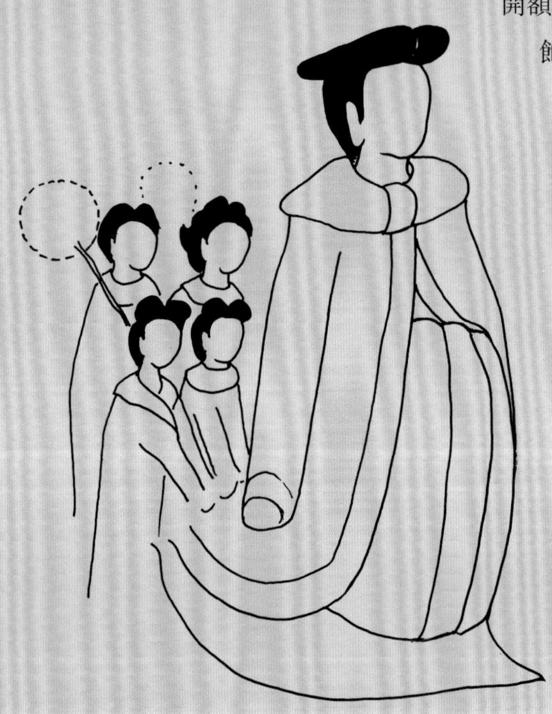

西千佛洞第9窟隋代披袍貴婦

帔巾：隋代貴族婦女在長裙外還披一件輕薄的帔巾，是用紗或絲帛製作的。敦煌壁畫中的女供養人有帔帛出現在北周，而盛行於隋代。這種特殊的裝飾，更增添了婦女衣裙的動感。

鞋履：壁畫上婦女的鞋履多被長裙遮住，僅見的少數鞋履沿襲南北朝的式樣，露出笏頭履，長裙曳地，以高牆履來收攬裙裾，更顯婀娜多姿。

二、新興的髮髻與髮飾

敦煌壁畫中隋代婦女的髮髻已經從南北朝的高聳式轉變為平闊式，額部多開額剃齊。在忽略髮髻造型時，又將裝飾的重點轉移到髮飾方面，一改南北朝的質樸風格，更加重視在頭髮上佩戴各種名貴的金銀珠寶等裝飾品。

敦煌壁畫中婦女髮髻的款式比南北朝大大豐富起來，如平髻、花髻、疊雲髻、簪筆髻等，都是中原和江南的貴族婦女時尚的新款式。主要有：

平髻：髮髻不聳起，呈扁平狀，頭頂平闊，如一層頭髮鋪蓋頭上。

花髻：頭髮梳作波浪起伏式，如開放的花朵，額前髮根處飾以花鈿。

疊雲髻：亦即盤桓髻，遠望似層層疊雲，《古今注》云：“長安婦人好為盤桓髻”，此髮式在隋代中原和江南興盛一時。

流蘇髻：在髮髻的一側下垂兩根紅色的流蘇帶，舉手投足，流蘇擺動，盡顯女性魅力。

簪筆髻：漢代有“簪白筆”之俗，這

是從古代文官把毛筆插於鬢邊—珥筆演變而來，至漢形成制度，用作文官象徵性的裝飾，魏晉以後歷代沿用。唐制規定，七品以上官員以白筆代簪。宋代變異其制，削竹為竿，裹以緋羅，頂端附以綵絲，以代筆簪，一般和朝冠連綴一體。此簪筆形象與莫高窟第303窟一組女供養人的髮髻完全相似。

偏丸髻：頭梳一大一小的兩丸髻，左側的大丸髻飾以花釵。

雙長髻：將頭髮梳成兩扇長片，從前至後略作傾斜，前後兩頭均超出頭部，頗有比翼凌空之感。

地位低下的侍女、女童仍然保留着南北朝舊樣式，梳雙丸髻、雙丫髻。

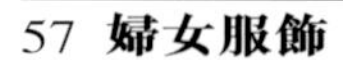

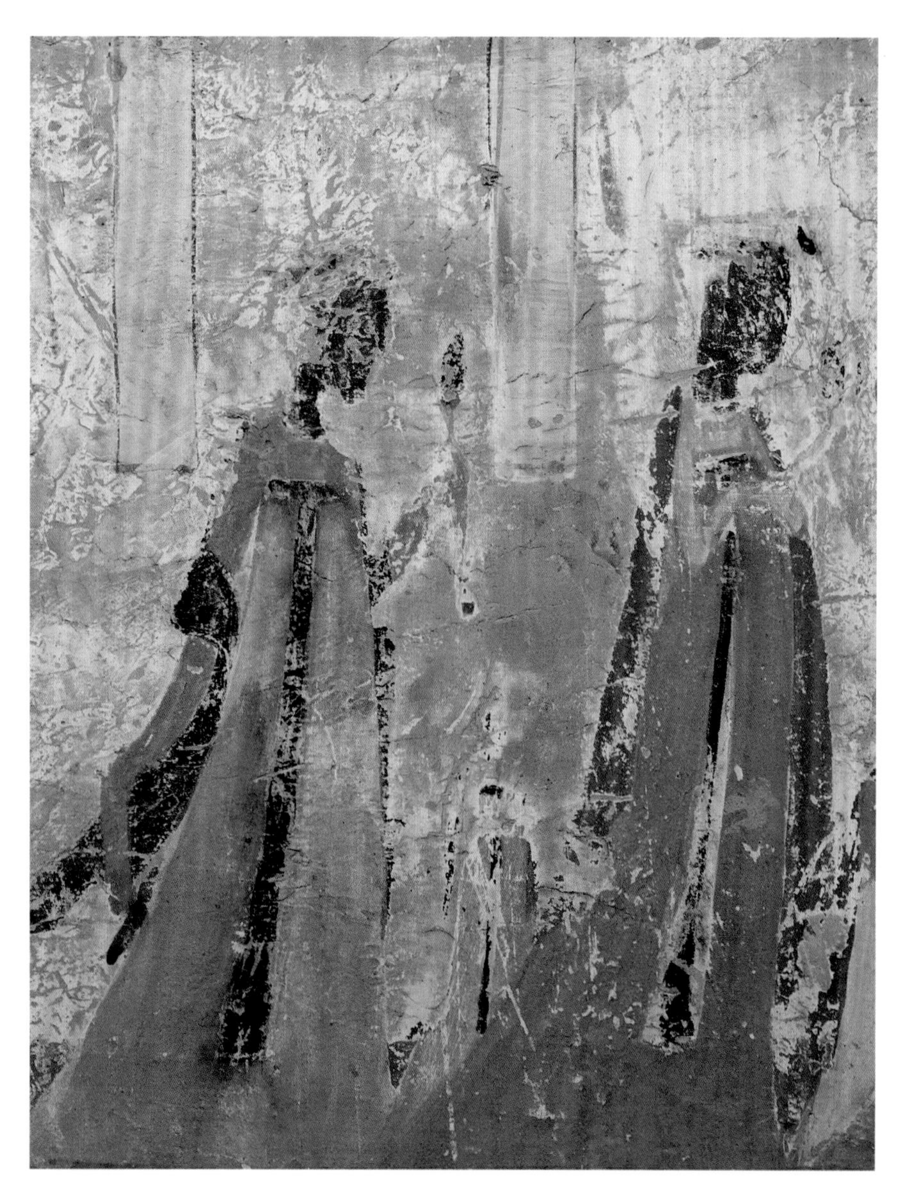

57 **婦女服飾**

婦女著緊身窄袖長裙，繫圍腰，垂長帶，披長帔。裙腰在胸部，類似當今朝鮮族婦女的長裙。

隋 莫390 南壁

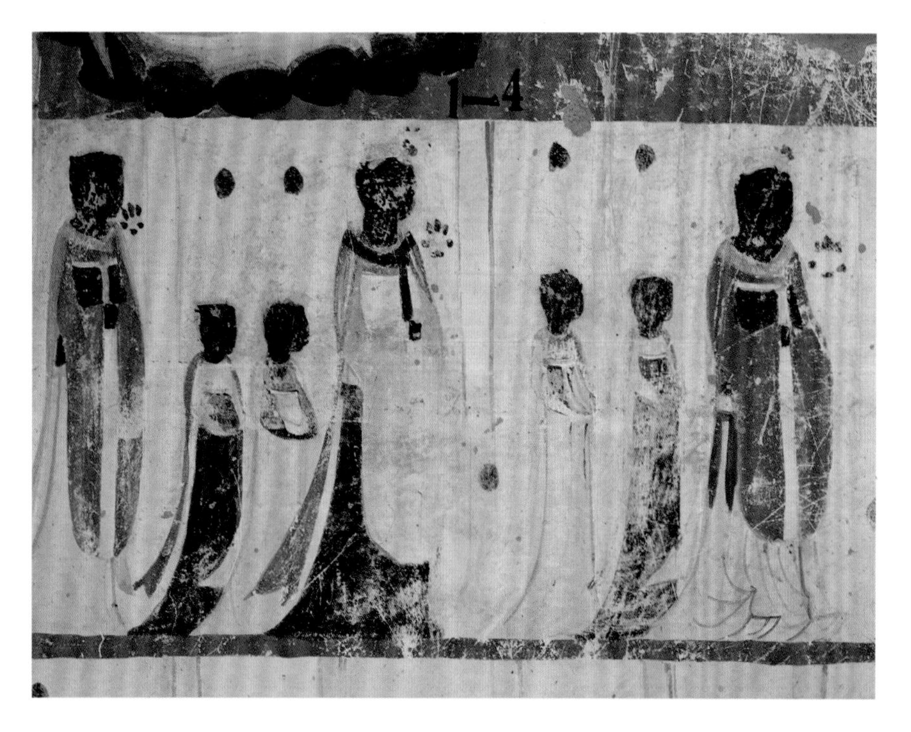

58 **貴婦與侍女服飾**

貴婦梳偏丸髻，飾以花釵，上襦廣袖，有圍腰，長裙迤地，最前一人穿笏頭履。女侍梳平髻，窄袖襦裙。隋代婦女無論尊卑，髮髻都比南北朝婦女略低一些。

隋 莫295 西龕下

59 貴婦服飾與髮髻

貴婦梳疊雲髻，上襦領口、袖口緣飾，繫圍腰，外披袍。侍女窄袖襦裙。

隋 莫305 中心柱

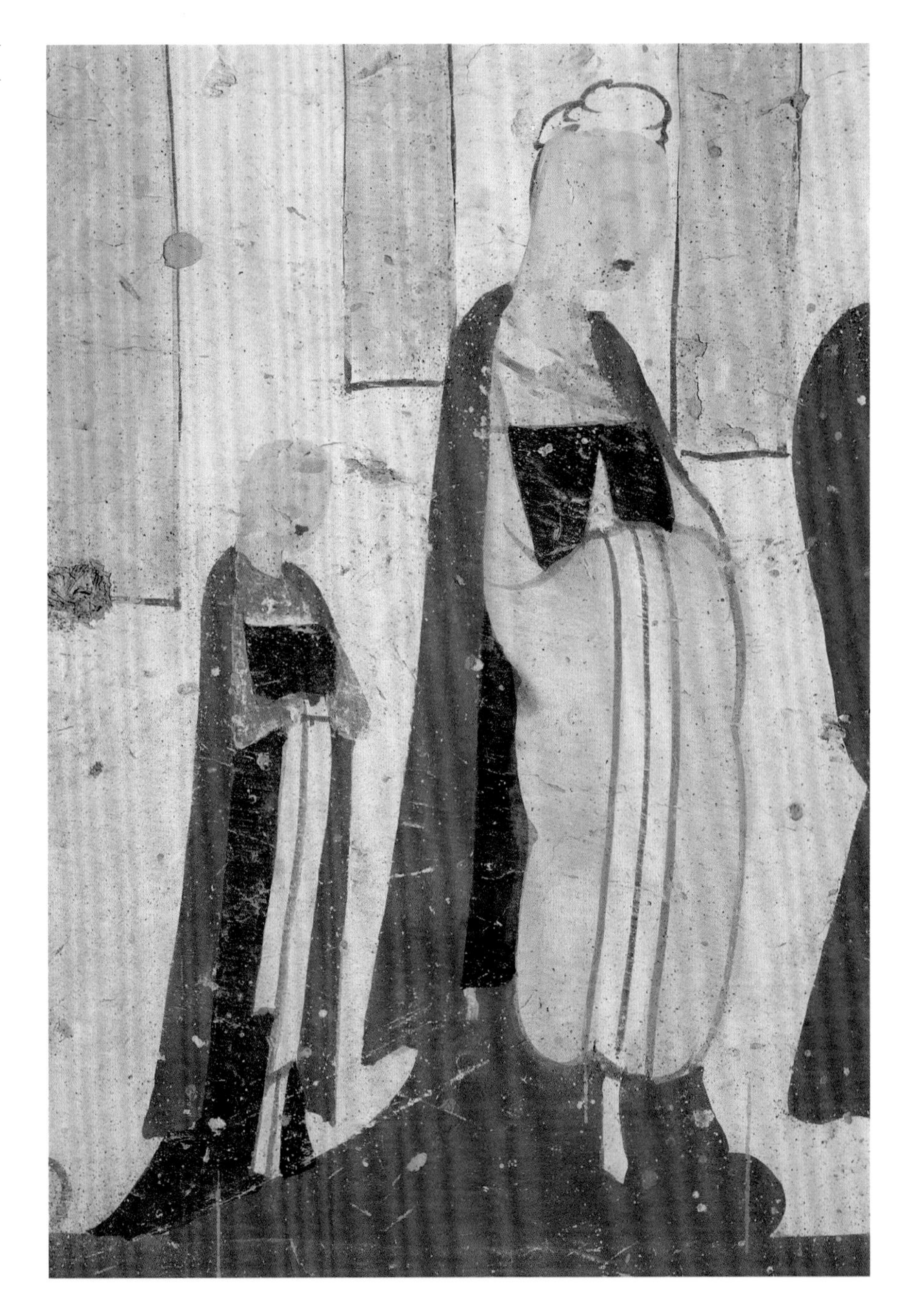

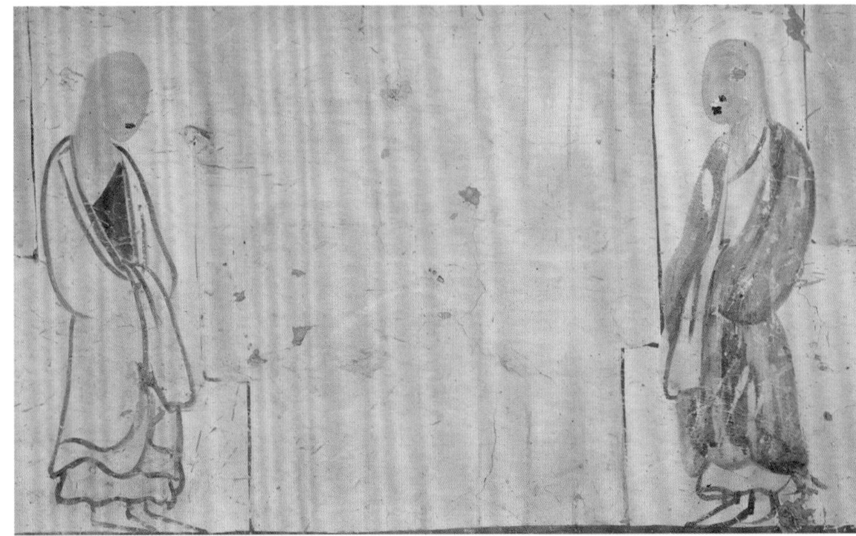

60 僧尼服飾

左側為女尼，右為男僧。男女僧尼均外著偏衣，持隨坐衣，穿靴，所不同的是女尼的衣襟、下襬均有緣飾。

隋 莫305 東壁

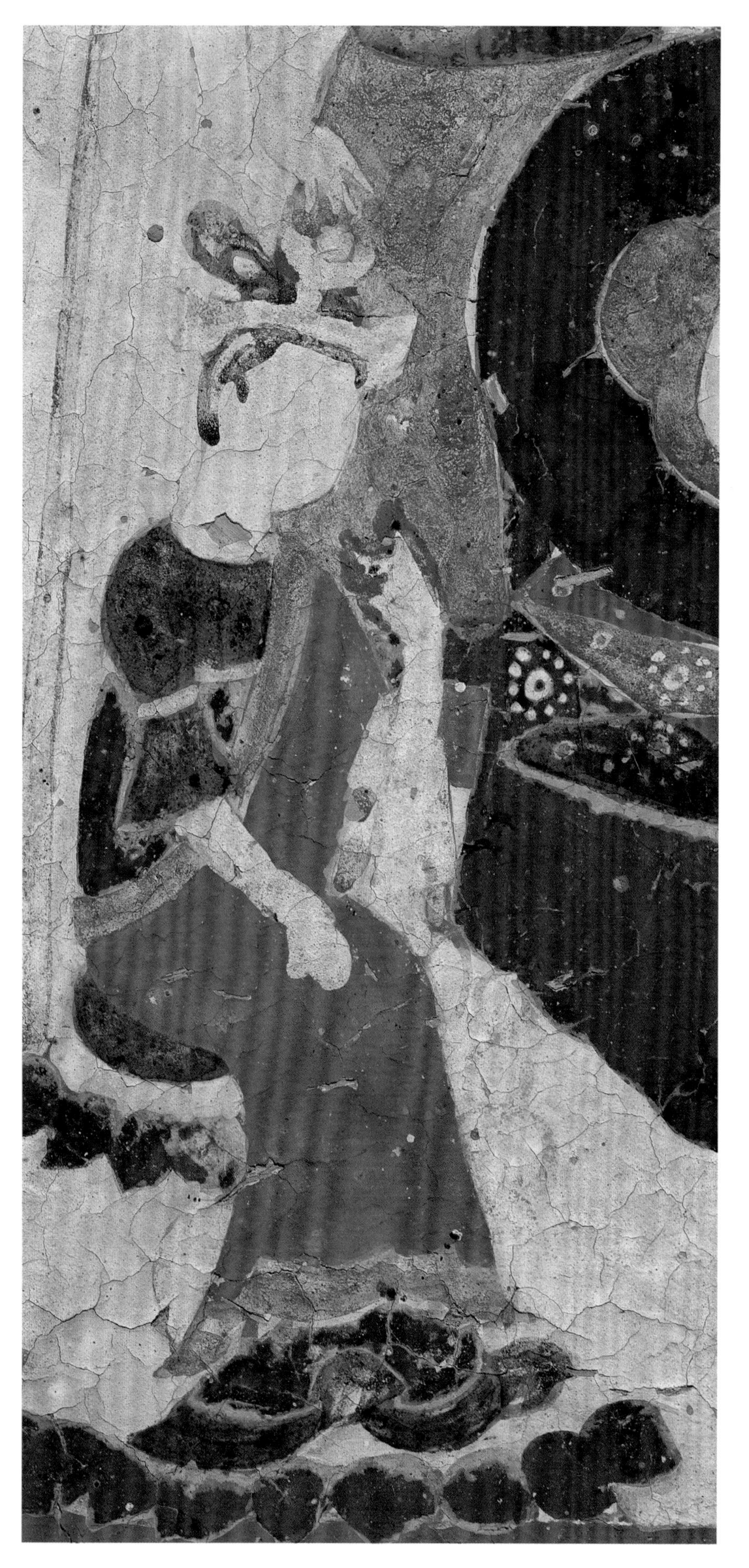

61 **佛母摩耶夫人服飾**

摩耶夫人頭梳環髻，戴寶冠，上身著喇叭形短袖緊身內衣，外著偏衣，下襬作波紋狀，是北朝三角形袿衣前襟的變形。上臂和前胸有束帶，以突出女性體形。其裝束應是由西域流傳至西北地區的隋代貴族婦女的一種時裝，在新疆盤營曾出土一件北朝喇叭形袖的長襦，與此衣樣式相似。

隋 莫280 人字坡西坡

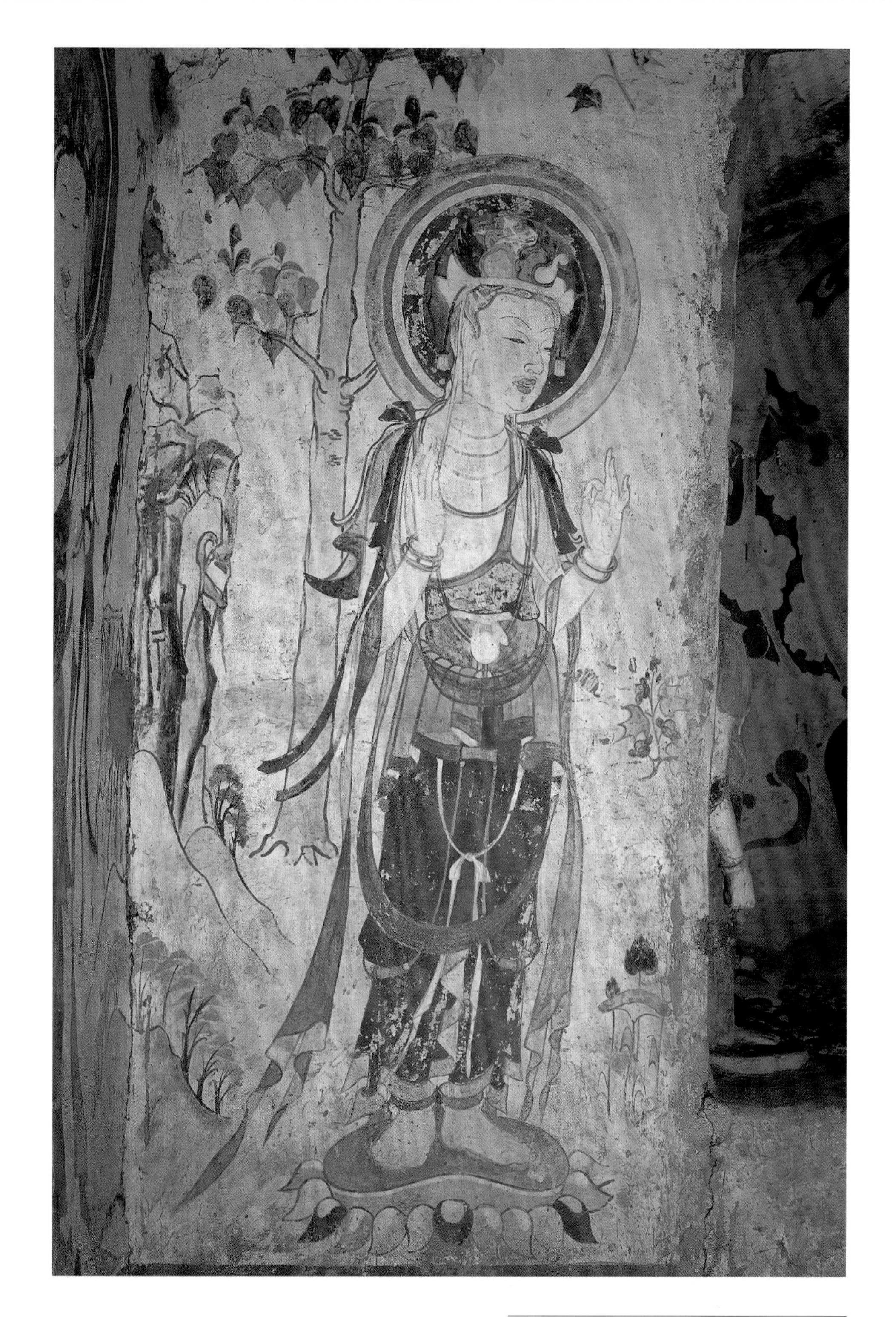

62 文殊菩薩服飾

文殊菩薩衣飾華美，應源自於隋朝王室貴族婦女的服飾。戴寶冠，瓔珞帔巾繞身，前垂寶珠，上著胸衣，繫圍腰，下垂紅色長裙。與唐代婦女流行的石榴裙頗為相似。

隋　莫276　西壁龕外

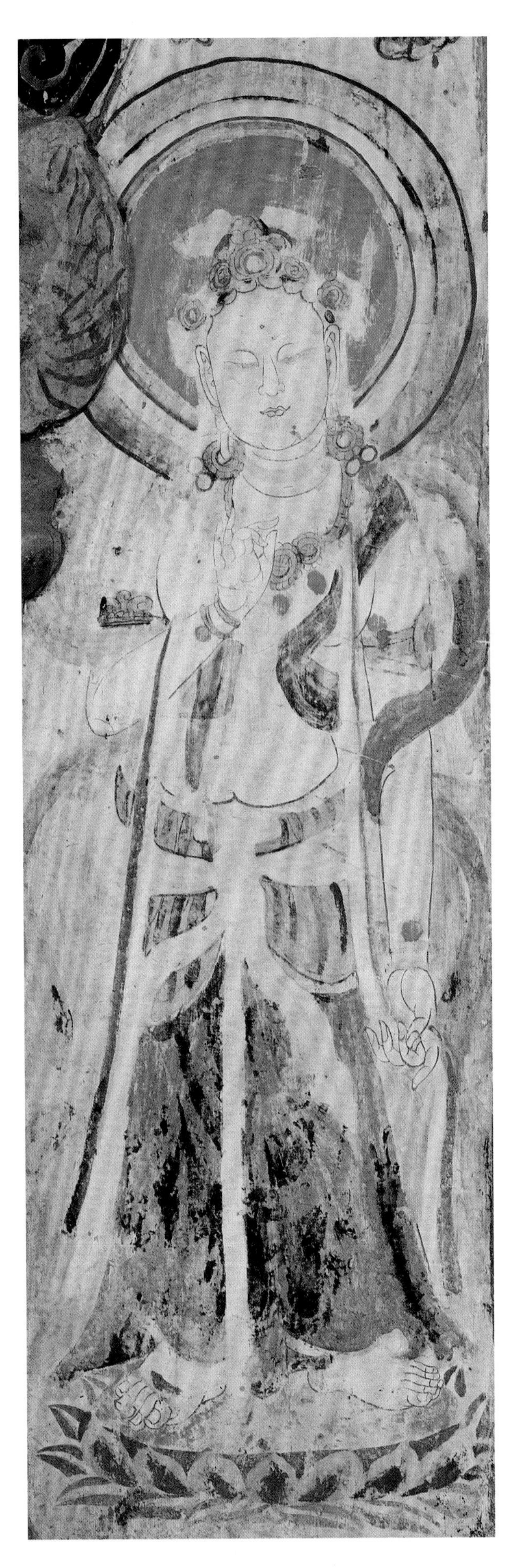

63 供養菩薩服飾

供養菩薩戴寶冠，袒胸，有瓔珞帔巾繞身。下著長裙，繫圍腰，垂襳襹，服飾典雅端莊而蘊含着嫵媚。由此可以追尋到隋代貴婦盛裝的形象。

隋 莫309 西壁龕外

第四節 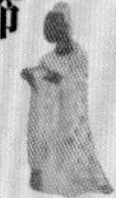 服飾紋樣創新風

隋代服飾整體上處於思變過程中，表現最突出的，是在服飾的紋樣上開創了一代新風。隋代服飾紋樣出現諸多變化的主要原因，首先是紡織和染色工藝水平的發展，這是紋樣多姿多彩的基礎。六朝以來，中國的織染技術已經成熟，到隋代隨着石染、草染技術的普及和發展，服飾的色彩日益絢麗，絲織品的紡織技術也有很大的提高。其次是中外商貿的興盛，四夷來朝的局面為域外文化的滲入大開方便之門。特別是佛教的東傳，漢文化對外來藝術廣泛吸納。更直接的因素，來自於朝廷奢靡風尚的影響，隋煬帝極盡奢華，民間百姓效仿，以至競飾盛裝蔚然成風。

在敦煌石窟中，彩塑尊像率先採用有紋彩圖案的服飾，以達到絢麗奪目的效果。漢地傳統的鳳鳥紋、團花紋和由西域新傳入的波斯獅鳳紋、聯珠狩獵紋等相互輝映，令人耳目一新。如莫高窟第420窟菩薩的項飾、帔帛、襦裙都裝飾着重彩和貼金箔的圖案，重彩與金色兩相襯托，熠熠生輝。莫高窟第427窟的三組塑像也是塗金繪彩，整體服飾趨向華麗，其紋樣的域外情調優美新穎。圖案的結構形式多為四方連續紋樣，少數為二方連續紋樣。紋樣以圓形、菱形、方形為主。在敦煌壁畫和塑像中出現的服飾紋樣圖案主要有：

莫高窟第 420 窟聯珠狩獵翼馬紋

聯珠紋：是隋代服飾中最常見的一種紋樣，原盛行於中亞波斯等地，後經過西域傳入黃河流域和長江流域。在聯珠環繞中分別以獅鳳、鬥獸、花卉等作為主體圖案，繪製出豐富多彩的服飾圖案。在塑像下裙繪製的織錦紋樣，是在聯珠環繞的圓輪中，飾以狩獵圖和翼馬圖，還有表現騎在大象上的騎士手執武器與迎面撲來的猛虎搏鬥的場面。

棋格聯珠團花紋：在方形棋格內，聯珠環繞着團花，在紅底色的映襯下，顯得頗為鮮艷。多是菩薩半臂花袖的紋樣，也作菩薩下裙的紋樣，兩者頗為近似，只是色調不同，前者艷麗，後者莊重厚實。

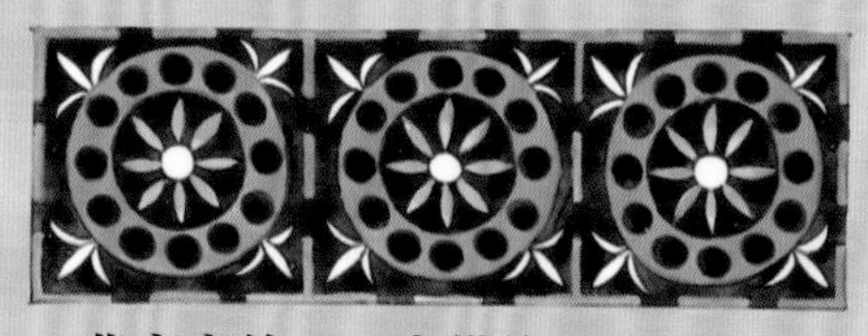

莫高窟第 425 窟棋格聯珠團花紋

菱格獅鳳紋：在聯珠組成工整的幾何形菱格中，分別填飾獅子與鳳兩種圖

案。獅子與聯珠屬西域外來文化，鳳與菱格紋是中國傳統圖案，獅鳳同組顯示中西文化的融匯。在新疆吐魯番唐代墓葬中也發現了聯珠獅鳳紋錦的殘片，敦煌菩薩服飾的紋樣就是依照這樣的絲織品繪畫的。

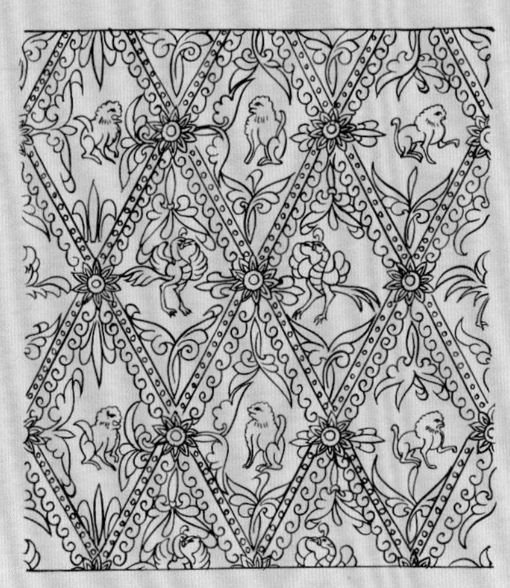

莫高窟第 427 窟菱格獅鳳紋

這是菩薩上身袒衣的紋樣。

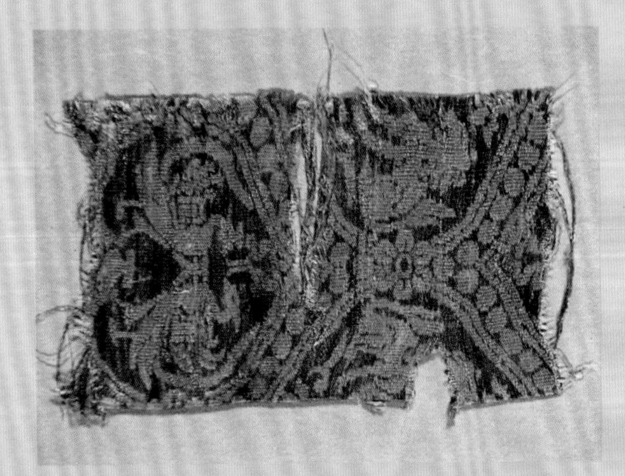

新疆吐魯番唐代墓葬出土聯珠獅鳳紋錦

菱形紋和圓點對葉紋：菱形紋屬幾何紋的一種，是隋唐布帛常見的紋樣。工整的菱格內飾以土紅、石綠、石青、黑色四種顏色，相互交錯，顯得多彩繽紛。其間的小圓點仍是受到聯珠紋的影響。圓點對葉紋兩片葉瓣相對組合向二方擴展，間隙處以小圓點作幾何紋排列，在石綠底色的映襯下，使垂帶有輕逸之感。

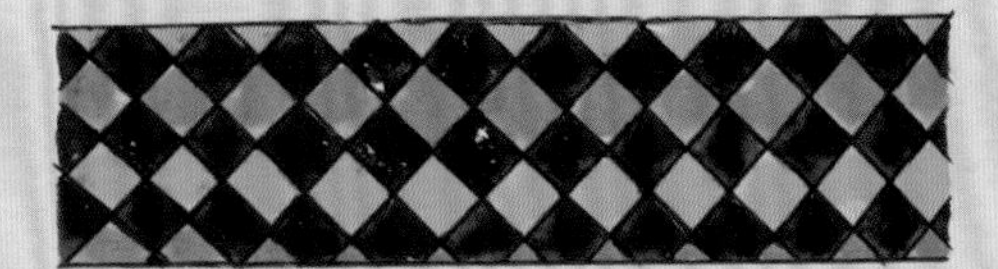

莫高窟第 244 窟菱形紋

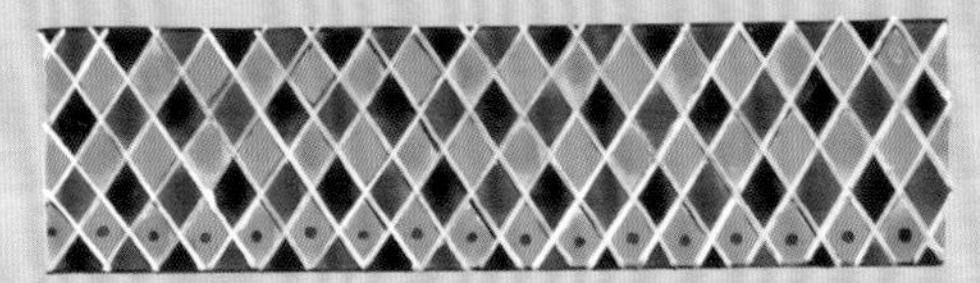

莫高窟第 427 窟菱形紋

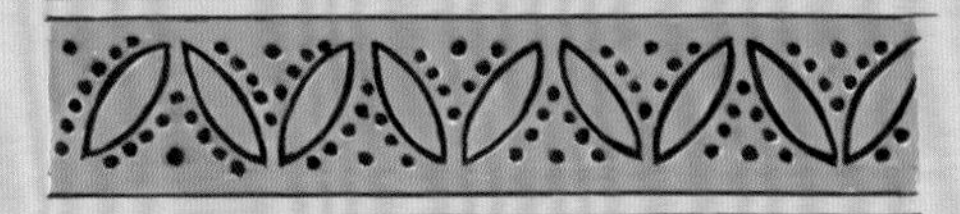

莫高窟第 244 窟圓點對葉紋

山水紋：袈裟紋樣，名曰山水衲。《四分律 · 資持記》："今時禪眾，多作納（衲）衫，而非法服，裁剪繪採，刺綴花紋，號山水納（衲），價值數千。"以山水為紋，寓超凡脫俗之意。

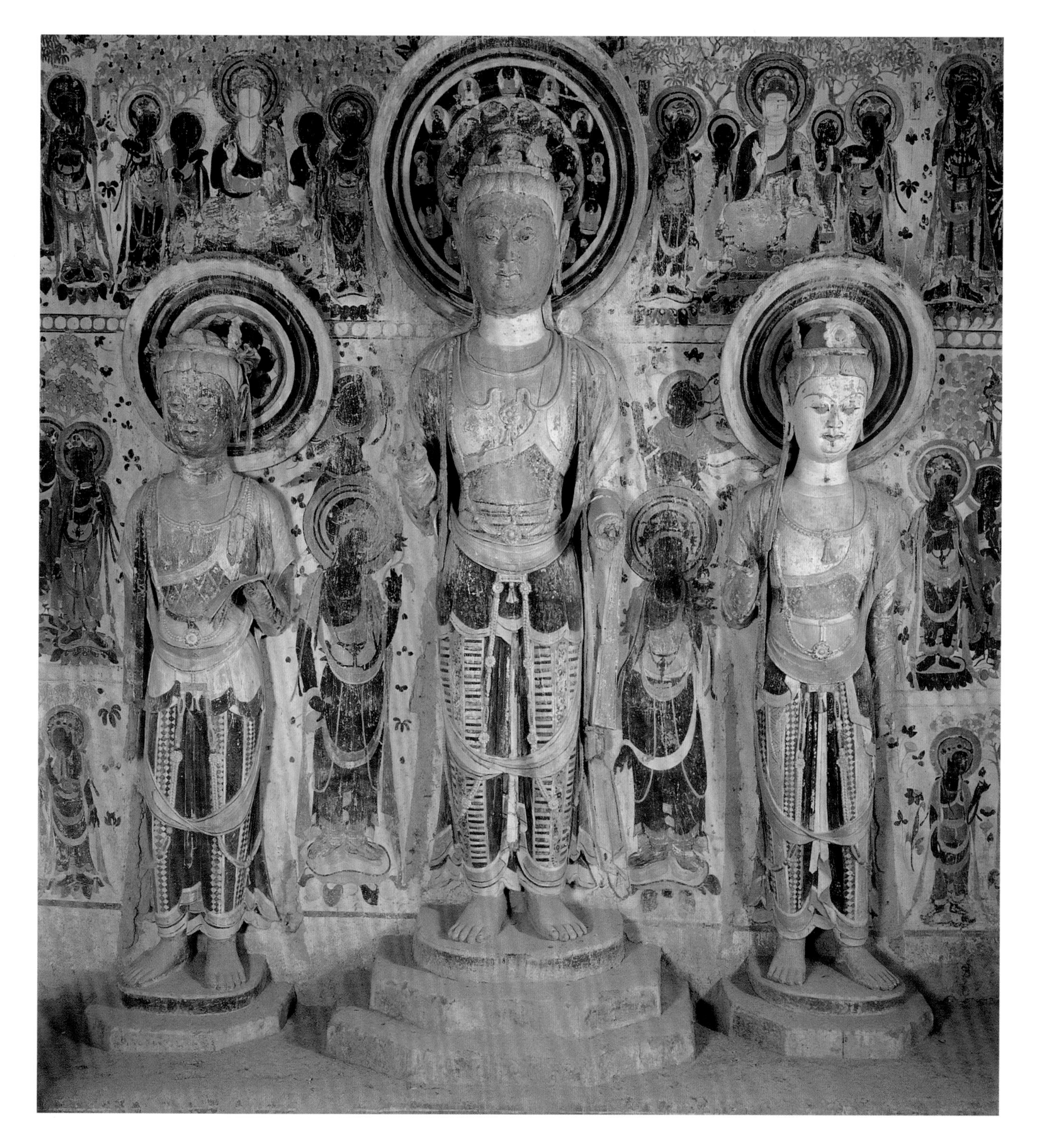

64 **佛與菩薩服飾紋樣**

三尊塑像的覆髆衣為菱形圖案，內填獅或鳳。兩側菩薩的長裙為菱形織錦紋，主尊的長裙為間色織錦紋。

隋 莫244 北壁

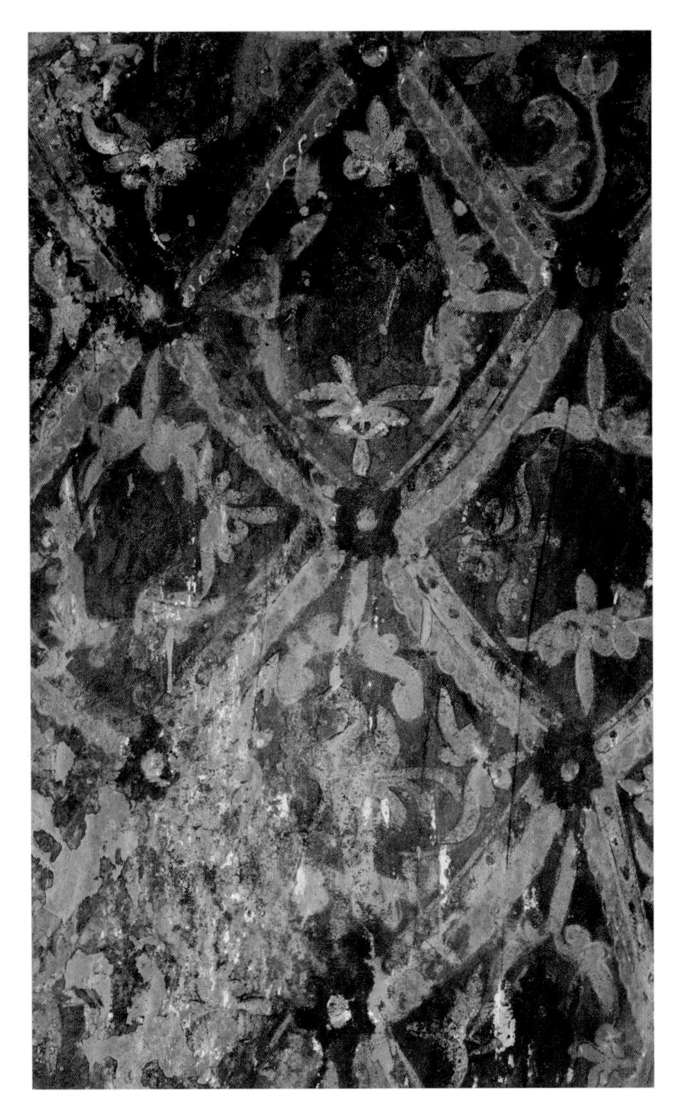

65 **菱格獅鳳紋菩薩服飾**

此圖為菩薩所著覆膊衣上的菱格獅鳳紋，獅子紋與鳳紋組合的絲織品應產於中原，是經絲綢之路運輸到中亞、西亞和歐洲的主要商品。

隋 莫427 北壁

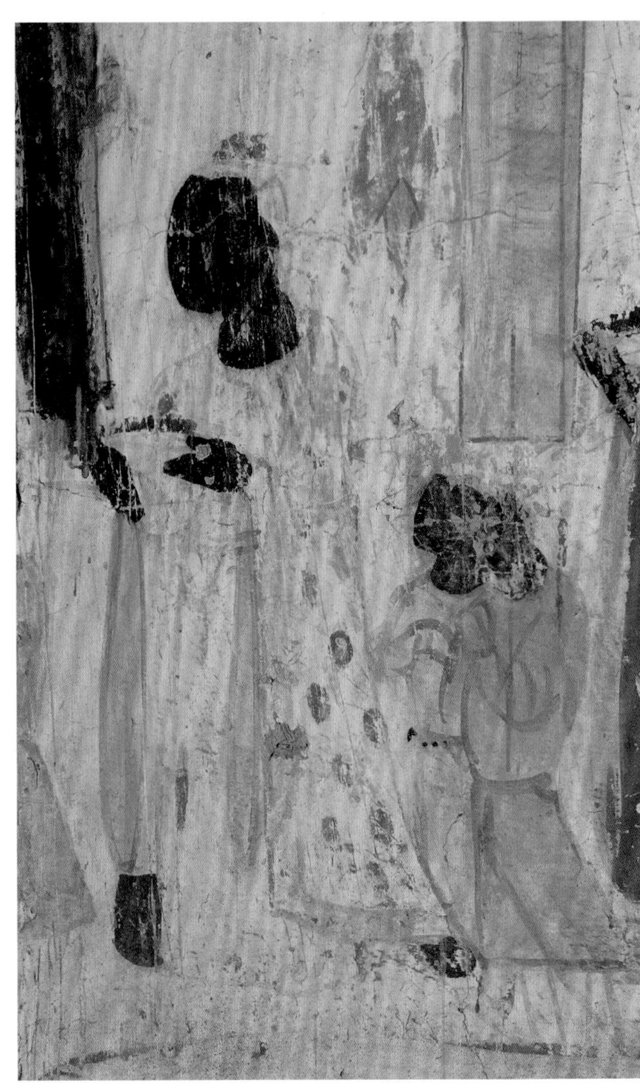

66 **貴婦花袍紋樣**

貴婦梳丸髻，著大袖圓領花袍。後有兩名著袴褶的侍從。從畫面分析，應是用植物染料印染的花紋，色彩鮮亮活潑。

隋 莫390 南壁

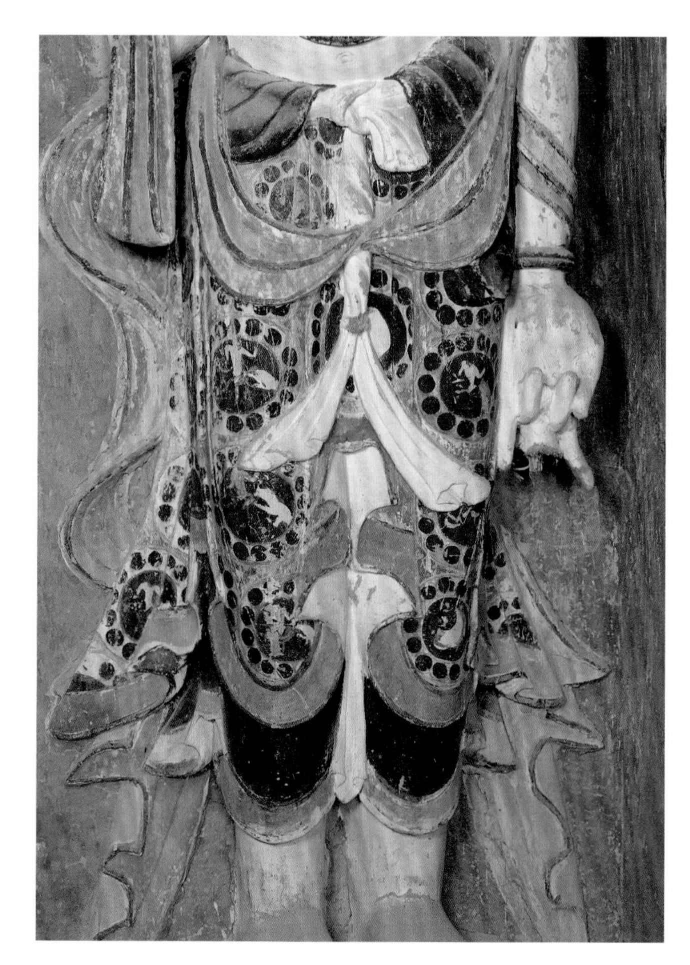

67 聯珠狩獵翼馬紋

菩薩塑像下裙的織錦紋樣，在聯珠環繞的圓輪中，飾以狩獵紋和翼馬紋。騎在大象上的騎士手執武器與迎面撲來的猛虎搏鬥。

隋　莫420　西龕外

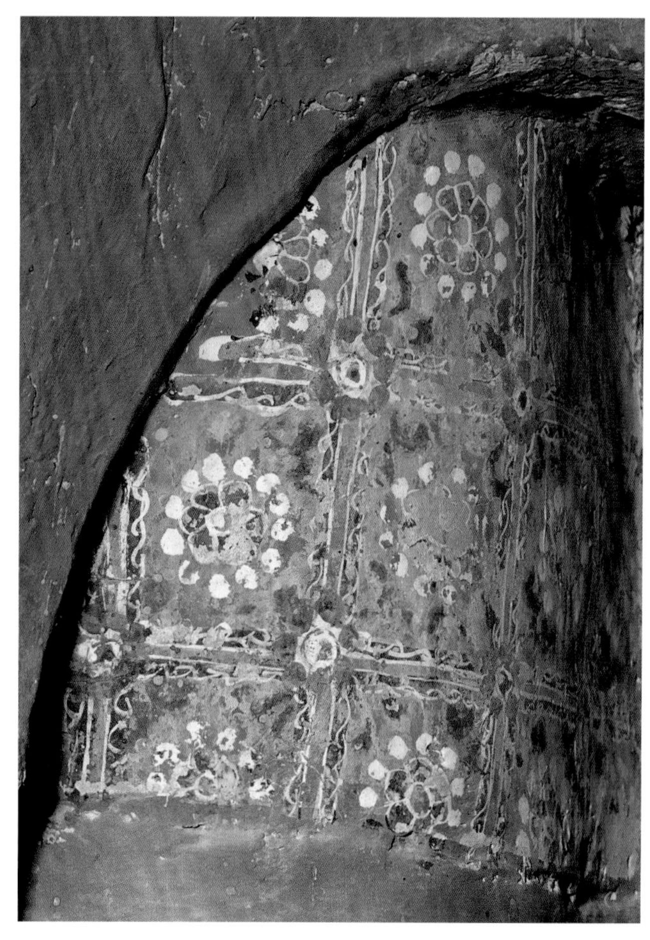

68 棋格聯珠團花紋

菩薩半臂的紋樣。紅、白、黑三色相間組成的幾何圖案，是西域流行的風格。在絲織品中常見。

隋　莫292　南壁

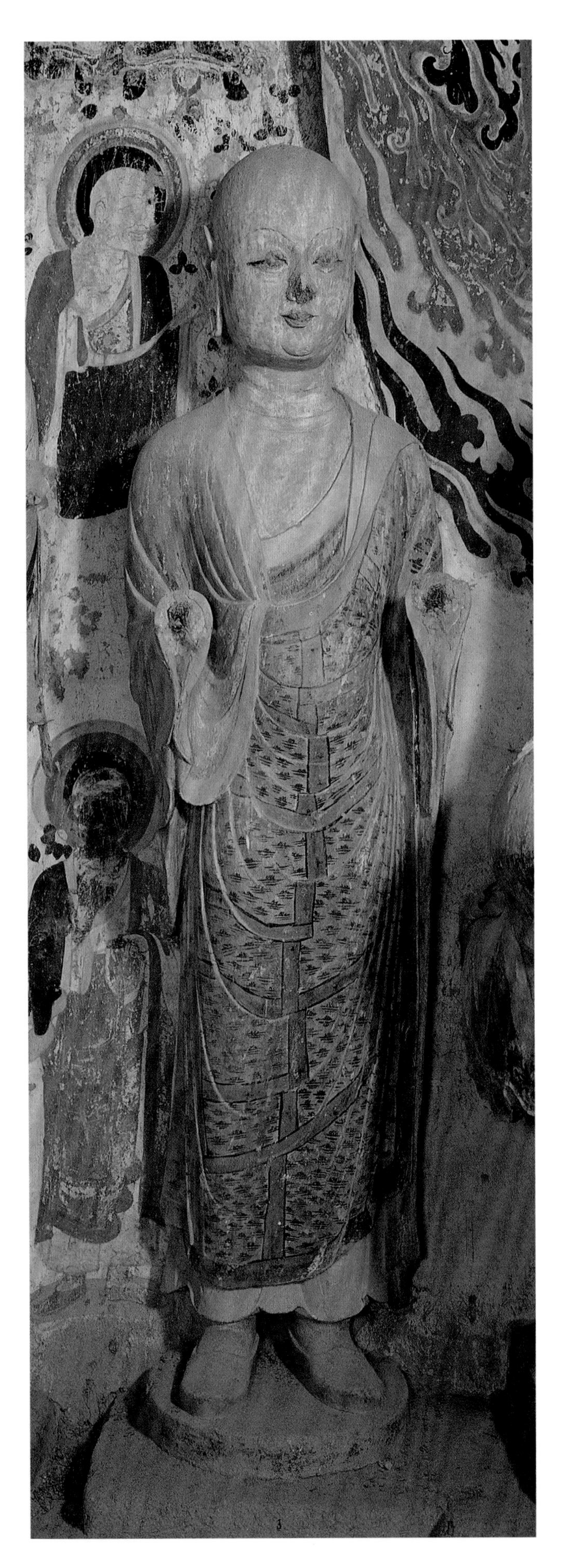

69 山水紋袈裟

阿難穿田相袈裟，上畫山水紋，衣紋線概括而流暢。

隋 莫244 西壁南側

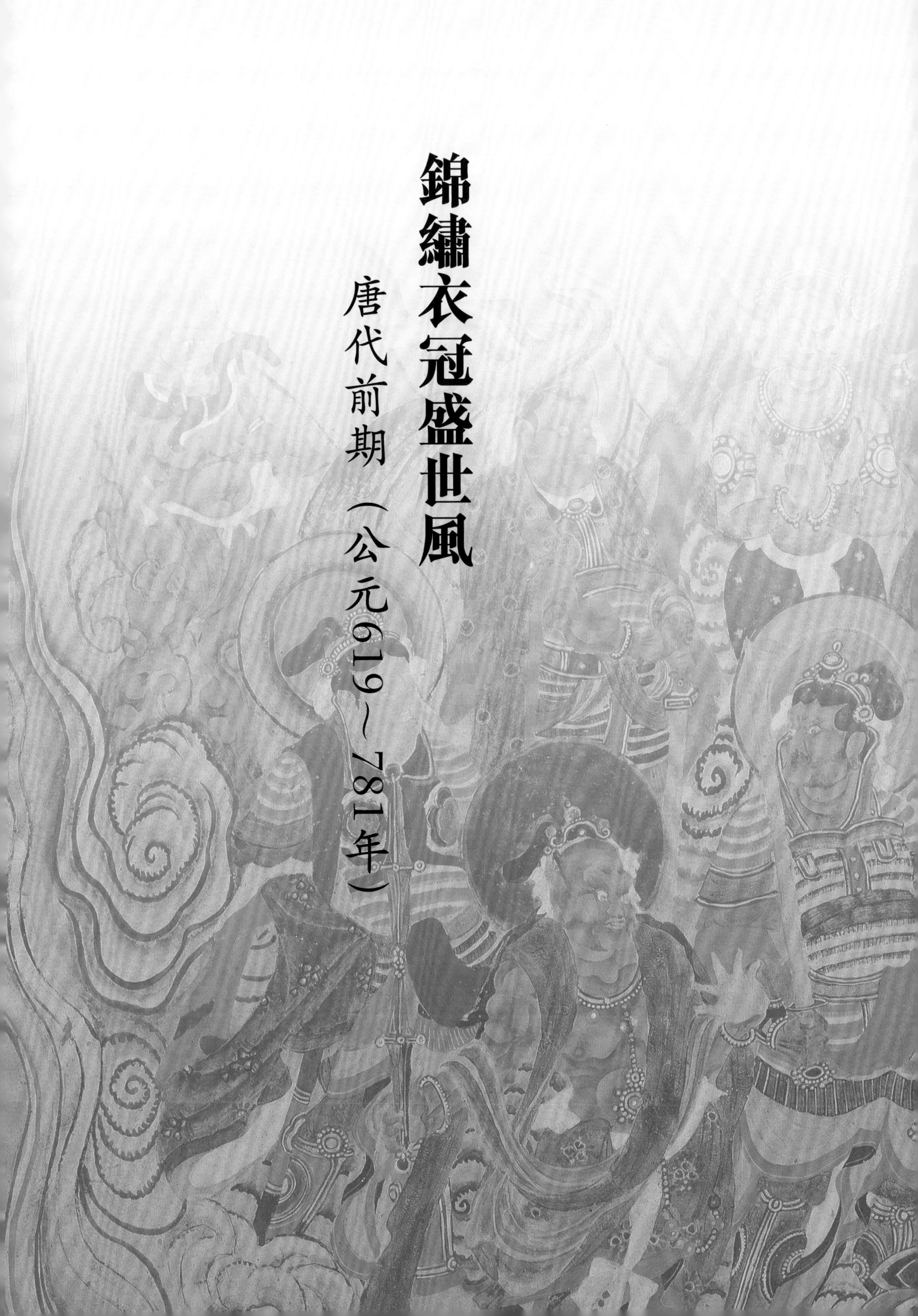

錦繡衣冠盛世風

唐代前期（公元619～781年）

唐朝是中國古代最輝煌的時代，敦煌石窟藝術在此時也達到了輝煌的頂峰。根據這一時期敦煌地區的政權的變化，唐朝的敦煌石窟藝術劃分為前後兩期，前期指唐高祖即位（公元618年）至建中二年（公元781年）吐蕃佔領敦煌的一百七十年間，此時正值盛世，壁畫中表現的服飾風格深受中原地區影響。此後直至唐亡，是為後期，服飾風格有所轉變。

唐代前期，由於絲綢之路的暢通，敦煌成為重要的國際商貿集散地，時有“天下稱富庶者，無如隴右”之說。來自東西方的文化在此匯聚。唐朝奉行兼收並蓄的方針，服飾也無不顯現出東西融會與吸納的特點。尤其婦女裝飾之盛，更加突出了時代特徵，達到了前所未有的程度。這一時期敦煌壁畫中的服飾，體現了繼承傳統，胡漢融匯，中外交流，開拓創新的大唐風貌。主要表現在四個方面：

一是唐代制訂新服飾禮制，體現了大唐帝國的新秩序和新氣象，其影響遠及明代。敦煌壁畫再現了唐代天子王侯、文武官員以及平民百姓等各個社會階層的服飾禮制，是記錄唐代服飾禮制極為珍貴的圖像資料。

二是敦煌壁畫展現了各國、各民族的服飾，集中反映了中古時期西域乃至中亞、西亞的服飾風情。唐代對漢裝影響極大的胡風主要來自絲綢之路的西域以及中亞、西亞，尤以高昌回鶻風最盛。

三是敦煌壁畫和雕塑以各種藝術手法表現出豐富而精美的絲織品質料，從薄如蟬翼的紗縠，到絢麗多彩的織錦、暈染及紋樣，形象再現唐代高超的織繡印染技術和富麗堂皇的風格。

四是這一時期的襆頭袍服、漢著胡裝、女著男裝等，雖然都是時尚服飾，但仍然強調實用性，適宜日常生活。與唐代後期服飾為滿足貴族的休閑享樂，越來越講究裝飾性，越來越寬大，有所不同。

第一節 等級規範的官服與戎裝

自西周以來，歷代統治者都把服飾作為階級的象徵，社會各個階層的服飾從樣式、顏色到質地都有差異，以此明界限，別尊卑。西周在周禮的規範之下制訂了最早的服飾禮制，漢代又在儒學禮教的基礎上有新發展。魏晉南北朝的戰亂打破了漢代的服飾制度，時間長達三百年。隋代重新制訂的新禮制，由於政權短命，而未來得及全面實施。大唐帝國創建之初，就十分重視建立健全國家新秩序，唐高祖於武德四年（公元621年）正式頒佈服飾禮制，貞觀年間又做了補充修訂，服飾禮制從此進入了更加嚴格規範、完善細緻的時代。敦煌唐代前期的壁畫充分展示了這套禮制詳備、細緻、繁縟的特徵。

一、天子王侯的禮服

冕服：《唐六典》記載，冕服是皇帝和王侯的專用禮服，共有六種樣式，為大裘冕、衮冕、毳冕、絺冕、鷩冕、玄冕。冕即冕冠，頂部有冕板，唐制為廣八寸、長一尺二寸。冕板前後有垂珠，名曰旒。旒的多少視戴冠者的身份而定，皇帝為十二旒，侯伯為七旒、五旒，卿大夫從六旒至二旒不等。冕板下戴冠幘，王侯為黑介幘或通天冠。黑介幘是頭巾。通天冠是冠身向後翻捲，頂飾二十四梁的冠帽。據《新唐書．車服志》記載，禮制還規定了與冕冠配套的各級服裝。例如戴通天冠者，內著白色紗羅製作的襯衣，外著白色的裙襦，最外層是絳色紗袍、羅裳，袍服的衣領、前襟、袖端均鑲紅邊，前繫紅色的蔽膝，腰間束帶及玉佩、綬帶等，下穿紅色的笏頭履。

帝王的冕服最主要的是有十二章紋圖案，即日、月、星、山、龍、華蟲（雉雞）、宗彝（祭器）、火、藻、粉米、黼（斧形）、黻（亞形）十二種紋樣。前八章圖案在衣袍上，後四章圖案在下裳上。十二章都有象徵意義，日、月、星辰光照大地，山可興雲雨，龍有靈變，華蟲寓意華麗多彩，宗彝表示不忘祖先，虎紋取其威猛，長尾猴紋作為智慧的標識，火是光明與興旺之象，藻象徵文采，粉米潔白養人，黼取金斧斷割之義，黻示亞形，取臣民背惡向善之義，又解為君臣離合之義。可以說十二章紋彙集了中華民族的文化觀和價值觀。

在莫高窟第220窟《帝王禮佛圖》中描繪了貞觀年間帝王與羣臣朝拜禮佛的場面，帝王頭戴冕冠、黑介幘，垂旒有六條。身著曲領中單白襦裙，外罩黑色大袖、繡畫章紋的絳紅色袍服，前有石綠底色團花紋的蔽膝，下蹬笏頭履。從顏色、紋樣到樣式，都與史籍記載的帝王冕服大致相符。只是作為皇帝之冕，應是十二垂旒，此人垂旒僅有六條，沈從文先生認為屬畫師筆誤草率所致。但在敦煌壁畫中的《帝王禮佛圖》基本上帝王多是冕冠垂六旒，屬於侯伯的冕冠，這應不是筆誤，或是禮制疏鬆，或屬於地方畫師不規範的傳統畫法。

中國考古出土文物證實，冕服早見於漢代，南北朝確定了冕服基本樣式，唐代帝王冕服成為禮儀定制中最重要的內容，其基本形式一直沿用到明代，長達千年。

在敦煌壁畫中也有王侯禮佛朝拜的形象，多出現在維摩詰經變的《帝王禮佛圖》和法華經變“提婆達多品”中。王侯朝拜的禮服大致與皇帝禮服相似，只是有的戴冕，有的不戴冕，而戴通天冠。王侯日常朝政，頭戴通天冠也屬於正式的朝服，符合禮制。居家或出行的常服，也可戴通天冠。

另外值得一提的是盛唐時敦煌地區的婚嫁有“攝盛”之俗，新郎和新娘可以超越自己實際身份，享用王侯的禮儀行事，在敦煌壁畫《婚嫁圖》中新郎也破例著帝王的冕旒袍服。

二、百官服飾

朝服：唐代，各級官員在參加祭祀、謁見時需著朝服。《唐會要》規定，帝王和百官的官服都通用綾，以紫、緋、綠、青四色確定品位的高低。三品以上官員服紫色、四品和五品服緋色、六品和七品服綠色、八品和九品服青色。其夫人與丈夫的品級顏色相同。到武則天當朝之時，還制定了以紋樣分別文武官品的禮制，文官的官服繡禽鳥，武官的官服繡猛獸，這種做法應是明清官服上補子的雛形。

莫高窟第220窟壁畫中陪同帝王禮佛朝拜的羣臣的朝服樣式大致和皇帝一樣，是內著白紗曲領襯衣（中單）、白裙襦，外罩交領寬袖袍服，前繫蔽膝。這種朝服只有在陪祭、朝賀、禮佛朝拜以及盛大典禮時才穿戴。與帝王冕服所不同的是，羣臣一律穿素色服，這與史籍記載有出入。羣臣都戴黑介幘，這是五品以上高級文官的標誌，是與朝服配套的禮冠。有的官員還有戴遠遊冠，形制與通天冠相似，冠前無裝飾，只有展筩。此外進賢冠也是文官戴的一種禮冠，因其有向上薦引能人賢士之責，故名。此時南北朝盛行的籠冠在壁畫中已經很少見了。

公服與常服：官員在日常辦理公務時，不必著朝服，也可以穿公服。朝服去掉外罩的袍服及蔽膝，直接穿裙襦，就是公服。他們平時則是著常服和便服，以圓領袍服或襴衫為主，頭戴軟腳幞頭，腳穿烏皮六合靴。在敦煌壁畫中公服和常服都很普遍。

幞頭：唐代前期壁畫中幞頭相當盛行，無論尊卑，都可以通用。根據《新唐書．車服志》記載，馬周向唐太宗建議，在全國推廣一種用黑紗羅作成的襆頭，他說"裹頭者，左右各三襵（巾上的三個捏摺），以象三才；重繫前腳，以象二儀。"後襆頭遂在全國推行，並出現了多種樣式。其中長腳襆頭是宮廷樣式，一直沿用到宋元時期，又演變成為展翅漆紗襆頭，長長的兩翅平展開來，最終定型為宋元的官帽。此外還有上部前傾的軟腳襆頭、額上交結的"搯上巾"等多種形式，襆頭的興衰演變，在敦煌壁畫中都可以找到映證。

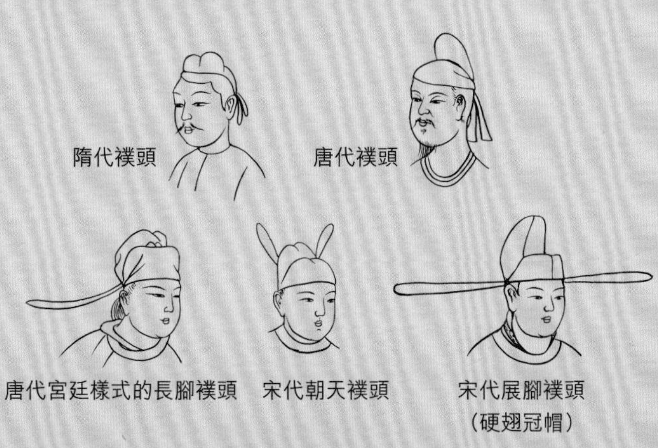

襆頭演變圖

髮髻：官員梳髮髻，才可以戴上禮冠。根據官職品位的不同，插髮髻所用的玉、金銀、犀角、象牙、玳瑁等各種髮簪，也有嚴格的定級標準，皇帝專用玉簪，其餘質地的髮簪，王侯和百官可通用。

腰帶：敦煌壁畫中不少官員配有腰帶。腰帶與冠帽一樣，也是區別身份和品位的主要裝飾品。尤其帶銙，是鑲嵌在腰帶上的飾件，以金、玉、銀、鐵製作，銙上有鉈尾，鉈尾下垂，取順下之義，表示對朝廷的臣服。唐朝制定了詳細的帶銙等級制度，以玉銙最為高貴，只有皇帝、親王和三品以上的官員才有佩帶玉銙的資格。腰帶的質地也有尊卑之分，以皮革製作的腰帶，形制簡單，上無裝飾，由低級官員佩帶。

蹀躞原本是胡服上的腰帶，上面掛有佩劍、刀、礪石、契苾真、噦厥、針筒、火石七種物件。在唐代蹀躞已經失去了實用的意義，而成為具有禮制意義的裝飾品，也是區別等級的裝飾品，唐制規定只有五品以上的武官才可以佩帶。而在敦煌壁畫上，卻可以看到從宮廷侍女到士庶階層，均可佩帶蹀躞帶，這應該是胡服興盛所致，或是反映邊遠地區禮制觀念鬆弛的現象。

鞋履：常見貴族男子有烏皮履和烏皮靴，還有穿長靿靴者，這是當時的時尚。帝王則穿笏頭履或高牆履，是中原傳統樣式。

三、各國王子服飾

進入唐代，在敦煌壁畫中出現了大量反映絲綢之路上各國、各民族人物的新內容，其中莫高窟初唐第220窟、盛唐第194窟、第103窟的維摩詰經變中都出現了《各國王子禮佛圖》，雖然主題是各國王子和使臣禮佛的場景，但是畫面與陝西乾陵出土的章懷太子墓的各國禮賓圖、昭陵的十四酋長石雕像的主題和內容如出一轍，甚至人物的服飾也可以找到許多共同點，它們從不同的角度展示了大唐繁榮強盛的國力，吸引四夷來朝、八方進貢的景象，由此可見唐朝作為國際性的大帝國，是世界上最開放的國家之一。

各國王子和使臣身著豐富多彩的官服和貴族禮服，其服飾樣式主要來自於絲綢之路上十分活躍的突厥、回鶻、吐蕃、高句麗、甚至印度、波斯等使臣或商賈形象，是了解中世紀中西文化交流的珍貴史料。各國王子中有身著翻領小袖（個別寬袖）花邊袍服、花褲、配蹀躞帶者；袍服有圓領、交領之別，其中最高身份者身著錦袍，這些都是西域的胡服特徵。另外還有為數眾多的王子穿大袖袍服、襦裙、配綬帶等漢式服飾，表現了很大程度的漢化特徵。

冠帽是各國王子和使臣最具民族特性的服飾。盛唐第194窟壁畫中各國王子的冠帽可謂多姿多彩，成為國家、民族、身份的標誌，例如貼金鏤花冠是高昌回鶻王室與貴族專用的最尊貴的帽冠，仿自古波斯的尖頂冠，四周飾珍珠，以紅絲帶繫於頷下；波斯王子和貴族常穿錦袍，頭戴很講究的渾脱帽，用錦繡製作，有細毛氈鑲邊，帽的頂部呈尖形，四周織花紋或鑲珠玉，價值很昂貴。此外第220窟的使臣頭戴雙鶡冠，是高句麗武士帽，用錦繡雜采製作，雙鶡尾豎插在冠的兩邊，取鶡性情勇猛之意，象徵武士不畏強敵。

從初唐到盛唐，《各國王子禮佛圖》中的各國王子和使臣成員不斷變化。初唐禮佛圖中多是來自西亞波斯（今伊朗地區）和東亞高句麗的王子和使臣形象。波斯人擅長經商，從隋代以來絲綢之路上波斯商旅往來不斷，他們與都城長安保持着頻繁的商貿往來和外交關係，波斯國朝廷先後派遣使團訪問唐朝達26次。據《隋書》、《舊唐書》的《波斯傳》記載，波斯國王頭戴金花冠，身著錦袍，《冊府元龜．外臣部》還記載，波斯國的服飾特點是袍服的緣邊，是一種用羊毛、蠶絲、細麻混合織成的提花織物，組織細密，紋彩兼備，最高級的王公貴族錦袍緣邊還加上金線，更顯富麗高貴。這些記載與敦煌壁畫中波斯王子和使臣身穿有緣邊的錦袍，頭戴錦繡渾脱帽的形象基本相符。高句麗更是與唐朝關係密切的近鄰國家，在武德初年就派遣使臣到長安，唐高祖下書兩國修好。《隋書》、《新唐書》的《高句麗傳》中細緻描繪了高句麗人的裝束，頭戴用白羅或皮革製作的冠帽，上面插鳥羽，身著大袖袍服，下穿大口褲，腰繫素皮帶，腳穿黃色皮履。敦煌壁畫中高句麗王侯頭戴金花冠，使臣頭戴雙鶡冠，他們均穿寬袖袍服，與中國漢裝的袍服相似，腳穿黃革履，這樣的裝束在吉林北朝高句麗墓中也有出現。尤其是高句麗人有喜以鳥羽為裝飾的習俗，插鳥羽的鶡冠更是高句麗服飾的典型特徵。

盛唐時期的《各國王子禮佛圖》中，主要由三部分成員組成：

一是來自南亞印度的王侯。印度是佛教的發源地，漢魏以來就和中國保持密切的聯繫，尤其隨着佛教的傳播，漢魏以至隋唐的帝王多有崇佛，致使兩國更是往來頻繁，印度先後派遣使團到唐朝達 25 次。玄奘在《大唐西域記》中詳細描述了他眼中印度人的裝束："服則橫巾右袒，首則中髻四重，……短制左衽，斷髮長髭。"《印度總述》中記載，男人斷髮穿耳，橫巾右袒，繞腰絡腋，身上佩帶環釧、瓔珞，多赤足。敦煌壁畫中印度王侯梳椎髻，多鬚髯，戴大耳環、項圈、臂釧、足釧。上身裸，披錦氈，著短褲，赤足。左右各有一導從，梳圓髻，上身裸，赤足，披巾。

二是來自南海、東南亞諸國的王侯。壁畫中東南亞王侯主要特徵是皮膚較黑，捲髮，上身裸，瓔珞繞身，有披巾，下著短褲，赤足帶足釧，頭戴圓便帽；南海王子略有不同，或梳丸髻，有鬚髯，赤足無足釧。據《隋書》、《舊唐書》記載，王者身穿的短褲和披巾是木棉紡織的花布，有粗細兩種，粗布為吉貝布，細布為白疊。王者佩帶的瓔珞則是用珍珠和金鎖串聯而成的。

三是來自西域各國的王侯。在壁畫中為數眾多，例如莫高窟第194窟就達到 17 人，幾乎囊括了歐亞各地的服飾樣式，盡顯個性。他們頭戴冠帽，各不相同，身著各式袍服，有交領、翻領、左衽、右衽，以窄袖居多，個別為寬袖，腰束革帶，或袍長至足，或短至膝部。據史書記載，袍服的衣料來自歐亞和中國各地，有錦繡、絲絹、氈褐、毛綾和布帛。布帛又有木棉織的吉貝布和白疊布、棉花織成的朝霞布以及葛麻布等。在各類織物中屬中國各地官府織造的絲錦最為珍貴；吐蕃產的貢品朝霞布，也是一種珍貴的棉織品，色彩如艷麗的朝霞，受到西域王公貴族的青睞。

各國王子禮佛圖可以說是絲綢之路的一面折射鏡，從畫面上可以清晰地看到從初唐到盛唐，唐朝通過此路與東西各國經貿和文化的交往越來越壯大，國力越來越強盛。

但是，由於西域各國、各民族遷徙無常，這裏成為歷史上民族文化最為複雜的地區之一，加之各種文字記載的文獻十分匱乏，又有東西、古今語言和文字的障礙，以及敦煌壁畫多有模糊或殘損，因此很難從服飾上準確判斷王子的屬國，為我們今天辨別和確定這些人物的服飾帶來相當大的困難，也留下很多疑問。目前僅做了一些初步的、概括性的梳理工作，有許多問題有待於今後研究破解。

四、精緻而完善的鎧甲

唐朝前期政治開明，軍事方面實行胡漢並重的兵制，善於騎射的北方各民族軍人因戰績顯赫而得到重用，騎兵在國防戰略上具有舉足輕重的地位，南北朝時期的重裝騎兵已經退出戰場，成為皇家的儀仗隊。快速機動的輕騎兵得到大力發展，裝備的鎧甲更加精良，符合實戰要求。在敦煌壁畫和雕塑上突出表現了唐代前期的鎧甲在以下三方面的新變化：

一是鎧甲的種類增加到十三种之多，據《唐六典》記載，有明光甲、光要甲、細鱗甲、山文甲、烏縋甲、白布甲、皂絹甲、布背甲、步兵甲、皮甲、水甲、鎖子甲、馬甲。從字面分析，有金屬、皮質、布帛絲綢等各種質地的鎧甲；有步兵、騎兵、水軍等各兵種的專用鎧甲，其防禦功能更趨完備，分類更加細密。敦煌壁畫和雕塑中有大量的天王武士形象，都是身著各種鎧甲，雖然在他們身上無法確指出唐制的十三种鎧甲的具體形制，但是鎧甲的各種質地和圖案紋樣大致可見。南北朝流行朝野的裲襠式鎧甲已經在敦煌壁畫中完全消失了。

二是唐代的鎧甲除了保留隋代鎧甲重視胸部和背部的防護以外，更加注重頸部、臂部和肩部的防護。由於唐代北方少數民族，例如東西突厥和吐蕃等，不僅騎兵的騎射技術高超，而且與騎兵配套的兵器也相當精良。因此唐代無論是騎兵還是步兵的鎧甲，都使用一種防禦頭部的長簾兜鍪，更加強了頸部的防護；鎧甲上增加了以鷹、蛇、虎、豹等禽獸頭部作造型的披膊，既有實際防護臂部的效果，又用這些兇猛動物的形象顯示威武之風，這大概與武則天實行的武官官服用猛獸紋樣、文官官服用飛禽紋樣有關。獸頭披膊成為時代的一大特徵。此外，敦煌雕塑天王的鎧甲在腹部還增設了圍臍圓護；身下前後增加的鶻尾，與甲身聯為一體；保護大腿的腿裙和保護小腿的吊腿等細部的改進，都反映了鎧甲更加注重實戰需要，日趨完善和成熟。

三是鎧甲的製作更講究外形美觀，其裝飾性也相應加強。鐵甲和皮甲的製作工藝精巧講究，特別是唐代鎧甲中經常出現一種頗具特色的絹布甲，多繪有纏枝花卉及寶相花等各種紋飾，富麗而典雅，或為武將的禮服，或作為儀衛鹵簿的裝束，以體現統治者的威儀。

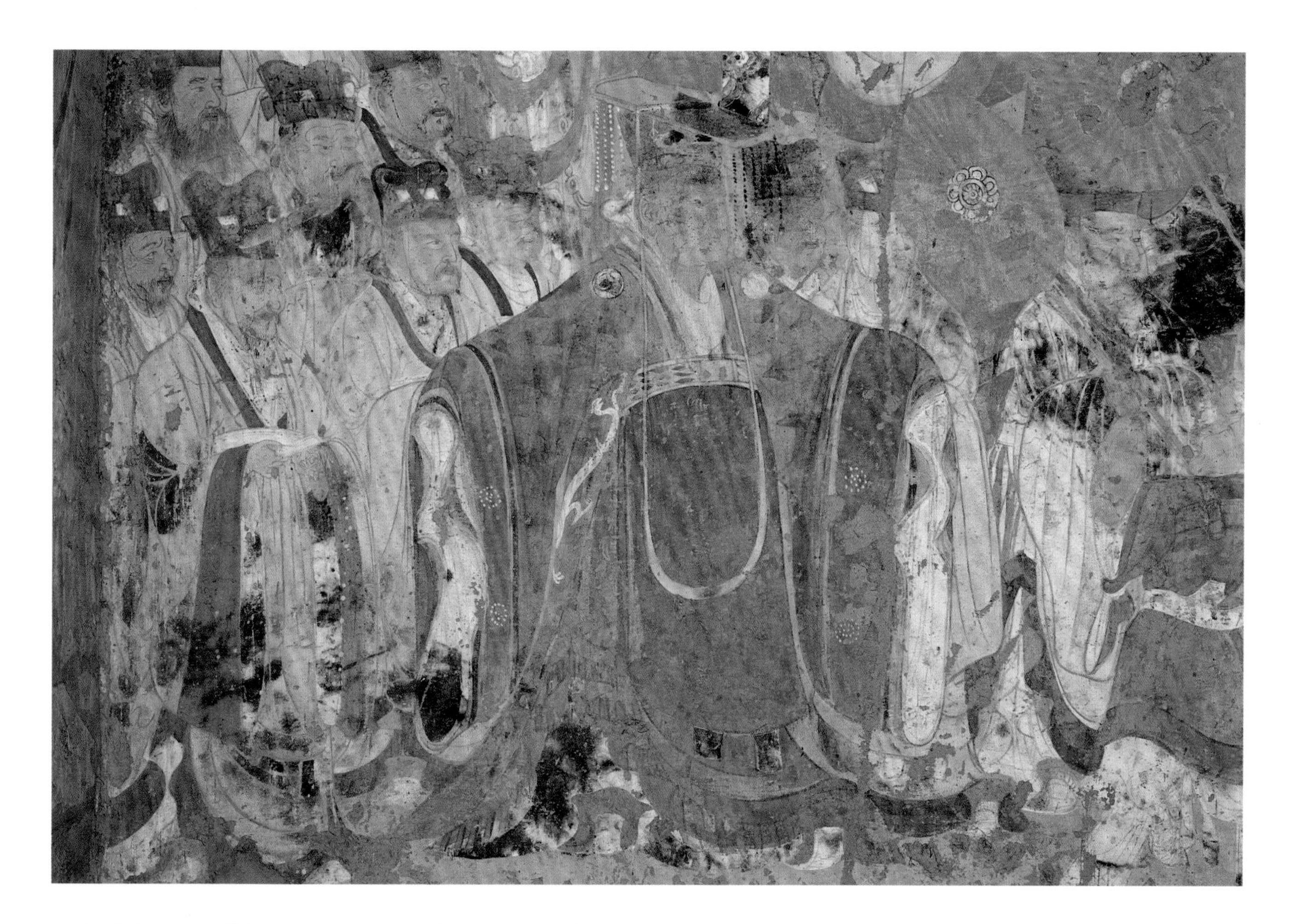

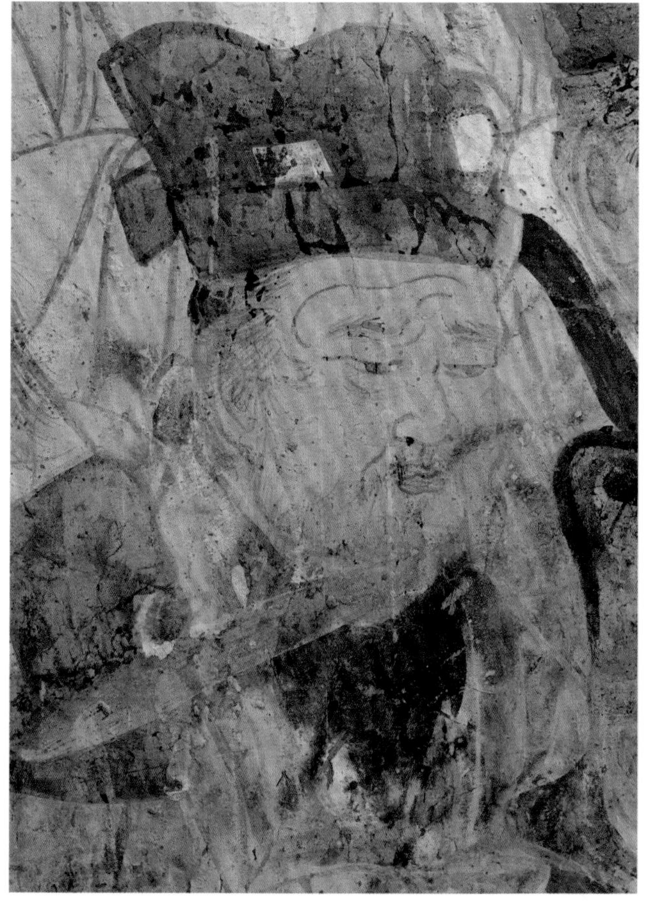

70 帝王冕服與羣臣朝服

皇帝戴袞冕，著十二章紋袍服，絳色蔽膝，雲紋笏頭履，具有威嚴和震懾力。後面的羣臣為文官，戴黑介幘，著袍服。

初唐 莫220 東壁

71 文官的黑介幘

初唐 莫220 東壁

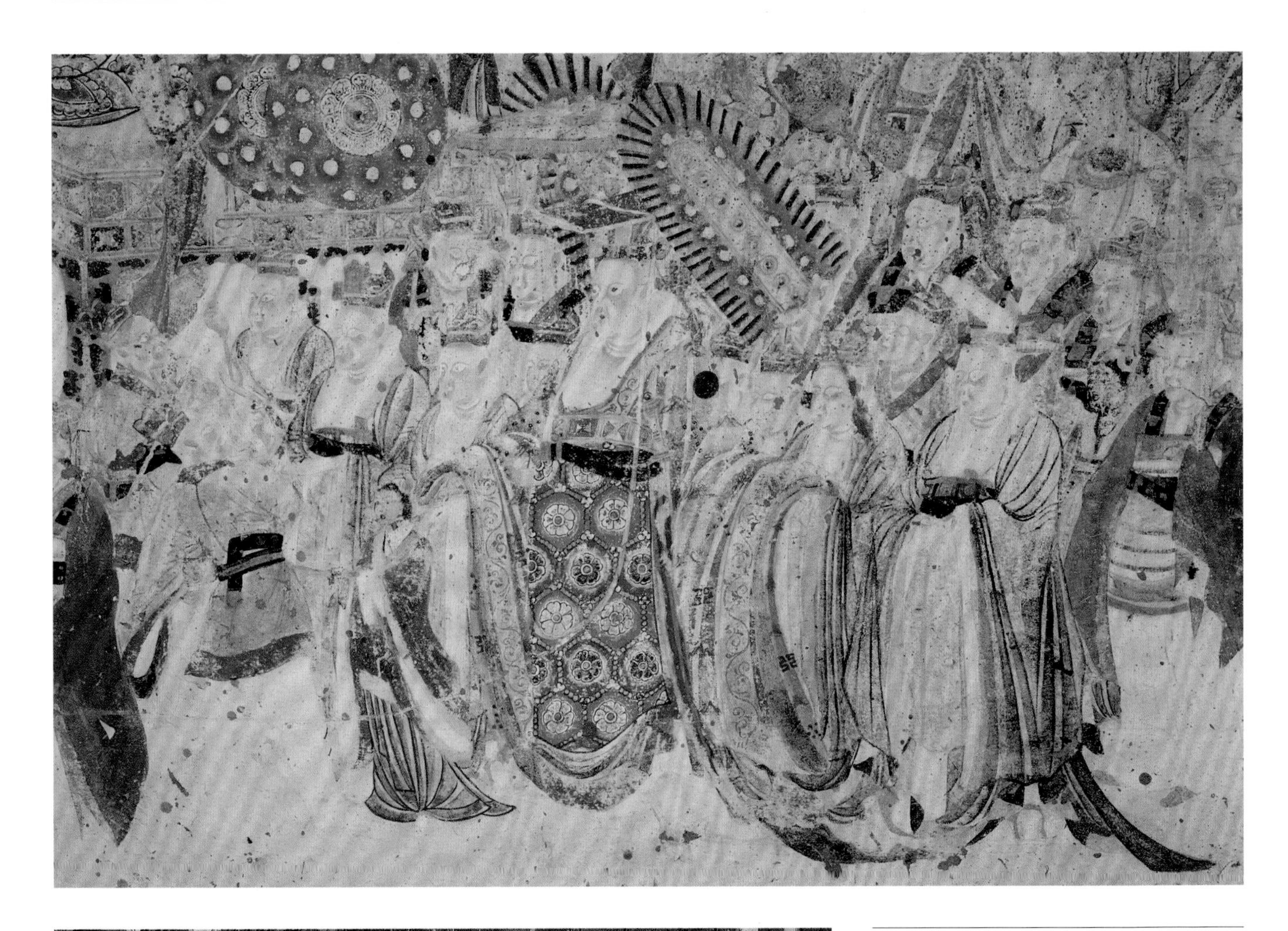

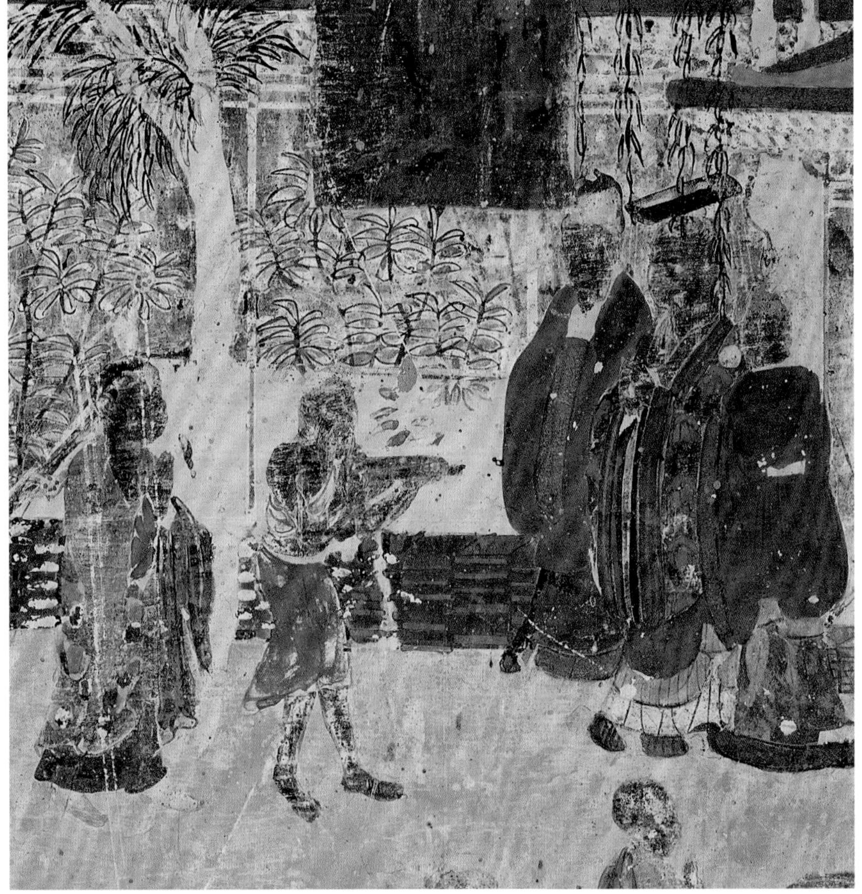

72 **王侯冕服與羣臣朝服**

王侯頭戴冕旒，著袍服，團花蔽膝。有文臣隨同左右，戴進賢冠，著袍服。前有侍女陪侍。

盛唐 莫194 南壁

73 **國王冕服**

國王頭戴冕旒，身著袍服。身旁有朝臣。法師著袈裟，由侍者前引晉見國王。

盛唐 莫217 南壁

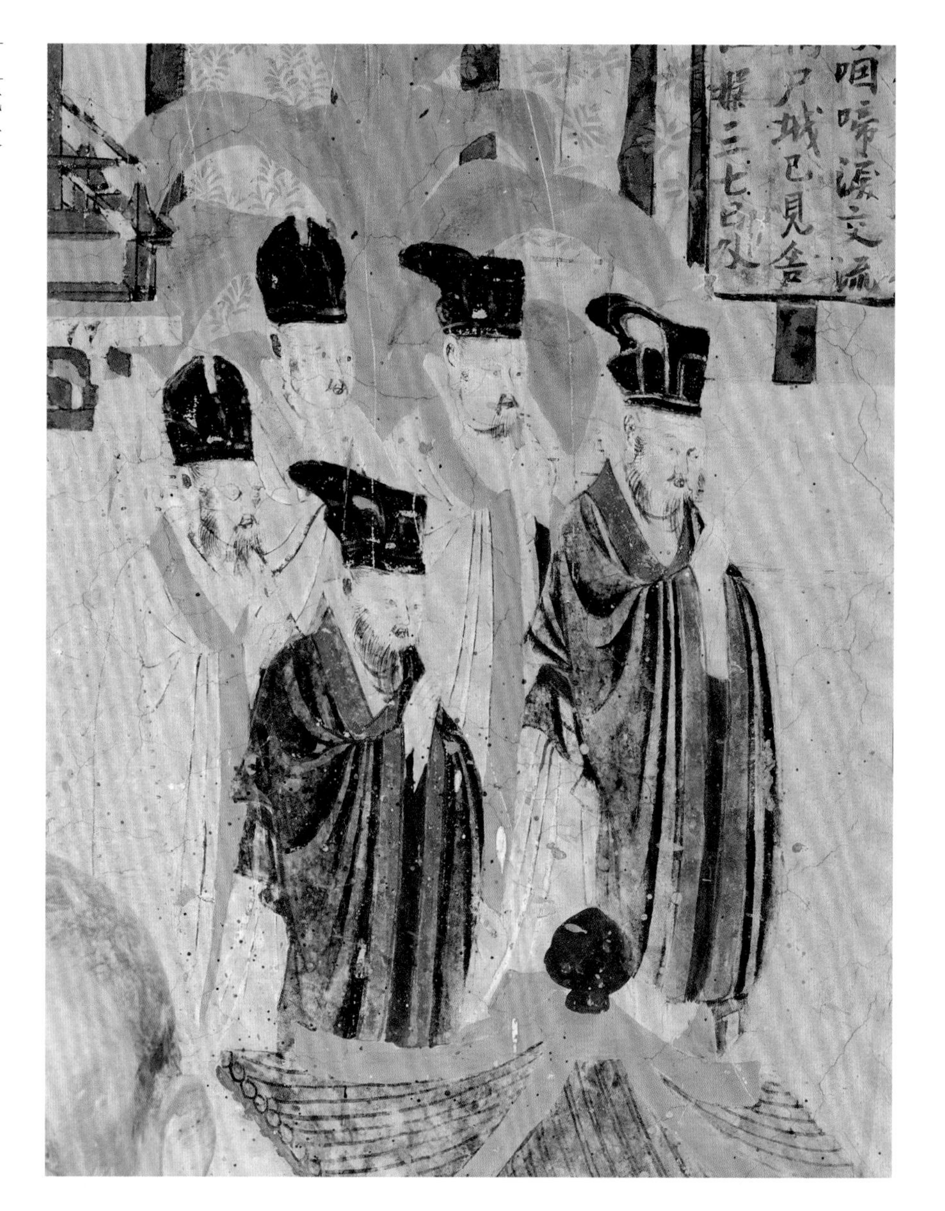

74　王侯與官員服飾

王侯和官員禮佛的場面。前為王侯，戴通天冠；中間二官員戴遠遊冠，後兩文吏戴進賢冠，均著寬袖袍服。

盛唐　莫148　西壁

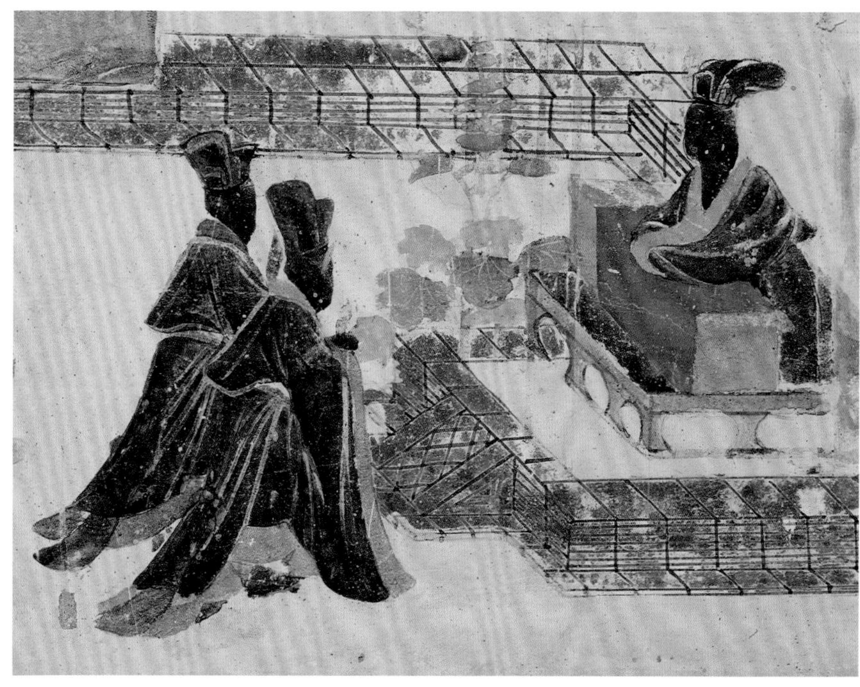

75　王子與大臣常服

王子戴通天冠，階下奏事的二大臣戴遠遊冠，三人均著交領緣邊寬袖袍服。

盛唐　莫320　北壁

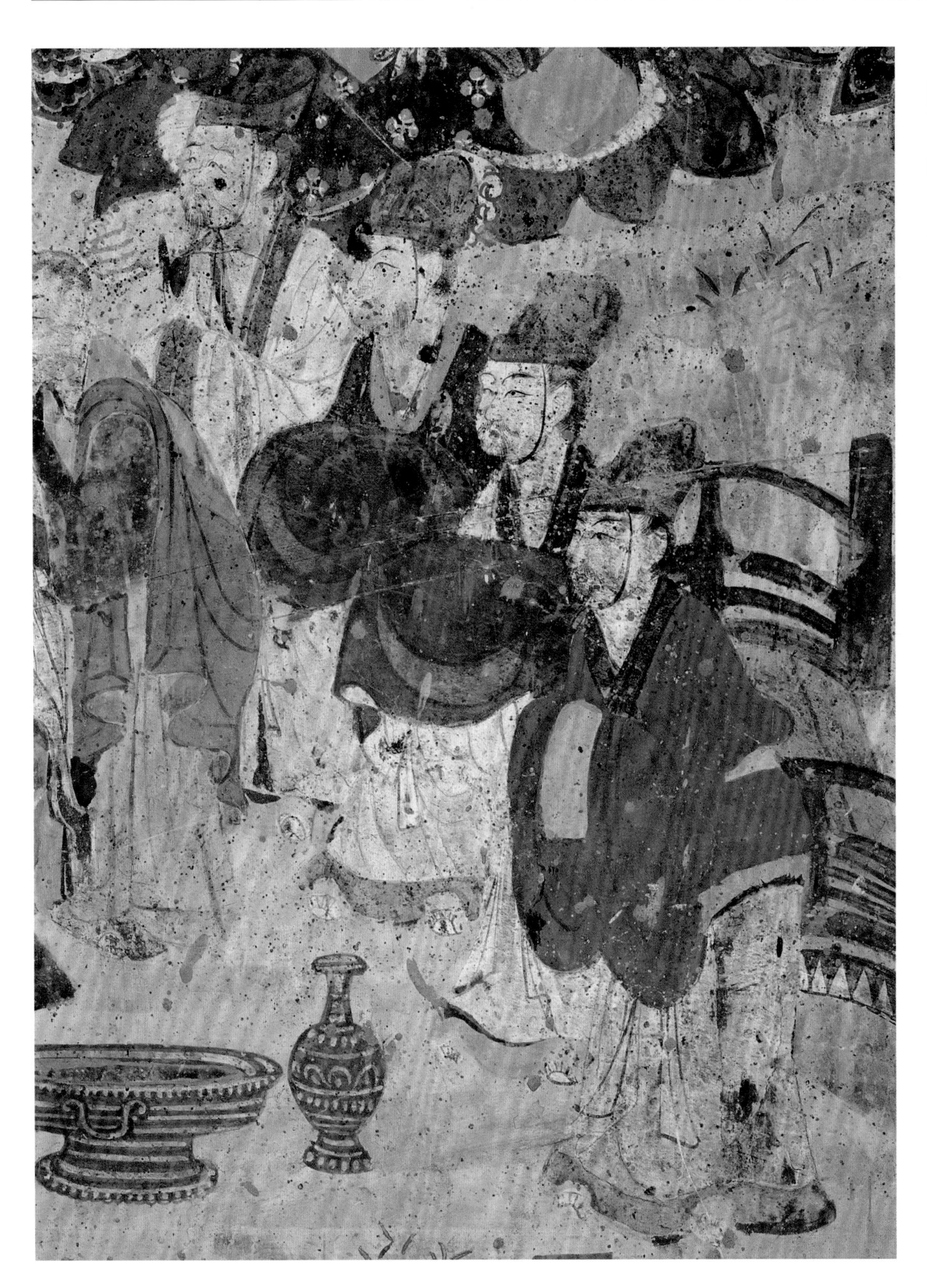

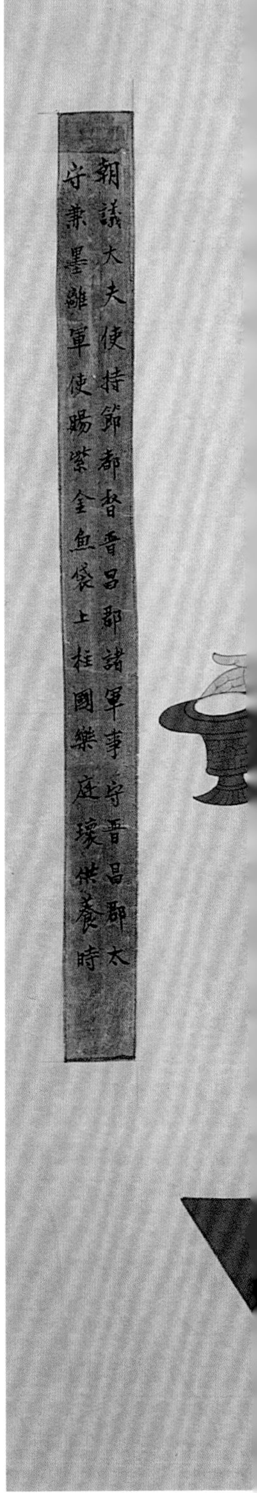

76 官員朝服

四名官員均戴進賢冠，以組纓繫於頷下。著白色和紅色袍服，白色雖然與官服制度不符，但為士人喜歡的顏色，隋唐敦煌壁畫中的士人多穿白服，此圖說明壁畫中官服禮制並不嚴格。

盛唐 莫445 北壁

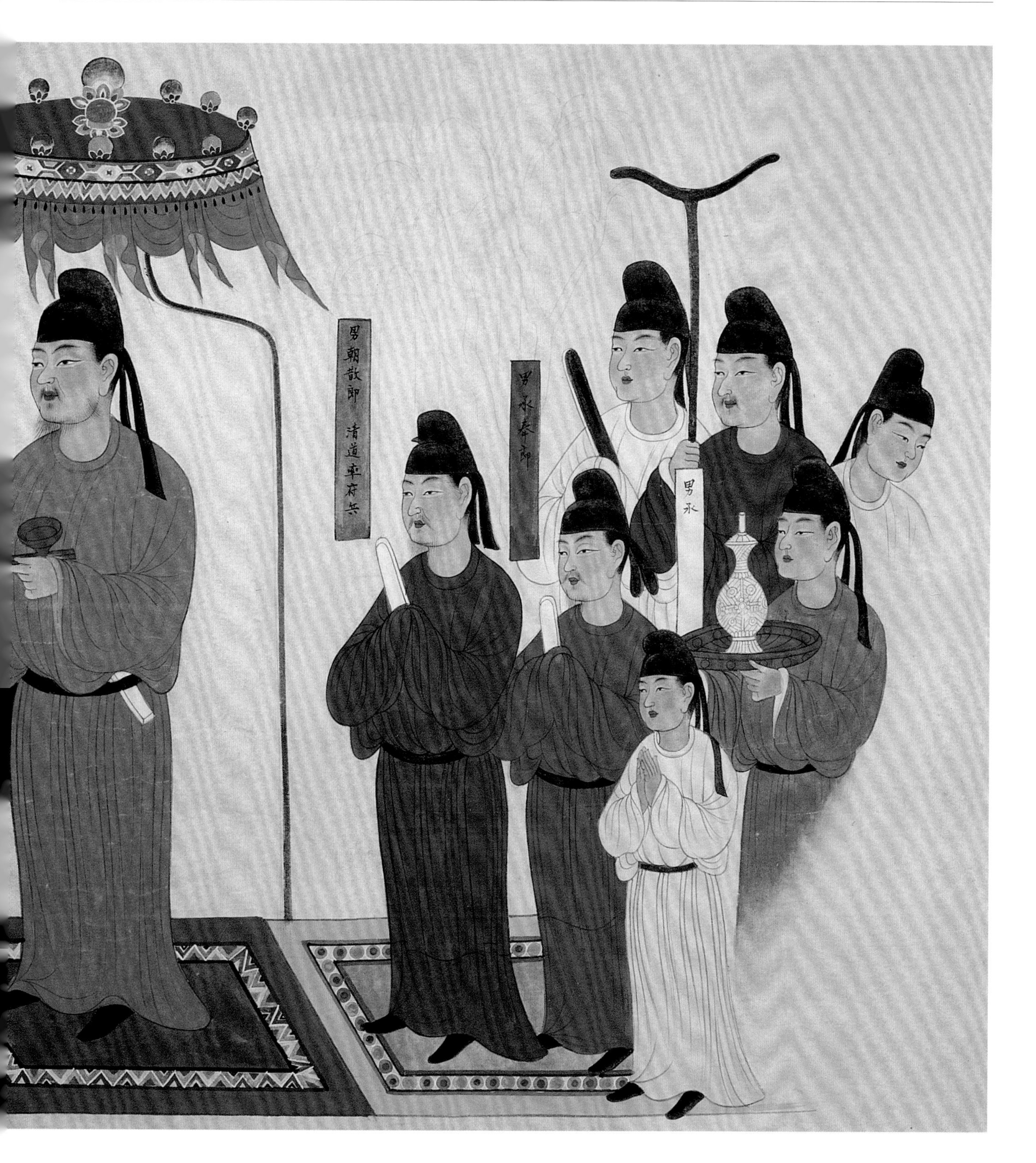

77 官員公服

圖中晉昌郡太守和下屬官員頭戴軟腳襆頭，身著袍服和襴衫，屬於公服。

盛唐 莫130 北壁 （段文杰摹）

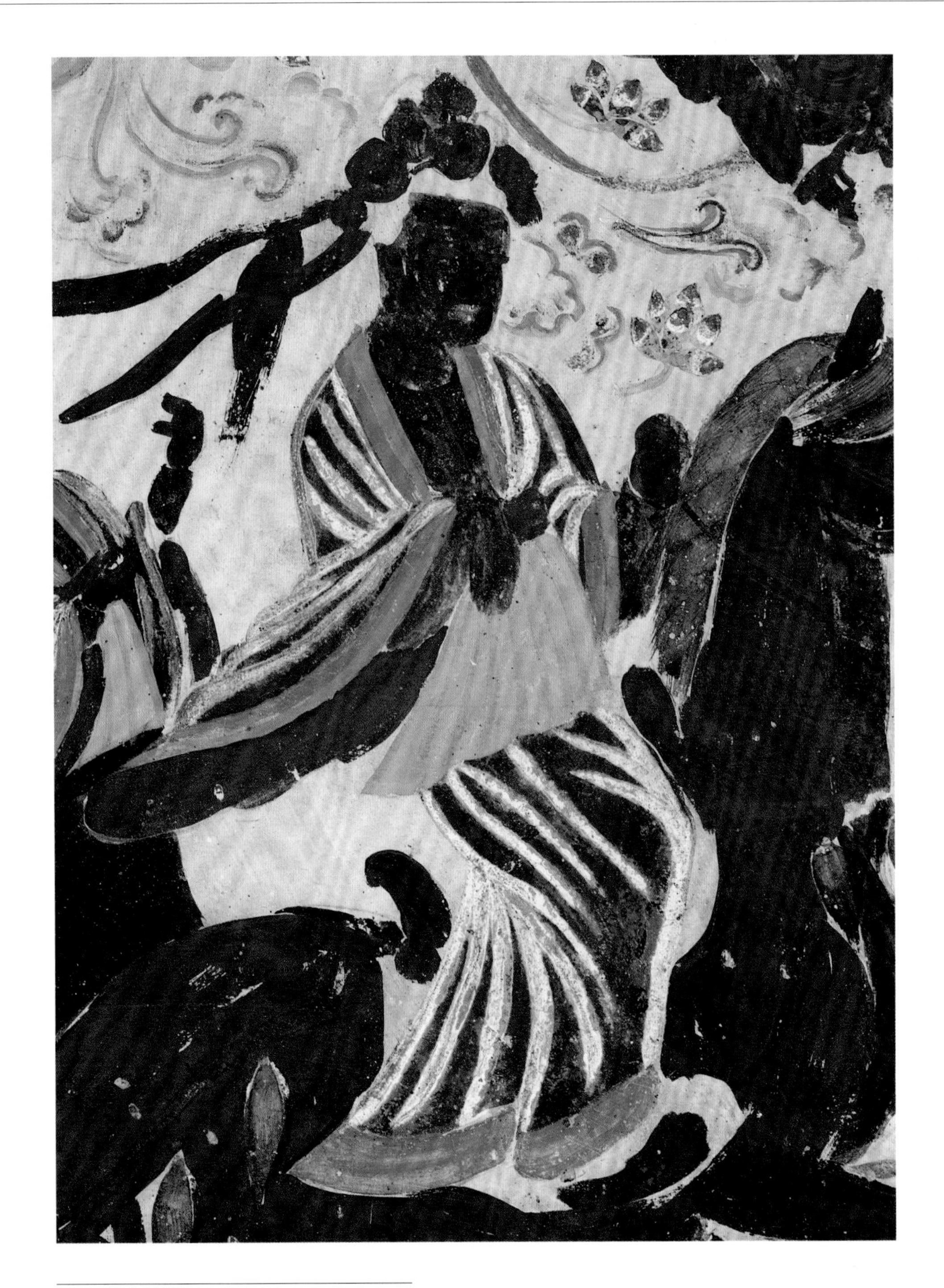

78 王子服飾

在佛經故事畫中夜半逾城的王子，頭戴花冠，身著條紋間色袍服，急速騎馬出行。有專家認為，這種條紋圖案是多色相間的絲織品，在中亞、西亞以至西域都很流行。

初唐 莫329 西龕頂

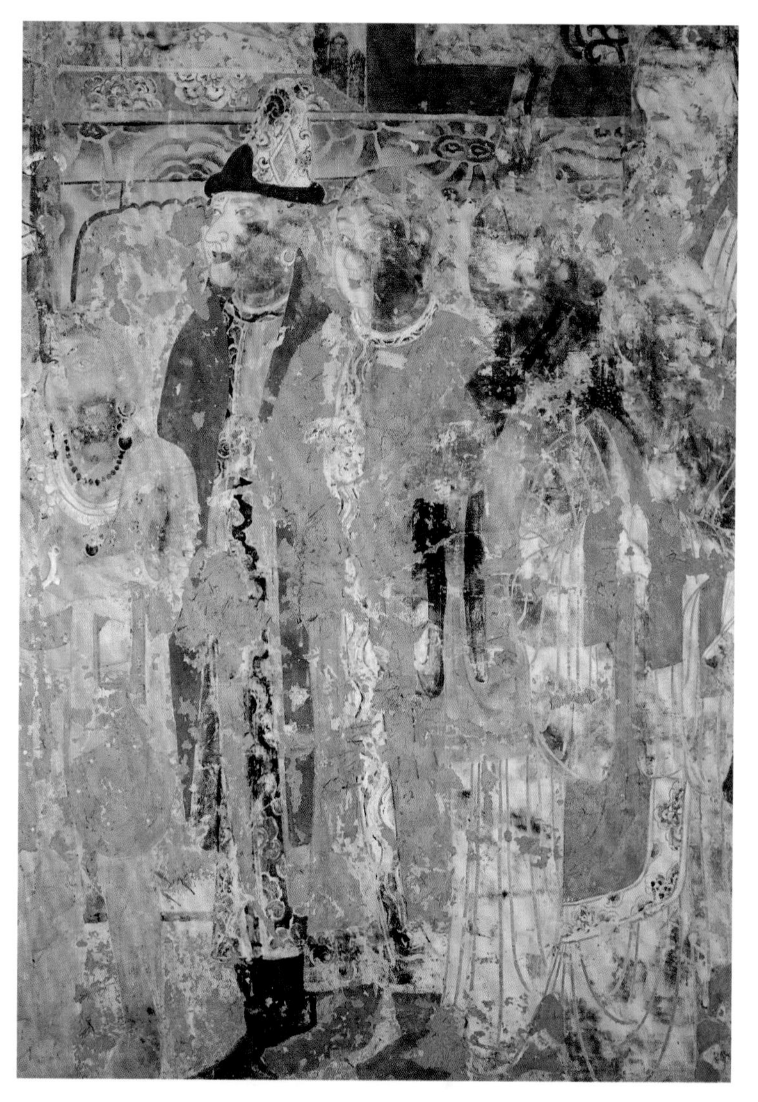

79 各國王子服飾

這是各國王子禮佛的場面。左側似是波斯王子，戴花錦渾脱帽，兩耳垂珥璫，著豎領花邊錦袍，外披氈袍。使臣頭戴白皮帽，豎領花邊錦袍，紅皮靴；右側為高句麗王子，頭戴三尖金冠，著寬袖袍服，紅底花邊圍腰，穿黃皮履。使臣是頭戴鶡冠的武將。

初唐 莫220 東壁

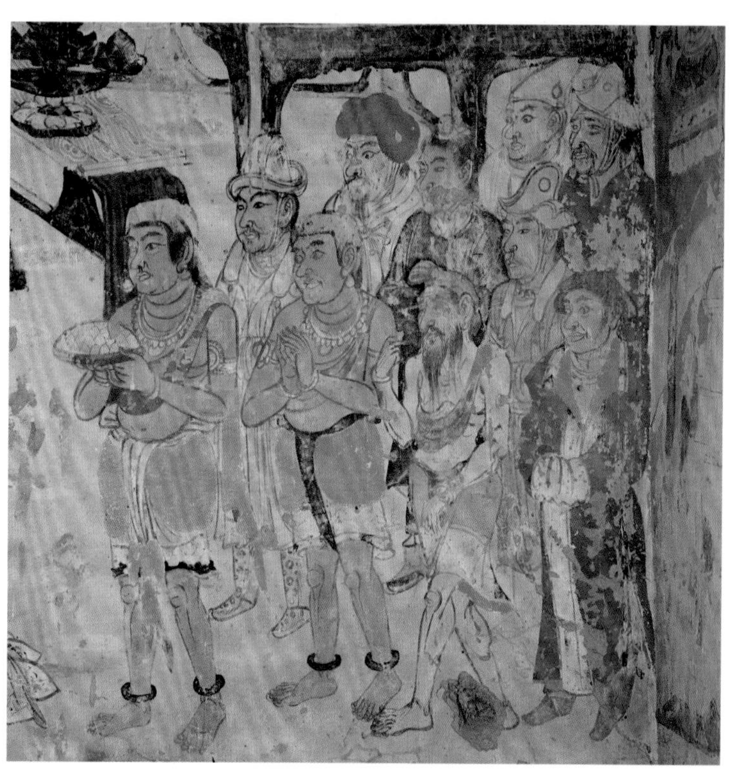

80 各國王子服飾

這是維摩詰經變中各國王子得到化菩薩贈送香飯的情節。前三人似為來自南海、東南亞、南亞印度的王子，上身袒裸，披長巾，繫圍腰，著短褲，赤足，戴臂釧和足釧。其後多為中亞、西亞王子，都是深目高鼻。右側似為東羅馬人，戴耷耳氈帽，著大翻領袍服，穿長靴；左側似為波斯人，戴渾脱金錦帽，著長袍，足蹬長錦靴，脖上搭有糧袋；正中似為高麗人，著紅色長袍，戴寶珠。其後戴尖頂花氈帽，著翻領袍服者，與粟特人的服飾相似。從服飾上無法準確判斷各國王子的屬國。

盛唐 莫103 東壁窟門南側

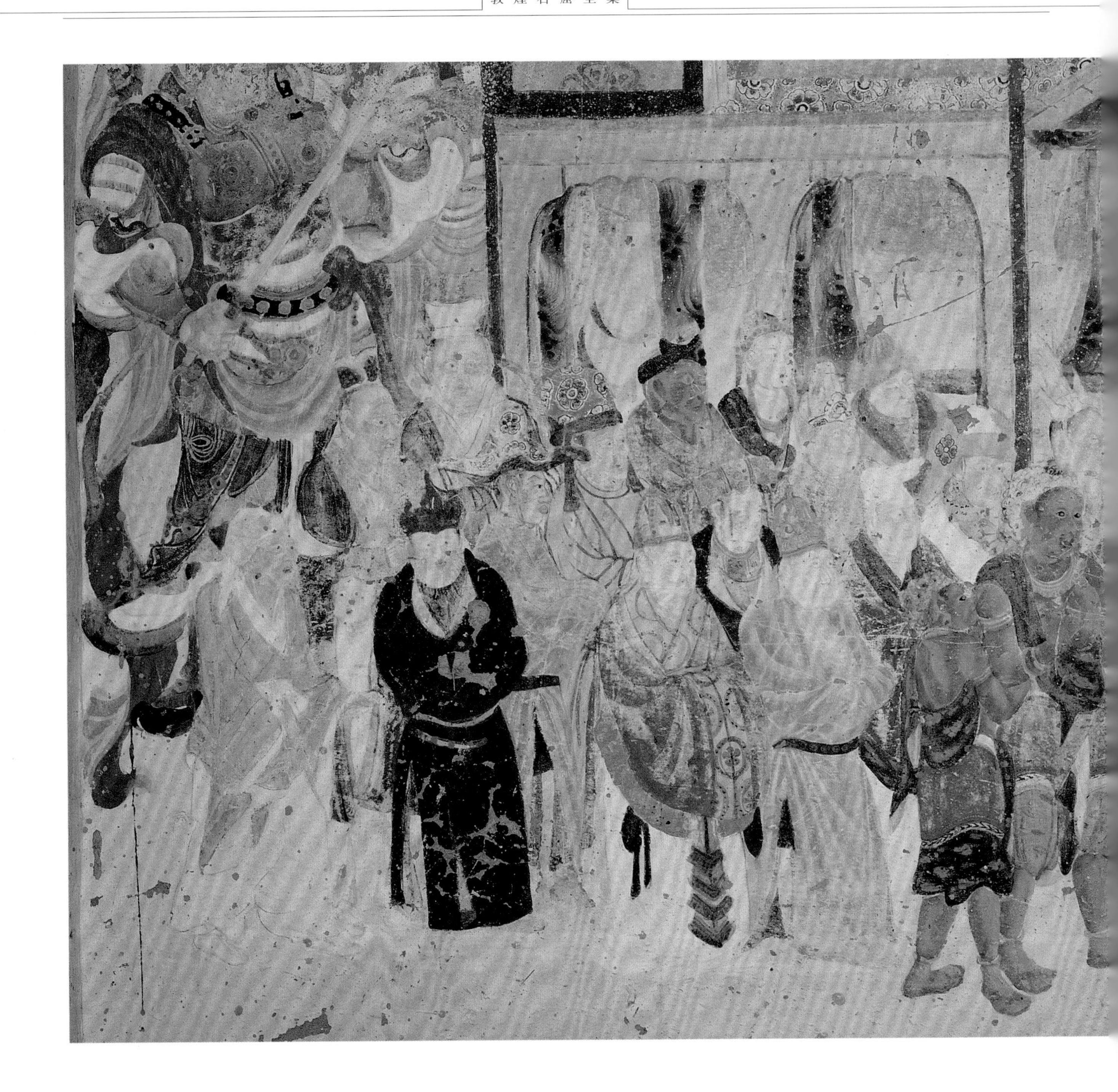

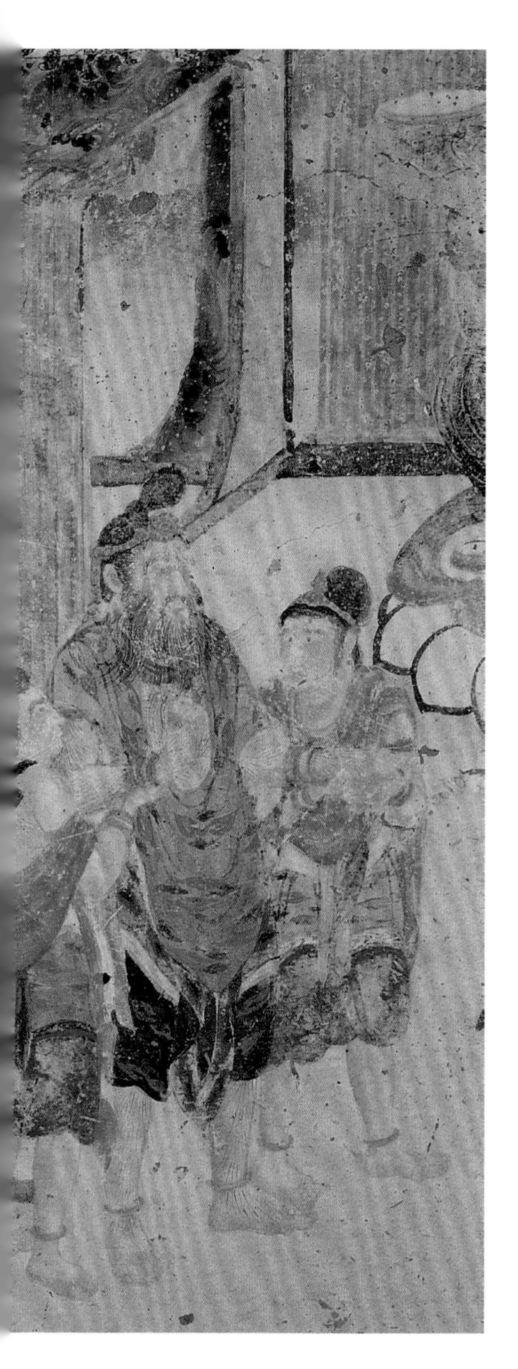

81 各國王子服飾

這是各國王子禮佛的場面。前面上身袒裸，著花短褲，赤足戴腳釧者，似是南海、東南亞和南亞王子；後面各國王子均著袍服，多為小袖，個別寬袖，衣領有翻領、圓領、交領之別，其中有顯示高貴身份的錦袍。王子各自戴本民族帽冠。其服飾樣式應來自活躍於絲綢之路上的突厥、回鶻、吐蕃甚至印度、波斯等地的使臣或商賈形象，但從服飾上很難準確判斷王子的屬國。

盛唐 莫194 南壁

① 回鶻王子的波斯式金鏤高冠
② 印度纏頭
③ 金花聳耳氈帽
④ 回鶻三尖無緣冠
⑤ 漆紗金冠
⑥ 氈帽
⑦ 金寶冠
⑧ 粟特捲沿氈帽
⑨ 天冠
⑩ 波斯錦帽
⑪ 波斯渾脱帽
⑫ 吐蕃朝霞裹巾
⑬ 圓皮帽
⑭ 披髮
⑮ 蓮花金冠
⑯ 扇面形無緣冠
⑰ 便帽

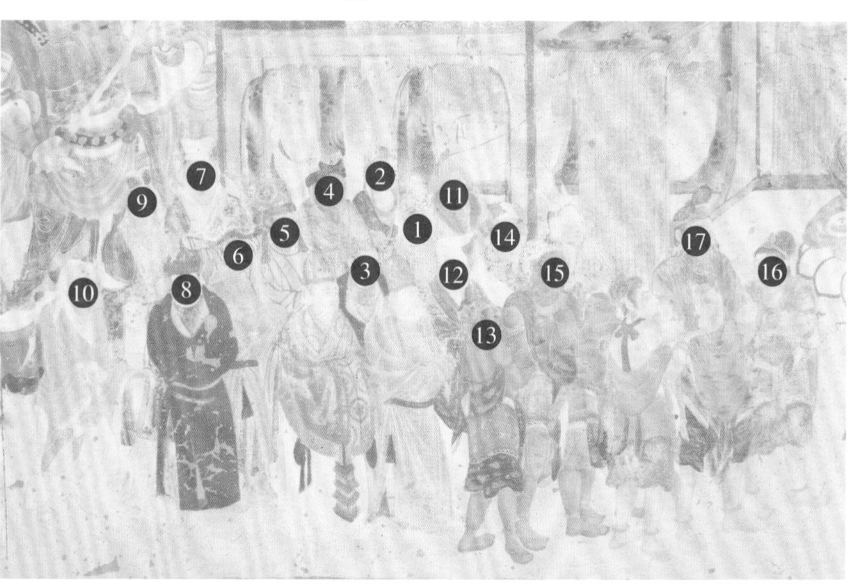

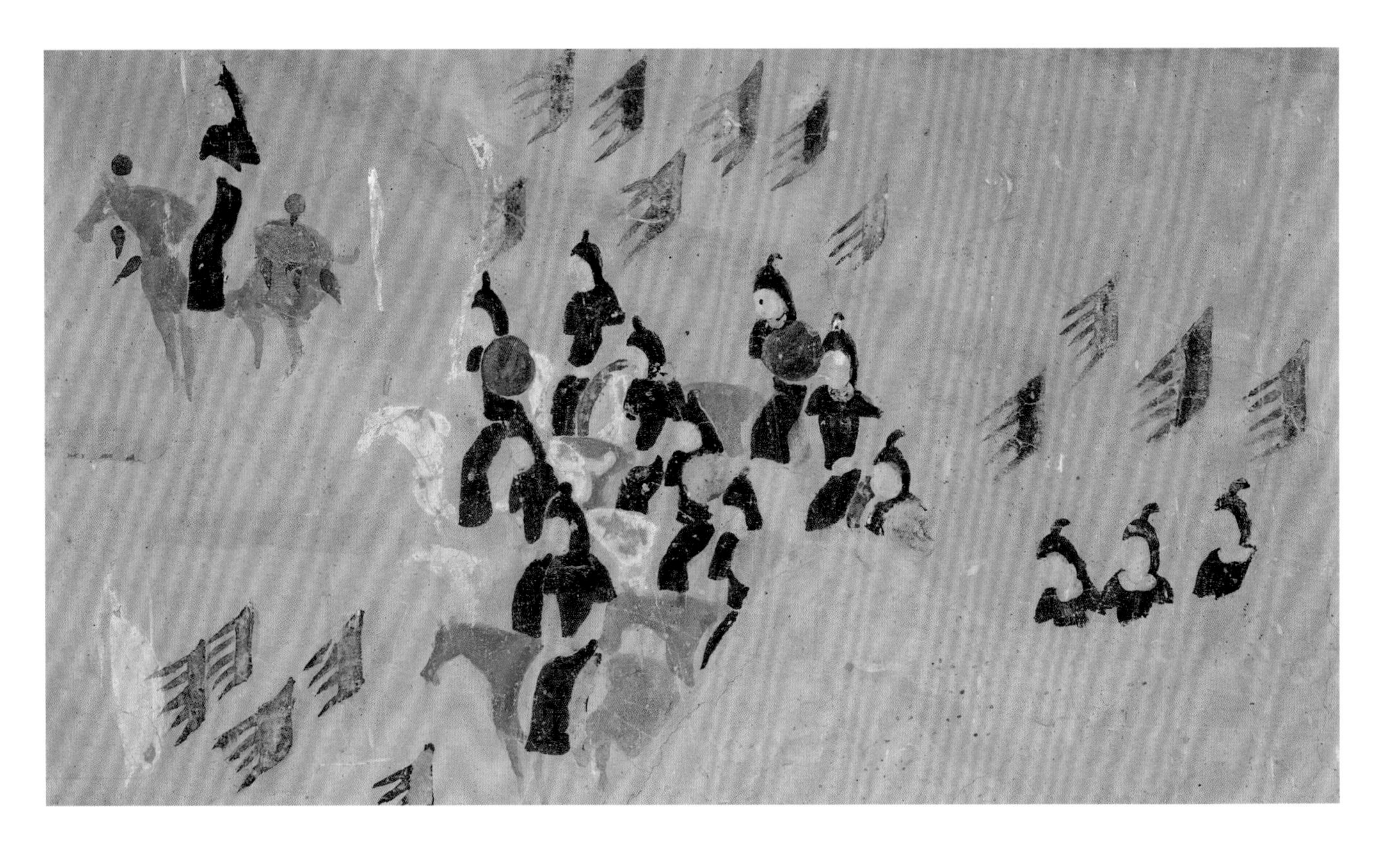

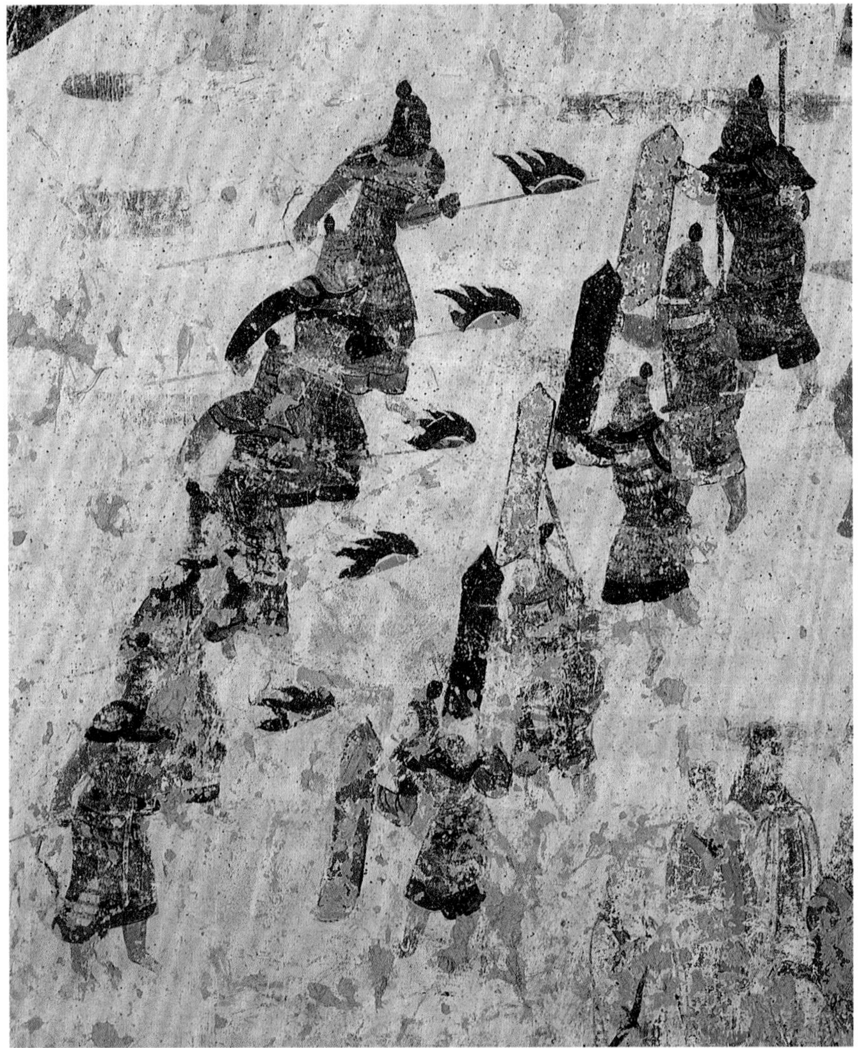

82 騎兵鎧甲

騎兵頭戴長簾兜鍪，可以護頸，身著半臂緊身鎧甲，長至膝部，既可防護身體的重要部位，又輕便靈活，屬於鎧甲改進後的新樣式，半臂和緊身都具有突厥回鶻騎兵鎧甲的風格。軍卒左手持圓盾，右手執帶幡彩的長柄鋼。前行者為將領，騎着佩帶五鞘孔條帶的戰馬，在旌旗飄揚的戰場上更顯威猛英姿。

初唐　莫321　南壁

83 兩軍作戰

兩軍對壘，一方以長鋼進攻，另一方左手以步盾防禦，右手執劍。兩軍將士均長簾兜鍪，可以護頸，身著明光鎧，長至膝下，有護膊，屬於新式鎧甲。

盛唐　莫217　南壁

84 王子戎裝

四王子頭戴寶珠頭盔，身披鎧甲，上有護領、護肩及護膊，甲身後有鶻尾，下有吊腿。從色彩分析，應是一種用皮甲和絹帛製作的鎧甲，顯得富麗而高雅。這類鎧甲一般只作為武將平時的朝服，或作為儀衛鹵簿的禮服，以體現統治者的威儀，不具備實戰鎧甲的防禦功能。

盛唐　莫217　南壁

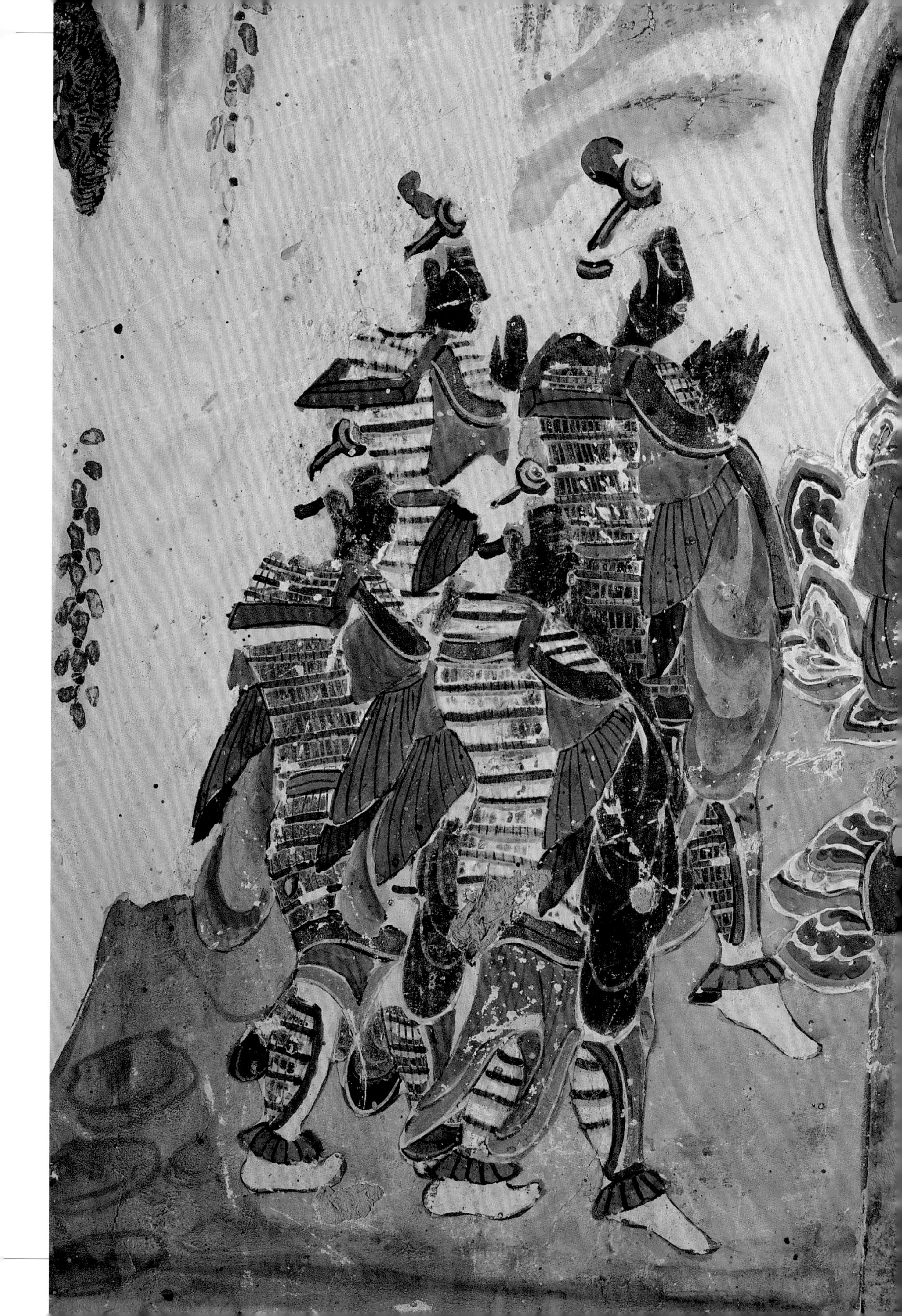

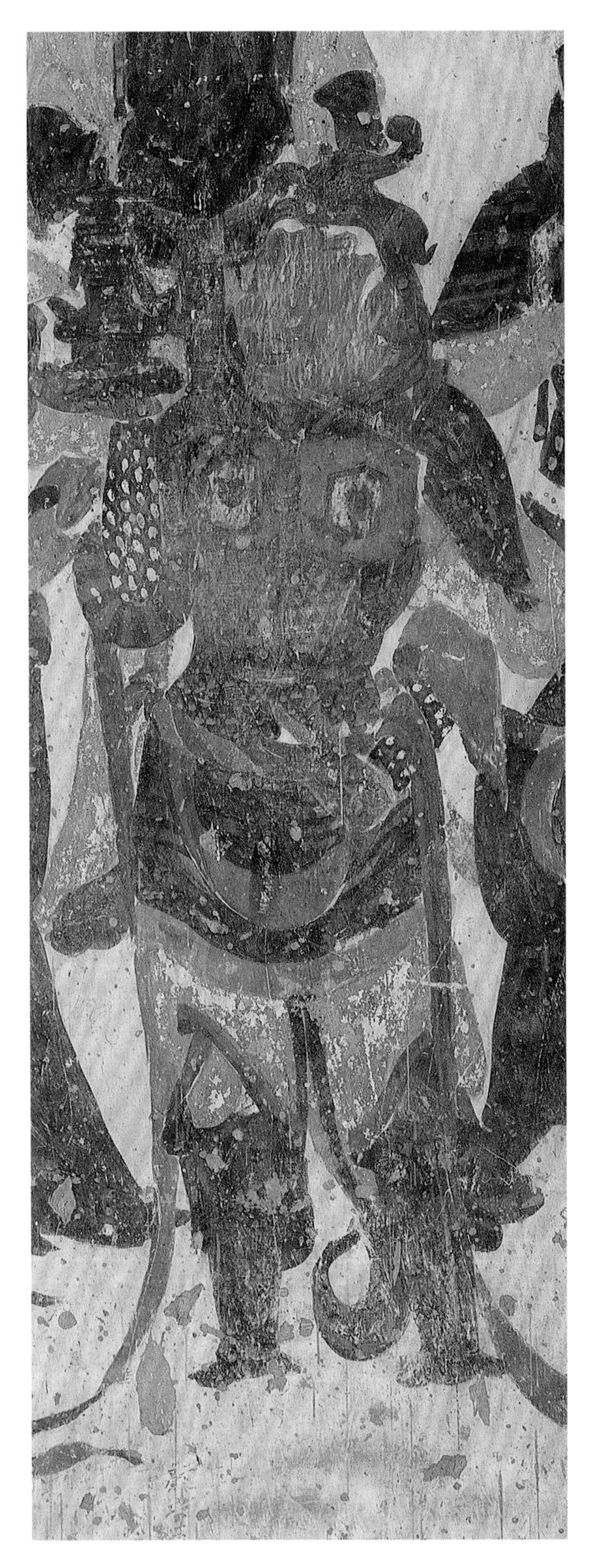

85 天王鎧甲

頭盔頂有尖鉤角，應是受波斯頭盔的影響。身著明光鎧甲，有護頸、護肩和護膊，下有甲裳和吊腿。此時的鎧甲為了適應實戰需要，即講究輕便靈活，又重視身體各部位的防護，風格樸實無華。

初唐 莫335 北壁

86 天王鎧甲

天王身著緊明光鎧，長至膝部，有護頸，護膊上層為獸頭吞口，腹部有護甲，下有腿裙及防護吊腿。此鎧甲應為皮甲，應是模倣高級將領的實戰鎧甲樣式。此尊塑像雖為清代重裝，但仍保留唐風。

盛唐 莫384 西壁

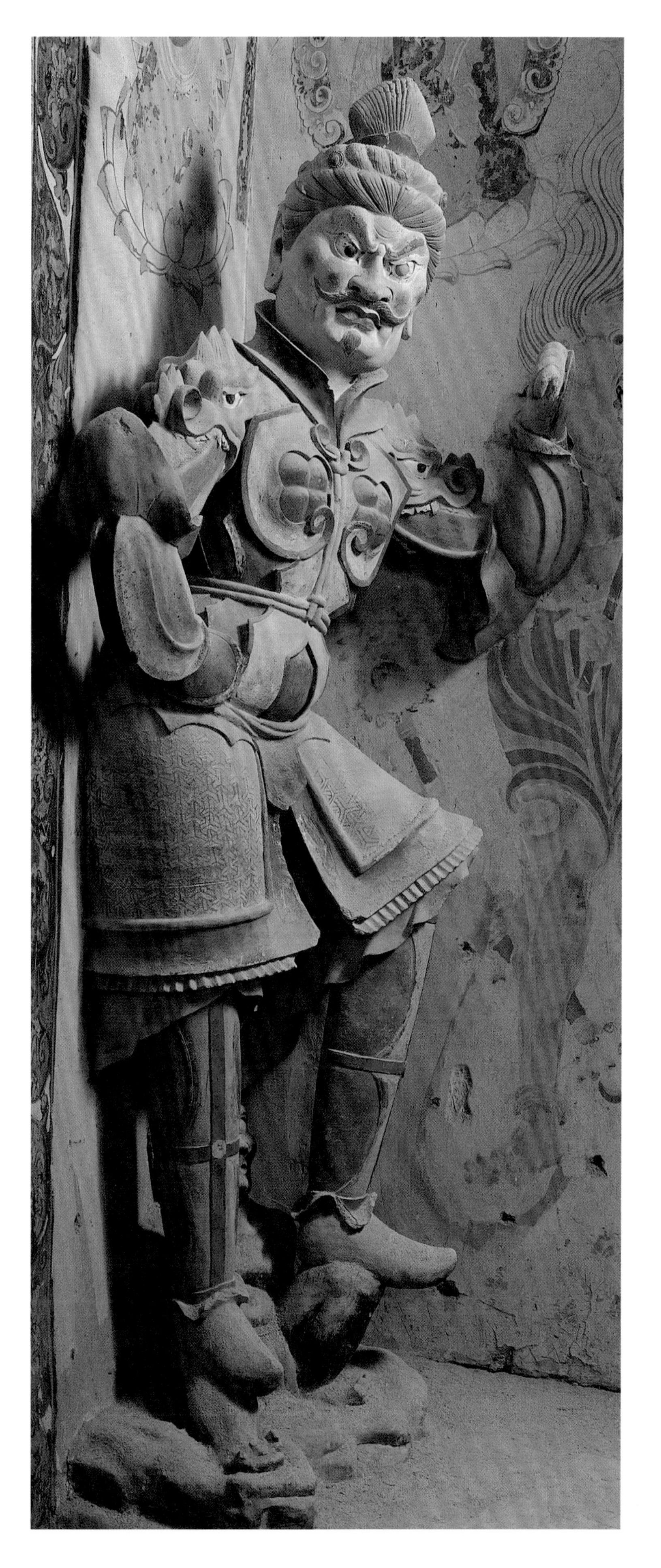

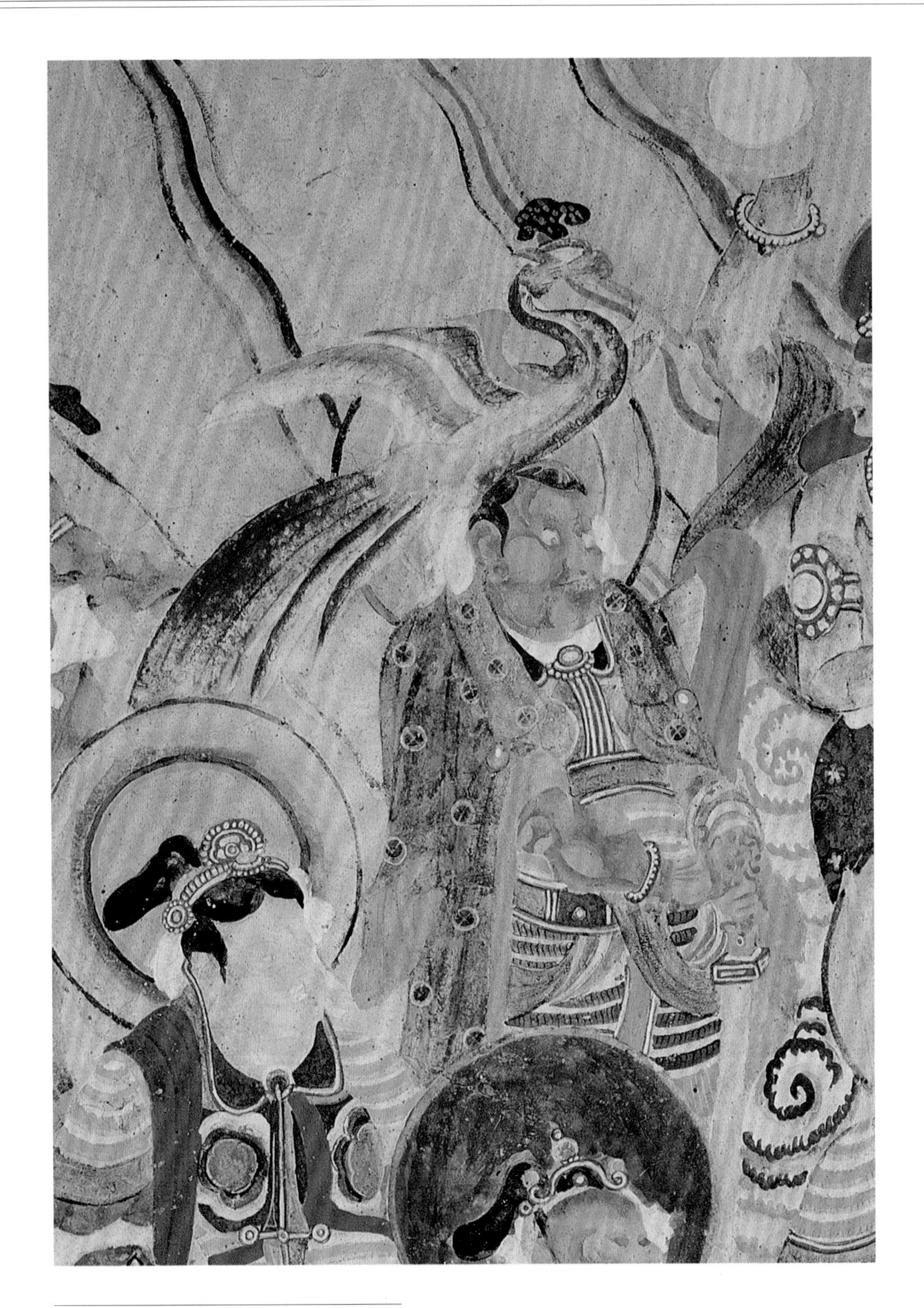

87 天王戎裝

天王不戴頭盔，戴鳳冠，象徵護法天王的神力。著鎧甲，外面披一紅地綠團花的戰袍，是唐代前期高級將領的實戰戎裝樣式，《歷代功臣像》中的唐代武將薛仁貴即此裝束。

盛唐 莫31 窟頂南坡

第二節 風氣一新的市井男裝

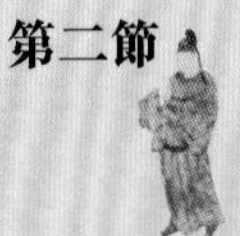

唐朝作為國際性的大帝國，繁榮而開放的社會氣氛，在市井階層表現得比王公貴族更加顯著，他們是整個社會中最活躍的人羣。

敦煌唐代壁畫的經變畫內容豐富，而且具有明顯的世俗化傾向，再現了當時社會的市井萬象，尤其表現出處於西北邊陲的市井生活。由於壁畫中人物的社會地位和職業不同，服飾上也有很大的區別，依然是尊卑等級，井然有序，但是在服飾的局部和紋樣上又有創新，其風格來自中原和西域，充滿蓬勃朝氣。服飾的色彩未嚴格遵循禮制，勞動階層也穿着紅綠鮮明的艷色。這一時期壁畫中的市井男裝的樣式比隋代大大豐富了，可以根據庶民百姓的不同階層，將男裝分為三大類：一是士庶階層，在社會上地位低於王公貴族，而高於平民百姓；二是勞動階層，即直接從事各種勞動的人羣；三是特殊人羣，例如客商、強盜等。

一、士庶階層服飾

士庶階層是市井平民中身份略高的人羣，大多脫離了體力勞動，在他們的意識中，很注重以服飾區別於地位低下的勞動者，因此服飾追尋周禮古制，主要是長袍式，例如袍服、襴袍。雖然唐朝禮制對社會各階層服飾的顏色有嚴格限制，“士服短褐。庶人以白。”但是敦煌壁畫中士庶階層服飾的顏色以紅、綠居多，白色襴袍也是流行的常服。

袍服：從敦煌壁畫看，袍服在唐代是上自帝王、下至百姓均可穿著的常服。唐代袍服與隋代的大褶衣相融合，其樣式為圓領、小袖、長至腳面，兩側開衩，革帶束腰，此服制歷代相襲，直至明清，都是區別於社會底層勞動者的標誌性服裝。

襴袍：始於北周，形制與袍服相同，只在膝部加一横襴。敦煌壁畫中隋代已出現在大褶衣下加襴的襴袍。據《新唐書·車服志》記載，入唐以後，中書令馬周向皇帝建議確定服飾禮制，士人的禮服應在深衣基礎上加襴。太尉長孫無忌又建議在袍服下加襴。可見襴袍是傳承深衣之遺風，以此象徵士人的身份。但到開元年以後，官宦人家的奴婢也可以穿著襴袍，以顯示有別於一般奴婢的優越性。白色襴袍也是士人之服，穿著者多為居士或醫生，稱為“白襴”，通常以白紵布製作，因其色潔白如鵠，而得名鵠袍，鵠即天鵝，亦寓高潔之意。

襴袍一直沿襲到宋代，仍為士人的標誌性常服。

襆頭：唐代服飾中備受重視的襆頭，在全社會的各個階層都通用。其樣式已由隋代的四腳巾，發展為巾內有胎、上部高突的軟裹襆頭。這種襆頭內用桐木、竹篾做襯墊物，用時直接扣在髻上，外裹帛、絲、葛製作的襆巾。襆頭的樣式在唐代中期以後還出現了多種變化。

二、勞動階層服飾

平民百姓和勞動者是社會最底層的羣體，他們的服飾衣料多是自家紡織的麻布。由於麻布衣料也較為難得，加以勞動的實際需要，生活越貧困的人，衣服越短小。據《唐六典》記載，社會各階層服飾的顏色也受到禮制的嚴格限制，平民階層不得穿紅著綠，只能夠穿本色的麻布衣。在敦煌壁畫中勞動者的衣服一般都很短小，由此折射出他們生活的艱辛和窘迫，但是他們的衣服同士庶階層一樣色彩豐富，有紅、白、綠色，反映了西北邊陲百姓不拘禮制的特性。

敦煌壁畫中平民勞動者的衣服樣式主要有大褶衣、攘衣、半臂等。

大褶衣：這一時期的大褶衣發生了顯著的變化，穿著者的範圍相當廣泛，由隋代的士人逐步向社會下層的勞動者擴展，成為各界男子的常服，如耕田的農夫、架鷹的獵人、鋌而走險的強盜等。由於大褶衣多為士民之服，衣服下部兩側開衩很高，樣式更接近袍服。勞作時將衣角提起，紮在腰間，便於勞動生產。在莫高窟第45窟壁畫中，有來華貿易的六名西域商人也穿著此種服飾。

攘衣：因袖口綴有緊口而得名，也是下層苦力勞工的常服。《古今注》云："攘衣，廝徒之服也，取其便於取用耳。乘輿進食者服攘衣。"在莫高窟第323窟佛教史迹畫中，隋文帝請曇延法師入朝祈雨救災，六名轎夫穿著攘衣，其大步奔跑、捋袖露臂的情態與《女史箴圖》中的輿夫頗有相似之處。

半臂：即短袖上衣，又稱背心、坎肩、馬甲，由漢魏時期的半袖發展而來。對襟交領，衣長及腰際，兩袖寬大平直，長不掩肘。由於這種衣服便於勞作，一直流行於民間。在敦煌壁畫中農夫、漁夫等勞動者都穿著半臂和短褲。唐代初年，半臂忽然在皇宮顯貴中受到青睞，以後成為大唐盛世貴族婦女的時裝。

袴褶：唐制規定官吏及軍卒依然穿著袴褶，在社會生活中牛夫、馬夫也著袴褶，穿長靴，很可能是西域少數民族的服飾。

巾帽：在輿夫、農夫等勞動者中，為了方便勞作，依然頭戴南北朝以來的巾幘，用全幅巾裹頭。農夫為了遮日避雨，還常戴斗笠。在北方的風寒地區，南北朝時興的風帽依然流行於唐代。通常以厚實的毛織物製作，帽下有裙，戴時兜住兩耳，披及肩背，男女均可用。

行纏與草鞋：敦煌壁畫中還表現了苦力勞工為了勞作和行走方便，常以布帛纏裹小腿，稱行纏或行縢。行纏也是尊卑通用，身份較高的男子出門遠行時也多使用，行走起來感到很輕便。這種習俗始於商周，後世沿用不衰。

唐代敦煌壁畫中外出行人和勞作者則多穿用麻草編織的鞋，輕便而耐磨。

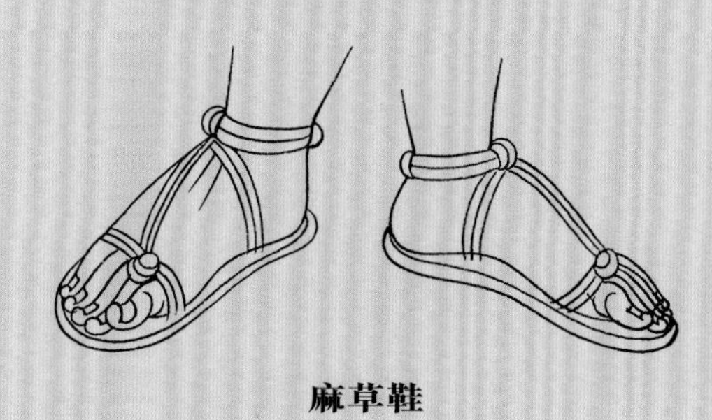

麻草鞋

兒童服飾：唐代敦煌壁畫中表現的各種兒童服裝如圍嘴、肚兜、半臂短褲等，都是來源久遠、分佈地域廣泛的童裝，甚至流傳至今。而由西域傳入的波斯小口褲最具特色，其樣式是有揹帶的五色相間條紋圖案小口褲，活潑而富於生氣。在唐朝《步輦圖》和西安韋項墓出土的胡服女侍石刻線畫中均已出現，屬於唐朝宮中侍女的時髦服飾，此風應是由西域傳至中原內地。從出土的絲織品得知，這種條紋褲是用五色相間的絲織物作成。

三、西域男子服飾

在敦煌壁畫中表現最多的西域民族是深目高鼻的客商，他們大多以著漢裝圓領袍服或大褶衣為時尚，最大的區別是保留了西域特有的頭飾和冠帽，比較多見的有東羅馬人的長條氈或葛布纏頭、波斯人的花錦帽、粟特人的尖頂白色氈帽、阿拉伯人的捲沿氈帽等。

敦煌壁畫上還有各種來自域外民族的下等人形象，最多的是昆侖奴。“昆侖”一詞並非專指一國一族，而是來自南亞的印度人、東非的黑人、東南亞的馬來人等，都泛稱昆侖兒，或稱昆侖奴。因為他們大多是穿越昆侖山，從西域進入中原地區，被販賣作奴。唐代販賣昆侖奴的市場生意非常火爆，據史書記載從唐宋直至元明兩朝，北人“家僮必得黑厮，不如此，謂之不成仕宦。”唐代昆侖奴的典型服飾是上身袒裸，披巾帛，下著花短褲，戴足釧，有的還戴珥珠。

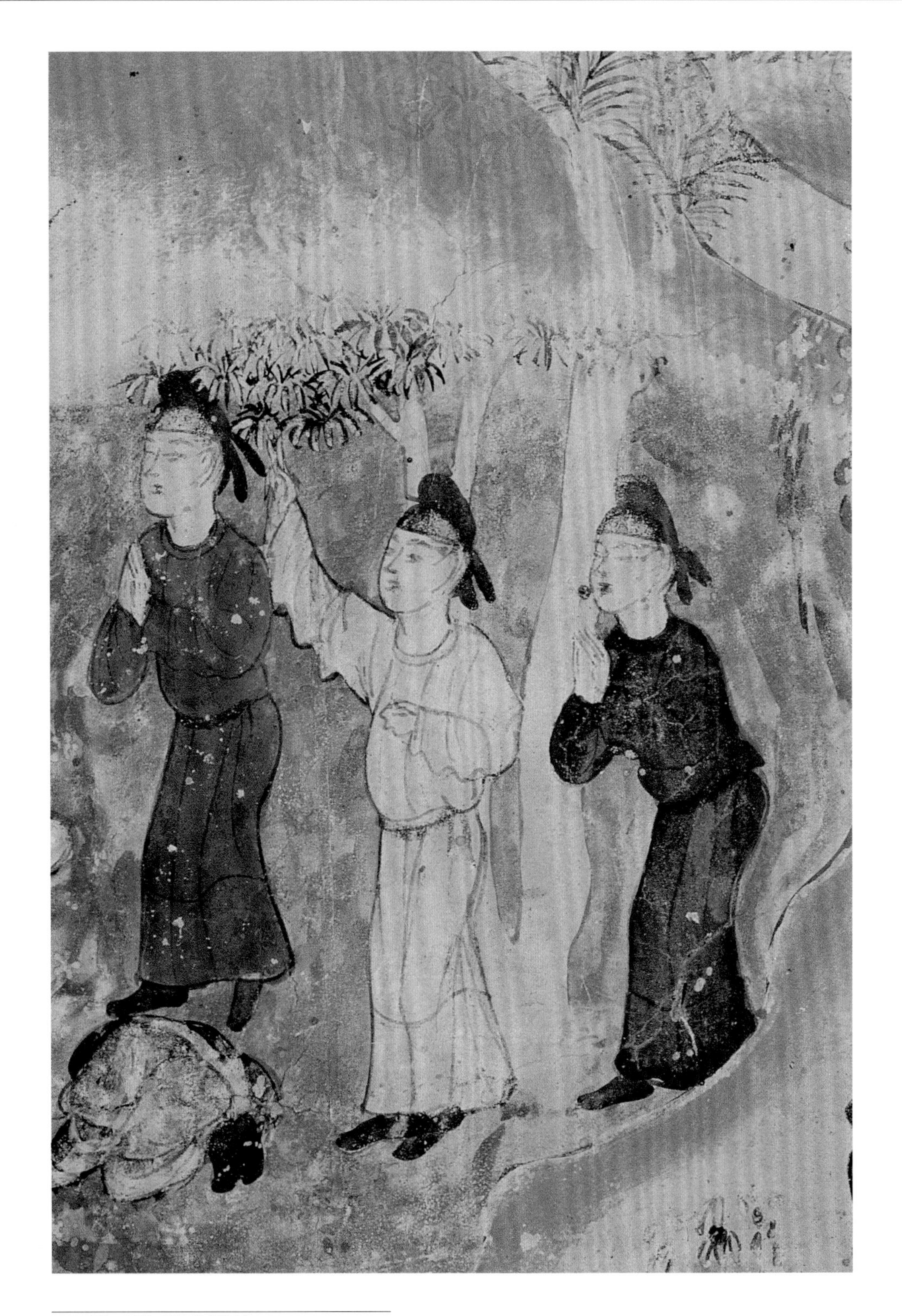

88 男子袍服與襴袍

男子身著紅、白圓領袍服和襴袍，均戴摺腳襆頭，束革帶，蹬烏皮靴。是唐代典型的士庶男子常服。

盛唐 莫103 南壁

89 男子袍服

四男子著圓領袍服，戴襆頭，束革帶，蹬烏皮靴。應屬於士庶階層，優於勞作者。跪者著白色袍服，戴摺腳襆頭；其餘三人著紅、綠袍服，為長腳襆頭。從三人的袍服顏色和襆頭樣式分析，身份似高於跪者。

盛唐 莫31 北坡

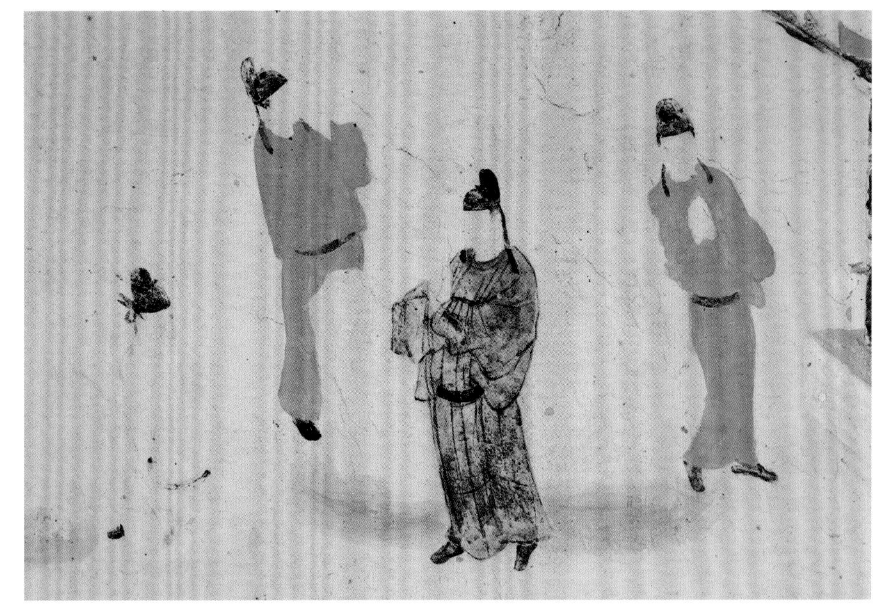

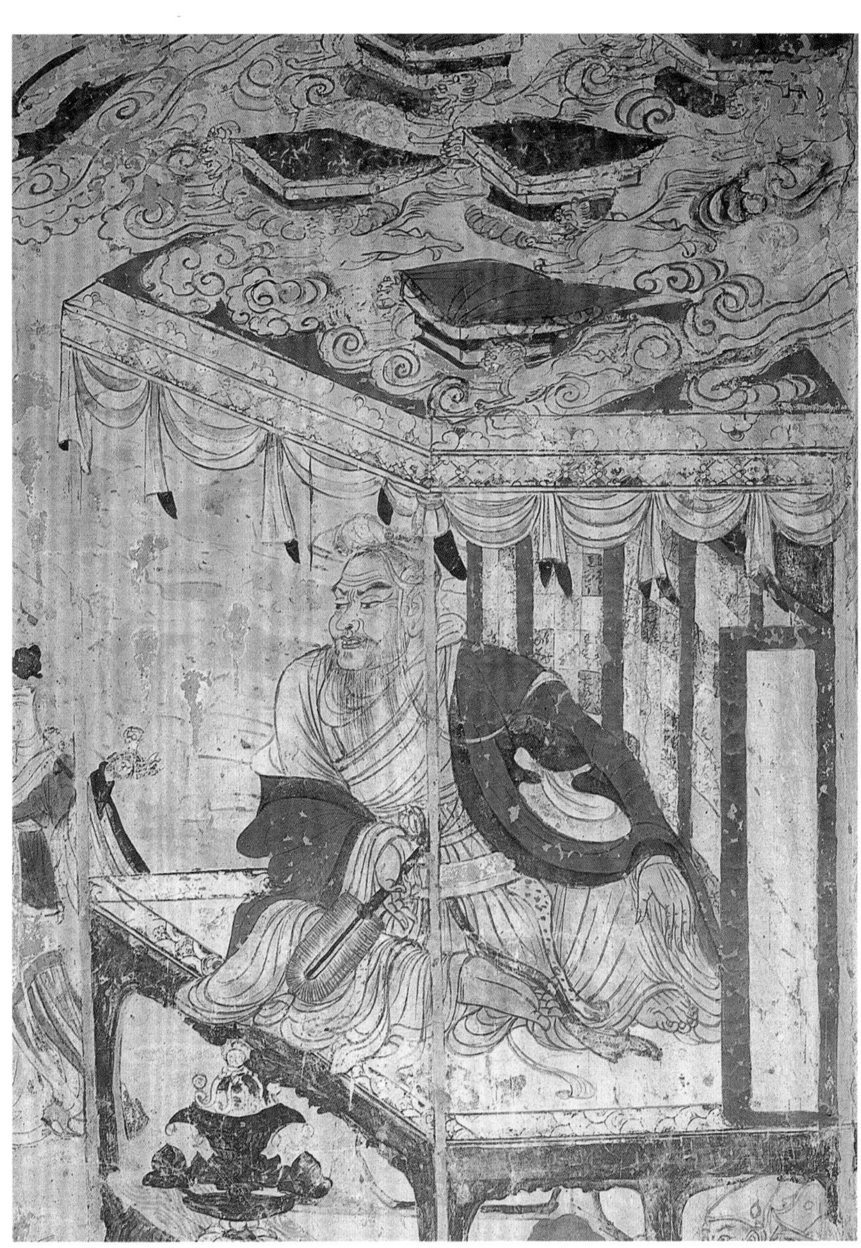

90 維摩詰居士服飾

維摩詰斜坐高座上，手持羽扇，頭裹白色綸巾，內著曲領中單，外著白色交領袍服，披紅披風，童顏鶴髮，鬚髯飄逸，是唐朝文人士大夫的新形象。

盛唐 莫103 東壁

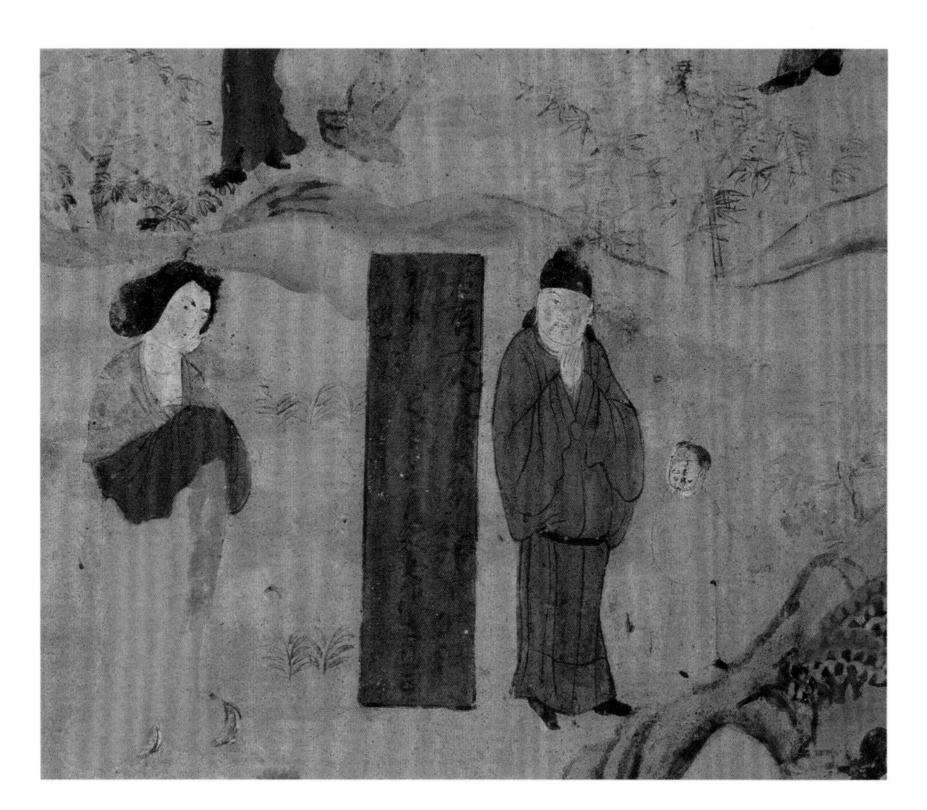

91 父子服飾

男子著紅色圓領襴袍，戴軟腳襆頭，腰繫革帶。身旁男童，著綠色圓領袍服，無帽冠。古代未成年的男童不戴冠。

盛唐 莫45 南壁

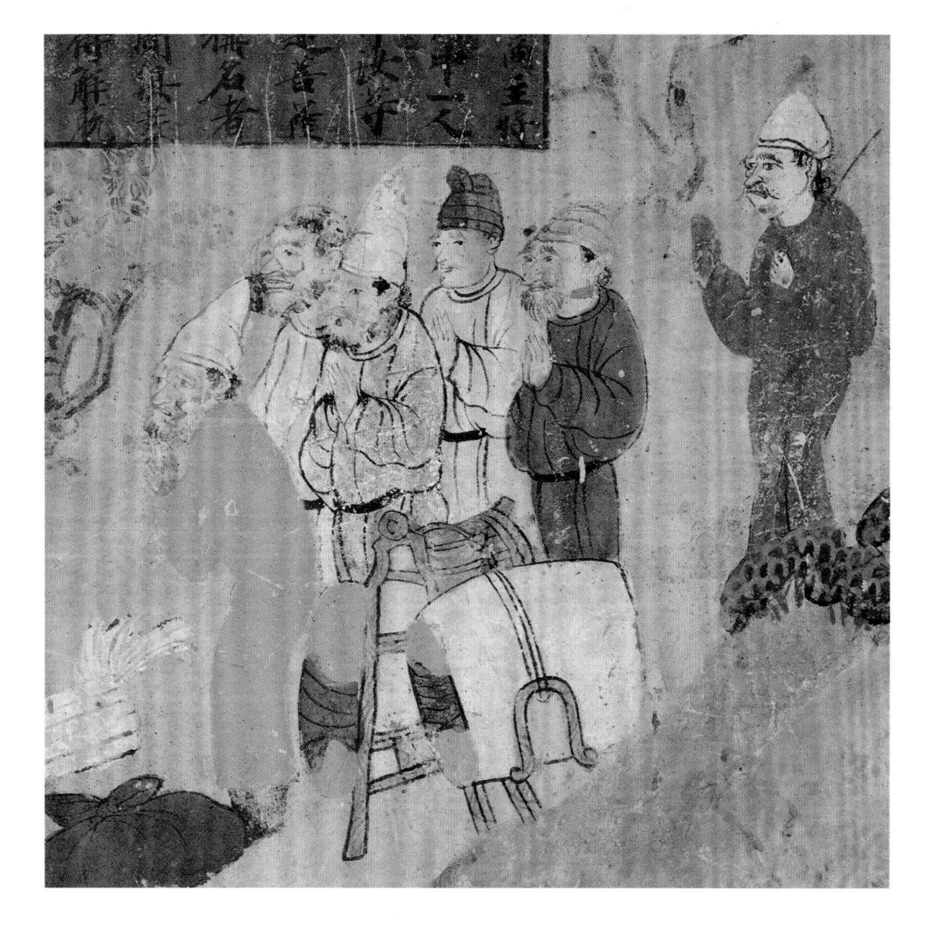

92 西域商旅服飾

來自西域的六商人，深目高鼻，大鬍鬚。分別著紅色、綠色、白色的漢族圓領大褶衣，而腳穿烏皮靴、頭戴高尖頂白氈帽或用布巾纏頭，則是西域民風。

盛唐 莫45 南壁

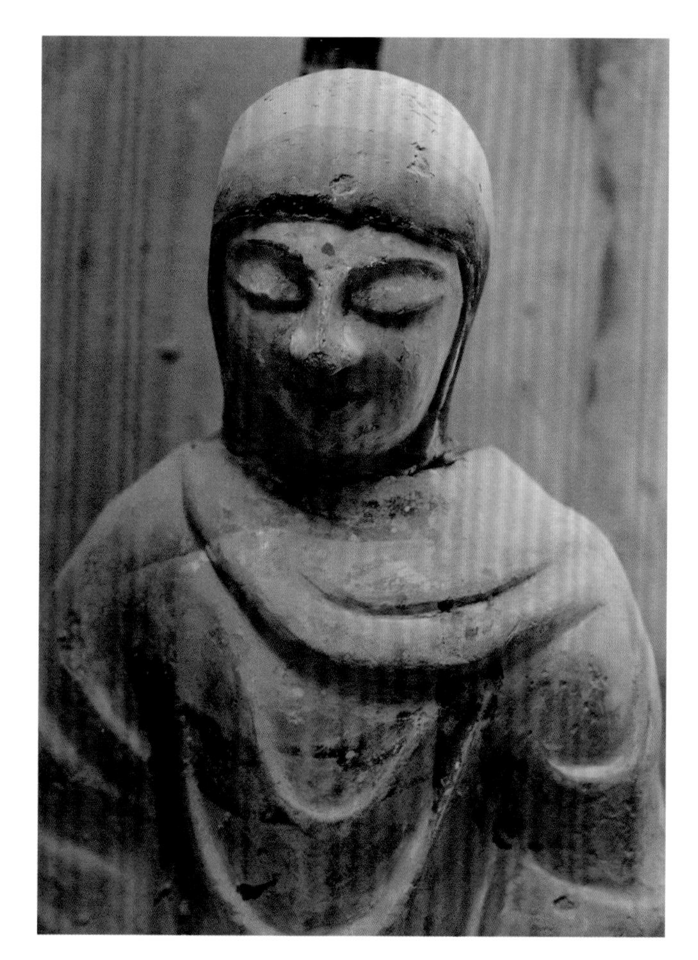

93 風帽

圖中人物身披袈裟，雙目禪定，神態安詳。頭戴質地厚實、後有垂裙的風帽，是北方地區常見的禦寒帽。

盛唐 莫46 南壁龕內

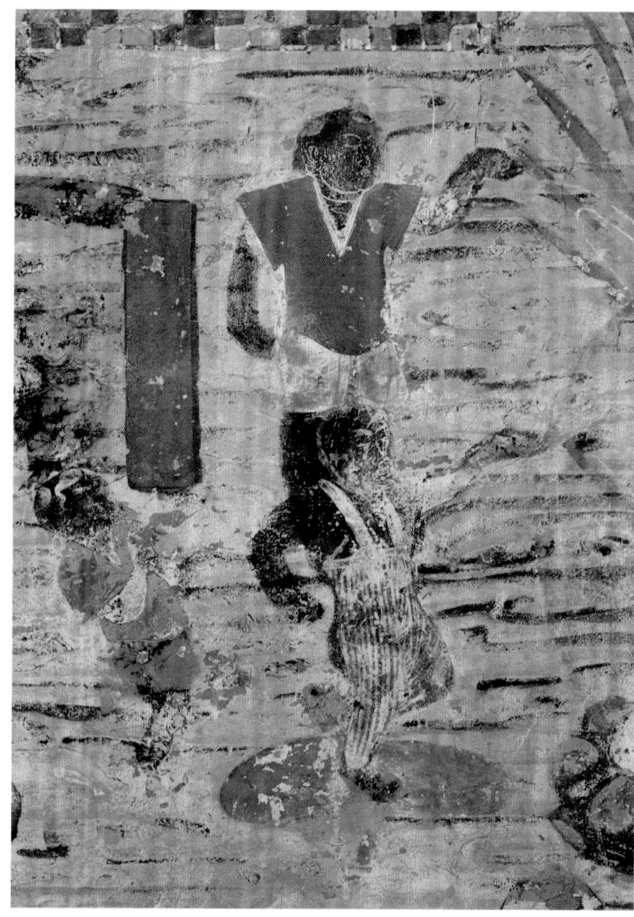

94 童子服飾

歡樂嬉戲中三童子，兩人著紅色交領半臂、綠色短褲，是漢族傳統服裝；一人著揹帶條紋波斯小口褲，融匯了中外服飾特色。

初唐 莫220 南壁

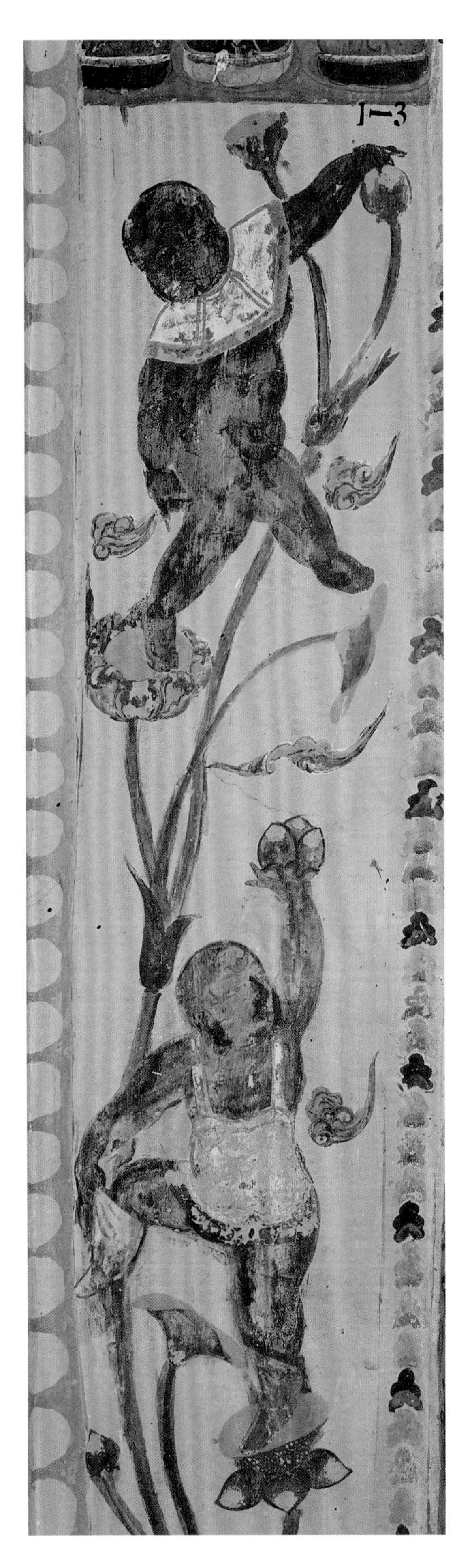

95 童子服飾

正在嬉戲蓮花的兩童子，是化生童子。一戴圍嘴，一著肚兜，這種漢族傳統的兒童裝束沿襲至今。

初唐 莫329 西龕帳門

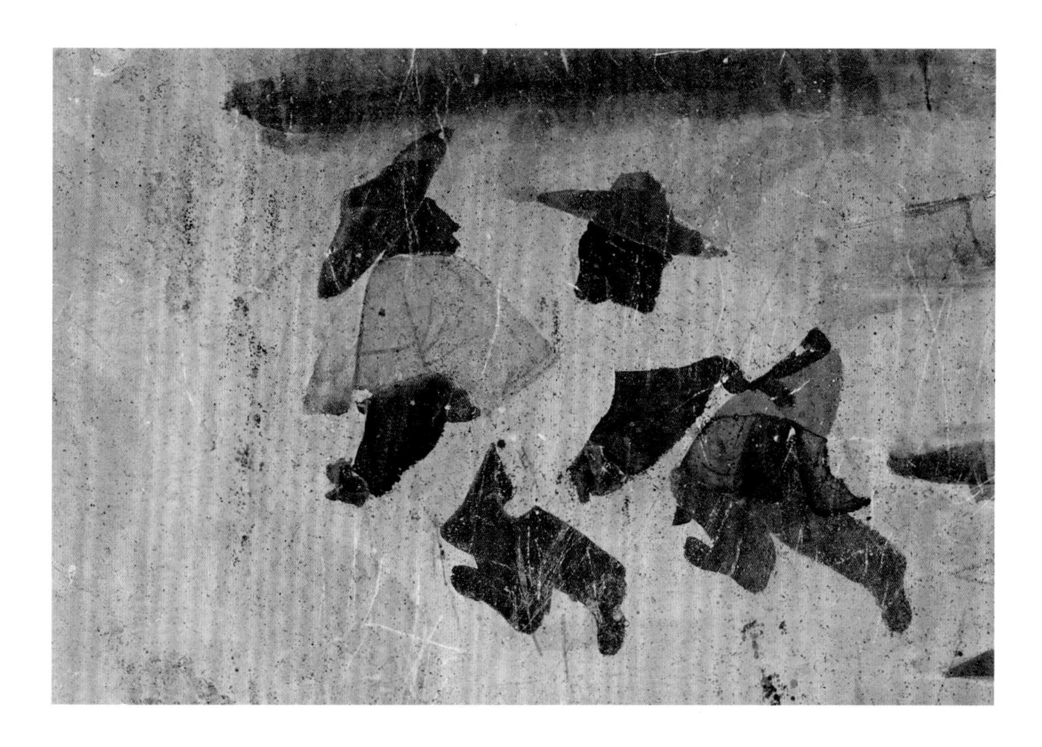

96 縴夫服飾

正在用力拉縴的縴夫頭戴斗笠，內著小袖衫，外罩半臂短衣，繫圍裙，下穿長褲。這是苦力勞動沿襲千年的裝束，直至明清。

初唐 莫323 南壁

97 獵戶服飾

在獵戶家中，正中坐着主人，著綠色翻領小袖大褶衣，蹬長靿靴。左側臂上架一鷹的獵人，著褐色小袖大褶衣，蹬靴，二人均戴軟腳襆頭，應是典型的西北地區獵戶的裝束。

初唐 莫321 南壁

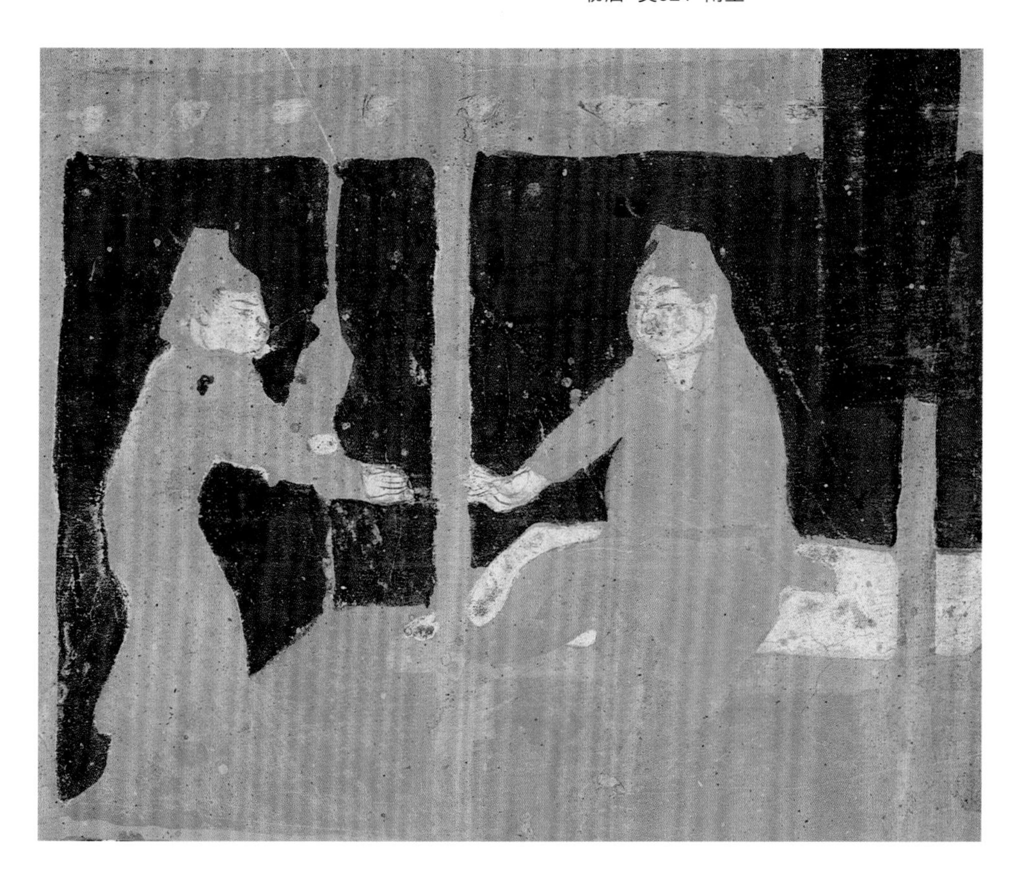

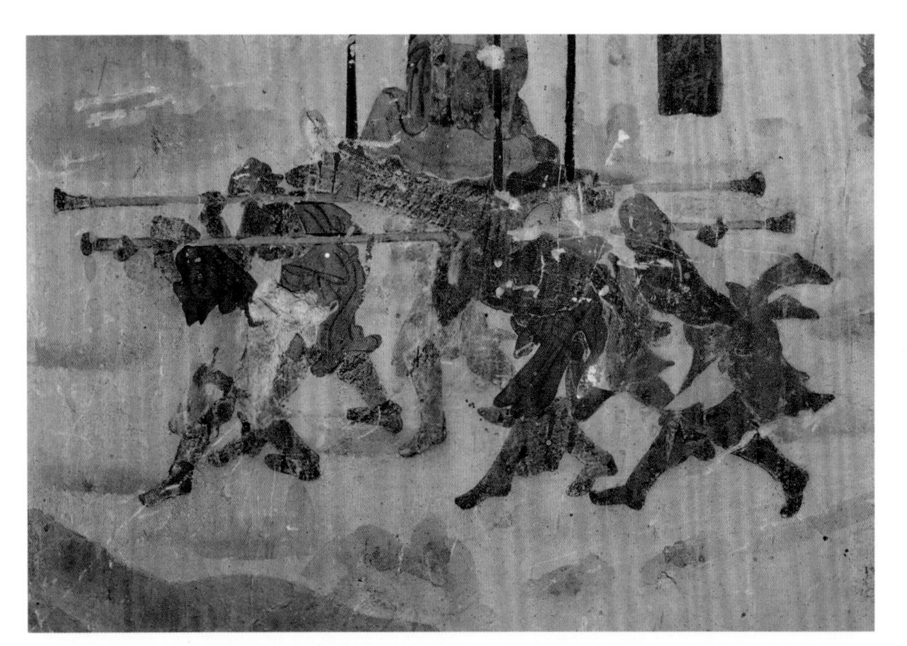

98 **轎夫服飾**

四位抬肩輿的轎夫頭裹巾幘，著挽袖攘衣，腿裹行縢，穿麻鞋。

初唐 莫323 南壁

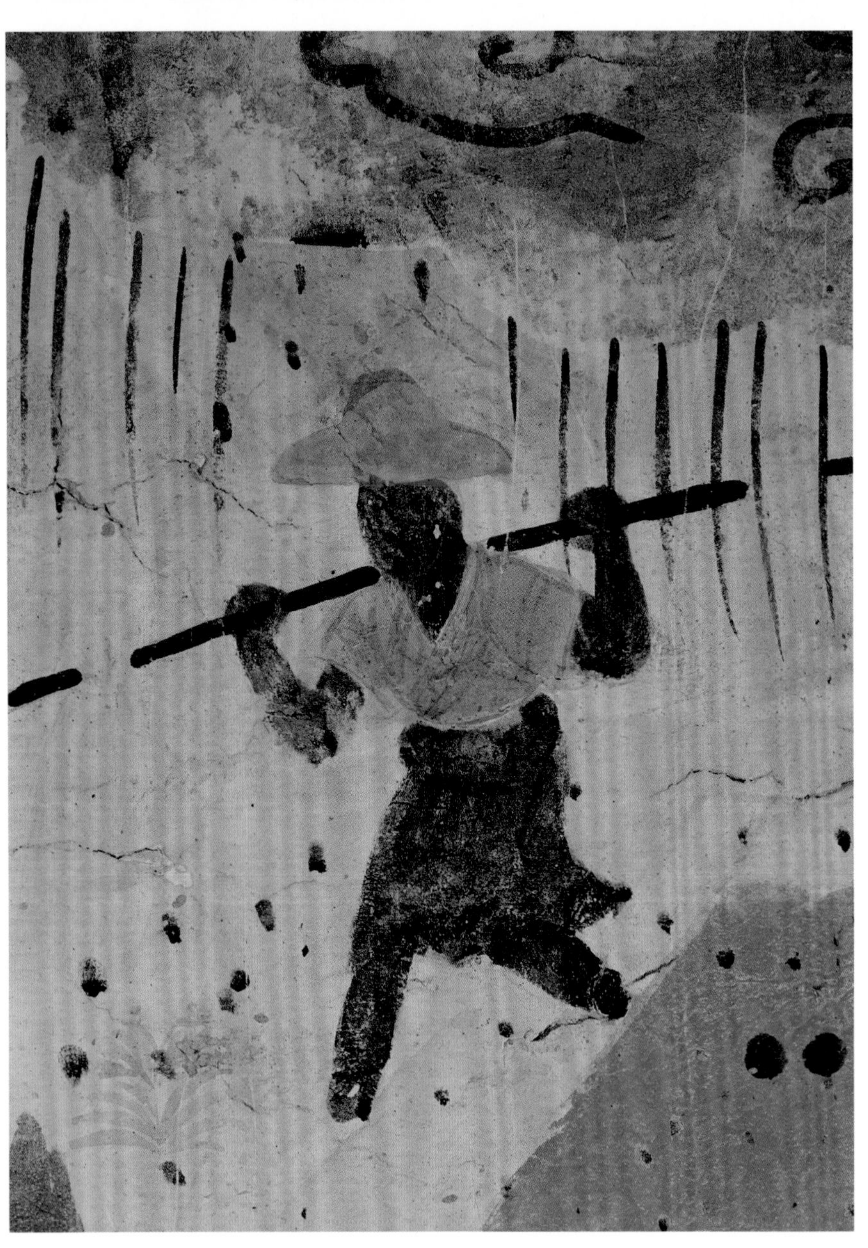

99 **農夫服飾**

雨中挑糧的農夫戴斗笠，著半臂短衣，繫圍裙，正冒雨把收割的麥捆挑回家中。

盛唐 莫23 北壁

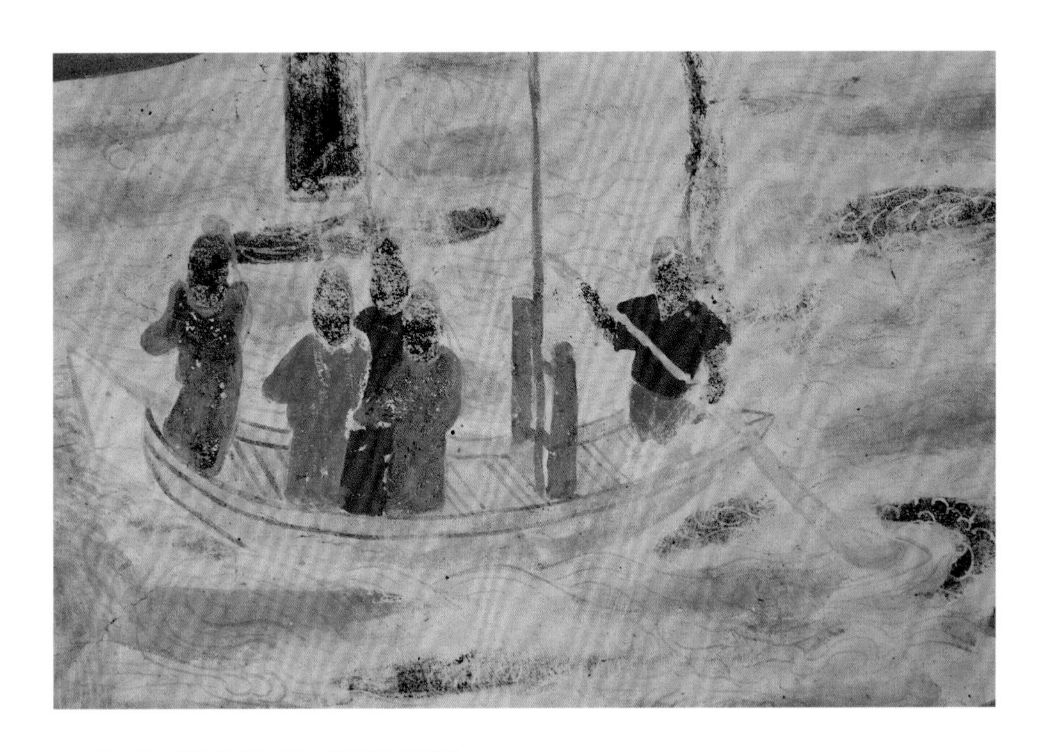

100 船夫與乘客服飾

行進在江上的渡船中，正在划槳的船夫，頭戴軟腳襆頭，著紅色半臂短衣，白褲，綠色圍裙。四乘客頭戴軟腳襆頭，著紅色和綠色圓領袍服。其裝束使勞動者和非勞動者的身份一目了然。

盛唐　莫23　南坡

101 船夫與乘客服飾

乘客頭戴軟腳襆頭，著紅、綠、白、褐色圓領袍服，束革帶，蹬烏皮靴。在船頭的船夫頭戴斗笠，著半臂衫。

盛唐　莫45　南壁

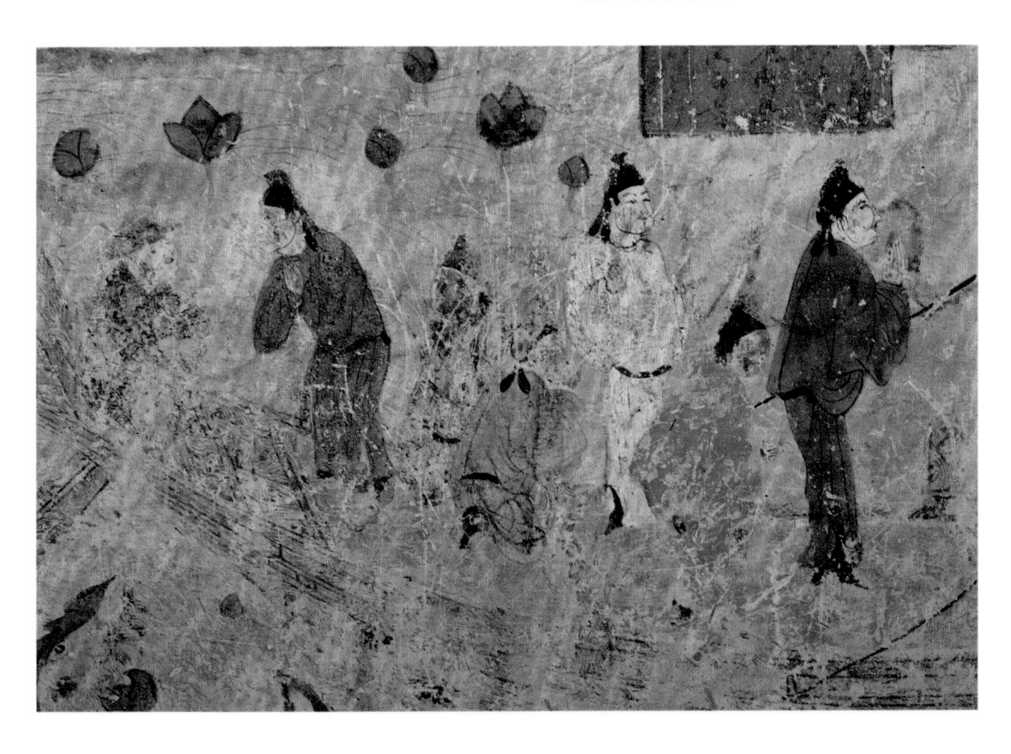

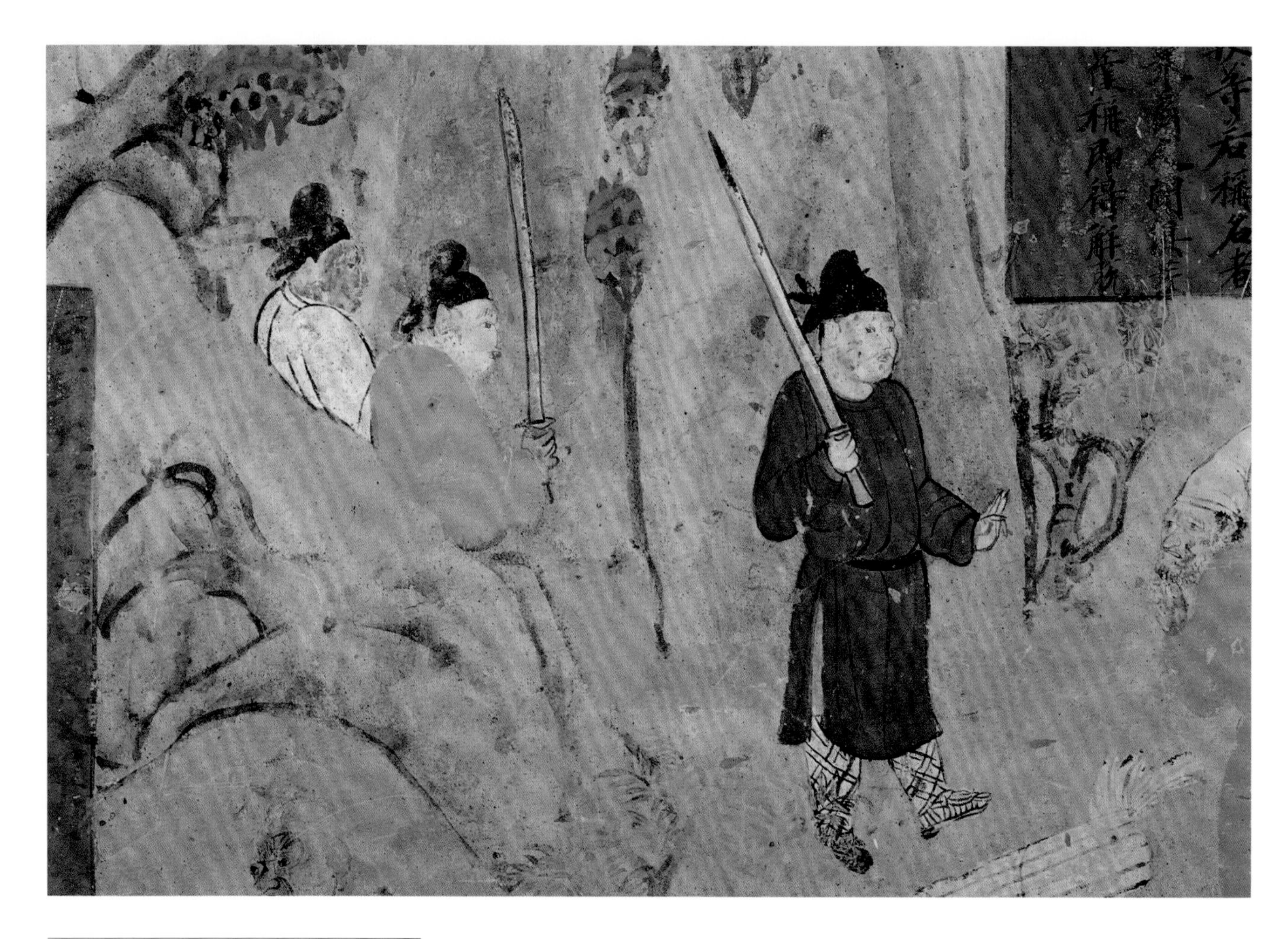

102 江湖強盜服飾

強盜的裝束介於士庶男子與勞力者之間。頭戴摺腳襆頭，著綠、白、褐色大褶衣，腰束革帶；腿裹行縢，穿麻鞋，既便於行走，又利於格鬥。

盛唐 莫45 南壁

第三節　自由開放的婦女服飾

在唐朝寬鬆的社會環境影響下，婦女不再受傳統禮教束縛，可以與男子平起平坐，男女自由交往，思想開放。上層社會的婦女還可以參政議政，出現了女性詩人、音樂家、舞蹈家、政治家，甚至產生了中國歷史上唯一一位女皇帝——武則天（公元624～705年）。進入盛唐，婦女更加活躍，民間婦女組織結社活動，一人有事，大家幫忙。貴族婦女公開社交的風氣很盛行，她們協助丈夫處理公務，協調聯絡各種社會關係，為鞏固丈夫的地位出力。她們經常通過騎馬出遊、打獵、拔河、下棋、打馬球等豐富多彩的娛樂活動聚會和社交，因此各種應時的婦女社交禮服也層出不窮。加上西域胡風自漢代傳入中原以後，經過魏晉南北朝的大融合，到唐朝歷經近千年，經久不衰，更使異域風情深入社會的各個角落。婦女服飾中強勁的胡風表現得最為顯著，是當時上流社會爭相追逐的時尚。從敦煌的唐朝壁畫可以看出，貴婦盛裝講究富麗而華美，潮流變幻頻繁，高聳蓬鬆的髮髻、金銀釵鈿、黛眉紅妝，與高貴的禮服搭配精妙，更加顯示了女性的嬌媚艷麗。這些特徵與陪葬在陝西乾陵的武則天之子孫章懷太子墓、永泰公主墓、懿德太子墓壁畫，以及帝王陪葬墓出土唐三彩的女裝幾乎同步，不僅證實了女裝流行趨勢蔓延地區之廣泛，也反映出充滿生機勃勃、強盛富足的大唐帝國的社會風貌。

一、從緊身型向寬鬆型轉變的婦女服飾

唐代前期敦煌壁畫中的女裝，依然盛行上襦下裙的傳統樣式，但在款式上卻是變化多端，整體上分為兩個階段：初唐還沿襲隋朝的遺風，女裝比較簡約素雅，為了凸顯窈窕纖瘦的體態，依然流行窄小型緊身窄袖短襦和長裙，高裙腰束在腋下。盛唐開元、天寶年（公元713～756年）以後，襦裙過渡為寬鬆型，充分表現了大江南北盛行以豐腴體態為美的流行趨勢。如唐白居易《時世妝》詩云：“風流薄梳洗，時世寬妝束。”隨着唐代社會的開放之風，婦女的上襦還出現一種低圓領，袒露出頸項甚至胸部的樣式。如周濆《逢鄰女》詩：“漫束裙腰半露胸”；李羣玉《贈歌姬詩》：“胸前瑞雪燈斜照”；方干《贈美人》詩：“粉胸半掩凝晴雪”等名句，都是吟詠這種時裝。盛唐以後貴婦的各式禮服或繁縟華麗，或極端簡約，以緊身半臂長裙、寬袍大袖襦裙、袒胸露頸紗帔襦裙、緊袖胡服女著男裝等最為時尚。

貴婦禮服：莫高窟盛唐第130窟壁畫有開元、天寶年太原都督夫人禮佛的場面，都督夫人及大女兒梳峨髻，二女兒梳平髻，三人髻上均插艷麗的花釵和角梳，畫桂葉眉，塗紅唇，或抹胭脂，

或點靨。三人均身著寬大的交領團花襦裙，外罩半臂，有披巾，垂襳襹。大女兒穿五朵履。唐代禮制規定各級官員夫人的禮服顏色與官員禮服相同，太原都督官位屬於朝廷命官三品，都督夫人的禮服應用三品官的禮制。壁畫中都督夫人穿半臂團花襦裙，色彩有紅、綠、粉紅，身後兩女兒的襦裙也是紅、粉紅、綠、黃、白等色彩繽紛，並佈滿各種團花紋樣，更顯花簇錦繡，華麗高貴，其服飾屬於典型的高層官員眷屬的盛典禮服。

半臂：隋代開始出現半臂女裝，似應受到胡服的影響。唐初成為宮女的服裝，唐高祖曾命令內宮的宮女一律把長袖減短，謂之"半臂"，多以花紋織錦製作。以後半臂長裙成為貴婦的時裝，很快在民間流行起來。據《新唐書．地理志》記載：四川成都和江蘇揚州土貢物產中有"半臂錦"，是做半臂的專用布料，可見當時宮女着半臂之風尚。敦煌壁畫中初唐的半臂緊身裹體，到盛唐時期款式已經變得肥大寬鬆。莫高窟第130窟壁畫的都督夫人就是穿著花紋半臂長裙盛裝禮佛，從其高貴的身份分析，似應用專門織造的半臂錦製作。到唐代後期半臂衰落，敦煌壁畫中很少見。在陝西、河南等地發現的皇室墓葬壁畫和唐三彩的女裝中，半臂也很少見了。

各式長裙：從盛唐開始，婦女的長裙不斷加長，從曳地數寸至拖地長四五尺之多。穿着這種長裙根本無法從事任何勞作，其作用完全是為了顯示了女性的妖嬈體態，表現貴婦養尊處優生活。長裙的顏色以紅、綠為主。紅色是用茜草和石榴花染成，又稱蒨裙和石榴裙。許多文人用詩詞贊美了長裙，盧仝《感秋別怨》詩曰："莫以湘妃淚，斑斑點翠裙。"白居易《盧侍御小妓乞詩座上留贈》曰："山石榴花染舞裙"。

長裙多用有花紋的布帛或織錦等製作，裙腰處以帶繫結，並前垂至膝下。腰帶可用絲錦製作，也可用絹布做成。敦煌盛唐壁畫和彩塑中，花裙相當普遍。襦裙多有鑲邊，一般是以深色厚重的質料作緣邊。

敦煌壁畫中長裙的款式有間裙、百襇裙、畵畫羅裙等。間裙是魏晉及隋代流行很久的款式，武則天也愛穿間裙，《舊唐書．高宗本紀》有載："天后，我之匹敵，常着七破間裙。"

百襇裙是周身有數十、乃至逾百道褶的長裙，始於六朝，從唐宋至明清均流行，貴賤階層通用。

百襇裙中還有一種用雜色彩畫在淺色織物上各色花卉，稱畫裙。《閱世篇》載，"有十幅者，腰間每褶各用一色，色皆淡雅，前後正幅，輕描細繪，風動色如月華，飄揚絢爛。"唐杜牧《詠襪》詩云："五陵年少欺他醉，笑把花前出畫裙。”可見畫裙也是年輕女子的時裝。

帔帛與帔巾：隋代流行的小小紗帔，到唐代進一步向華麗發展，成為禮服的組成部分。開元年皇帝曾詔令皇宮女官在參加盛大宴會時，一律披帛。唐代披帛有兩種：一為橫幅較寬、長度較短，多披在肩上，稱曰帔帛。另一種橫幅較窄，長兩米以上，從肩搭下，纏繞於雙臂，行路時酷似兩條飄帶，名曰帔巾。帔帛、帔巾多以輕薄的紗羅為材料，披着的方式多種多樣，或兩端垂在臂旁，一頭長一頭短；或把帔巾兩頭用手捧在胸前，下垂至膝；或一頭固定在裙腰上，左邊一頭由胸前繞肩下垂。唐代在盛行帔子的同時，還出現霞帔，上施彩繪，或以五色紗羅製作，或印畫各種圖紋，又稱畫帔。

唐朝中原地區的習俗是，未出嫁的女子用帔帛，已出嫁女子用帔巾。這種習俗在敦煌壁畫中並不十分嚴格，如第130窟壁畫中的都督夫人身披有花紋的帔巾，兩女兒身披素色帔帛，應當是尚未出嫁。而莫高窟第31窟的《母女戲樂圖》中，女童就用帔巾，第45窟“求兒女”場面中，女童卻用帔帛。

女著男裝：盛唐婦女的社交活動非常活躍，經常參加騎馬出遊、打獵、打馬球、拔河等競技娛樂運動。為了適應這些大運動量的活動，女著男裝成為流行時尚，也是女裝中最具有時代特徵的款式。女著男裝首先在王室貴族中興盛起來，女子喜歡參加騎馬打獵的活動，一種來源於西域男裝，其樣式為瘦身長袍、有翻領、束帶、緊口長褲、高靴，在開元、天寶年間成為貴族婦女和侍女的時裝，特別盛行。《舊唐書 · 輿服志》記載：開元以來，宮人“露髻馳騁，或有著丈夫衣服靴衫，而尊卑內外斯一貫矣。”但是從敦煌壁畫和各地的考古資料證實，這種胡服只是在黃河流域以北地區流行，江南很少見。可見貴族婦女騎馬遊獵的活動受到場地和氣候條件的限制，只是在一定範圍內盛行。

各式冠帽：唐代婦女所戴冠帽，同女裝一樣，也是西域胡風佔據主流地位，款式繁多。據《新唐書 · 輿服志》記載：中宗後，“宮人從駕皆胡帽乘馬，海內效之。至露髻馳騁，而帷帽亦廢，有衣男子衣，而靴如奚契丹之服。”在敦煌壁畫中出現最多的有帷帽、鵲尾冠、透額羅、寶冠等。

帷帽：源於北齊的婦女出門遠行，有用紗帛罩頭、臉和全身的習俗，主要是防止被路人窺視，據傳是羌戎的遺風，最早流行於西域地區。到唐代這種紗罩演變成為帷帽，成為貴族婦女騎馬外出時戴的帽子。《說文》記：“帷帽，如今席帽，週圍垂網也。”帷帽以後傳入中原內地，甚至都城王公貴族中。雖然唐高宗時期有人認為“過於輕率，深失禮容”，但因其具有防禦風塵和陽光的作用，又可顯示女性高貴優雅的氣質，在永徽年之後，終於在上流社會風行。唐張之一《詠靜樂縣主》詩云：“馬帶桃花錦，裙銜綠草羅。定知帷帽底，儀容似大哥。”但是帷帽主要流行在北方風沙寒冷的地區，在敦煌壁畫和中原、新疆等地出土的陶俑中，戴帷帽的貴婦成為創作的主題。到北宋張擇端繪《清明上河圖》中，還有戴帷帽的騎馬婦女出現在繁華的東京都市，所描繪的是婦女在清明之日掃墓的情景，因此這種裝束應當具有懷古的意境，早已失去時裝的意義了。

鵲尾冠：為貴族婦女在宗廟或重大典禮時所戴的禮帽，莫高窟第148窟壁畫涅槃經變中，迦毘羅衛國王偕其妻、妹前往求分舍利奉祀的畫面，女眷均戴此冠，上有簪花。

透額羅：開元、天寶年以後，由帷帽又派生出一種網狀透明的織物，作裹髮的頭巾，從前額開始向上覆蓋頭髮，稱為透額羅。透額羅從宮廷到民間都普遍流行，唐元稹《贈劉采春》詩云：“新妝巧樣畫雙蛾，謾裹常州透額羅。”沈從文先生認為，透額羅是由帷帽演變出來的一種新款式，在帷帽衰落以後，透額羅取代其地位。莫高窟第130窟都督夫人禮佛圖中，有三名侍女梳高髻，插花鈿，戴透額羅。因此從唐詩和敦煌壁畫分析，透額羅應是高貴而新潮的裝束。

寶冠：佛教的盛行，使一種菩薩頭戴的鑲嵌各種珠寶的冠飾在民間佛教信徒中流行。如變文《維摩詰經講經文》中描述：當眾天人聚會菴園時，“百寶冠中惹瑞霞，六銖衣上鐃光彩。”寫的就是貴婦的冠飾。敦煌壁畫“未生怨”中的王后和“十六觀”中的貴婦都戴寶冠。

鞋履：敦煌壁畫中盛唐貴族婦女的鞋履更是花樣翻新，主要有三种樣式。一是正式官場上與禮服配套的高牆履，是沿襲南北朝的舊制，而此時在履頭的裝飾上極費心思，如尖而高翹形、雲朵形、花瓣形、重山形等；二是軟底鞋，居家的貴族婦女穿絲、羅或錦製作的軟底鞋，平民婦女穿布、麻製作的軟底鞋；三是皮靴，深受西域胡服影響，與女着男裝的胡服配套的皮制或錦繡長靴，也極受貴族婦女、尤其是少女的青睞。

二、高聳髮髻新潮流

唐朝婦女最能夠顯示嬌媚艷麗的方式是梳妝，髮式與化妝都以胡妝為時髦。這一時期的婦女髮式確是豐富多彩，變幻萬千。在敦煌壁畫中既有承襲前代的丫髻、椎髻、丸髻、螺髻等，也有時尚創新的半翻髻、倭墮髻、驚鵠髻、峨髻、回鶻髻、望仙九鬟髻等十餘種。盛唐時期總的趨勢是隋代低平式的髮髻衰落了，高聳的髮髻又從漢代回潮，一種來自西域的回鶻髻，作為新髮式最先在宮廷中盛行，以後傳入民間，平民婦女紛紛效倣，形成一股新潮流。

回鶻髻：本是回鶻婦女的傳統髮髻，按《新五代史 · 回鶻傳》記載：“婦人總髮為髻，高五六寸，以紅絹囊之”，即集髮於頂，編為圓髻，髻根以紅色綢絹繫紮。也有一種驚鵠髻，集髮於頂，分為雙股，左右各梳一髻，狀如羽翼，作凌空欲飛之勢，被文人稱為“離鸞驚鵠之髻”。因史傳“回鶻”得名於一種勇猛而健翔凌飛的鳥，驚鵠髻與回鶻髻又有相似之處，似應也是回鶻風格的髮式。

回鶻髻之所以在中原及西北地區盛行，是因為安史之亂時，回鶻葉護太子親自將兵四千餘眾助大唐討伐叛逆，建立功勛。此後，回鶻使者與中原頻繁交往，還相互和親，從此回鶻習俗也滲透到內地。如花蕊夫人的《宮詞》有：“回鶻衣裝回鶻馬，就中偏稱小腰身。”由於敦煌與回鶻接壤，更直接受其習俗的影響，在敦煌盛唐壁畫中出現的回鶻髻最多，從漢族到胡族，從俗人到菩薩、天女，都盛行這種髮式。晚唐以後回鶻髻在中原地區已經衰落了，而敦煌晚唐、五代壁畫中還不斷出現，由此看出敦煌地區的回鶻之風強盛於中原。

高髻：敦煌壁畫中貴婦身穿禮服，蓬鬆高髻上插滿金翠花鈿，更顯高貴氣質。唐代高髻主要使用假髮，使之高聳起來。在大都市中有不少製作假髮的店鋪和作坊，生意很興隆。高髻的樣式很多，半翻髻是一種高髻，形狀像翻捲的荷葉，初唐時流行，《髻鬟品》云：“高祖宮中有半翻髻。”

峨髻也是高髻的一種，形似山峰而得名。唐李賀詩有：“金翹峨髻愁暮雲。”莫高窟第130窟的都督夫人梳峨髻，在敦煌絹畫《來迎圖》中的貴婦也梳峨髻，還在髻上插各色花鈿，可見這是貴婦人的髮式。

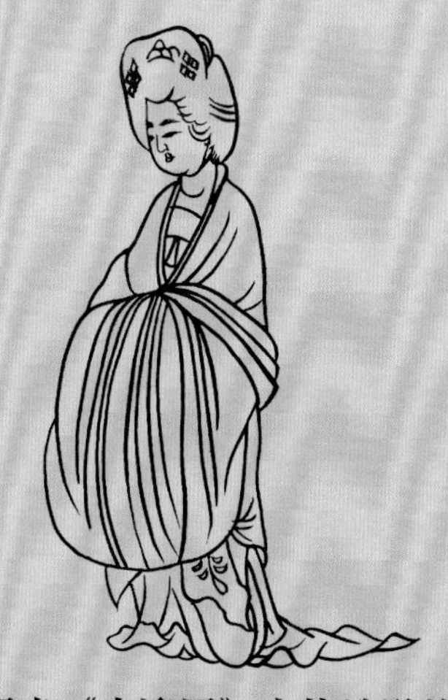

敦煌絹畫《來迎圖》中梳峨髻的貴婦

漢代已經出現的雙丫髻、雙丸髻、倭墮髻和望仙九鬟髻等，在盛唐又有回潮，成為少女喜愛的時興髮式。望仙九鬟髻梳妝很複雜，先將頭髮梳至頭頂，分成數股，彎成環狀，以簪釵固定。九鬟是形容鬟多，並非確數。敦煌壁畫中的很多飛天及“未生怨”中的王后、宮女均梳此類髻。

唐朝婦女不僅重視變幻髮髻的樣式，還常常在髮髻上裝飾各種金銀珠寶、翠玉花鈿，最常見的是在髮髻上插小梳子，貴婦講究的是用金、銀、犀、玉、象牙梳子，插入髮髻，顯露梳背，別有風韻。

敦煌壁畫中還留下了豐富的貴婦戴花的形象。開元天寶年間，貴婦在高聳的髮髻上除了插滿金翠花鈿以外，還常用各種鮮花作裝飾，主要戴牡丹、芍藥等體形大的花朵，甚至一時大都市栽種姚黃魏紫名品牡丹也盛行起來。貴婦戴花成為盛唐以至晚唐文人墨客趨時的主題，各種繪畫、詩詞湧現出來，如流傳至今的唐人周昉畫《簪花仕女圖》、白居易詩“一叢深色花，十戶中人賦”，已經可見一斑。此風久盛不衰，到宋代特別流行，無論男女老少、尊卑貴賤，都喜歡戴花。《東京夢華錄》記載，不僅良時佳節人們戴花，在國事慶典時，按照制度皇帝與千百官員一同戴花，招搖過市，表示吉慶歡樂。

三、濃妝豔抹總相宜

唐朝婦女愛好脂粉靚妝，非常重視美容，化妝很講究技法，大都市的貴族婦女在社交場合爭相露面炫耀豔容。她們使用的化妝品，是漢族傳統技術與來自西域的化妝品融合、改良以後的新產品，色彩更加鮮明，令婦女妝容更是錦上添花，精緻而絢麗。從敦煌壁畫看，唐朝婦女的化妝方式包括紅粉妝、畫眉、花鈿等。

紅粉妝：用紅色的胭脂塗染面頰和嘴唇，稱為紅粉妝。紅妝之俗從秦漢遞嬗不衰，到唐代成為婦女化妝必不可少的程序，尊卑貴賤通行。李白《浣紗石上女》詩云：“玉面耶溪女，青蛾紅粉妝。”在敦煌壁畫中原本細緻描繪了婦女的這一重要的化妝方式，但因壁畫的褪色或殘蝕，已難辨認原貌。有幸憑藉段文杰先生臨摹的莫高窟第130窟“都督夫人禮佛圖”中的諸多婦女，無論尊卑都飾紅粉妝，由此可以再現這一時期婦女的紅妝。

用於紅粉妝的胭脂原本出產於西域，漢代由張騫出使西域時，帶入中原，經過改良以後，用牛骨髓製作的紅色脂膏，化妝的效果更嬌艷。

畫眉：唐代的眉式有十多種，敦煌壁畫中主要眉式有四種：

長而細的長蛾眉，唐李賀《十二月樂辭》云：“長眉對月鬥彎環。”如莫高窟第329窟的婦女和莫高窟第217窟北壁“十六觀”中的貴婦，都化妝長蛾眉。

柳葉眉，形似柳葉而得名。兩頭尖細、中間略粗，比長眉稍短。唐韋莊

《女冠子》云：“依舊桃花面，頻低柳葉眉。”如莫高窟第148窟涅槃變中國王的眷屬即畫柳葉眉。

唐代婦女崇尚闊眉，桂葉眉就是闊眉的一種，眉式短闊，形如桂葉。如莫高窟第130窟的都督夫人及女兒、侍女全為短而粗的桂葉眉，與唐周昉的《簪花仕女圖》中的仕女類似。

翠眉以石綠畫成，亦為當時的時尚，唐和凝《楊柳枝》詞有“映花時把翠眉顰”之句，如莫高窟第194窟西龕菩薩塑像清晰地畫作翠眉。

描眉的顏料最初用天然黛石，以後發展為人工製作的專門用於畫眉的黛墨。《雲麓漫鈔》記載：“前代婦人以黛畫眉，皆云‘眉黛遠山’。今人已不用黛而用墨畫眉。

花靨與花鈿：貴族婦女在盛妝中，用胭脂或丹青在臉頰、額頭或太陽穴兩邊畫圓點或其它圖形，稱為“花靨”。還有一種更加顯示富貴美貌的時尚化妝，是在眉目或額頭之間用金、銀、玉翠等製作成五顏六色的裝飾物，稱為“花鈿”，莫高窟第130窟壁畫都督夫人之女第十一娘就作此妝，在平民女子中少見。

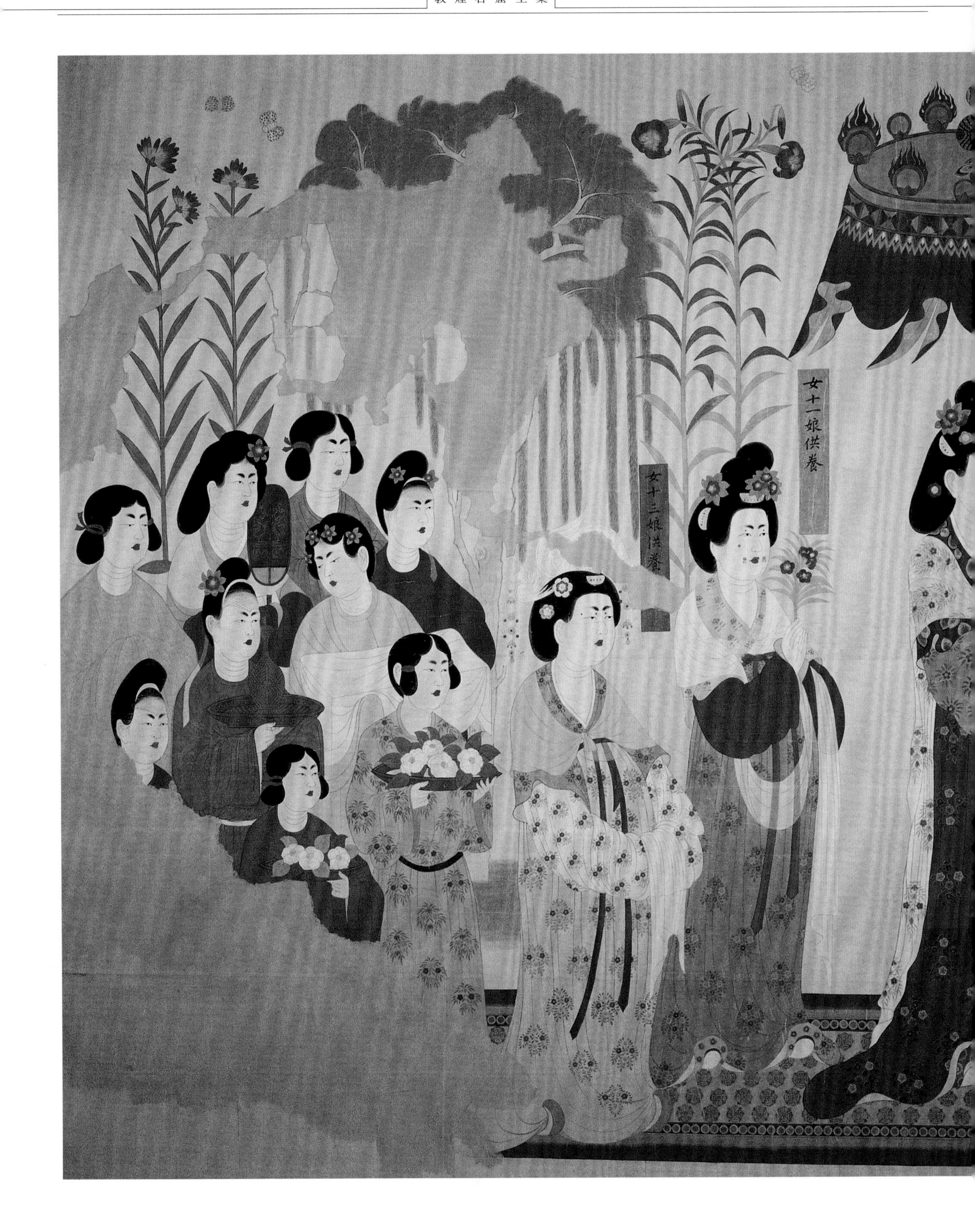
女十一娘供養
女十三娘供養

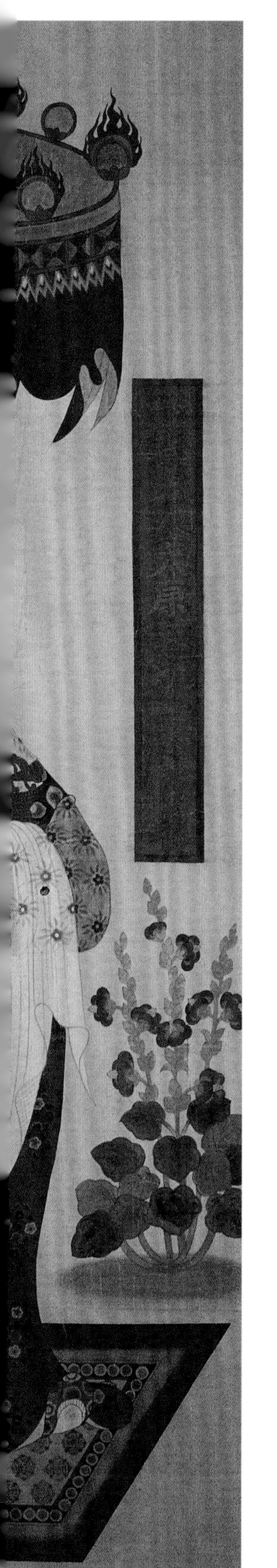

103 都督夫人與女眷盛裝

都督夫人及大女兒梳高聳的峨髻，二女兒梳平髻，三人髻上均插花釵和角梳，畫桂葉眉，塗紅唇，或抹胭脂，或點靨。均著交領花襦裙，外罩半臂，有輕薄的披巾，垂綠色織錦襳褵。夫人穿笏頭履，大女兒穿五朵履。隨後的侍女分別梳雙垂髻、回鶻髻、花髻、倭墮髻，梳回鶻髻者裹透額羅，侍女多著男式圓領袍服，有束腰。圖中釵光鬢影，羅錦華貴，是一幅珍貴的場面宏麗的貴婦出行圖。

盛唐　莫130　南壁（段文杰摹）

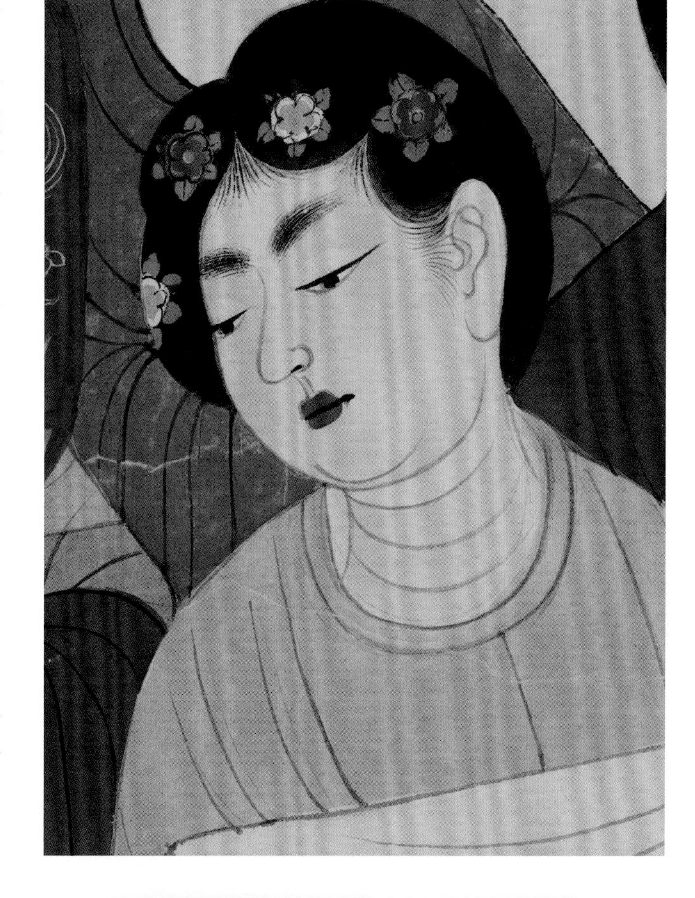

104 髮髻戴花的女眷

都督夫人供養圖中的女眷之一，髮髻上插有鮮花。

盛唐　莫130　南壁（段文杰摹）

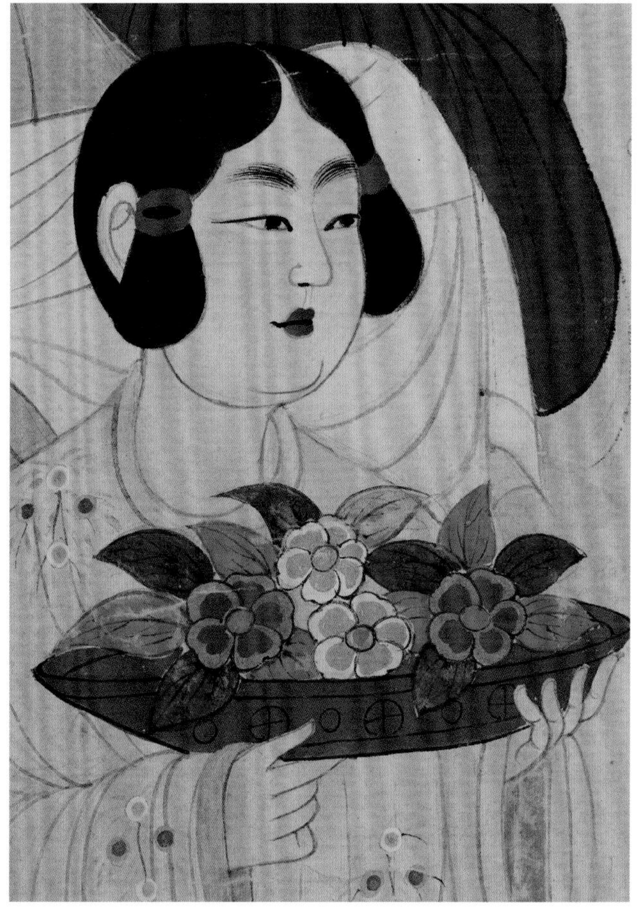

105 少女面部淡妝

少女雙髻抱面，櫻桃紅唇，著圓領，小花男式袍服，別有一份素雅的韻味。

盛唐　莫130　南壁（段文杰摹）

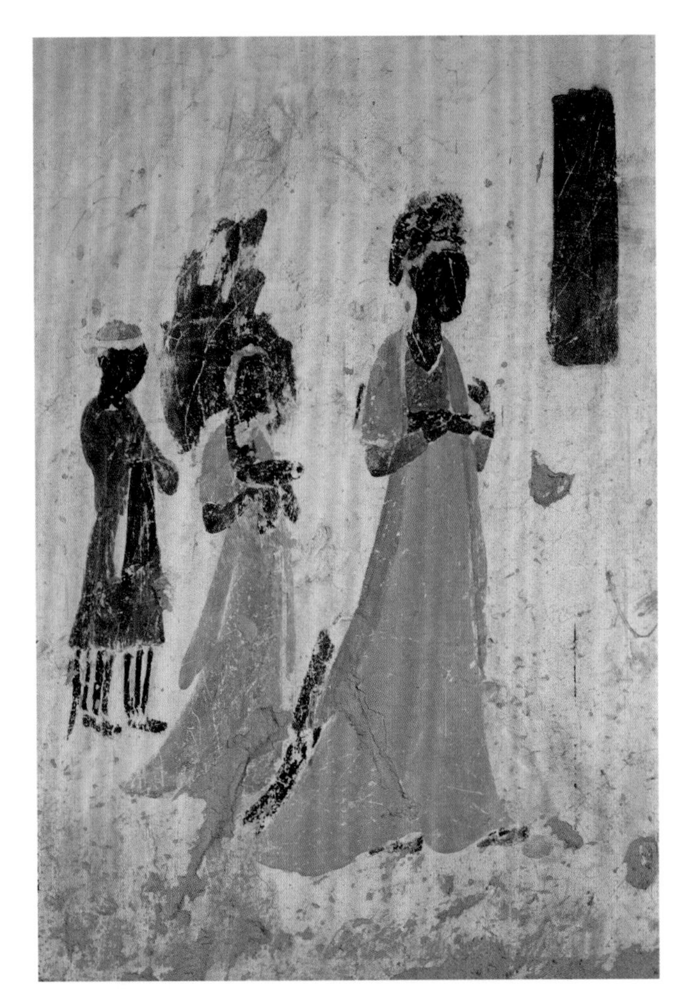

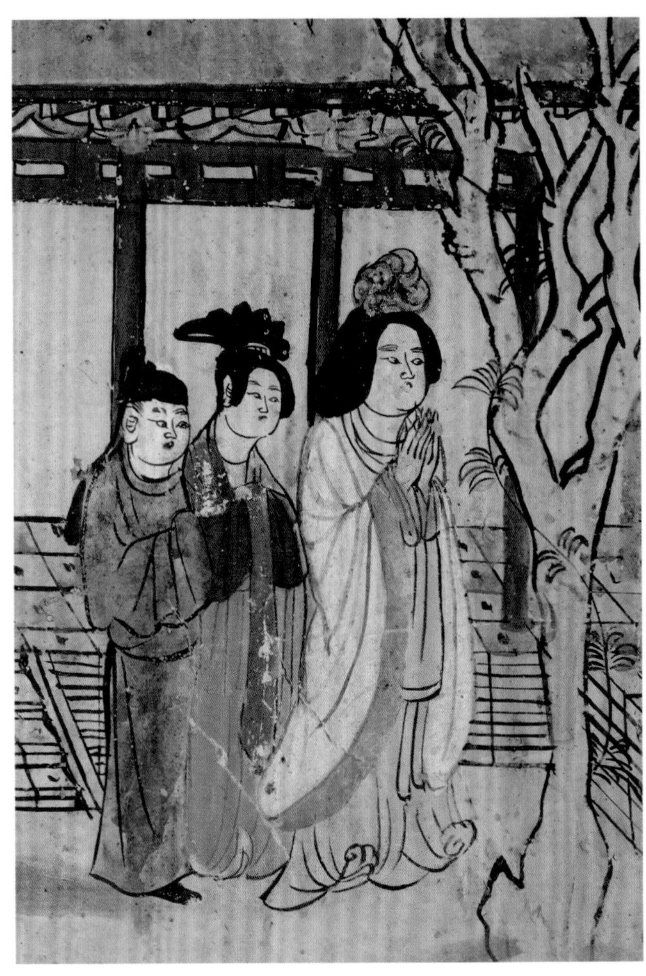

106 貴婦服飾

貴婦梳半翻髻，著交領窄袖上襦，紅帔綠裙，腳穿軟鞋。身後的侍女著綠帔紅裙。初唐保留隋代修長而緊身的衣裙，二人體態纖柔嫵媚，襦裙裹體，隋風尚存，具有典型初唐風格。後面一侍者裹巾幘，著圓領大褶衣，條紋小口褲，穿麻鞋，從其服飾分析，應是來自西域民族的侍從。

初唐 莫375 西龕外

107 王后與眷屬盛裝

王后帶領眷屬禮佛。王后梳寶髻，戴大朵鮮花，畫桂葉眉，著圓領衫，長裙，外披袍，穿雲頭履。女眷梳望仙九鬟髻，著襦裙，有帔巾，腳穿尖頭履。

盛唐 莫45 北壁

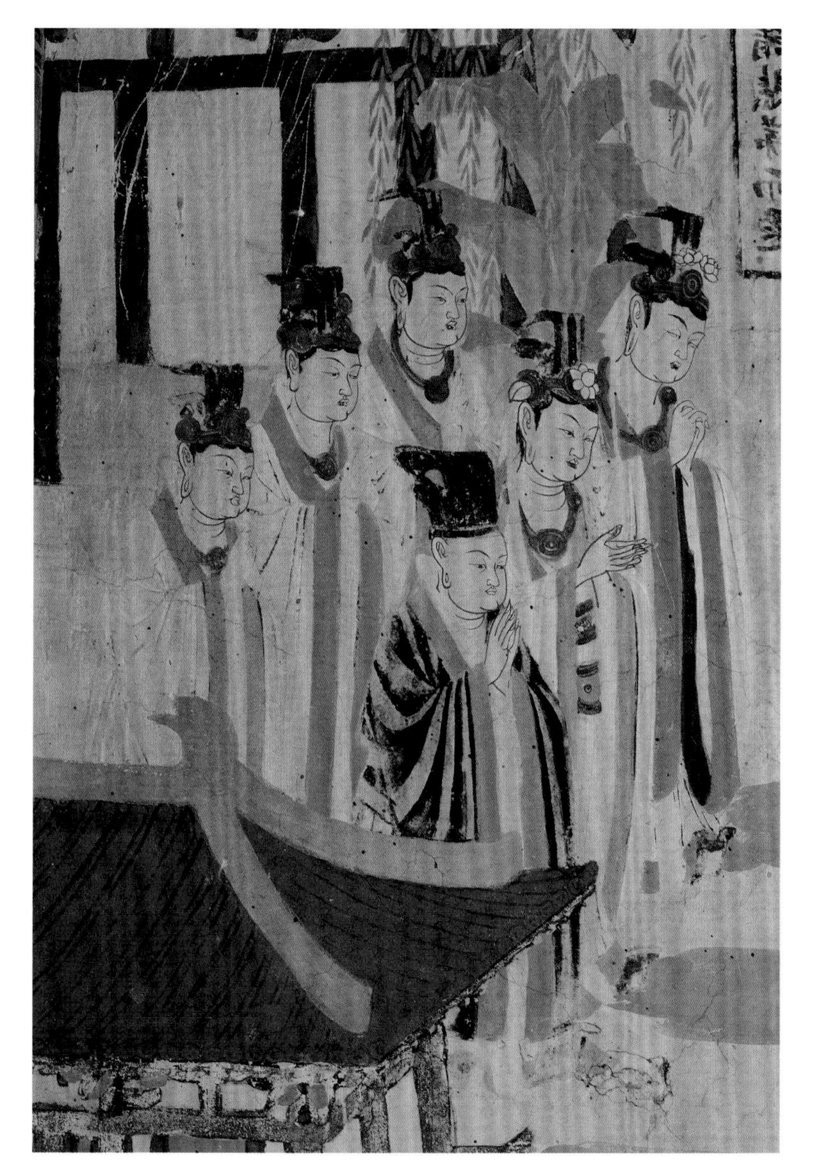

108　**國王、王后、公主盛裝**

這是表現佛經中迦毘羅衛國王攜王后、公主盛裝禮佛的場面。王后、公主等戴鵲尾冠，插簪花，著大袖有緣袍服，穿笏頭履和岐頭履。鵲尾冠為王宮貴族婦女在宗廟或重大典禮時所戴的禮帽。

盛唐　莫148　西壁

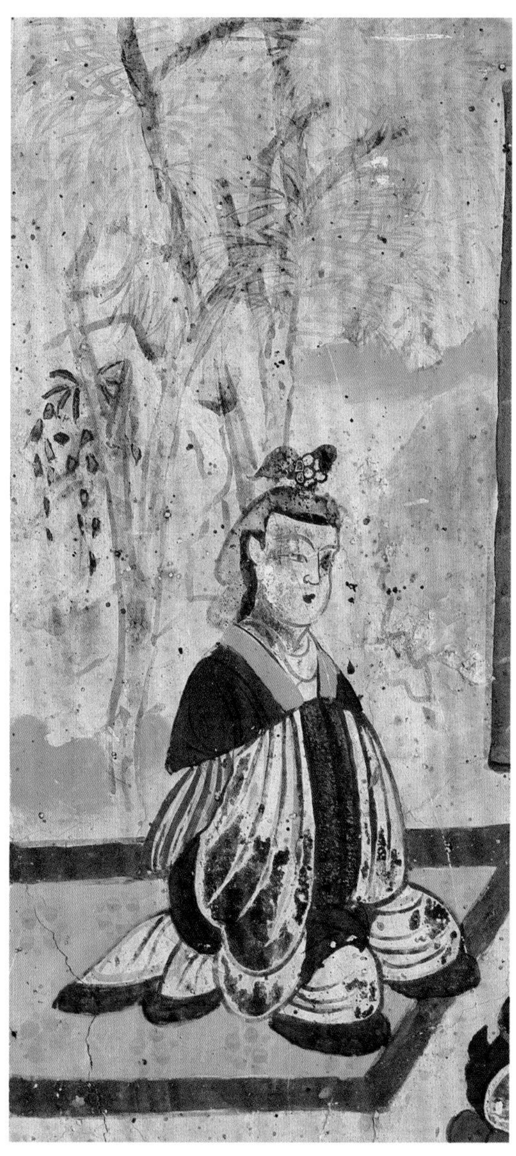

109　**王后服飾**

信仰佛教的王后韋提希夫人正在修持，她著寬袍大袖襦裙，梳鶯鵠髻，是王宮貴族婦女流行的服飾和髮式。

盛唐　莫217　北壁

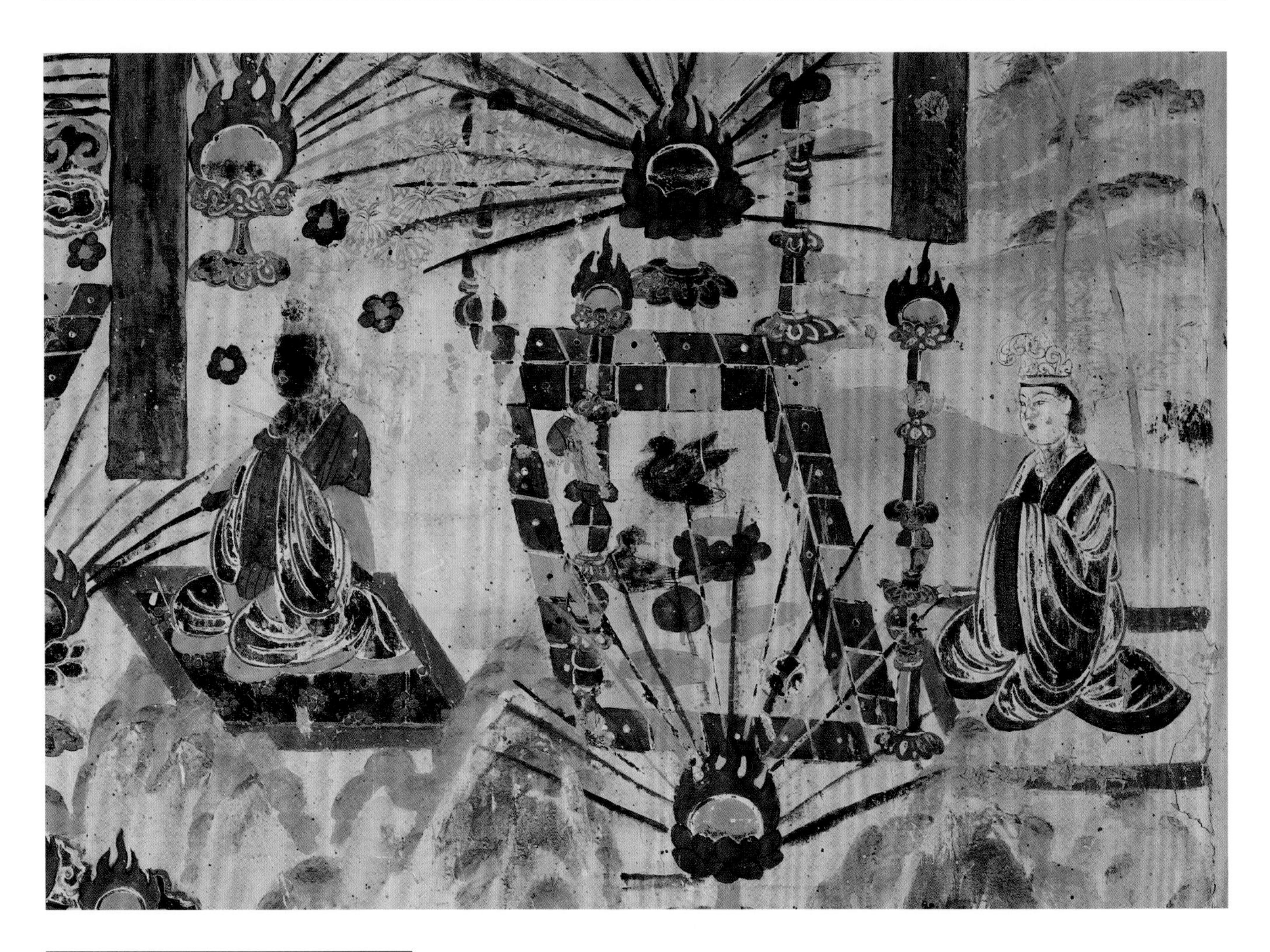

110 貴婦服飾

正在修持的兩位貴婦均著大袖寬緣袍服，一位頭戴寶冠，描柳葉眉、朱紅唇；一位梳回鶻髻，用寶珠束髻。其服飾應是貴婦出席盛大活動時的禮服。

盛唐 莫217 北壁

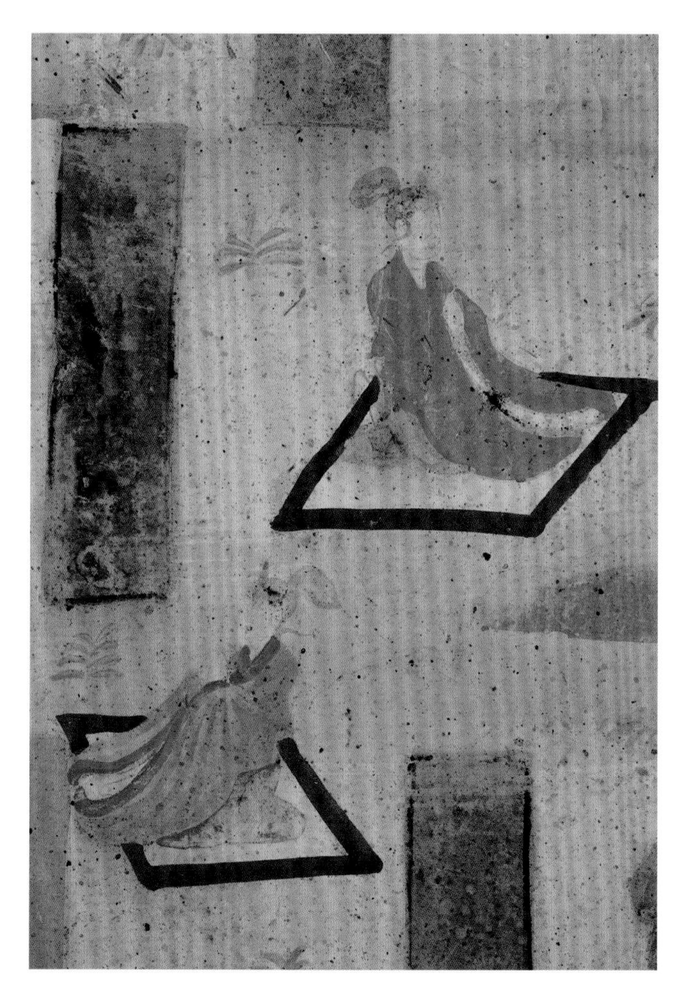

111 貴婦髮式

修持的二貴婦梳圓鬟椎髻，著大袖襦裙。敦煌盛唐至五代壁畫中常見貴婦梳此髮髻，應是流行長久的髮式。

盛唐　莫199　北壁

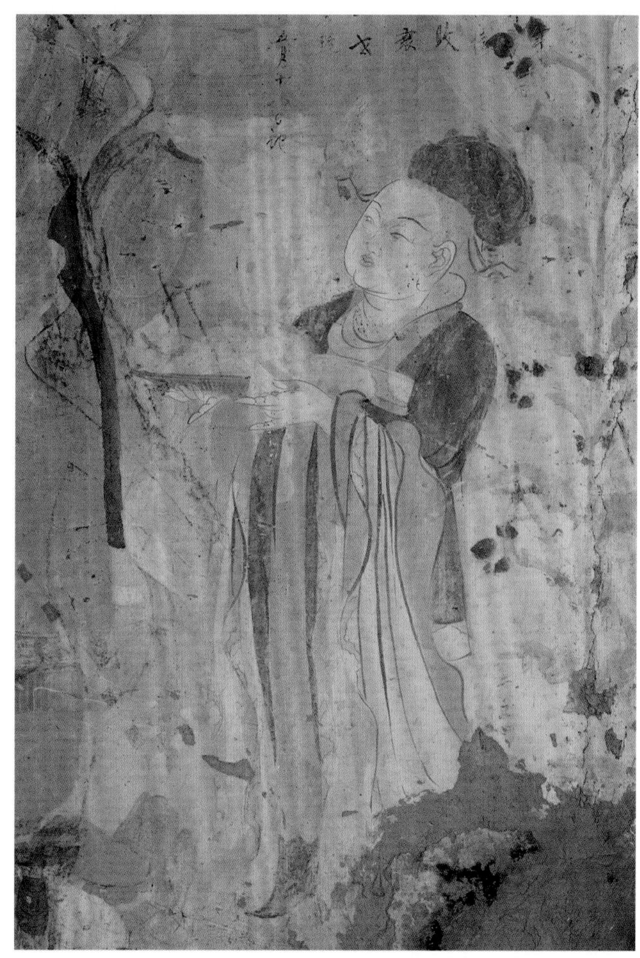

112 貴婦寶冠

貴婦梳高髻，戴纏枝花卉紋寶冠，兩側插髮簪。敦煌彩塑菩薩也常見此類寶冠。

盛唐　莫188　東壁

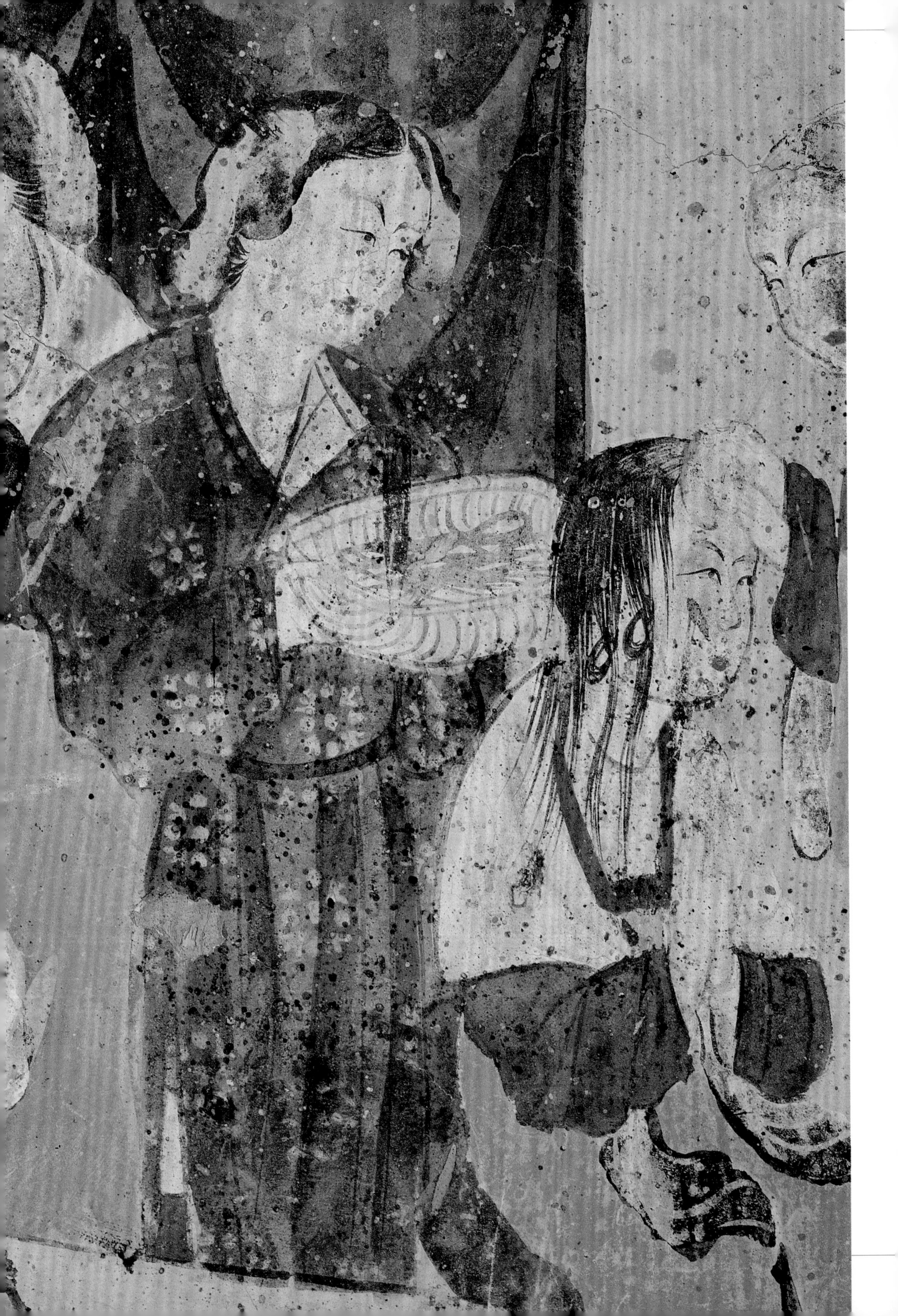

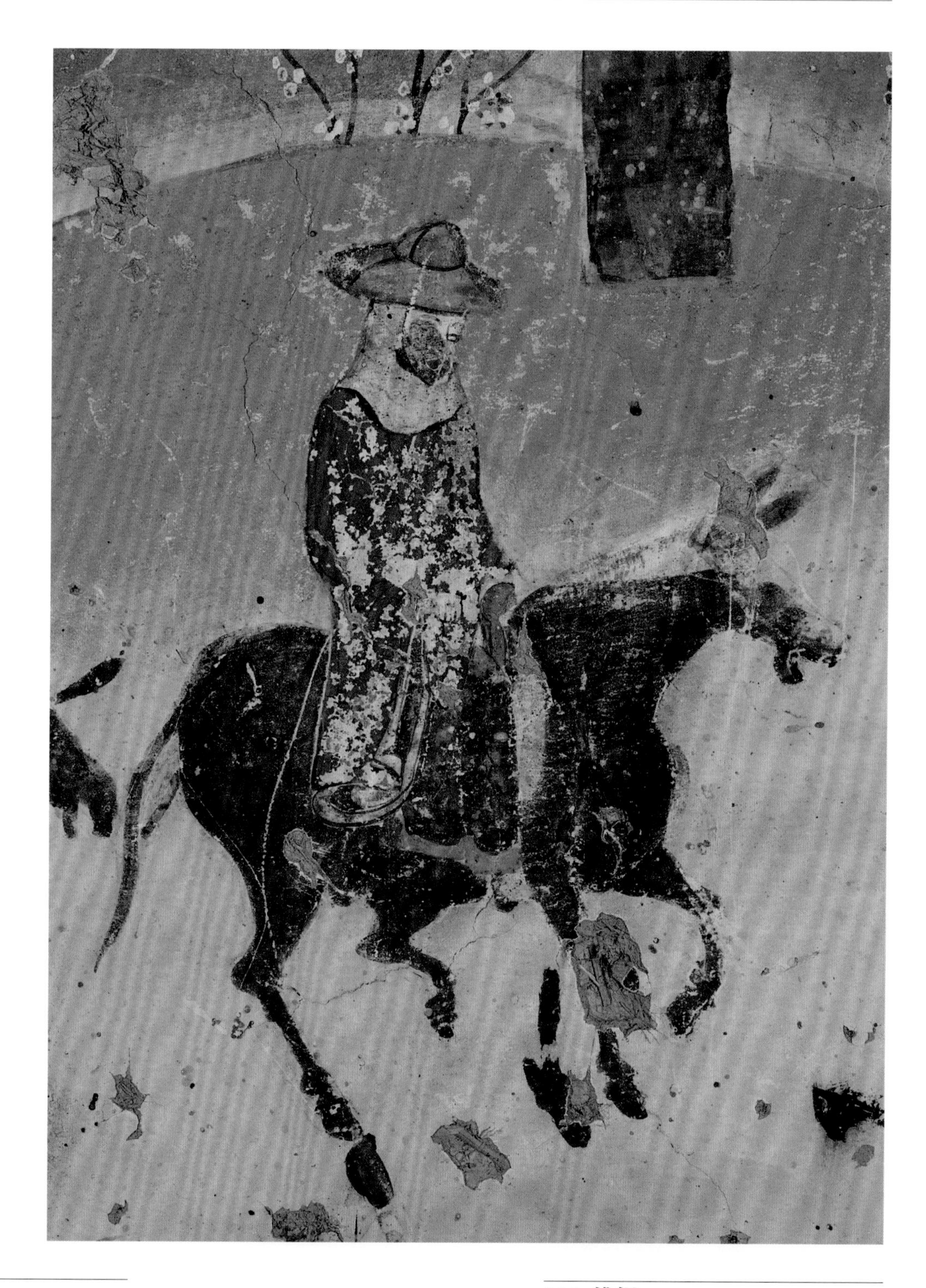

113 **女著男裝**

近事女梳雙垂髻，身著男式翻領團花袍服，束腰。這種男式胡服是盛唐時尚裝束，質地較絲織品厚實，可能是用西北盛產的羊毛製作的柔軟的花氈毺。敦煌壁畫女性穿男式胡服大多見於年輕貴婦、侍女、近事女。在唐代宮廷製作的三彩陶俑中有穿著這種男裝的騎馬少女俑，是騎馬遊獵時的裝束，證明在都城長安也相當流行。

盛唐　莫445　北壁

114 **帷帽**

身在野外的婦女，戴帷帽，帽裙垂至肩頭，罩紅披袍，著鑲邊裙。在新疆地區和都城長安都出土過穿著這種裝束的彩陶騎馬女俑，據此推測，這種裝束應是從西域傳入中原，受貴族婦女青睞。

盛唐　莫217　南壁

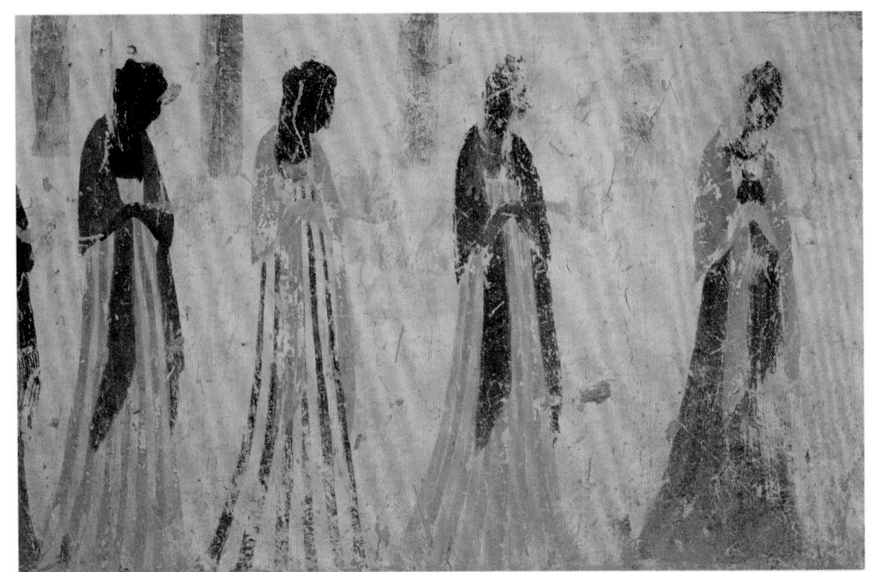

115 間裙

婦女身著紅白、紅黑、紅綠各色間裙，比隋代婦女更顯體態修長。間裙一般不超過12破，還出現了13破，可見間色布條逐漸變窄。

初唐 莫381 北壁

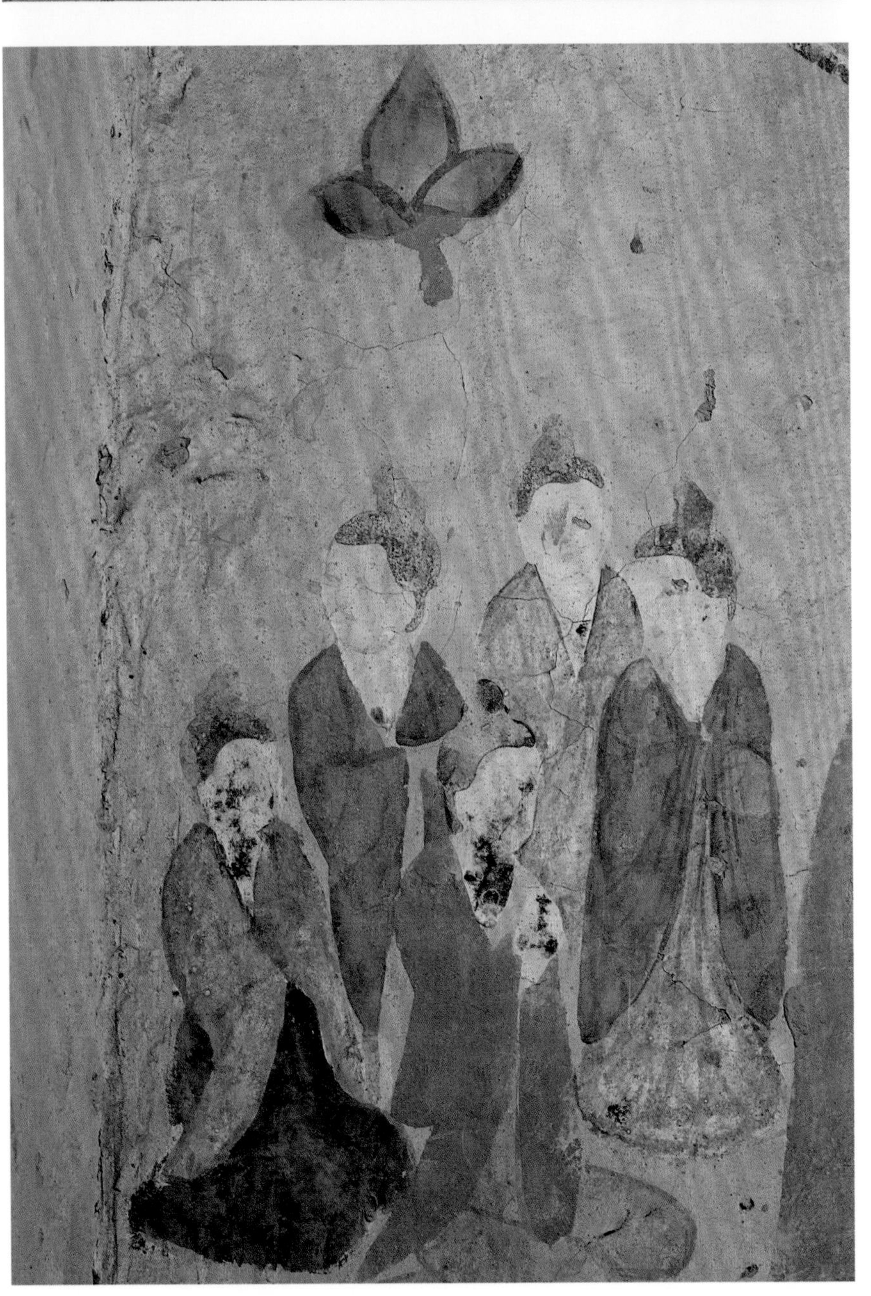

116 平民婦女常服

婦女梳椎髻，身著紅、綠、黃色襦裙和帔巾，應是平民婦女的常服。

初唐 莫431 南壁

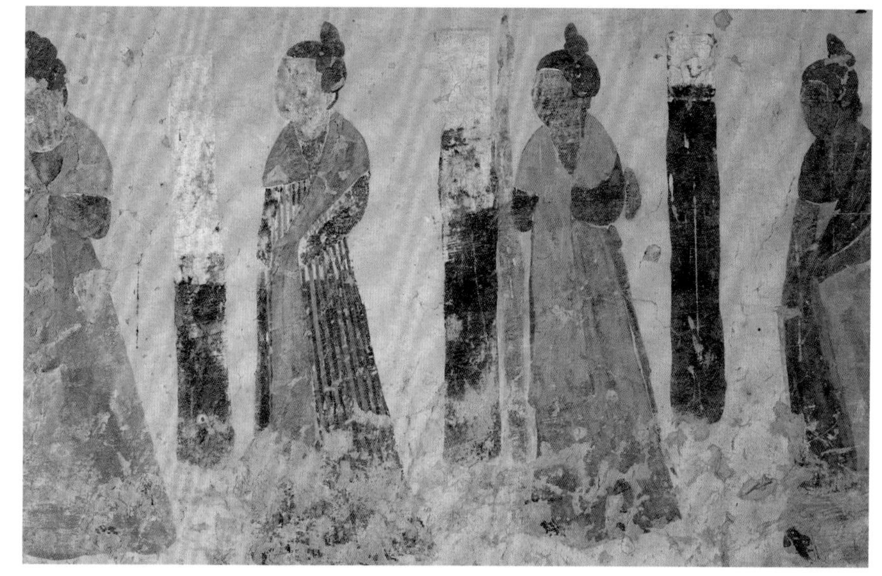

117 畫帔與間裙

婦女梳螺髻，畫帔子上有絢麗的彩畫，間裙的條幅更加窄小，左一女的間裙已達20破以上，似百褶裙。

初唐 莫431 南壁

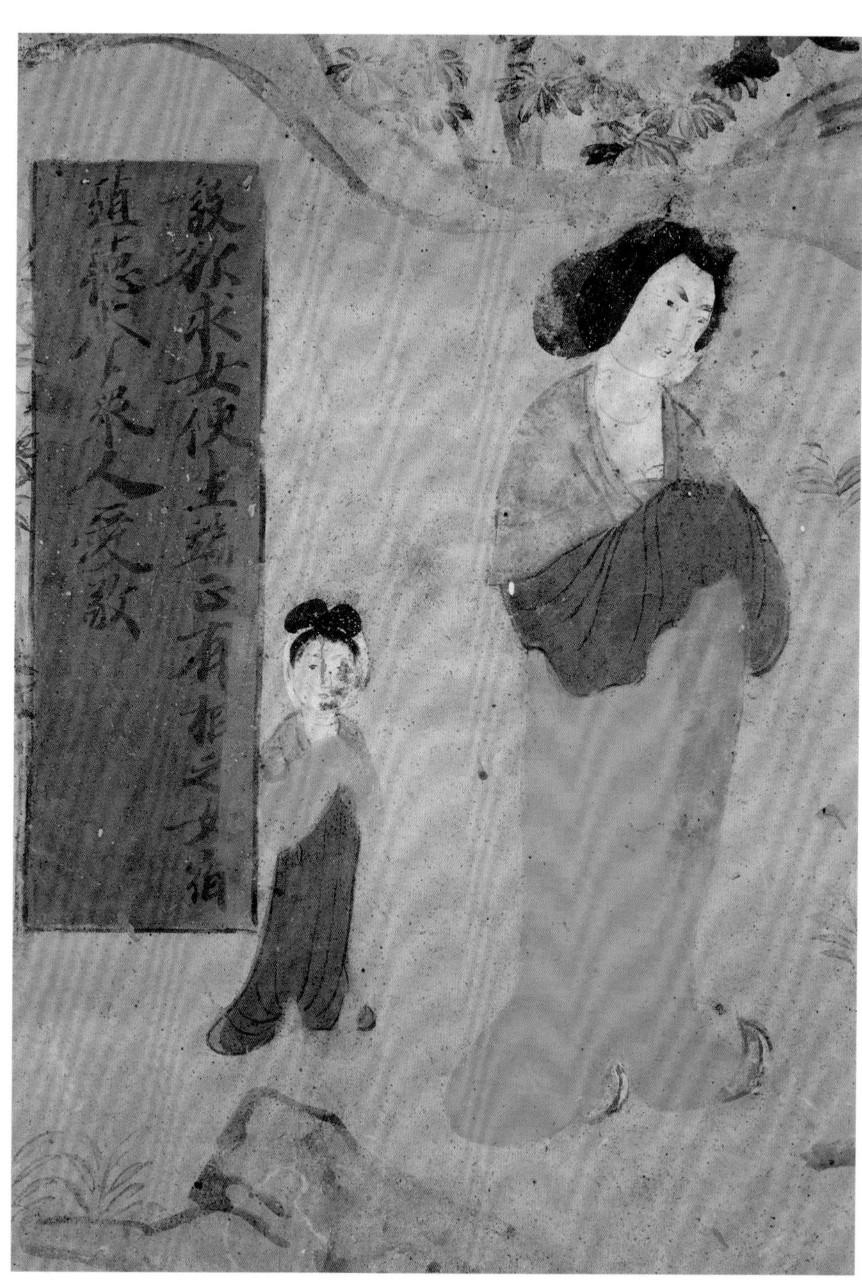

118 母女服飾

母梳倭墮髻，女梳雙丫髻，二人均著襦裙，有帔巾，腳穿尖頭軟底履，是唐朝婦女的常服。初唐保留隋代修長而緊身的衣裙，到盛唐由於婦女以體態豐滿為美，因此衣裙也隨體形的變化顯得寬鬆起來。此圖中母女二人都是體態豐滿，衣裙寬鬆，符合盛唐時尚。

盛唐 莫45 南壁

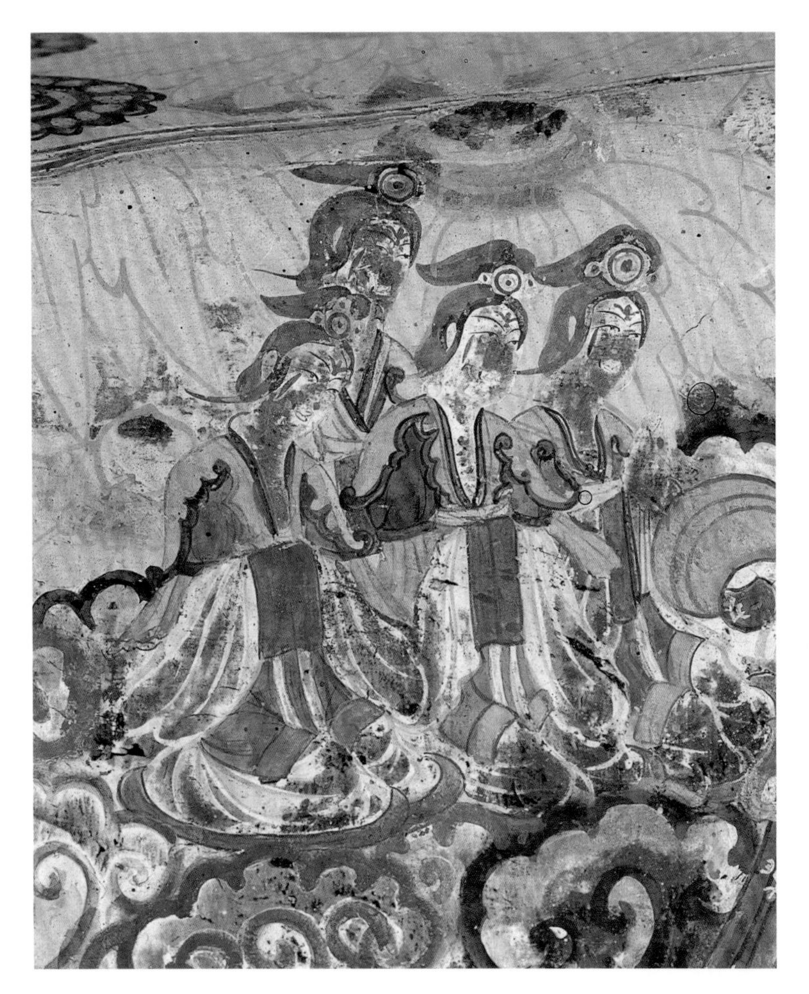

119 **摩耶夫人與天女服飾**

表現佛母摩耶夫人與三天女驚聞佛陀涅槃情節。四人均梳驚鵠髻，狀如飛鳥羽翼，作淩空欲飛之勢，用寶珠束髮髻，額頭有花鈿。由此證實這是王宮貴族婦女流行的髮式和化妝。

盛唐 莫39 西壁龕內

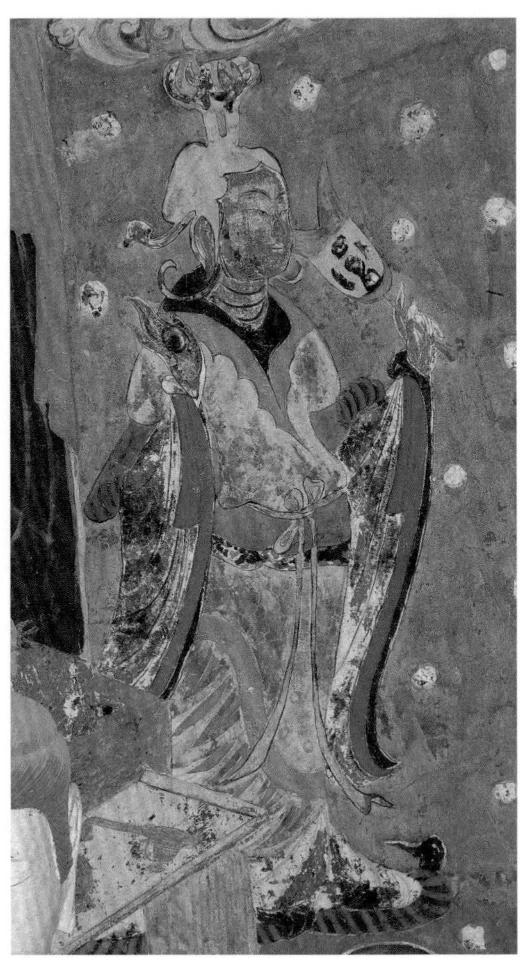

120 **天女服飾**

天女梳寶髻，插花釵，著廣袖襦裙，前繫蔽膝，垂纖褵。領口、袖口、裙擺都鑲緣邊，是初唐貴婦的服飾和髮式。

初唐 莫334 西壁龕內北壁

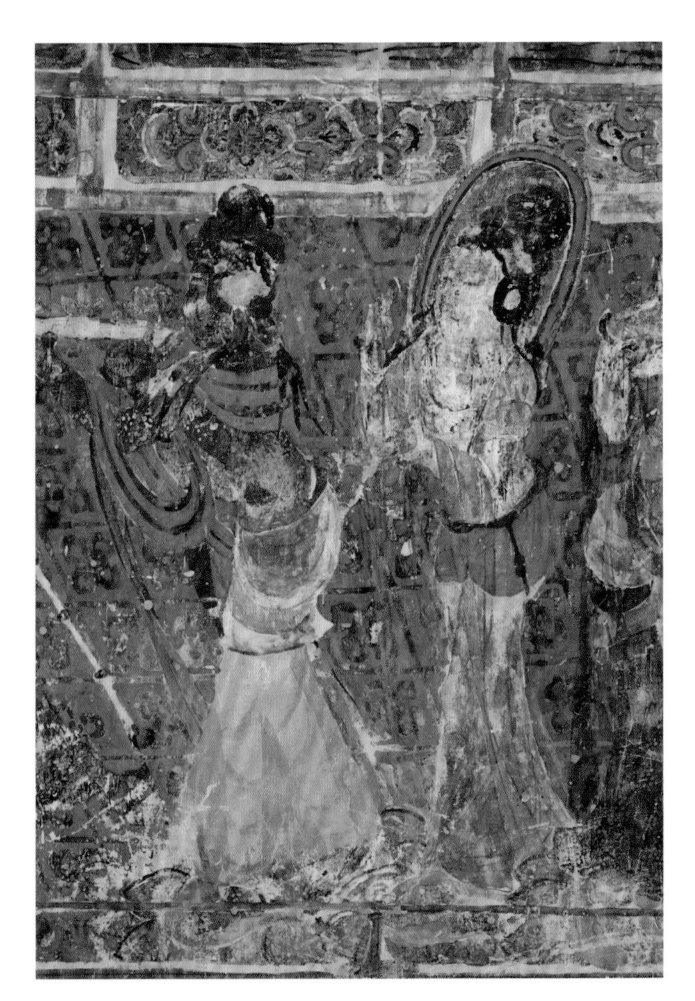

121 **歌舞供養伎服飾**

前者戴寶冠，有雲鬢，紅腰裙配以紗縠翠裙，後者藍腰裙配以石榴裙。色彩艷麗，婀娜多姿，應倣自民間歌舞伎樂的服飾。

初唐 莫329 北壁

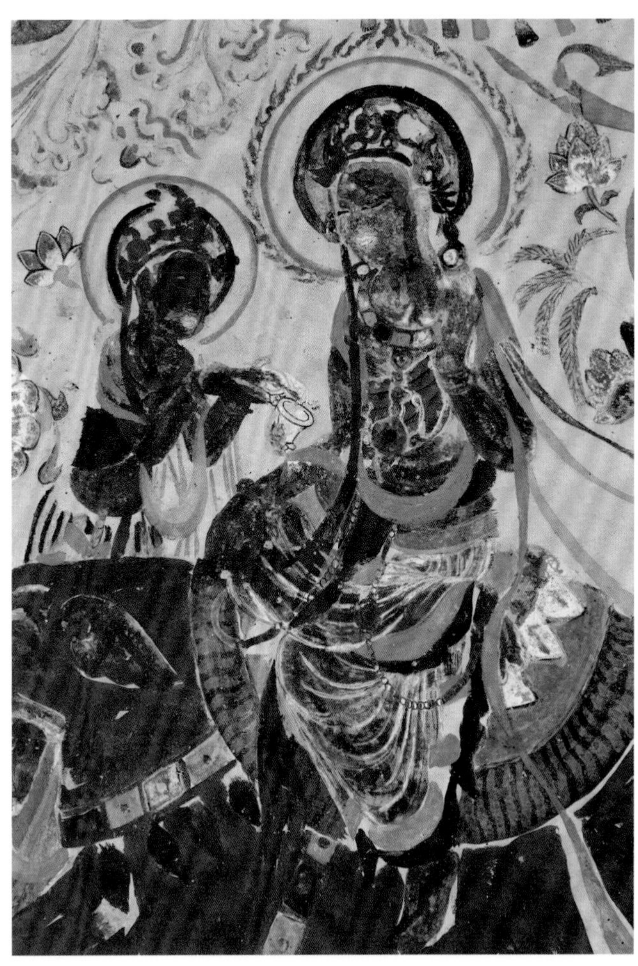

122 **菩薩服飾**

菩薩頭戴寶冠，瓔珞帔巾繞身，上著抹胸覆膊衣，下著彩色百褶長裙。從菩薩的帔巾到衣裙，都應源自貴婦華貴的盛裝。

初唐 莫329 西龕頂

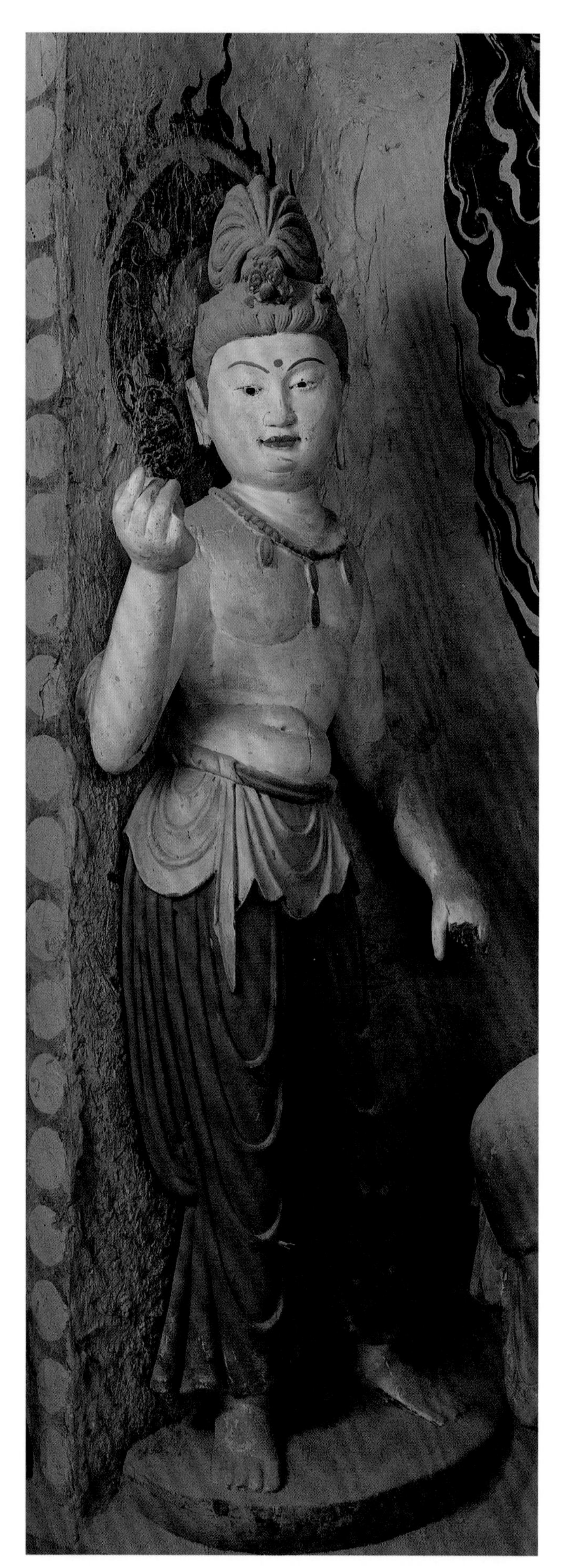

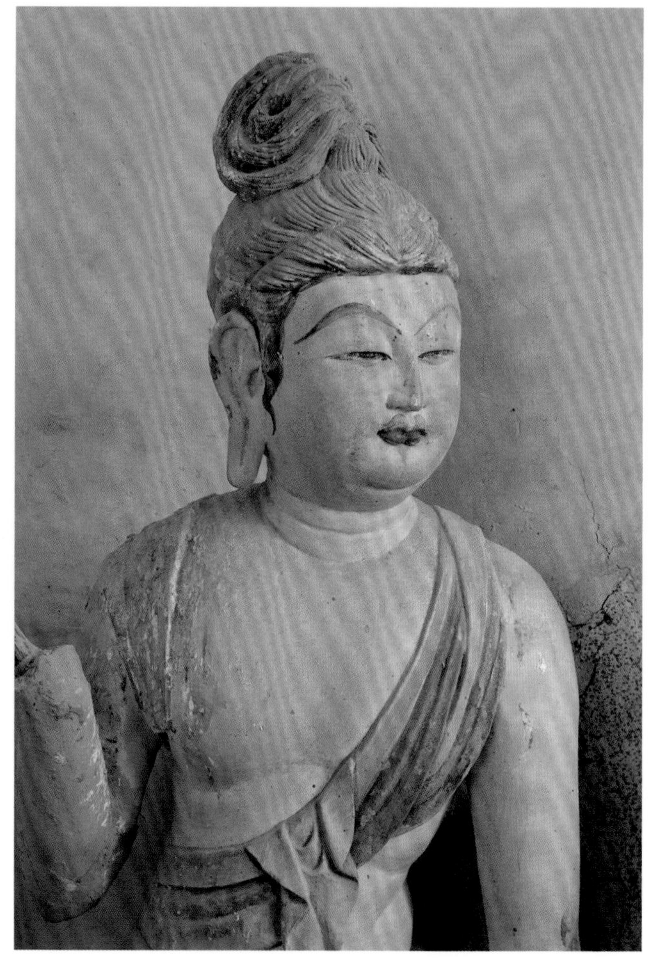

124 翠眉菩薩

菩薩梳高寰髻，有雲鬢，描畫翠綠色眉，細眉修長。雙目低垂，紅唇艷麗，神態恬靜自然。髮式和化妝應來自盛唐貴族婦女的流行時尚。嘴部的綠色蝌蚪紋是鬍子的象徵，以示菩薩有或男或女的神通。

盛唐 莫194 西龕

123 菩薩的高寰髻和紅裙

梳高寰髻，為唐朝宮娥、舞伎的髮式。唐王涯《宮詞》："一叢高寰綠雲光"。上身袒裸，腰繫圍腰，曲裾婀娜，下著紅裙，又稱石榴裙，是唐朝婦女流行的盛裝，所謂"紅裙妒殺石榴花"，即指此。

盛唐 莫383 東壁

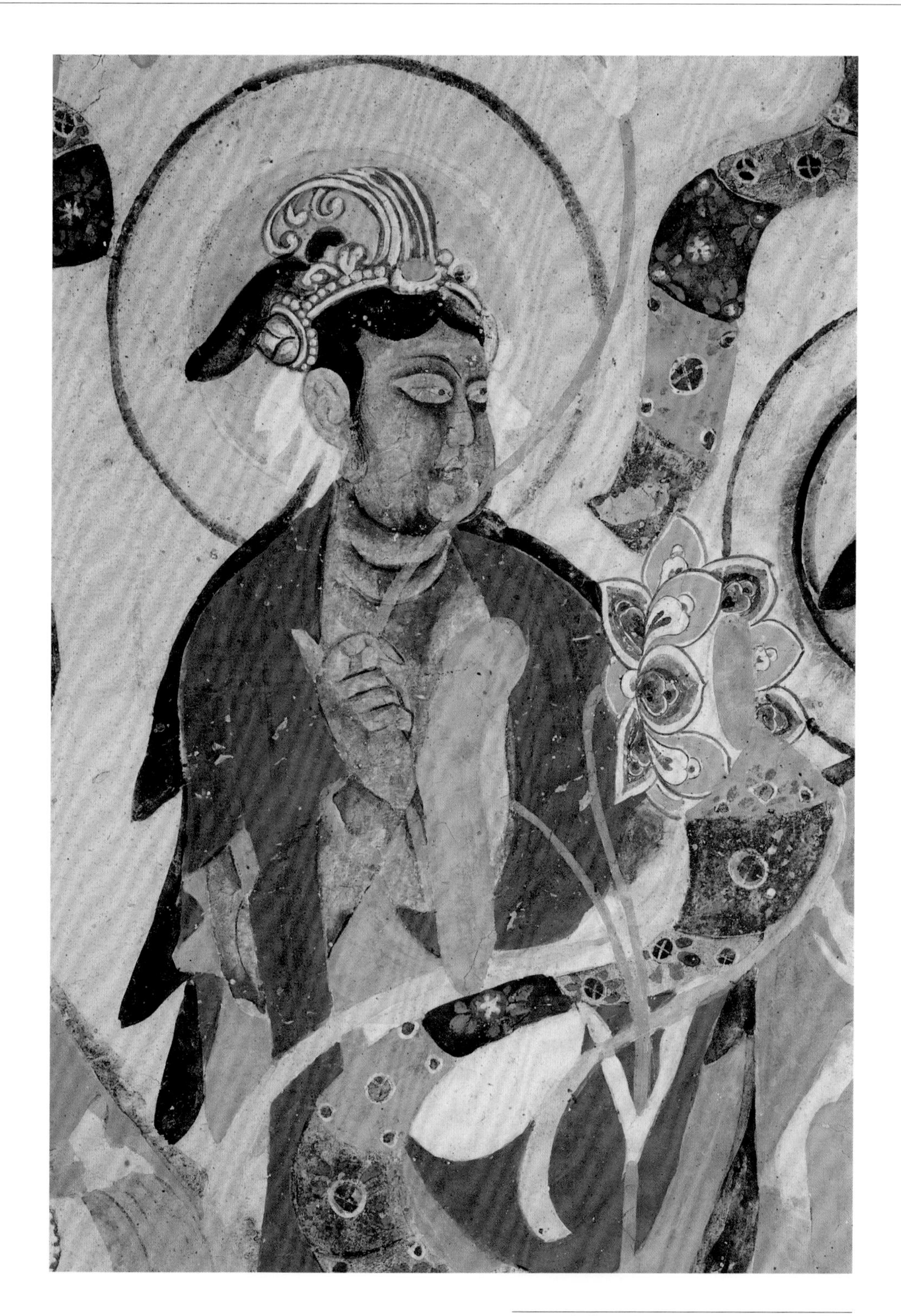

125 菩薩髮飾

梳椎髻，戴珠冠，中間有瑟瑟珠，兩側蓮蕾珠，用一周小珠相連，正中有五道梁。上身披紅色大帔巾，腦後還有黑色長披，衣著寬鬆飄逸，應是西域貴婦的裝束。

盛唐 莫31 窟頂南坡

第四節 紡織業的成就與新紋樣

唐代社會富足和服飾潮流帶動了紡織業的迅猛發展，全國諸道都設立織綾局，負責管理各地紡織品生產。紡織品的種類繁多，有絲織品、毛織品、棉麻葛織品三大類。全國絲織品的著名三大產區是：黃河中游的河南和河北，以盛產紗綾為主；長江下游的江南，以盛產各種紋樣的花綾紗羅為主；長江上游的巴蜀，以盛產織錦和印花彩錦為主。此外各地出產的絲織品還是國內外市場的緊俏貨，當時除了西北絲綢之路以外，東南沿海的海路也很暢通，中國的絲織品通過南北的陸路和海路源源不斷銷往世界各地。在敦煌壁畫和彩塑的各類人物服飾上，不僅顯示了唐代紡織品種類繁多，花色艷麗，工藝精湛，也反映出中西合璧的時代特徵。

一、各地織造的貢品與紋樣

據《唐六典》記載，河南和河北、江南、巴蜀三大產區中的上品，每年要進貢朝廷，供應禮制官服的需求。巴蜀地區的成都、江南地區的揚州織綾局每年進貢給朝廷數百件“蕃客錦袍”，作為政府專門贈送給遠來長安的外國使者的尊貴禮物。成都每年進貢兩百件，揚州每年進貢兩百五十件。在敦煌壁畫《各國王子禮佛圖》中有著小團窠花錦衣者，還有諸多彩塑菩薩和天王，都身著色彩艷麗的團花錦衣，其圖案與考古出土的唐代蜀錦相似，但無法確定即是織綾局進貢的蕃客錦袍。

史料記載，成都和揚州還是進貢朝廷的半臂錦和打球衣的專門織造基地，僅成都一次進貢半臂錦和打球衣有五百件。深得婦女喜愛的半臂錦，在敦煌壁畫和彩塑上大量出現了，多是小簇折枝花紋和小團花紋，但也無法確定其產地。

唐代對各種進貢朝廷的絲織品紋樣嚴格控制，嚴禁民間倣製。但是由於宮廷奢華之風蔓延，民間亦步亦趨，因此這些宮廷紋樣也流入民間，成為引導潮流的先鋒。

二、唐代絲織品的六大品種

唐代各地生產的絲織品品種繁多，沈從文先生概括有六大類：一是五色花紋的彩錦，多作為衣領或衣袖的邊緣，做半臂和蕃客錦袍的小團窠錦也屬於彩錦。在敦煌壁畫上西域王子的錦袍、貴婦半臂以及各類服飾的邊緣上，都有精美的小團花圖案，應是描繪的彩錦；二是進貢的特種宮錦，專門做官服的衣料彩綾也屬於此類。壁畫中官員朝服和貴族盛裝、彩塑菩薩服飾等常有鳳鳥、祥獸的圖案，似應屬於此類；三是刺繡，有五色彩繡和金線繡，在壁畫和彩塑上很難識別刺繡和織品的區別；四是泥金銀繪，用金銀粉在衣料上繪畫，多用在舞伎的衣裙上。莫高窟第328窟、第194

窟彩塑菩薩的服飾用金銀粉繪畫；五是印染，分為彩色套染和單色染兩種，花紋有梅花、柿蒂、方勝等。由於工藝簡單，平民婦女的服飾多用印染衣料製作。莫高窟第217窟壁畫中兩少女的小花長裙，似屬此類；六是堆綾貼絹，把彩色綾絹按照圖案的需要補貼在布料上，形成花紋圖案，多應在帳幃或坐墊上，衣服上很少用。這六大類品種雖然在敦煌壁畫和彩塑上無法確切對號入座，但是或多或少可以找到相似的印迹。

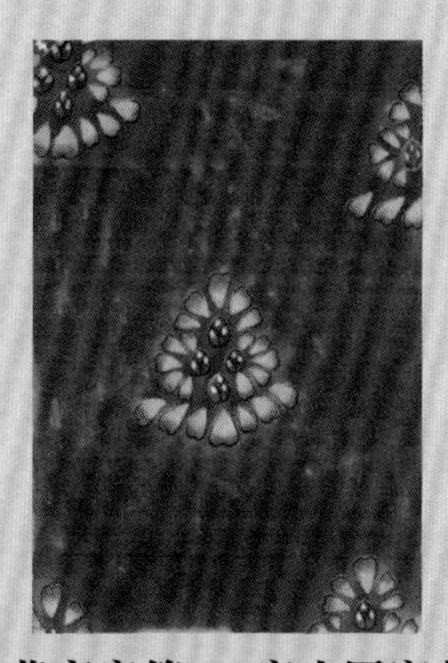

盛唐莫高窟第66窟小團窠花紋

三、中西合璧的服飾紋樣

唐代敦煌壁畫和彩塑上的各類服飾紋樣豐富，既有傳統的幾何填花紋、忍冬紋、窠花紋等，又有新出現的時尚紋樣，如來自西域的捲草紋、葡萄紋、對獅紋等，還有含有佛教意義寶相花紋、伽陵頻迦鳥等，圖案紋樣比隋代的更加複雜多變，追求富貴氣質，到盛唐已經完全擺脱了隋代清雅的風格，顯示出中西合璧、多元化的時代特徵。

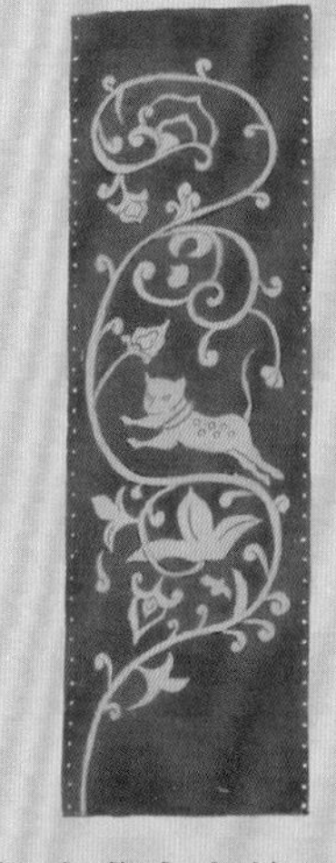

初唐莫高窟第334窟唐草對獅紋

獅紋：佛教經典中常以獅子來稱譽釋迦牟尼，如佛說法稱獅子吼，佛座稱獅子座。服飾中常見的對稱獅子紋樣，上下以S形的捲草紋迴旋環繞，雌雄相對的獅子在捲草中顯得雄姿威猛。

伽陵頻迦鳥紋：傳説伽陵頻迦鳥產於印度的雪山，其色黑似雀，羽毛甚美，喙部呈赤色，在卵殼中即能鳴，音聲清婉、和雅微妙。在佛典中常以其鳴聲比喻佛和菩薩之妙音。在淨土經變，作人頭鳥身形。服飾紋樣中的伽陵頻迦鳥常以捲草和變形雲紋作間隔，捲草與音樂之神相結合，似乎在撥動着清雅美妙的樂音，情趣盎然。

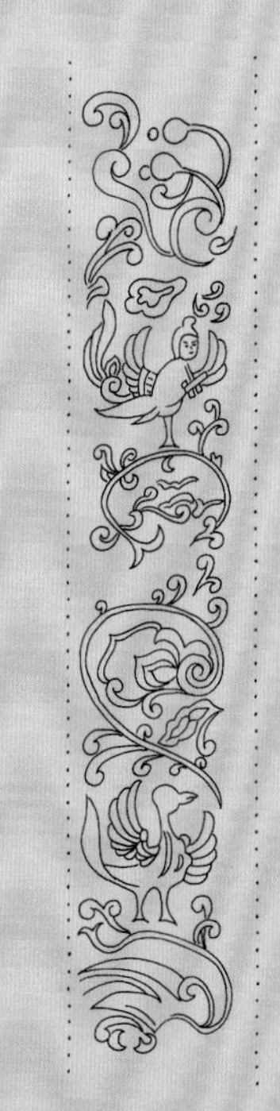

初唐莫高窟第334窟伽陵頻迦鳥捲草紋

葡萄紋：葡萄穿枝紋在唐朝裝飾紋樣中佔據主導地位，

日常用具青銅鏡、名貴的金銀器和服飾紋樣，都以葡萄為主題。葡萄盛產於西域，敦煌當地葡萄種植業也很發達。一種以波狀線結構為基礎，將葡萄的枝葉、藤蔓及果實組合成優美纏綿的裝飾紋樣，應是現實生活的高度藝術化。

初唐莫高窟第334窟葡萄穿枝紋

幾何填花紋：用點、線、面以及菱格組成的幾何填花紋，是橫向二方連續紋樣，用極其抽象的手法將大多來源於自然界的花草、流水、日月星辰描繪成為幾何線條，其間又填充以寫實的花草或飛禽走獸，將具象與抽象相結合。色彩強調鮮艷明亮，用紅色襯地與黑、白相配，三色形成強烈對比。常見於敦煌彩塑菩薩的服飾衣帶上。

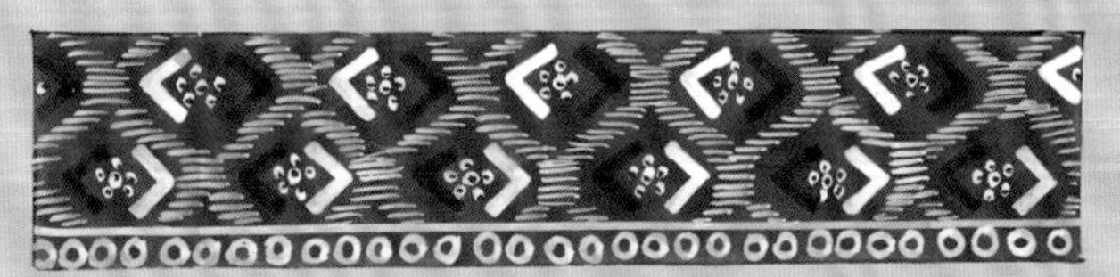

初唐莫高窟第57窟幾何填花紋

寶相花紋：寶相花紋起源於東漢，以後成為佛教中程式化的裝飾紋樣，表現所謂“寶相莊嚴”之意。其構成方式是：將多種自然形態的花朵進行藝術處理，使之成為理想的、富有裝飾性的花朵。如將牡丹、蓮花、菊花的花朵、花苞、花托、葉片等形象素材，以四向對稱放射或多向對稱放射的形式，組成圓形、菱形或方形的裝飾紋樣，是佛教徒的一種虔誠意願。在唐宋時期是流行最廣泛的服飾紋樣。

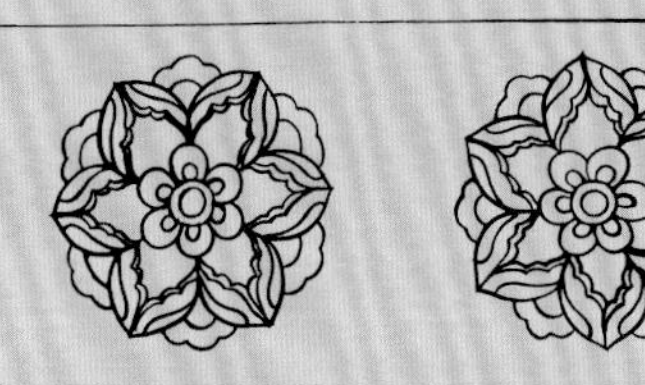

盛唐莫高窟第328窟寶相花紋

忍冬紋：又稱金銀花，因冬季不凋謝而得名，寓意長盛不衰。紋樣多以∽形為基本造型向兩側延伸，表現枝葉繁茂連綿不斷，有很強的裝飾效果，多作為衣服的邊飾。

盛唐莫高窟第328窟忍冬紋

126 菩薩服飾的孔雀眼花紋樣

兩菩薩的衣著都是流行圖案，均著袒胸小衣。左側菩薩的小衣在幾何紋中填孔雀眼花紋，形成連續圖案。右側菩薩的小衣也是孔雀眼花紋，則是以直線排列。圖案用紅、白、綠三色組合搭配，強調了鮮艷明亮的色彩。

初唐　莫57　西龕外北側

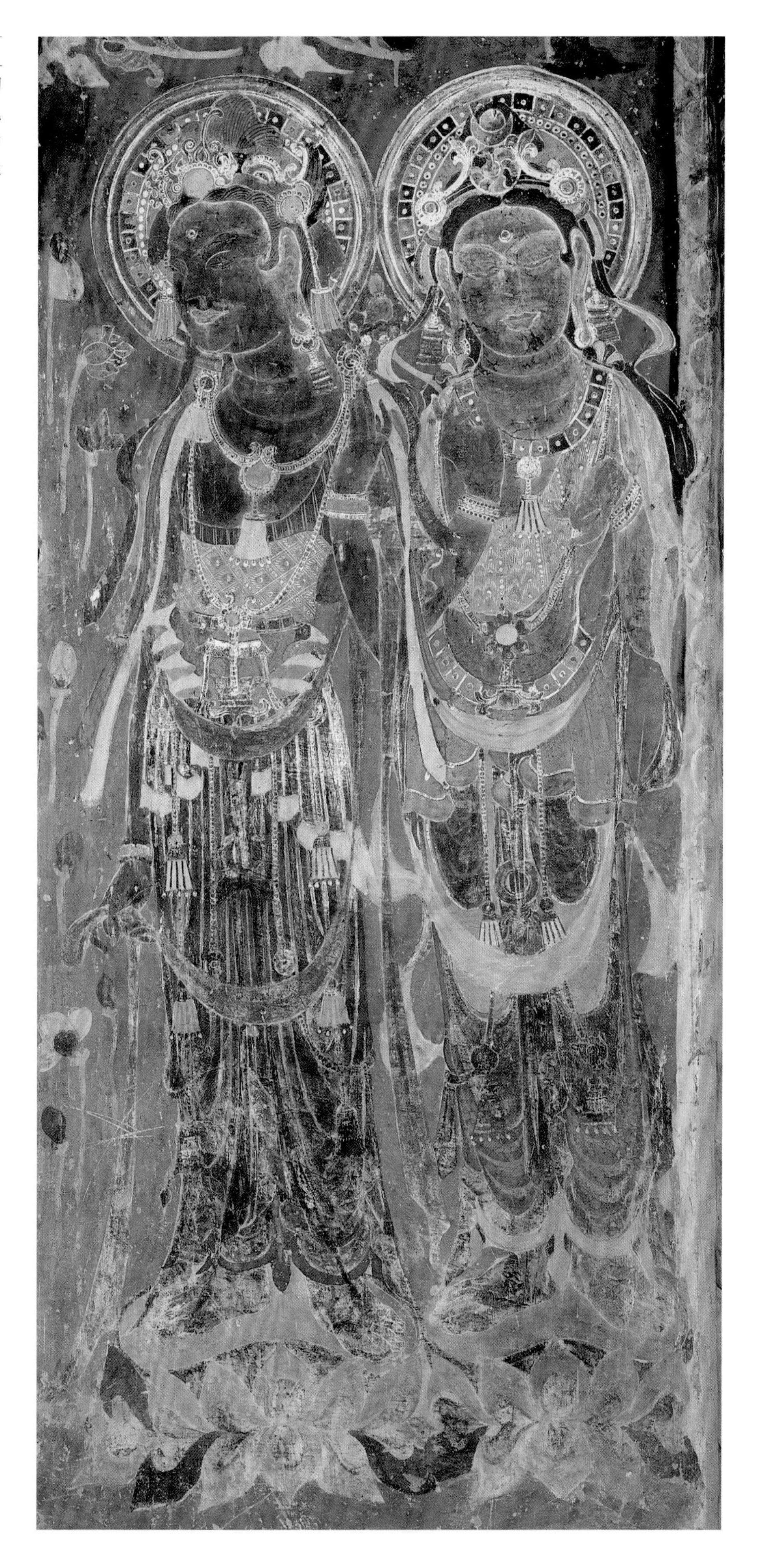

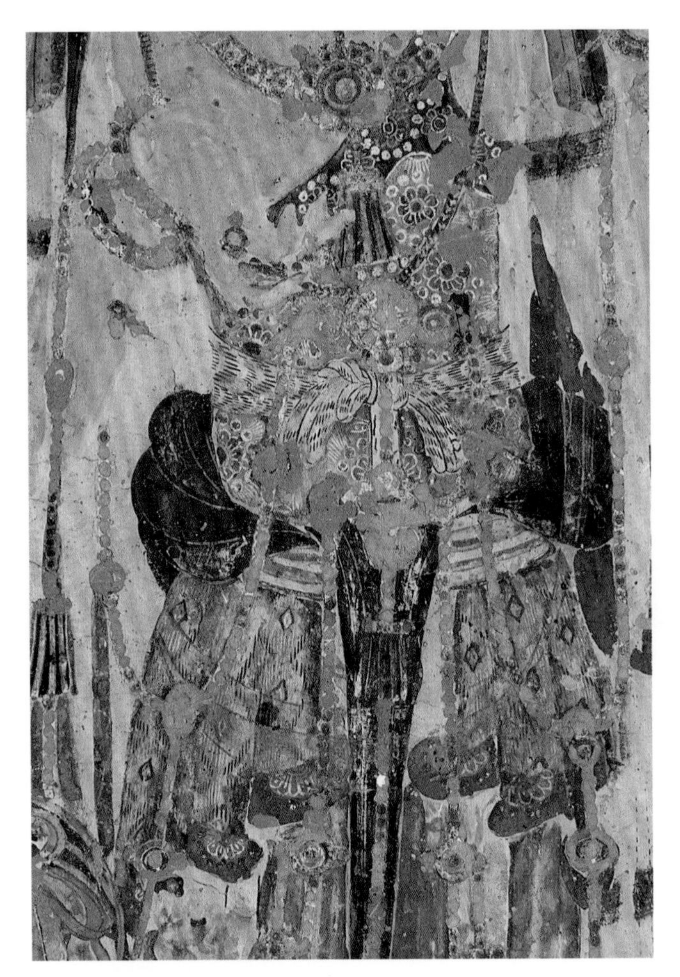

127 **菩薩服飾局部紋樣**

菩薩的胸衣為連珠團花紋，腰裙作幾何形孔雀眼紋，下裙為團花紋。全身妝飾金碧輝煌，乃初唐之精品。

初唐 莫57 南壁

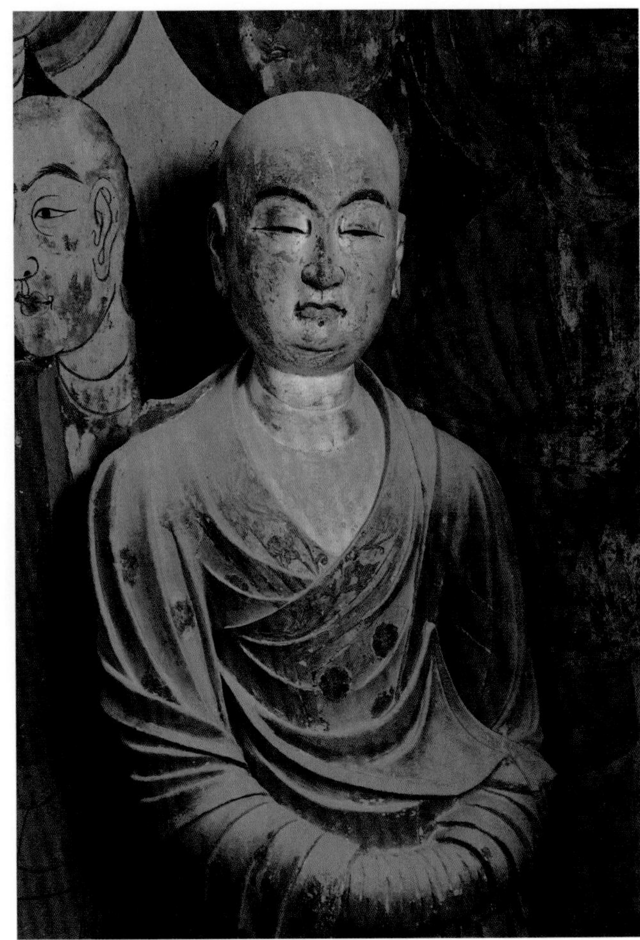

128 **袈裟紋樣**

圖中阿難內穿交領僧祇支，外披鮮艷的紅色田相袈裟。僧祇支飾有寶相花紋和忍冬紋，供養菩薩的紗裙上也常見這種紋樣。

初唐 莫328 西龕

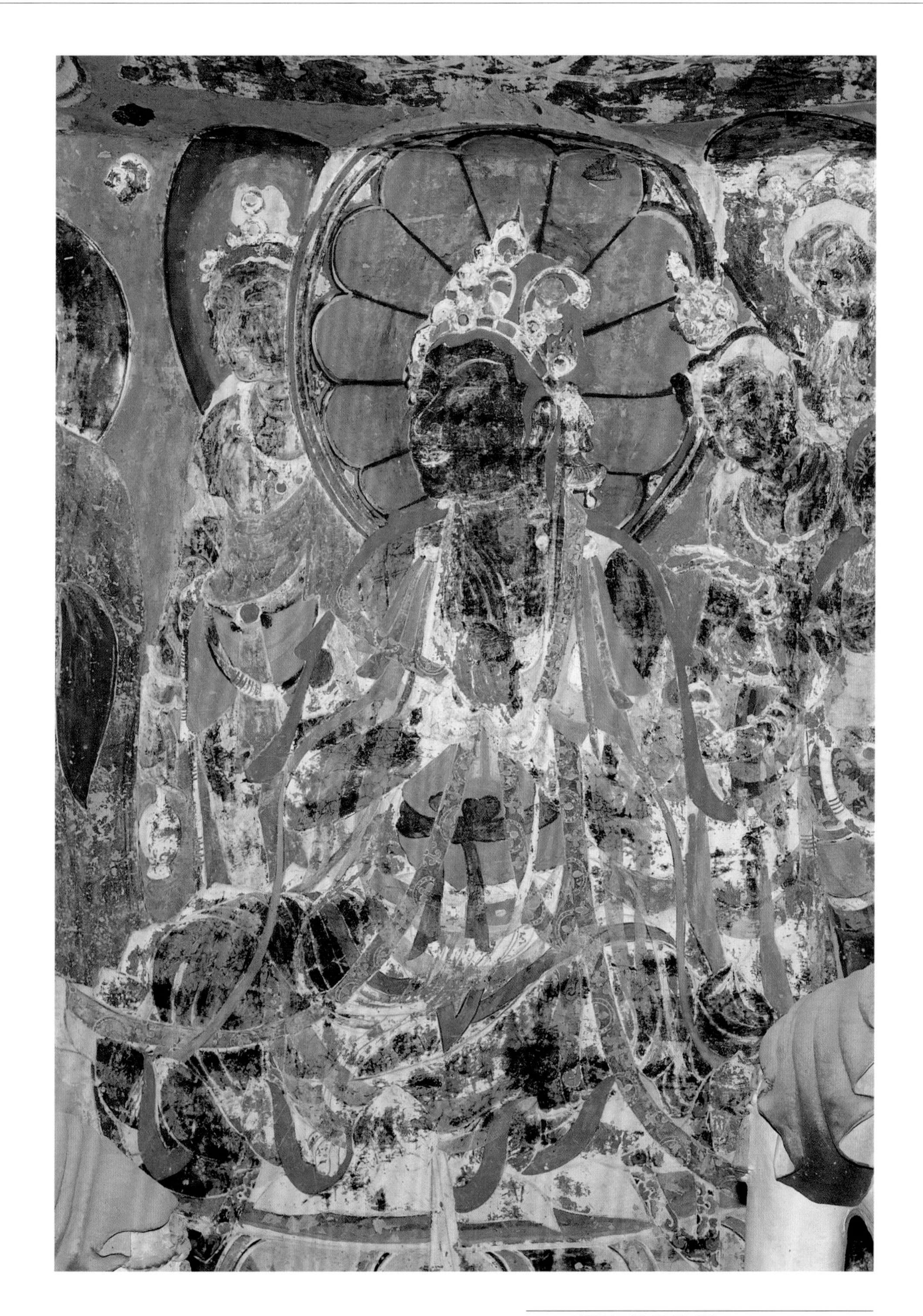

129 纏枝彩條紋樣

菩薩頭戴珠寶冠，全身披各色彩條，繽紛繚繞。彩條以纏枝花紋為主，是長帔巾的一種變形。

初唐　莫334　西壁龕內

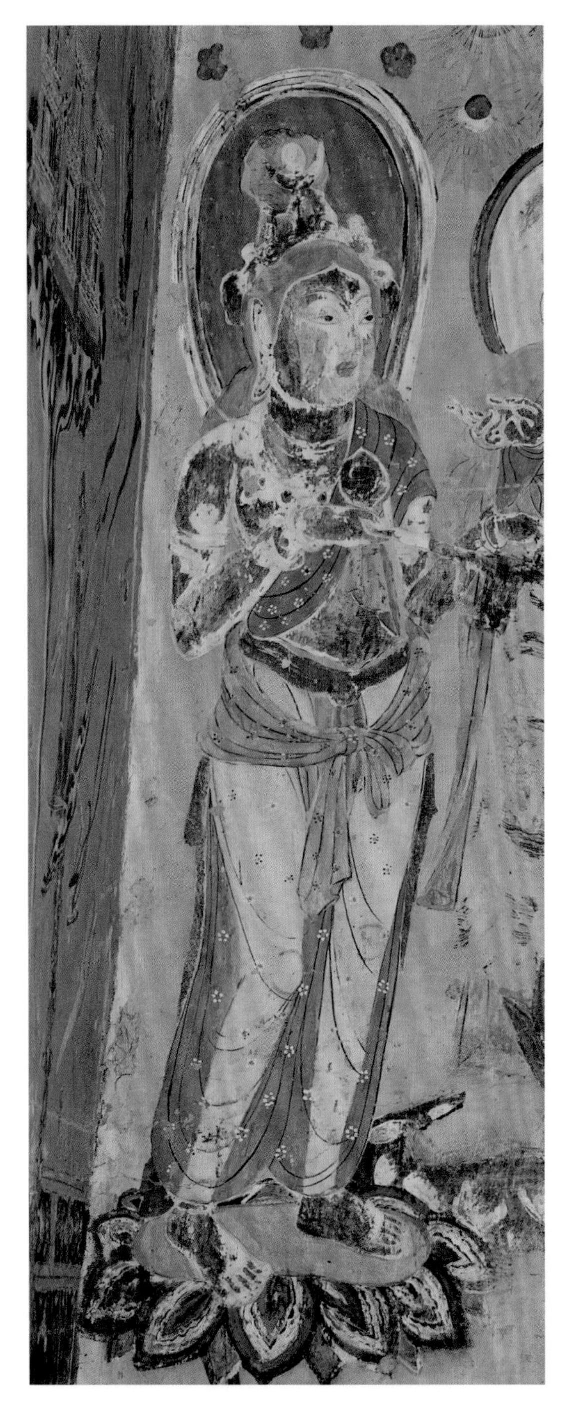

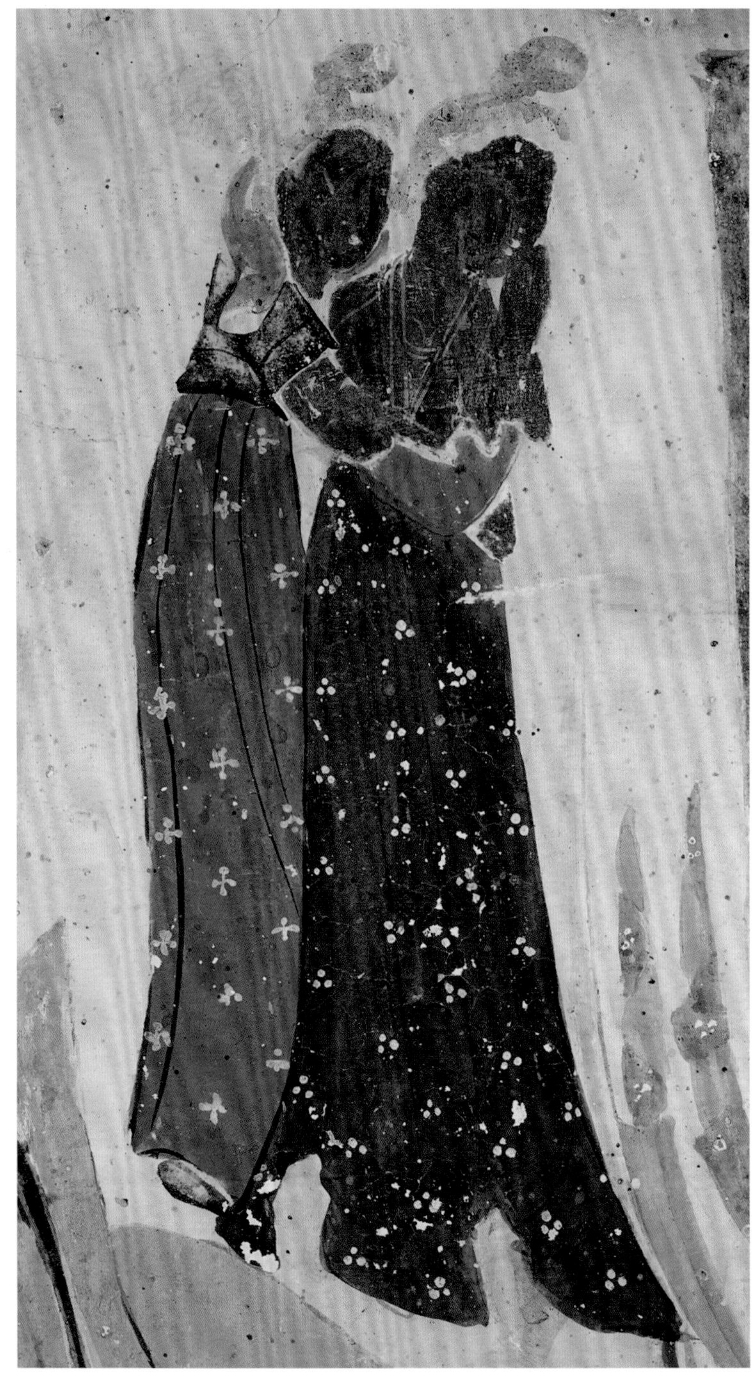

130 **小散花紋紗裙**

圖中菩薩身披帔巾，下著紗裙，從圖像上看，紗質輕透，衣紋輕柔飄灑，應該就是唐代貴重的紗縠織物。帔巾、圍腰、紗裙均是小散花紋，而色彩各異，清新典雅，應是唐朝流行的絲織品紋樣，尊卑通行。

初唐 莫321 東壁

131 **襦裙紋樣**

兩名少女梳回鶻髻，窄袖上襦，後者外罩半臂，上襦的兩袖接有紅色的長袂。兩人下著小花裙，前者穿重台高牆履。

盛唐 莫217 東壁

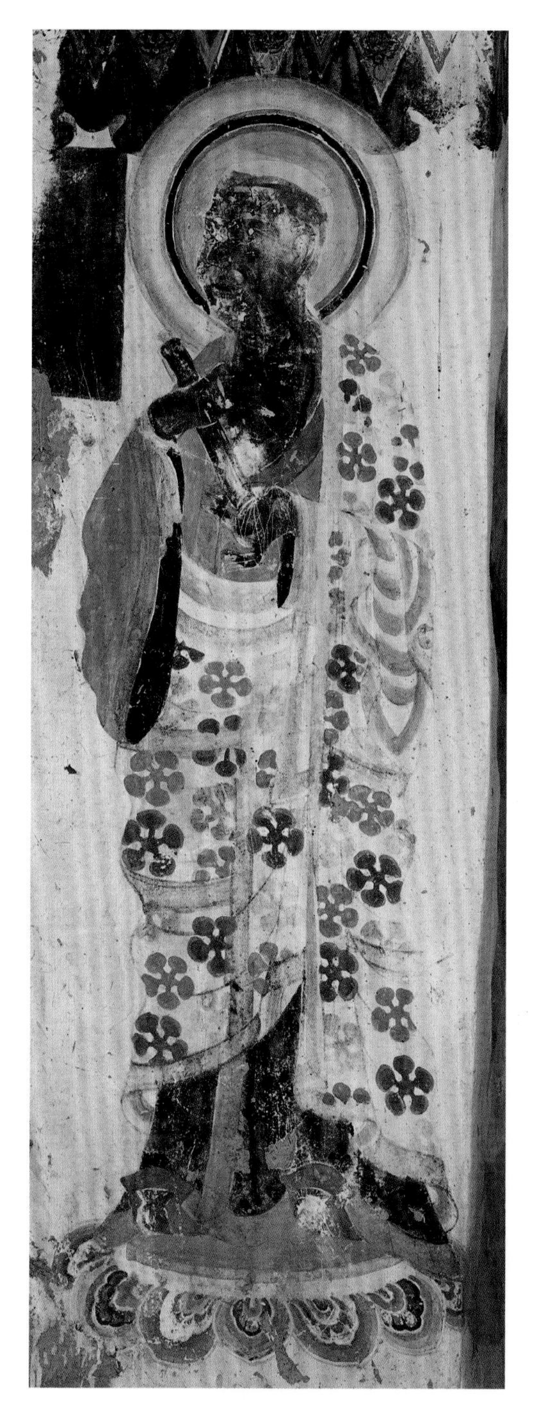

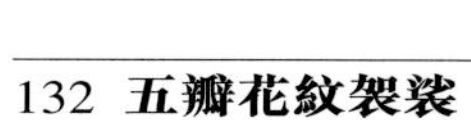

132 五瓣花紋袈裟

盛唐的高僧身披紅綠兩色相間的五瓣花紋袈裟，花紋簡潔，顯得清雅、樸素，男士常服的衣料多用此紋樣。

盛唐　莫199　西龕

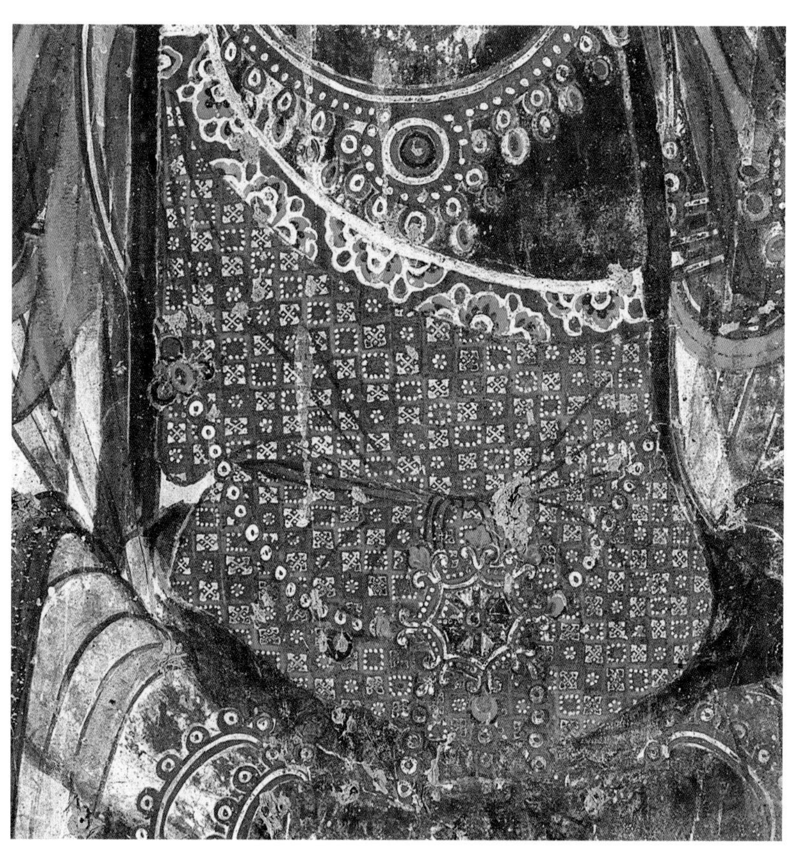

133 菩薩服飾的棋格紋樣

菩薩的袒胸覆膊衣，為織錦棋格紋，以半團花鑲邊。

盛唐　莫217　西龕外南側

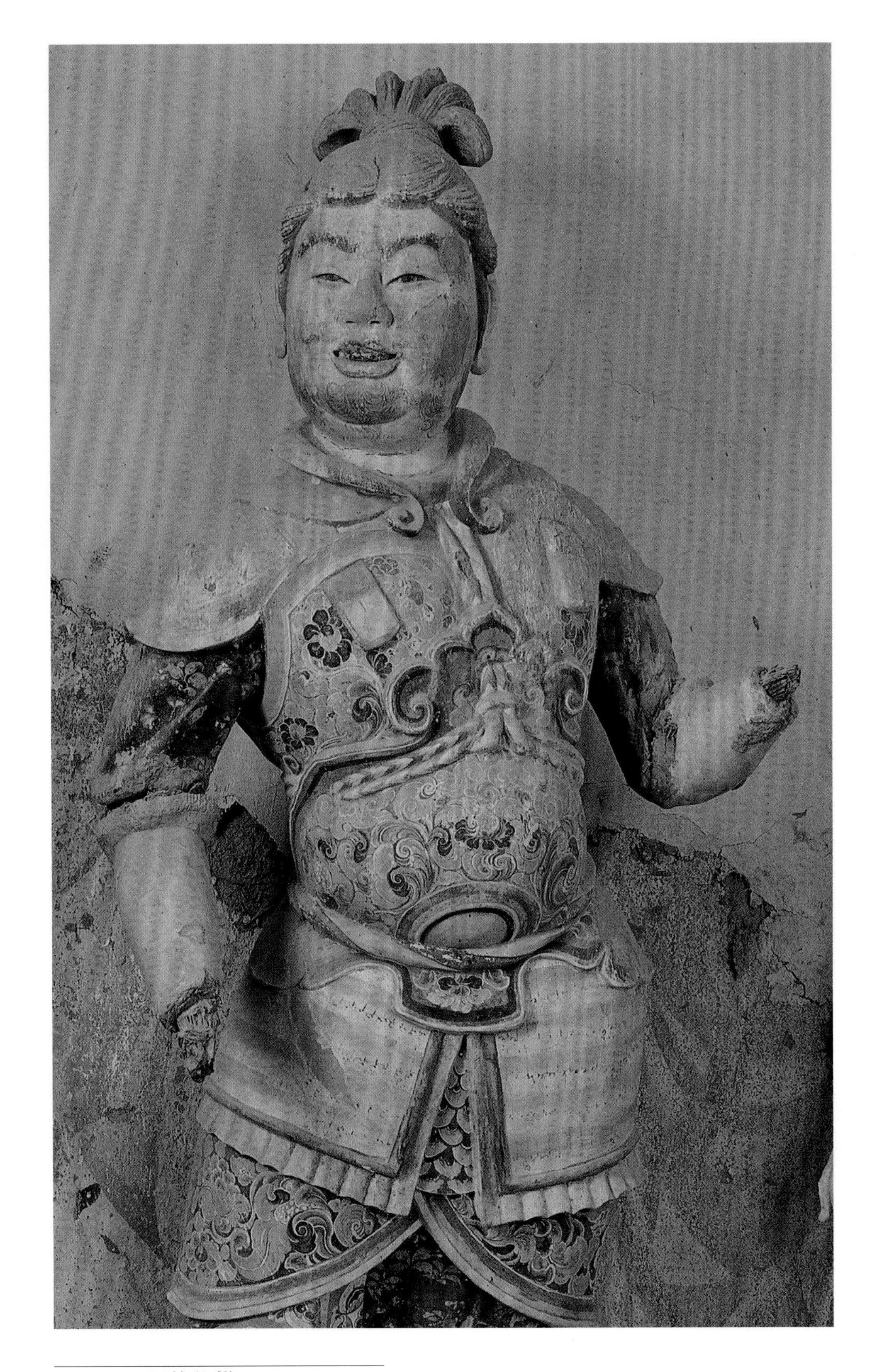

134 天王服飾紋樣

天王甲身著捲草花紋鎧甲，護腰內為葉片紋，服飾紋樣應來源於當時名貴的絲織品，極其精美。

盛唐 莫194 西龕

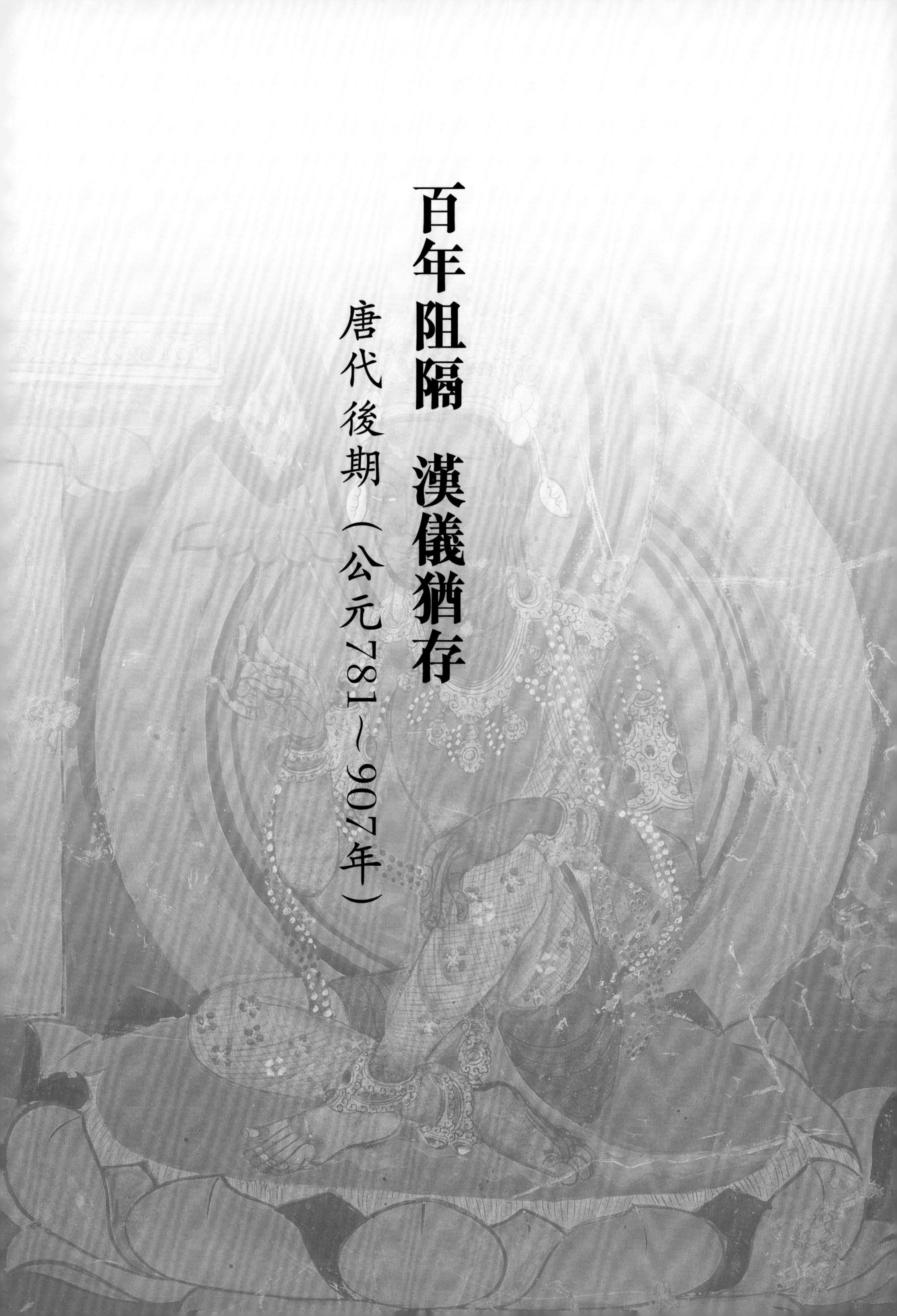

百年阻隔　漢儀猶存

唐代後期（公元781～907年）

安史之亂以後，唐王朝由盛轉衰。建中二年（公元781年）吐蕃乘唐西北邊防削弱之際，佔領敦煌，此後統治敦煌60餘年。大中二年（公元848年），沙州大族張議潮，乘吐蕃內亂，率軍起義歸唐，唐朝在敦煌設歸義軍節度使，由張氏家族執掌，直至唐亡。

唐代後期敦煌壁畫中表現的服飾潮流，一方面受吐蕃的影響顯著，另一方面漢族傳統根深蒂固和西域胡風不斷侵入，仍時刻影響着服飾風格。歸義軍時期，吐蕃風漸弱，漢族盛裝回潮，大顯風頭。主要特點有：

一，統治者服飾以吐蕃風格為主。吐蕃統治時期，推行"胡服辮髮"，強迫當地漢人改變原有習俗。敦煌壁畫真實地記錄了當年吐蕃統治者的服飾風貌。吐蕃贊普及其臣僚禮佛的畫面，取代了唐朝前期的帝王禮佛圖，反映了其作為敦煌地區新主人的形象。在《各國王子禮佛圖》中成員也由唐代前期常見的西域各國、各民族王子和使臣換為以吐蕃贊普和朝臣擔任主角。

二，民間仍以漢裝為主。吐蕃得以進駐沙洲，以不遷徙當地居民為條件，因此吐蕃佔領時期，吐蕃政治勢力雖然強盛，但部分高級官員和敦煌的居民仍以漢族為主體，而且莫高窟的畫師與塑匠多是漢人，所以壁畫中表現的民間百姓服飾與帝王不同，仍是漢族服飾佔主導地位，甚至出現了吐蕃人著漢裝的形象。

三，晚唐漢裝興盛。歸義軍時期，隨着與中原王朝聯繫的恢復，中原漢族服飾再度風行於西北，如男子的硬腳襆頭、庶民的缺胯衫等，尤其是婦女的花釵步搖和各種色彩艷麗、花團錦簇的襦裙。有些盛唐在中原興盛一時而此時已經衰落的禮服，在晚唐敦煌壁畫中重新興起，實屬難得。

四，出現大幅繪製的供養人畫像。晚唐敦煌壁畫中炫耀以戰功而門庭高位的家族供養人畫像相繼出現。如莫高窟第156窟的巨幅《張議潮統軍出行圖》、《宋國河內郡夫人宋氏出行圖》。

第一節 蕃漢官服

一、吐蕃贊普的禮服

中唐時期吐蕃入主敦煌以後，在敦煌壁畫《各國王子禮佛圖》中，贊普及其官員的形象取代了盛唐帝王，處於顯要地位。贊普是吐蕃君長之稱，《新唐書·吐蕃傳》："其俗謂強雄曰贊，丈夫曰普，故號君長曰贊普"。《舊唐書·吐蕃傳》："其國人號其王為贊普，相為大論、小論，以統理國事。"贊普戴朝霞冠，此冠用紅艷之色的霞氈製作，色彩與朝霞相似，有霞光萬道、蒸蒸日上的氣勢，取吉祥之意，名"朝霞冠"。據説霞氈是當年吐蕃進貢中原王朝的特產之一。除贊普外，臣相、武衛和侍從也戴朝霞冠。另外在朝霞冠外還繫紅抹額，是一種用紅絹、紅綃或布帛製作的額飾，吐蕃族貴賤通用。

贊普身著的藏袍，藏語名"求巴"。敦煌壁畫中的藏袍特點是：大翻領、素色、左衽、寬腰、長袖至踝，有的還有雲肩，衣領及袖口有深色的緣邊，也可以只穿一隻長袖，袒右肩。腰束玉帶，並垂有蹀躞，腰部左右各垂一綵帶。腳或穿靴、或赤足，還佩珥璫和項圈。這種藏袍可能與佛教的袒右肩相關，由於吐蕃是篤信佛教的民族，禮佛時必露出右肩，稱為偏袒，以示敬意。贊普的侍從、儀衛及大臣的穿戴與贊普基本相同，唯一不同的是他們可以穿花錦袍，而贊普只穿素袍，這與漢族統治者的禮制大相徑庭。

據《唐會要·吐蕃傳》記載，吐蕃"衣氈罽，而用瑟瑟、綠松石、金、銀、銅等五等章飾，以區別身份貴賤、官品尊卑。章飾着前膊，綴在三寸方圓褐上。"敦煌壁畫上着意描繪的裝飾物很值得關注：藏袍上沒有表現《唐會要》記載區別尊卑最重要的章飾，而有盛唐時期漢族官服用的束腰玉帶和蹀躞，這是中央朝廷官服禮制的重要等級標誌。蹀躞也是由西北少數民族流傳到漢服上的裝飾物。這一特殊現象有待於進一步研究。

中唐的《各國王子禮佛圖》中，贊普在曲柄華蓋下虔心禮佛，手執香爐，立於祭壇之上，身邊有背挎金鏤劍的儀衛和侍從。其服飾的樣式，與史書記載基本相符，《新唐書·吐蕃傳》記載：長慶元年（公元821年）大理卿劉元鼎為盟會使，曾親自進入贊普的牙帳，目睹"中有高台，環以寶楯，贊普坐帳中，以黃金飾蛟螭虎豹，身被素褐，結朝霞帽首，佩金鏤劍。"到晚唐同一主題的壁畫中，贊普的威嚴氣勢已經大大削弱了，其服飾雖未變化，形象仍比各國王子略顯高大一些，但是曲柄華蓋和儀衛、侍從消失了。這一變化反映了統治敦煌長達半個多世紀的吐蕃王朝，在退出歷史舞台以後，其餘威還延續了相當一段時間。

在吐蕃王朝的臣相中還有一種常

服，戴搭耳帽，或只裹紅抹額，著翻領或交領左衽緊身短襦，長袖兩色（在半臂處接另一種顏色），皮帶或帛帶束腰，上下兩種顏色的重裙長至膝下，下着白褲。這種服飾也屬於貴賤通用。

二、阿拉伯與東羅馬的官服

唐代後期的《各國王子禮佛圖》與前期相比，除了前面提到的突出吐蕃贊普地位以外，其他王子成員還延續唐朝前期的三部分成員，他們大多穿漢式袍服，只是畫師的技藝大不如前，人物的形象有千人一面的感覺，如深目高鼻、捲髮鬍鬚等個性化的特徵不及前期突出。此外，還有一個現象值得關注，就是基督教盛行的大秦和伊斯蘭教盛行的大食國王子在壁畫上依然很活躍。

大秦是中國漢唐以來對羅馬帝國的稱呼。唐代羅馬帝國分裂出來的東羅馬，其領土以巴爾幹島為中心、包括愛琴海諸島、小亞細亞、敘利亞、巴勒斯坦和埃及等遼闊的地域，特殊的地理位置和眾多民族，造就了東羅馬具有歐亞大陸眾多文化的兼容性、多元性。絲綢之路將當時世界上最強大的兩大帝國——東羅馬與唐朝連接起來，兩國外交往來頻繁，中國的絲綢為東羅馬的王公貴族帶來炫耀資本的同時，東羅馬的玻璃、瑪瑙、金銀製品更成為唐朝王室貴族爭相鬥富的時尚，因此羅馬文明為唐朝社會帶來了意想不到的活力。據宋《諸蕃志》記載，大秦國王用織有金字的錦帛纏頭，大秦人"皆捲髮，而衣文繡。"在莫高窟中唐第237窟和晚唐第9窟的《各國王子禮佛圖》中，有一王子身著翻領袍服，頭髮下披，戴平頂金冠，冠的正中有既非花朵圖案，也非鳥獸紋樣，似是一種文字或符號，因此推測可能是大秦王子。

唐朝稱位於阿拉伯半島的沙漠地帶，信仰伊斯蘭教的阿拉伯為大食。公元七至八世紀，阿拉伯勢力強大時地域跨越歐、亞、非三大洲，與唐朝交往密切，使節往來多達33次。

莫高窟第237窟壁畫中還有一戴雙尖氈帽者，與陝西西安出土唐代彩繪阿拉伯騎馬狩獵陶俑的冠帽相似，推測可能是阿拉伯王子。

唐朝是各種宗教並存，雖然佛教仍在全國盛行，但是基督教和伊斯蘭教也傳入中國，在上層社會具有一定的勢力。因此在敦煌《各國王子禮佛圖》中出現的各國人物，不僅是絲綢之路帶來的東西文明大交融的結果，也與唐朝國際化的開放政策和文化思想兼容並蓄密切相關。

三、漢族官服的變化

唐代後期敦煌壁畫中除了表現吐蕃贊普禮佛以外，王公百官禮佛圖較多見，他們依然繼承盛唐的禮制，但是表現帝國盛世的天子形象沒有出現，代表最高等級的天子冕服也無蹤影。較多見的等級最高的是公卿（相當官位三品）形象，多戴冕，有毳冕、絺冕和玄冕三种形式，垂旒為三至五旒。這一等級的官員也可以不戴冕而只戴冠幘，有三梁通天冠、遠遊冠和介幘。官服仍沿用前制，內著白紗中單，外着寬袖上襦，下為寬緣邊的裙裳，而冕服中最重要的十二章紋飾不僅沒有出現，唐制中嚴格規定的官服顏色更無拘束，甚至晚唐男子無論身份貴賤，都可以穿著紅色袍服。在佩飾方面仍保持有束腰的大帶和束蔽膝的革帶。公卿大夫等各級官員還有綬帶，是繫結在腰間的絲帶，用以繫印章或玉佩。綬帶有大小之別、單雙之分。

從初唐以來，帝王、朝臣的常服定制就是戴襆頭、穿袍服。在這一時期的敦煌壁畫中，凡是有公卿、朝臣禮佛的盛大畫面，穿著常服的官員往往被安排在最後，多為紫袍或綠袍，可見紫色已經不屬於尊貴者所壟斷，也說明襆頭和袍服並未受到高官的青睞。

晚唐歸義軍時期，敦煌石窟中出現了巨幅的供養人畫像，成為壁畫中的主角，如節度使張議潮、張淮深、張承奉等，其服飾為地方官服的典型代表：橢圓形硬腳襆頭，圓領紅袍衫或襴衫，直袖，相對來說，比前朝緊身窄袖的胡服更寬鬆，而比漢族流行的寬袍大袖要略顯瘦窄。此時官服還重視有革帶束腰，上有裝飾，一品至五品用金飾；六、七品用銀飾；八、九品用玉或石。為了表示地方對朝廷的歸順和服從，官服的腰帶上必有鉈尾，並以金、銀、玉、犀等材料包裹，穿著時鉈尾必下垂。這說明方鎮跋扈帶來的戰亂，使地方統治者更加強調屬下的歸順態度。

四、從注重禮制走向實用的戎裝

唐代前期的軍服，注重禮制等級的規範化，尤以鎧甲製作精緻，形式多樣而美觀，堪稱時代的典範。在唐代後期，尤其是"安史之亂"以後，隨着戰爭日益增多，軍裝又恢復到金戈鐵馬時代以利於作戰為重的實用狀態。首先鎧甲中過於講究豪華氣派的禮儀式鎧甲很少見，用絹布製作的儀仗甲衰落了，而實用的鐵甲和皮甲佔據主導地位。鎧甲主要有以下幾種類型：

整體式長身甲：其形制由唐代前期的上、下分體，即甲身與腿裙不相連，改為上下連成一體的整體式長身甲，從肩部直至膝下全身包裹。這種長身甲的優點是，在穿着上更加便利、合理，不用分別穿著。另外可以全身保護，在關鍵部位再加護件即可，利於緊急實戰的需要。

鎖子甲：在《唐六典》中記載的鎖子甲，是唐代最精良的鐵甲，《二老堂詩話》云：“甲之精細者，謂之鎖子甲。”但唐代的鎖子甲，以往均說無形象資料，直至明代才出土實物。其實在莫高窟第384窟的中唐時期壁畫中已有鎖子甲的形象，毗沙門天王就是穿著長身的鎖子甲。其特點是以鐵製成連環，連綴而成。連環相互制約，一環受箭，連鎖反應，附近各環立即聚結，使箭無法進入體內。《通雅》記載：“鎖甲五環相互，一環受簇，諸環拱護，故箭不能入。”

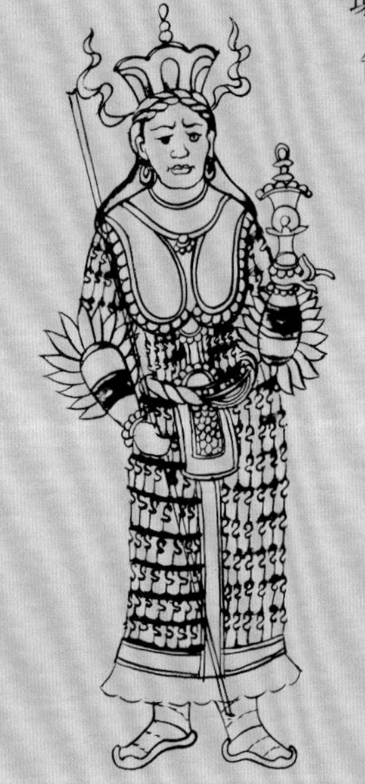
毗沙門天王身著鎖子甲

吐蕃式鎧甲：中唐時的戎裝同官服一樣，也受到吐蕃民風的影響，如榆林窟第15窟的天王穿著裲襠鎧，上為鱗片甲，從肩頭到手臂為鎖子甲，甲裳為長片鐵甲，最具特色的是左右胸及腹部出現人面圓形護鏡，並以絲帶把三鏡連接，這是直接受到吐蕃族信仰藏傳密教的影響。藏密信仰依怙神，又稱救主，藏語稱“貢布”，在西藏寺院的壁畫中繪有其形象：藍身、三目，掛人頭與人骨串珠。而且在密教殿堂的供品中就有血淋淋的人體器官，如人頭、頭骨、人皮和內臟等，甚至這些人體器官還被作為“流蘇”裝飾。這種具有密教色彩的人面圖案裝飾軍服，在漢地較少見，而莫高窟尚有這種遺風。如莫高窟第9窟的戎裝天王，其胸前和腹部也有圓護，以聯珠紋圍成圓形，並以珠繩把三個圓護聯接起來，至於珠繩是否為人骨串珠，無法遽作結論，但以表面形式來看，與藏密的人面圓護鏡確有相似之處。

高昌式鎧甲：歸義軍時期的武士形象，出現在莫高窟壁畫《張議潮統軍出行圖》中。武士戴頓項兜鍪，身著長身鎧甲，其裝束與高昌回鶻佛寺配殿《王者出行圖》中的軍隊非常相似，具有西域風格，應來源於歐洲。敦煌歸義軍為九世紀末，高昌壁畫為十世紀，時間比較接近，因此稱這種鎧甲為高昌式鎧甲。

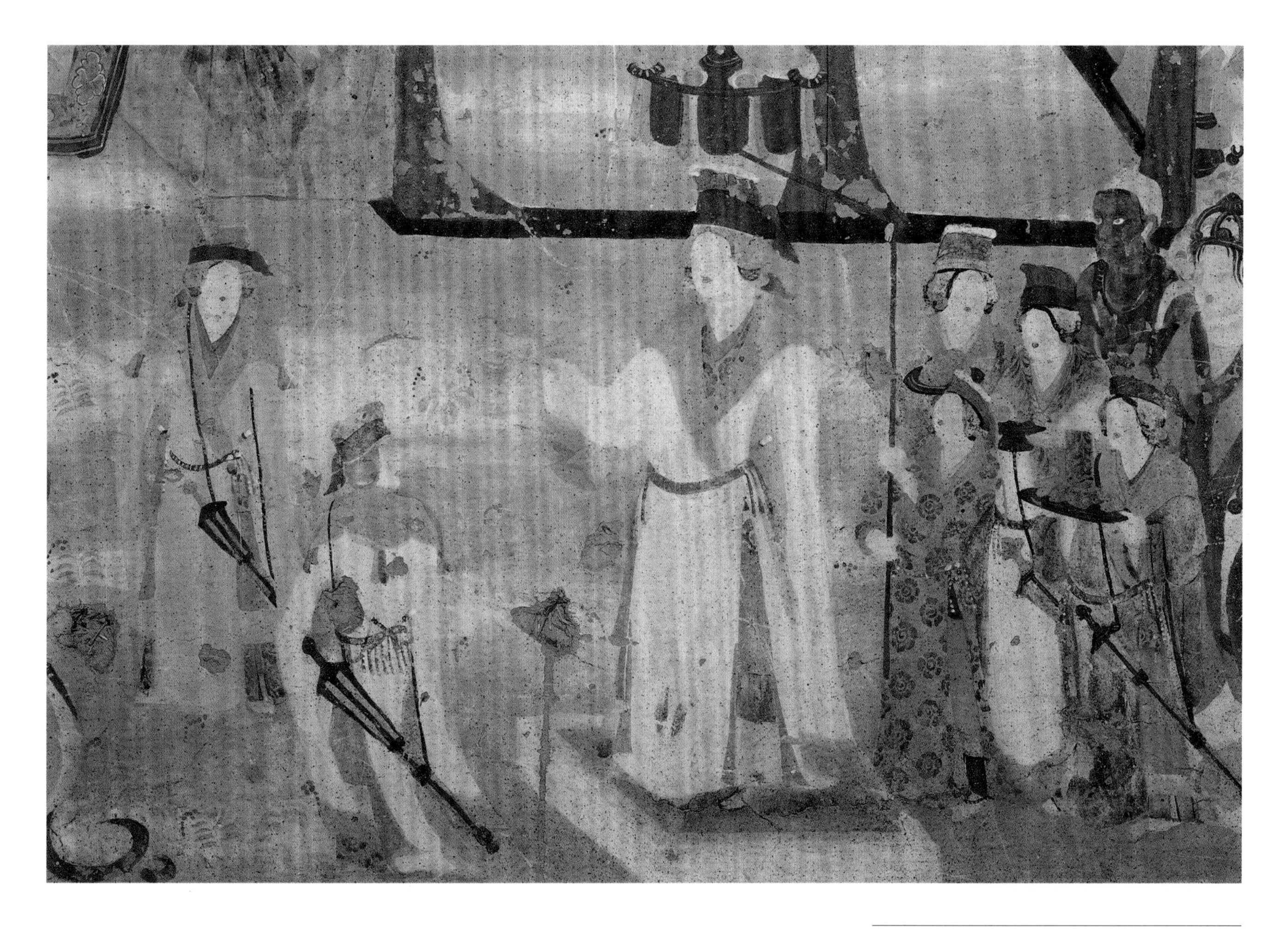

135 吐蕃贊普禮服

贊普戴朝霞冠，外繫紅抹額，垂珥璫，著大翻領素色藏袍，雲肩左衽，長袖垂地，腰束玉帶，佩掛蹀躞諸飾，兩側垂彩綬，穿靴。贊普立祭壇上，頭上有華蓋，氣宇軒昂。其他儀衛、侍從也與贊普的裝束雷同，並佩金鏤劍。另一持曲柄華蓋者，著團花錦袍，腰繫玉帶。贊普與侍衛袍服的差異，反映了吐蕃以素色為尊貴的習俗。

中唐 莫360 東壁

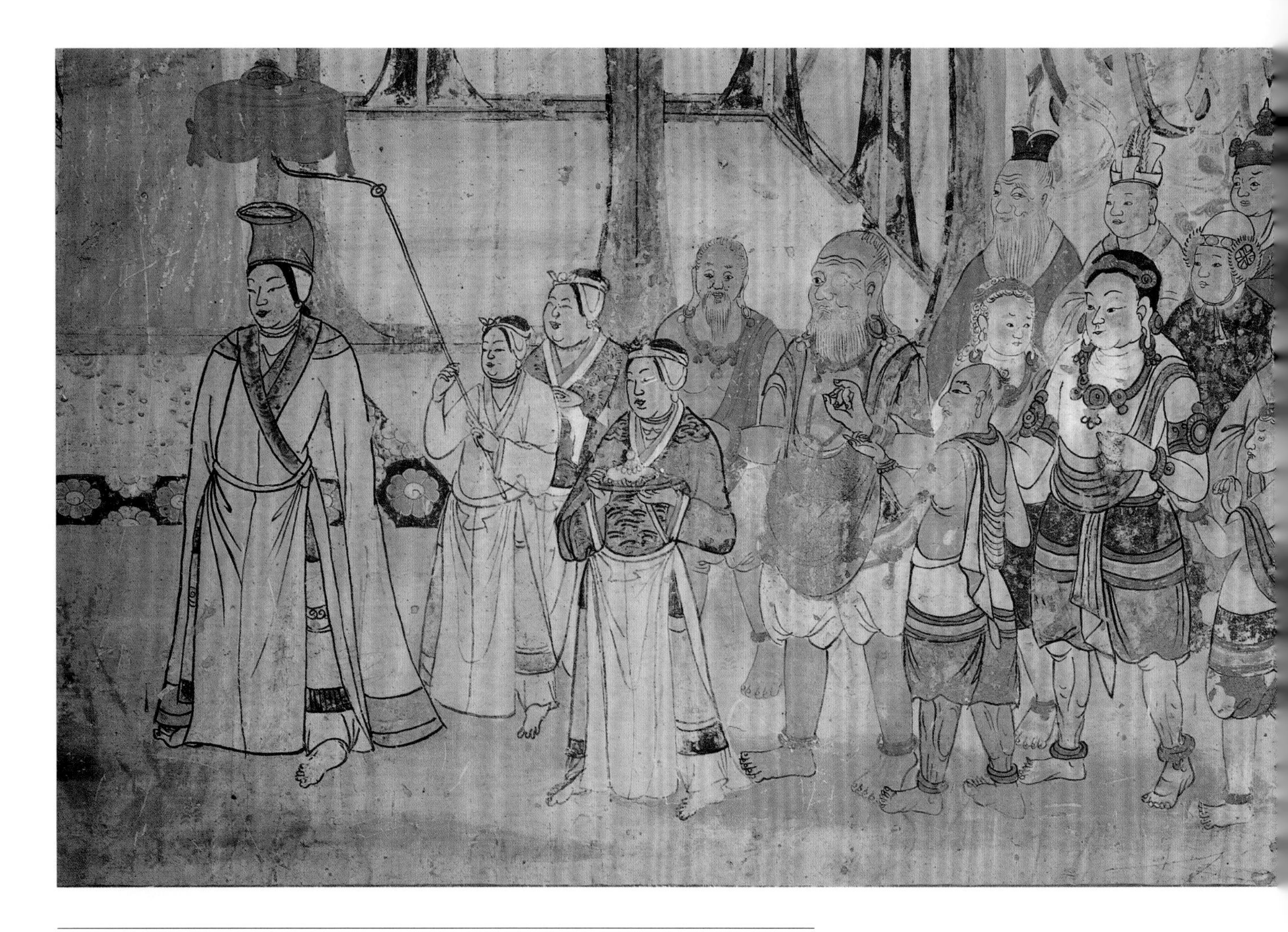

136 贊普與各國王子禮服

贊普戴朝霞冠，沒有繫常見的紅抹額，著左衽素色藏袍，長袖垂地，交領、袖緣和雲肩為綠色。內有交領彩錦襯袍。赤足。身後的侍從繫抹額，著素色、團花紋、海浪紋交領藏袍，全赤足。後為各國王子，成員與唐朝前期大致相同，來自不同宗教信仰的國家，如著翻領袍服，頭髮下披，戴平頂金冠的信仰基督教的羅馬王子；著袍服，戴雙尖氈帽的信仰伊斯蘭教的阿拉伯王子，反映了絲綢之路帶來了東西文明大交融。

中唐 莫237 東壁

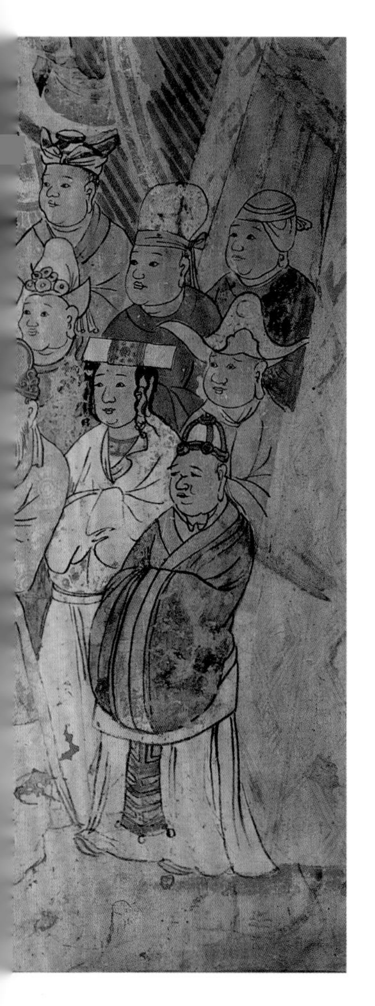

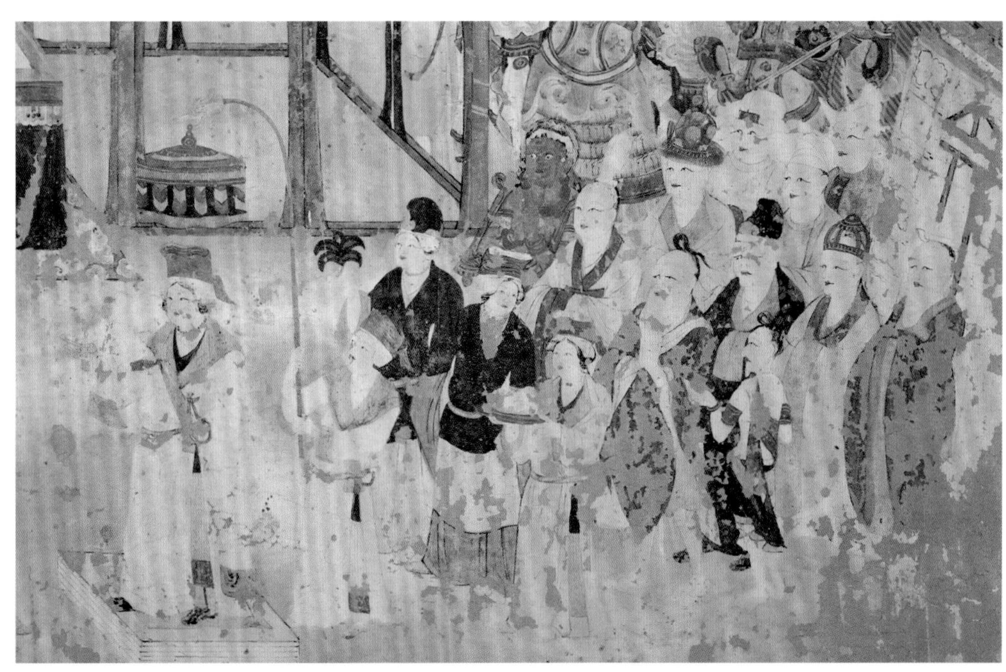

137 **贊普與各國王子禮服**

贊普位居各國王子的首位，服飾與前各圖同，穿靴。臣相中有兩人著黑色短襦、兩色重裙、白褲，似為吐蕃朝廷的官服。其後為各國王子，南亞王子在前，西亞王子在後，可能是按與唐朝地域的遠近有序排列。

中唐 莫159 東壁

138 **贊普與各國王子禮服**

晚唐的贊普仍居各族王子之前，服飾沒有變化，但無華蓋，已失去昔日的威嚴。在贊普身後有文武朝臣和各國王子，在各國王子的後面是戴幞頭，著圓領袍服、抱笏的漢族官員形象，似為漢制大典儀式上的讚禮官，或為西域漢化的少數民族官員。

晚唐 莫9 北壁

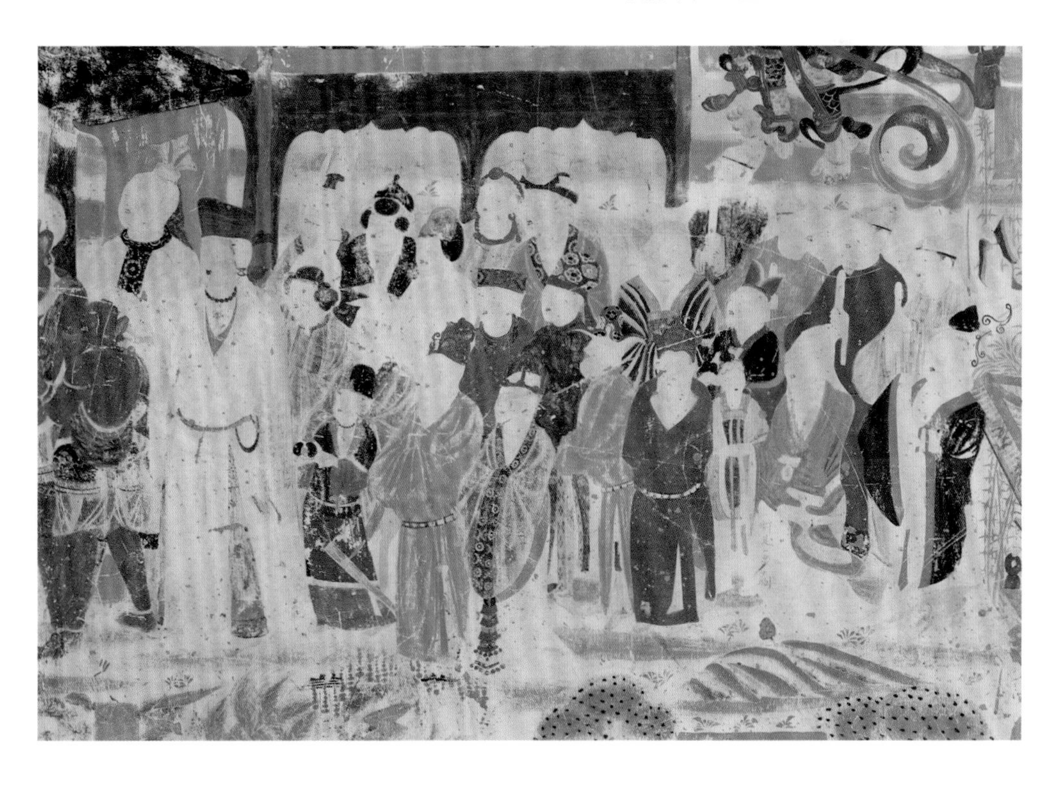

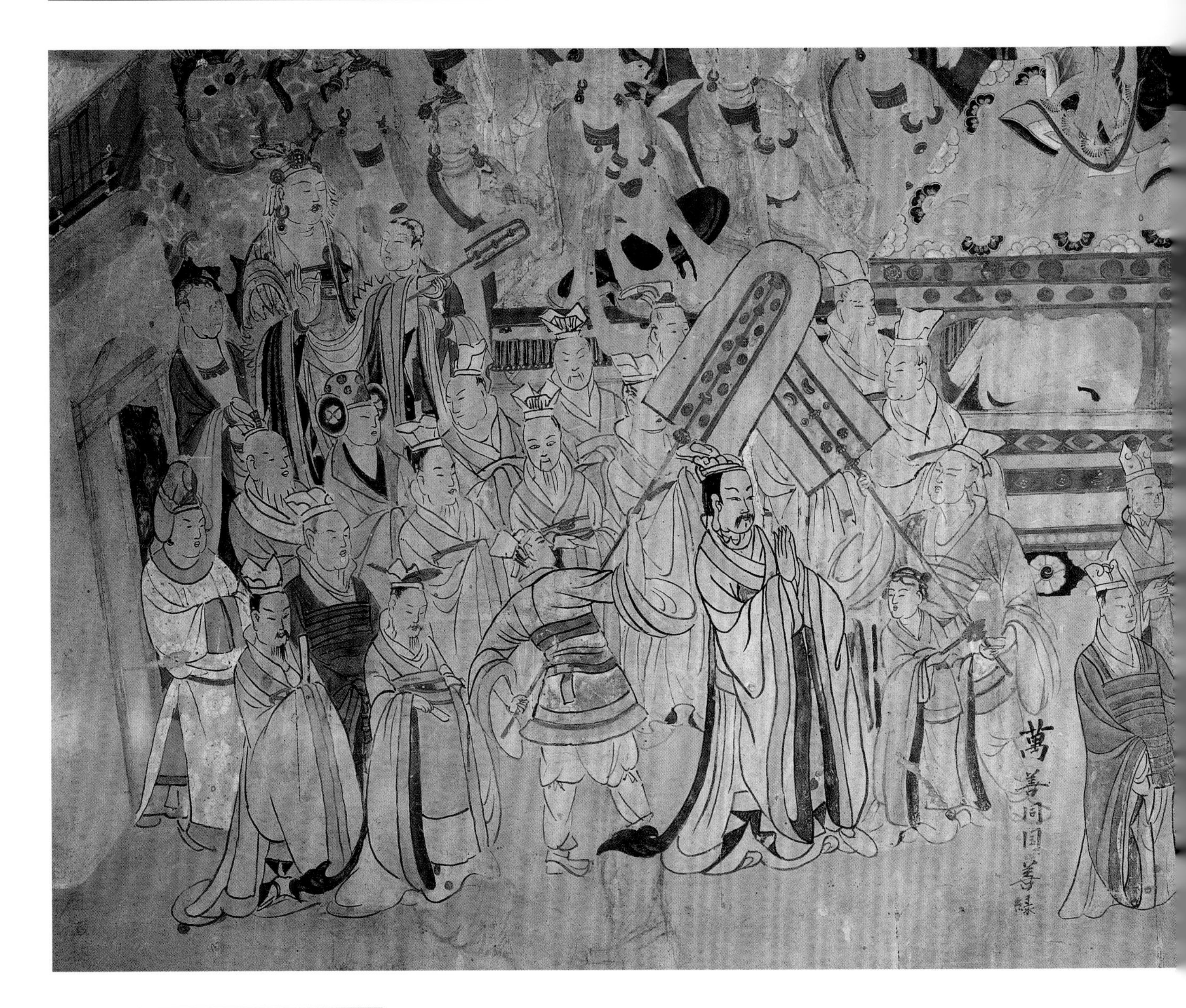

139 漢族王侯與朝臣禮服

在王侯禮佛的場面上，王侯戴通天冠，著白紗中單，寬袖襦，白紗裙，笏頭履。持扇的儀衛著袴褶，外有鎧甲。隨後的官員多戴進賢冠和介幘，衣著與王侯相同。最後為各族王子。

中唐 莫237 東壁

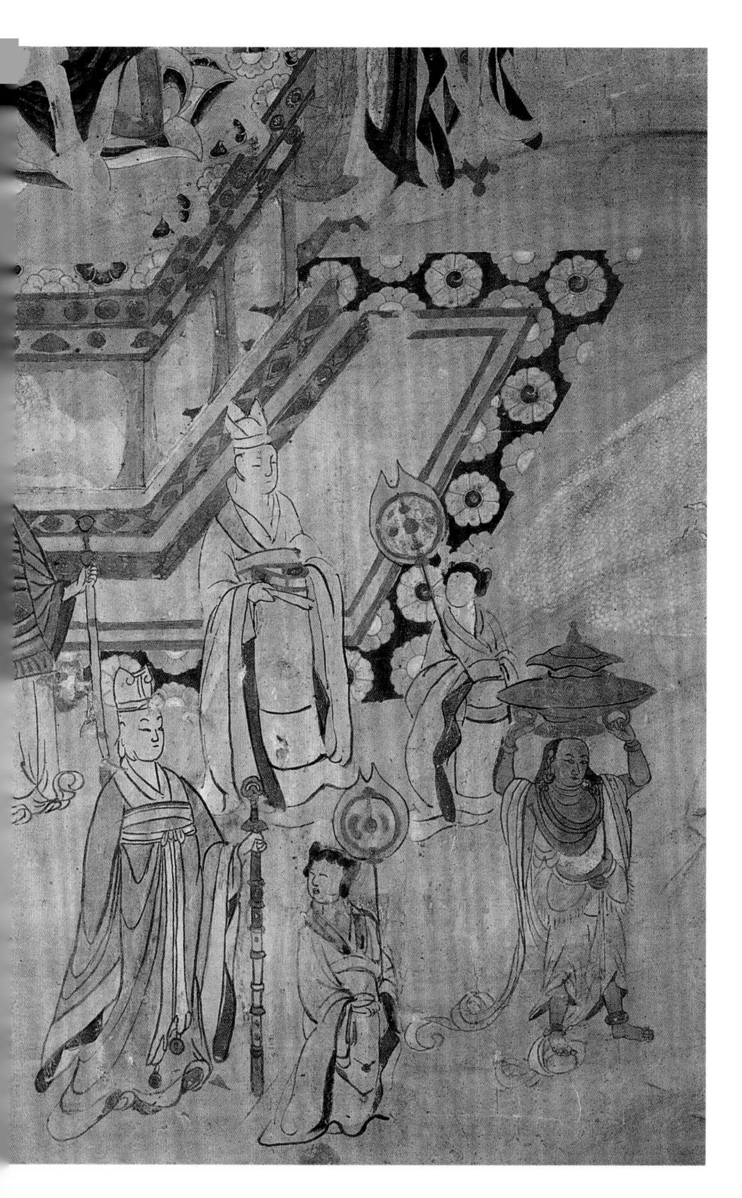

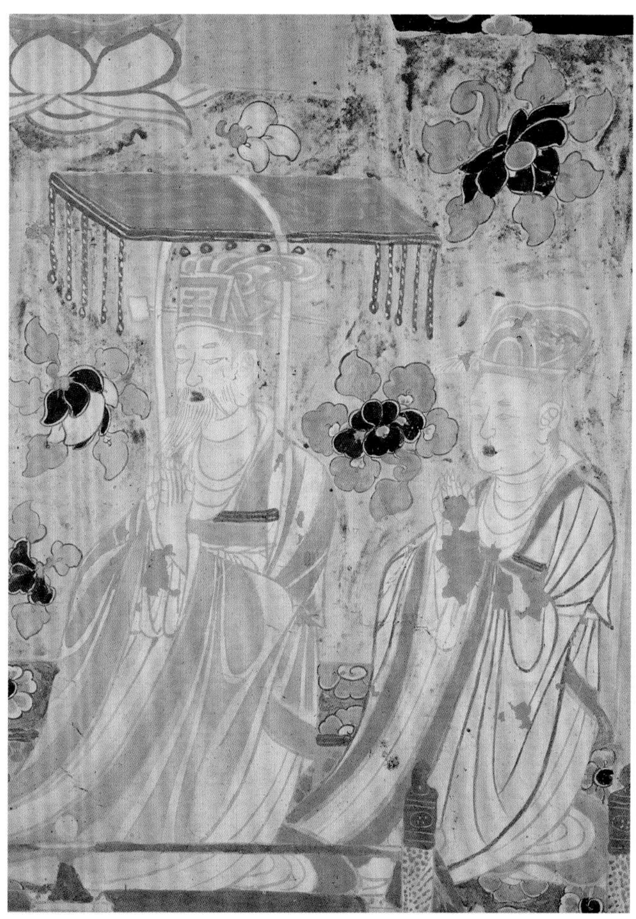

140 **漢族王侯冕服**

這是唐代後期的禮佛圖中等級最高的漢族王侯形象。王侯戴五旒絺冕，冕下為通天冠，上有“王”字，寬袖襦裙，屬於三品以上的官服，但襦裙上卻沒有唐代帝王服飾禮制中最重要的標誌——十二章紋樣。右側陪一文官。禮佛場面的規模同王侯的裝束一樣，都不及盛唐顯赫。

中唐 莫158 東壁

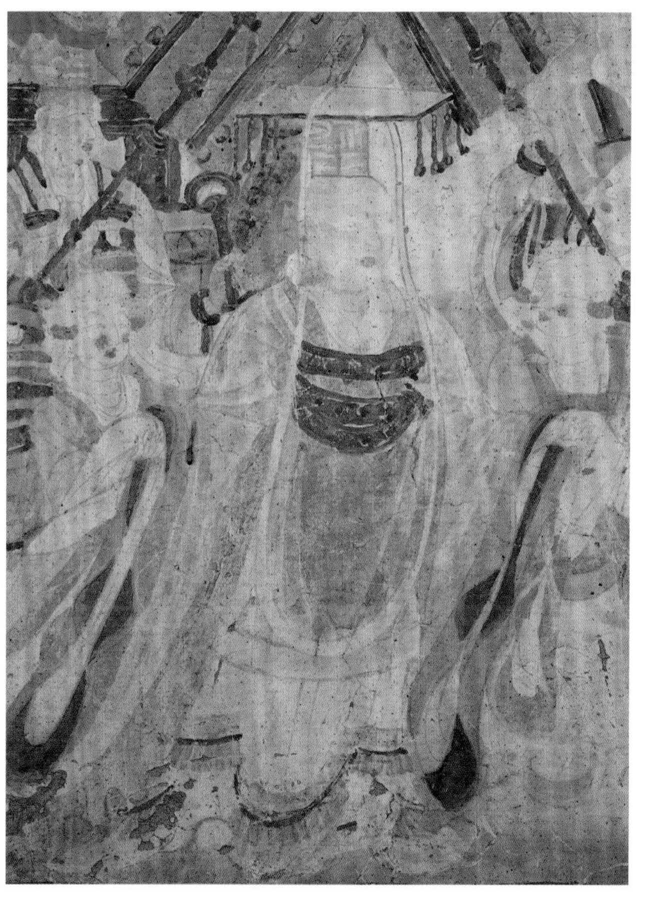

141 **漢族王侯官服**

禮佛者戴四旒玄冕，內著白紗中單，上著寬袖襦，下著白紗裙，前繫絳紗蔽膝，有革帶。從冕旒判斷為相當五品以上的官服。

中唐 莫360 東壁

142 漢族王侯與朝臣禮服

禮佛的王侯戴冕冠，身著玄衣裙裳，繫綬帶，有草葉紋蔽膝。兩側隨行的官員戴介幘，身著袍服，手持環柄刀，其中兩人繫假兩，應為武官，最後兩人戴襆頭，著圓領袍衫、抱笏，應為文官。

晚唐 莫138 東壁

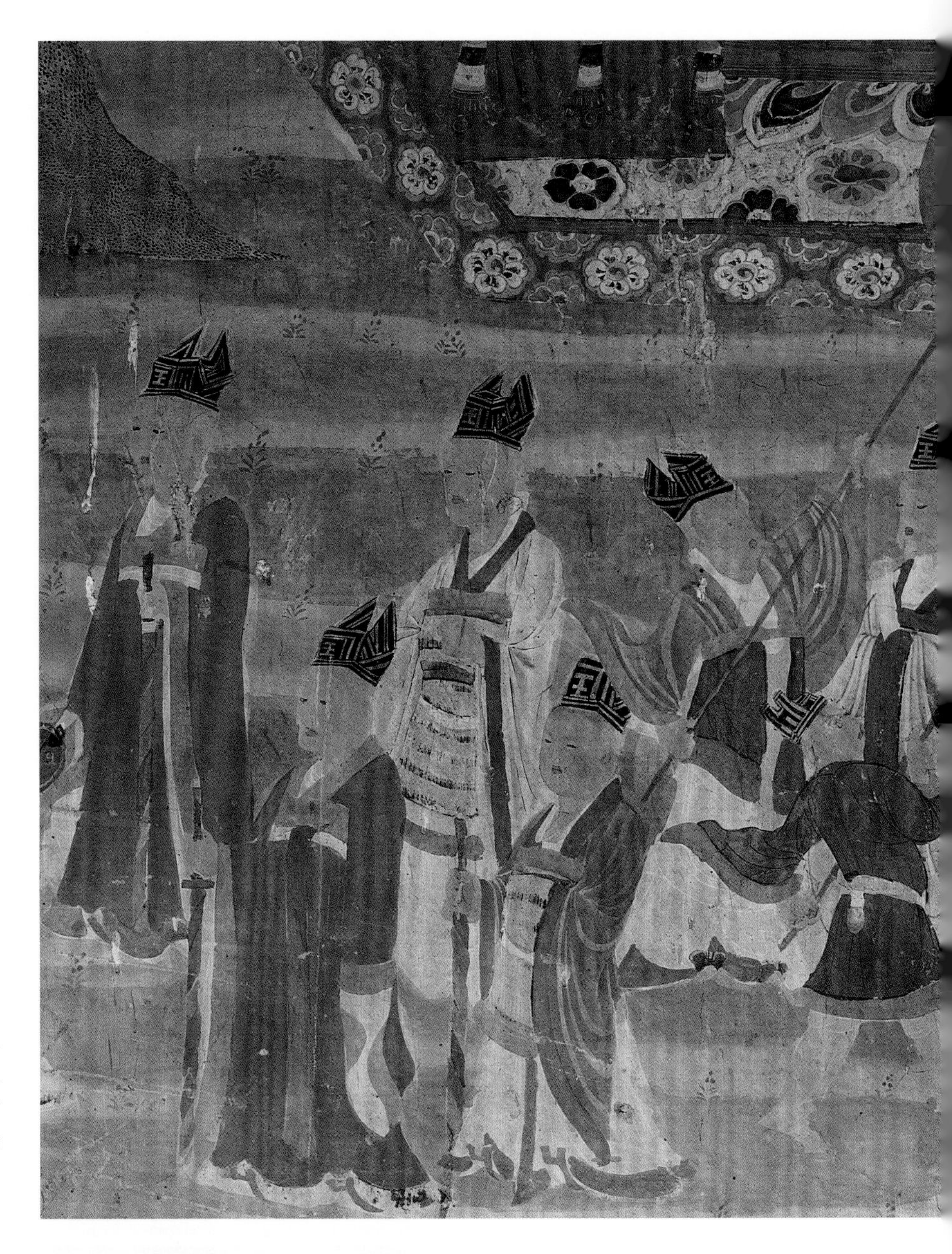

143 漢族王侯與朝臣禮服

禮佛的王侯戴進賢冠，身著玄衣白紗裙，手執笏。有官員隨後，戴介幘，淺緋色裙襦，掌扇者寬袖上襦外著鎧甲。

晚唐 莫12 東壁

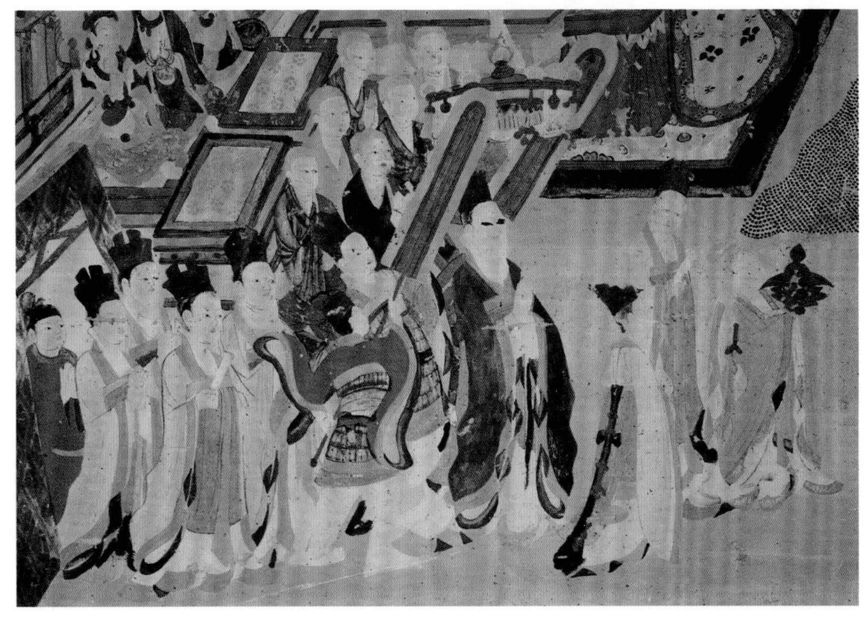

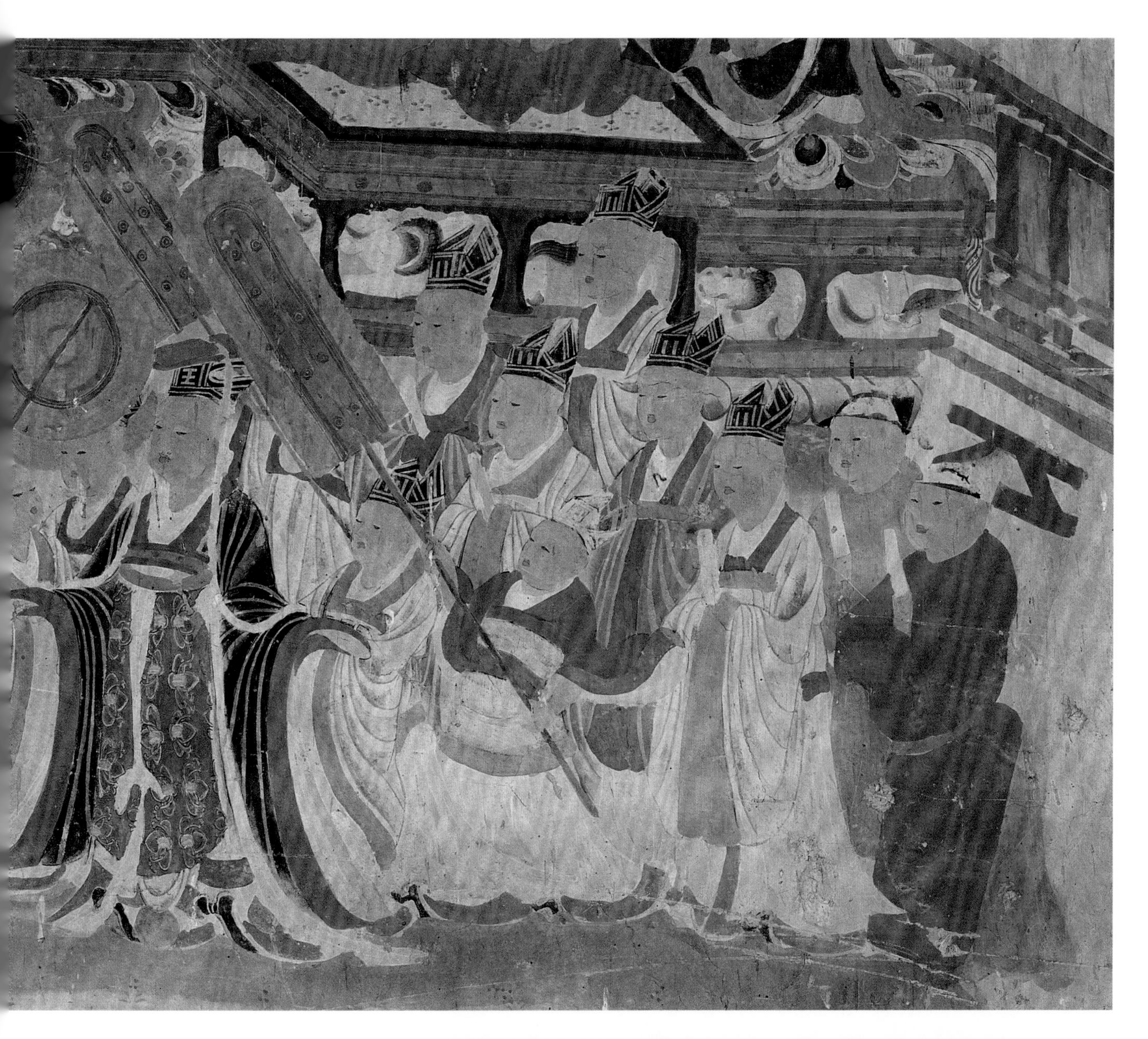

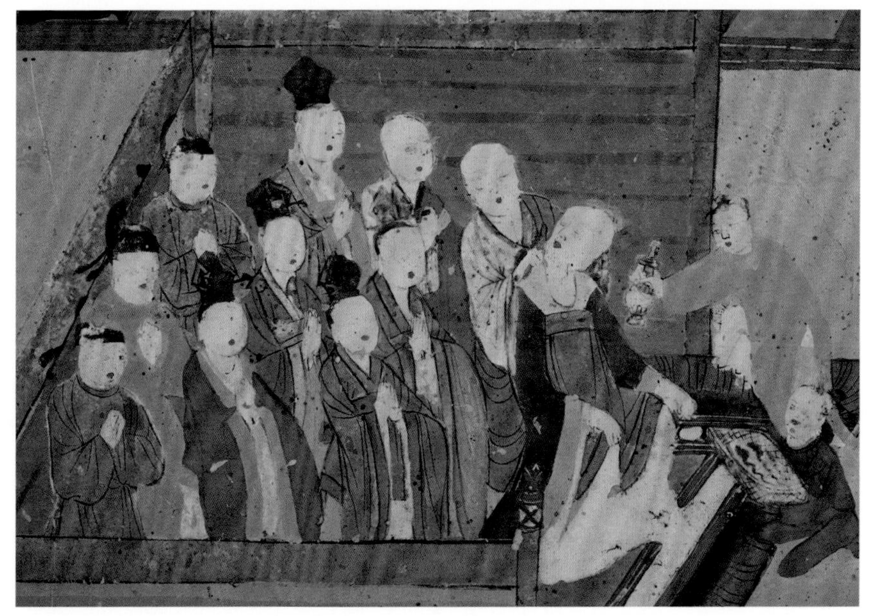

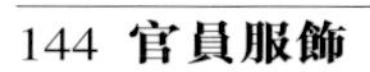

144 官員服飾

這是官員等待剃度的場景。官員或頭戴黑介幘、著寬袖襦裙，或戴軟腳襆頭，著圓領袍服，或已經剃度。

晚唐　莫12　南壁

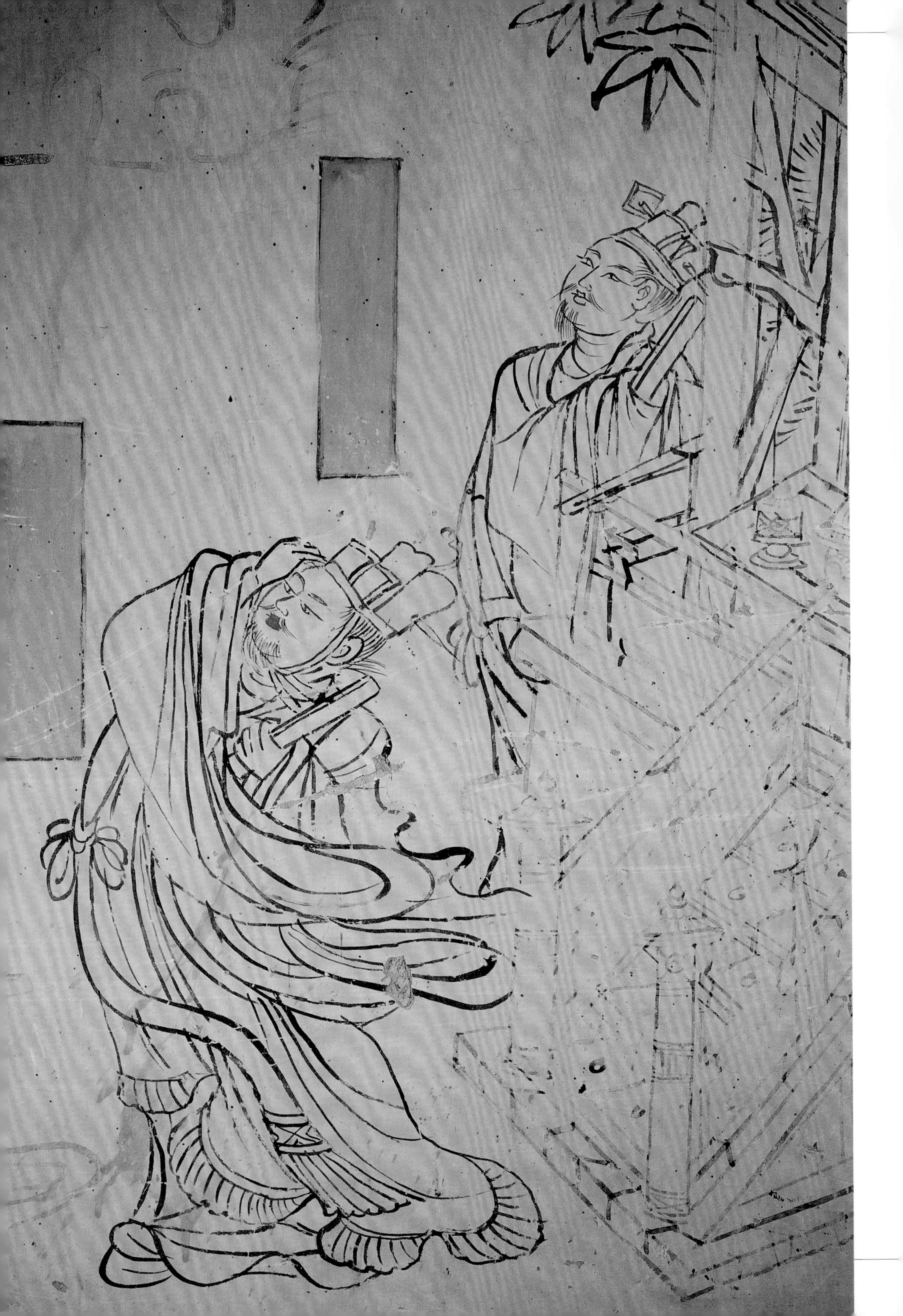

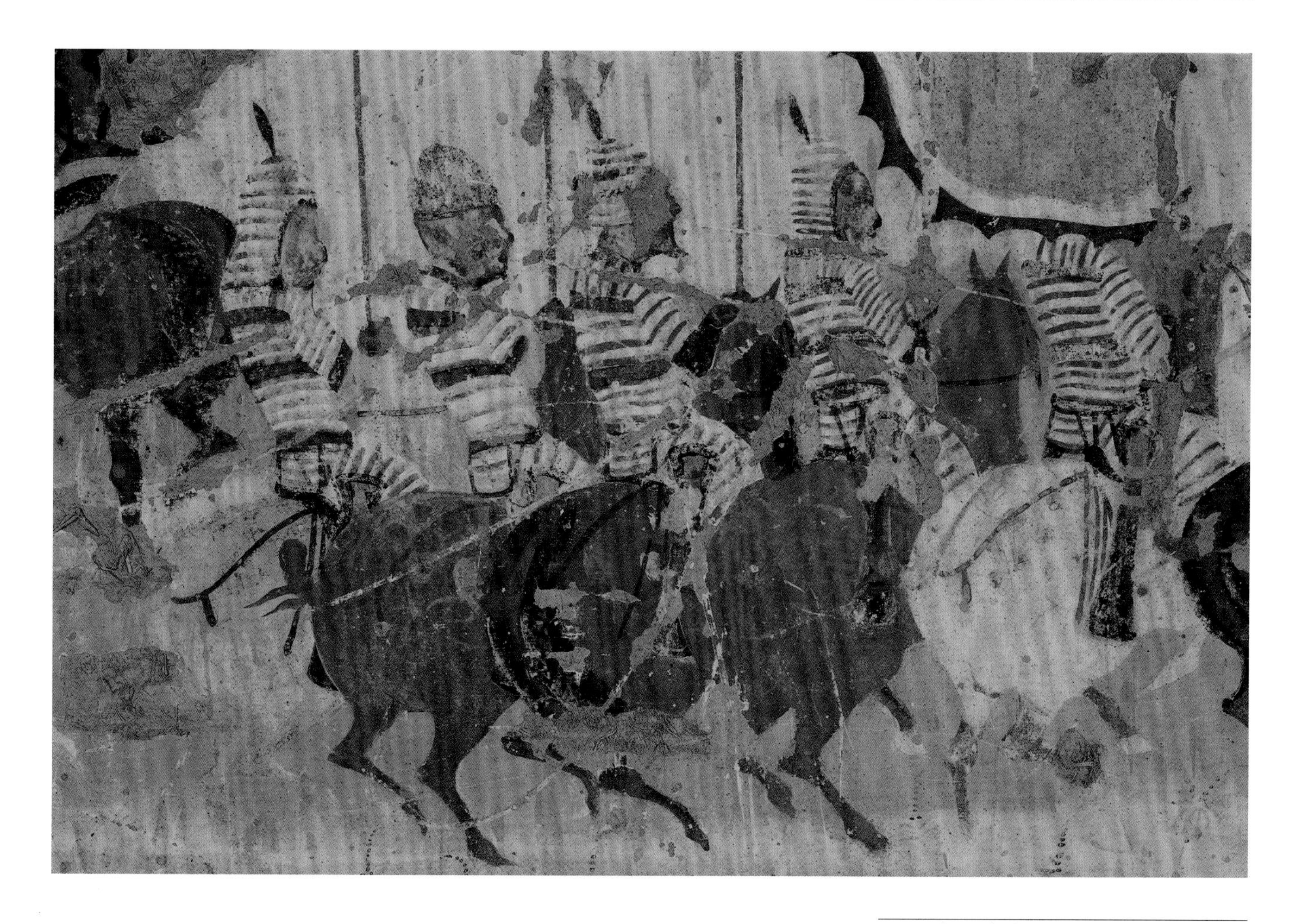

146 **武士戎裝**

《張議潮統軍出行圖》中的武士，戴尖角頂頓項兜鍪，頂端上豎一尖錐狀裝飾物，以增添武士雄赳赳的氣概。盔脊前齊額部，兩側下垂護耳，護項披後，這種尖角金屬盔類似波斯武士的頭盔。下有護肩、臂韝，著半臂橫紋長身鎧甲，束腰帶，上挎盛弓箭的韃和箙，屬於高昌式鎧甲。武士騎在有五鞘孔、垂條帶的鞍馬上。

晚唐　莫156　南壁

145 **文官朝服**

這是壁畫中素描身著朝服的官員形象：戴進賢冠，插有簪，內著白紗中單，外著寬袖襦裙，佩綬帶，手執笏。

晚唐　莫9　西龕後

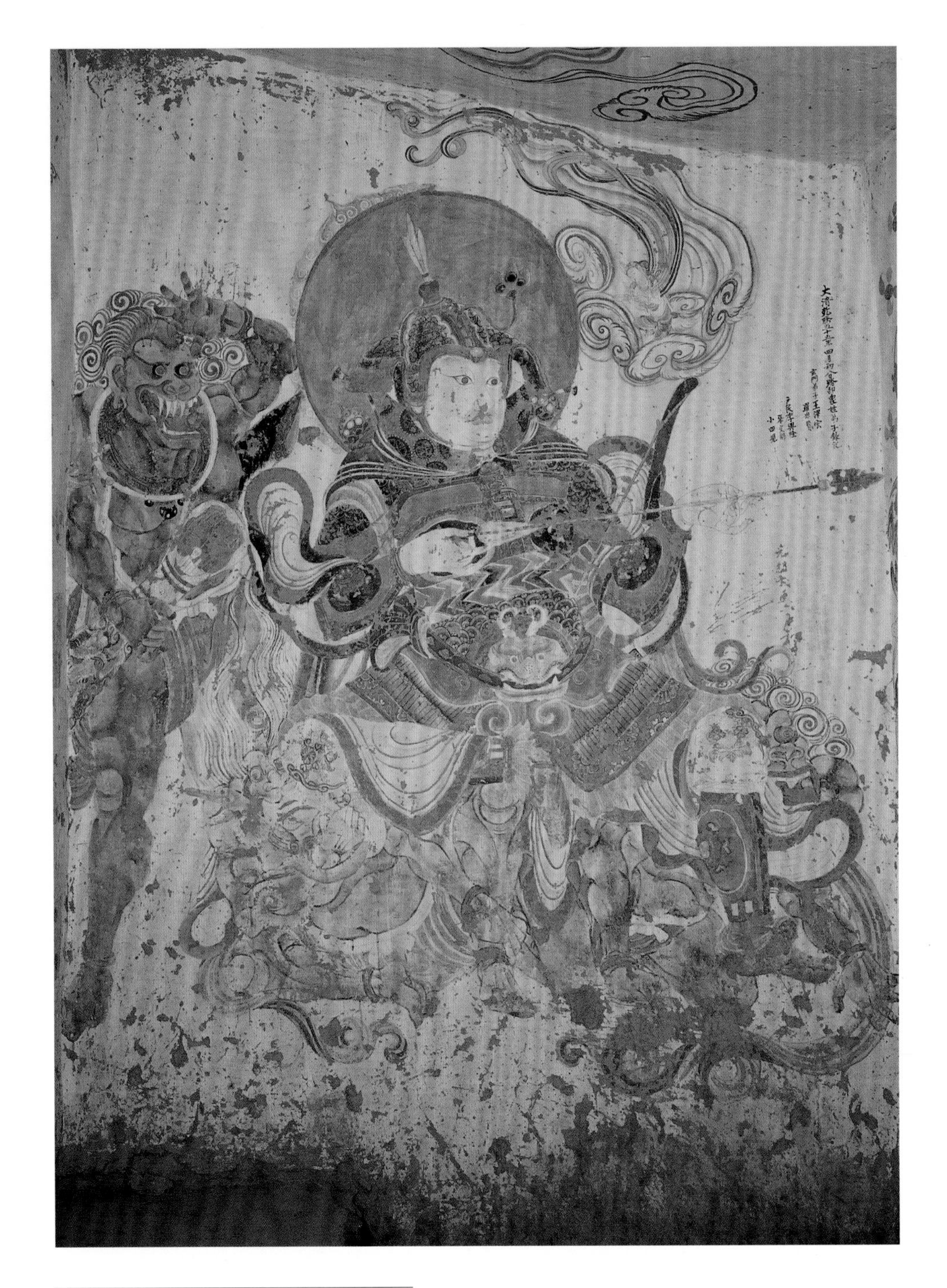

147 天王裲襠鎧

戎裝的天王戴頓項兜鍪，著長身鎧甲，上為鱗片裲襠鎧，甲裳為鎖子甲，腹部有圓形獸面護鏡，以帛帶連接，束腰，有護髀，其樣式倣自實戰的鎧甲。

中唐 榆15 前室東壁

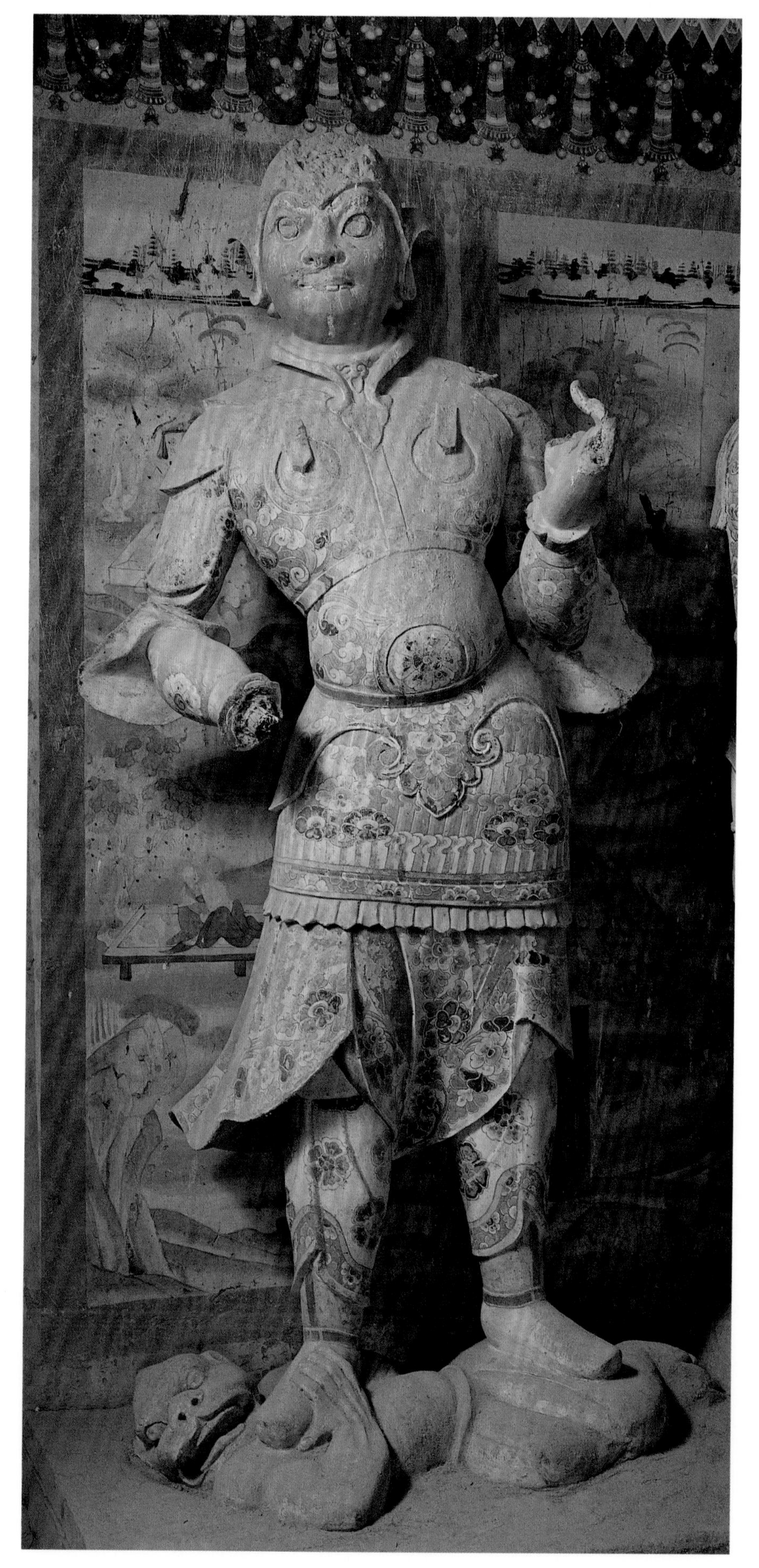

148 **天王戎裝**

戎裝的天王戴捲耳兜鍪，著長身花絹布甲，外加護頸、護肩和臂韝，左右胸及腹部各有一圓護，腹部和腰部加鎖子甲，下有甲裳，吊腿，蹬靴。鎧甲上的捲草團花紋、寶相花紋等，都是彩色織錦紋樣，保留了唐代前期戎裝的裝飾性，以表現天王的尊貴和神力。同時也注重戎裝的實戰功能，在身體的重要部位加防護的鎖子甲。

中唐 莫159 西龕內南側

149 **天王長身皮甲** 見下頁 ▶

戎裝的天王戴佛冠，著長身皮甲，護臂及護髀為絹布，兩胸及腹部有聯珠圓護，並以珠繩相連，其樣式倣自吐蕃的鎧甲。

晚唐 莫9 西壁

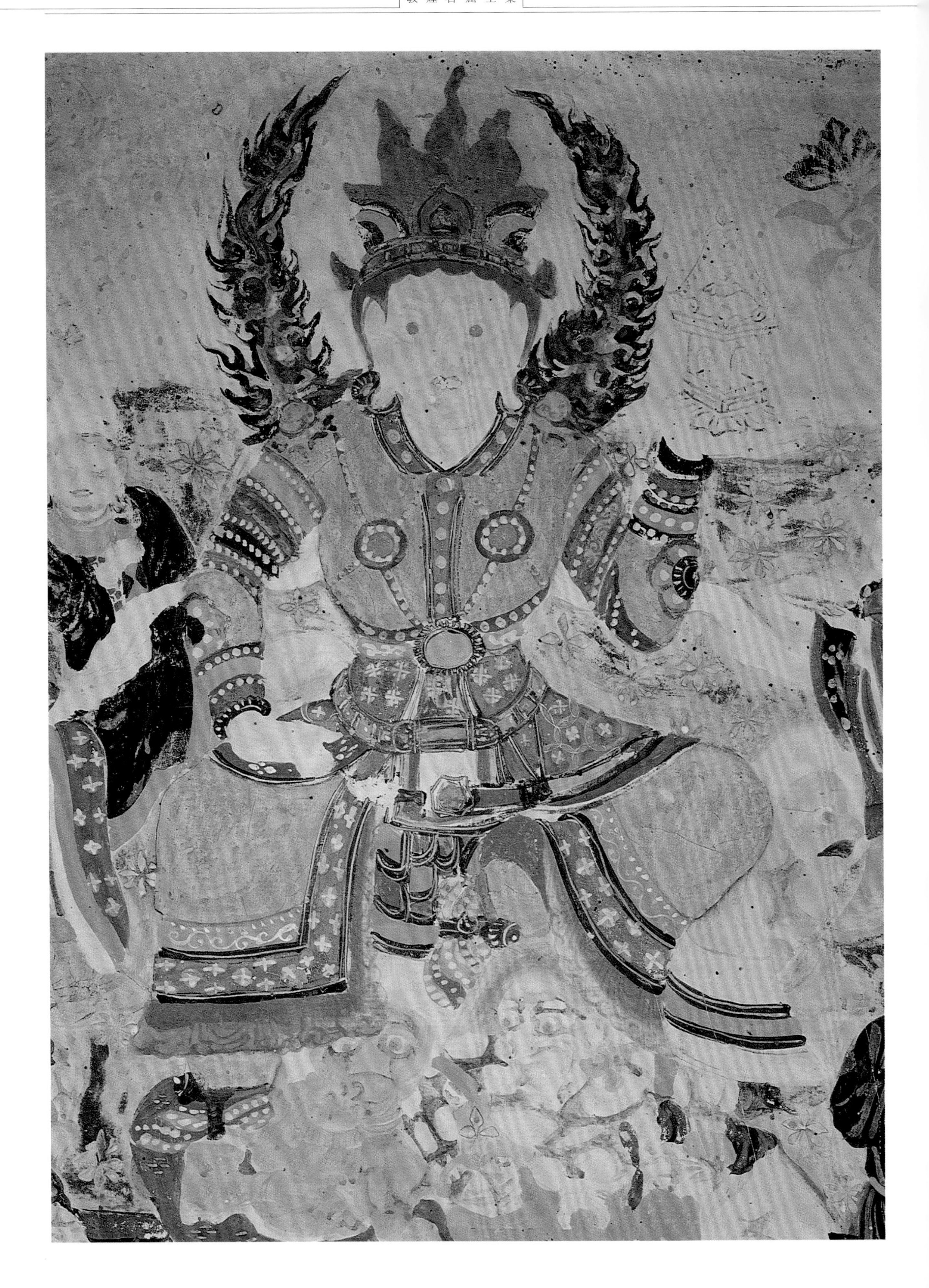

第二節　漢風與吐蕃風並起的男裝

一、崇尚紅色的漢族男裝

唐代後期敦煌壁畫中的漢族平民男子的服飾基本沿襲前期，但無論身份貴賤，都崇尚紅色。主要形式有：

圓領袍服：平民的常服一般仍以漢裝的圓領袍服為主，小袖或直袖，革帶束腰。穿漢裝者已不再佩帶具有典型胡風的蹀躞帶，這種裝束逐漸被淘汰。

缺胯衫：這是漢族勞動者的服裝，與隋代流行的大褶衣和袴褶有相似之處。隋代缺胯衫曾經是軍服，唐代在黎民百姓中普及開來，唐代後期缺胯衫更加普及。市民、小販、獵人、農夫、漁民等都穿缺胯衫，身份越低下的人，缺胯衫越短小。其基本樣式為圓領、小袖，衣長至膝，束腰，下多著白褲，與魏晉時的袴褶接近，只是有便於勞作的開胯。開胯的方式有三种：一是垂直開衩，多為四片，這是主要的形式；二是三角式開衩，前裾成三角形，便於勞作者把前裾直接翻上，插在腰帶內，活動更加靈活，也可以隨手用前裾擦汗揩污；三是燕尾式開衩，在衣裾下部開多片衩，樣式更顯活潑。這些變化都是為了勞動者更加便於體力勞作。

襆頭：唐代男子中最流行的裝束，尊卑貴賤通行。唐代初期形式比較單一，到唐代中期出現了多種形式，硬腳襆頭和透額羅襆頭在唐代後期興盛起來。

硬腳襆頭：兩腳以鐵絲、竹篾為骨，皂紗為表，製作成各種固定形狀，使用時插在襆頭左右兩側，以別於單用布帛繫裹的軟腳襆頭。中唐時壁畫形象仍以軟腳為主，晚唐出現硬腳，多作橢圓形。據《夢溪筆談》：“唐制唯人主得用硬腳。晚唐方鎮擅命，始僭用硬腳。”以此看來，襆頭的硬腳還有明等級、貴賤之功。若下謁上、臣謁君，則兩腳必垂之而入，否則被視為大不敬。硬腳襆頭得以在社會上流行，還有因其實用功能。由於硬腳襆頭是硬裹，即用木圍頭，以紙絹為襯，用銅鐵為骨，製成定型的襆頭，可以隨時戴上，而軟腳襆頭戴用時，必須對鏡整理，相當麻煩。因此硬腳襆頭的優勢在於簡便實用。

透額羅襆頭：從唐代前期女子束裹前額之用的透額羅演變而來，唐代後期透額羅與襆頭融合，成為男子的裝束，且在漢人和吐蕃等少數民族中都通行。敦煌壁畫中的透額羅，從前額直覆至頭部，只有後面的高頂保持了襆頭的形狀，下垂的兩腳或以透額羅製作，或是軟腳。這種透額羅襆頭他處未見記載。

韋弁：以熟皮製作，為戎冠，遇兵事或軍將士卒行公務時則戴用。如歸義軍衙府的儀衛、兵卒等。

歌舞藝人服飾：唐代後期的壁畫中有大量表現民間歌舞藝人的畫面，他們是市民階層中很活躍的羣體。

樂伎著圓領袍服，官府的樂伎外著半臂花錦袍，內著窄袖衫，戴花翎帽，顯示出樂人的藝術風韻，又表明其高一級的身份。

舞伎頭裹帕首，外加抹額，於顱後結紮，一端長垂下至後腿。身著前後兩側均開衩的袍衫，衫長至膝下，穿白褲或花褲。舞衣的主要特點是長袂，長袂是指舞衣上的長接袖，以區別於通常長及腕間的衣袖，袖口作喇叭狀；另一特點是袍衫前後開衩，這些都是為了適應舞蹈動作的要求，以增加舞蹈的飄逸感，形成“長袂生回飆，曲裾揚輕塵”的姿態。壁畫中還出現一位跳神的男覡，他正舞動着長袂在作態，穿的是紅袍衫，無舞伎的飄帶、花裳，還是應了那句“長袖善舞”的話。

雜技藝人出於行業的需要，著半臂上襦，長至腰部，束腰，短裙至膝，下著長褲。莫高窟第156窟的頂杆伎人就著紅半臂、綠花裙、白長褲，色彩強烈對比而又諧調統一。

兒童服飾：這一時期還有大量兒童題材的畫面，服裝大致分為兩類，一是著圓領或交領的袍衫，色彩艷麗，全身花團錦簇，是貴族子弟的裝束。另一類為平民服飾，上著短衫、下穿長褲或短褲。兒童的髮式有雙髻、單髻，額前有髦髮下垂，俗稱“劉海”，都是自商周以來中原漢族的童子髮式，更能顯出兒童的天真憨態。

二、吐蕃裝在平民中流行

這一時期在吐蕃統治下，吐蕃居民大增，吐蕃裝在市井百姓中很流行。主要有如下形式：

藏袍：在吐蕃族中不分身份地位的尊卑貴賤，一律可以穿著藏袍。在敦煌壁畫中可以看到，官服藏袍也是一般吐蕃平民男子最具代表性的裝束，只是他們的藏袍質地和裝飾不及贊普和官員高貴精緻而已。

緊身襦裙：也是較為普遍通行的吐蕃裝，但是已經逐漸漢化。吐蕃裝上襦的交領為左衽，腰繫蹀躞帶，窄袖長至腳踝，袖為兩色，下為兩色重裙，與袖子的顏色相同，下著白褲。漢裝為右衽，一般不繫蹀躞帶，寬袖，沒有兩色裙和兩色袖。

圓領袍服：在漢族、吐蕃以及少數民族男子中都很常見，但他們的冠帽仍保持着民族特色，或戴朝霞冠，繫紅抹額，或戴透額羅軟腳襆頭，頂上還有一小禮帽。直至今天，藏族男子仍戴禮帽，不過比唐代的要大得多。

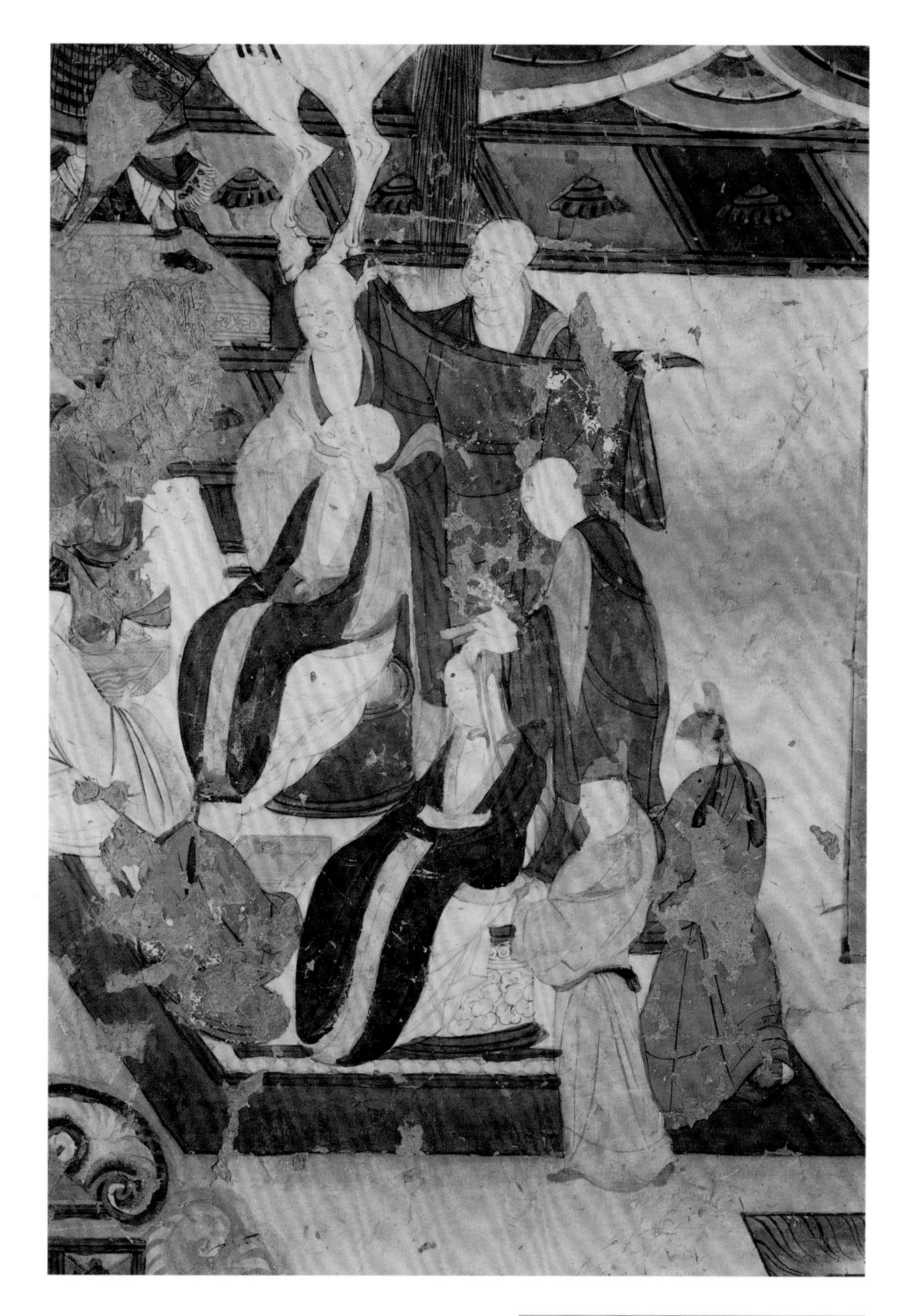

150 男子襦裙與袍服

兩剃度者身著寬袖交領緣、黑襦和白裙，正在剃度。另一僧人張開袈裟準備給剃度者披上。一旁有兩位男子戴襆頭，著圓領緣、紅襴袍，繫腰帶，正在等待剃度。襦裙屬於平民男子常服，從襦裙和襆頭推測，這些剃度者社會地位較高。

中唐　榆25　北壁

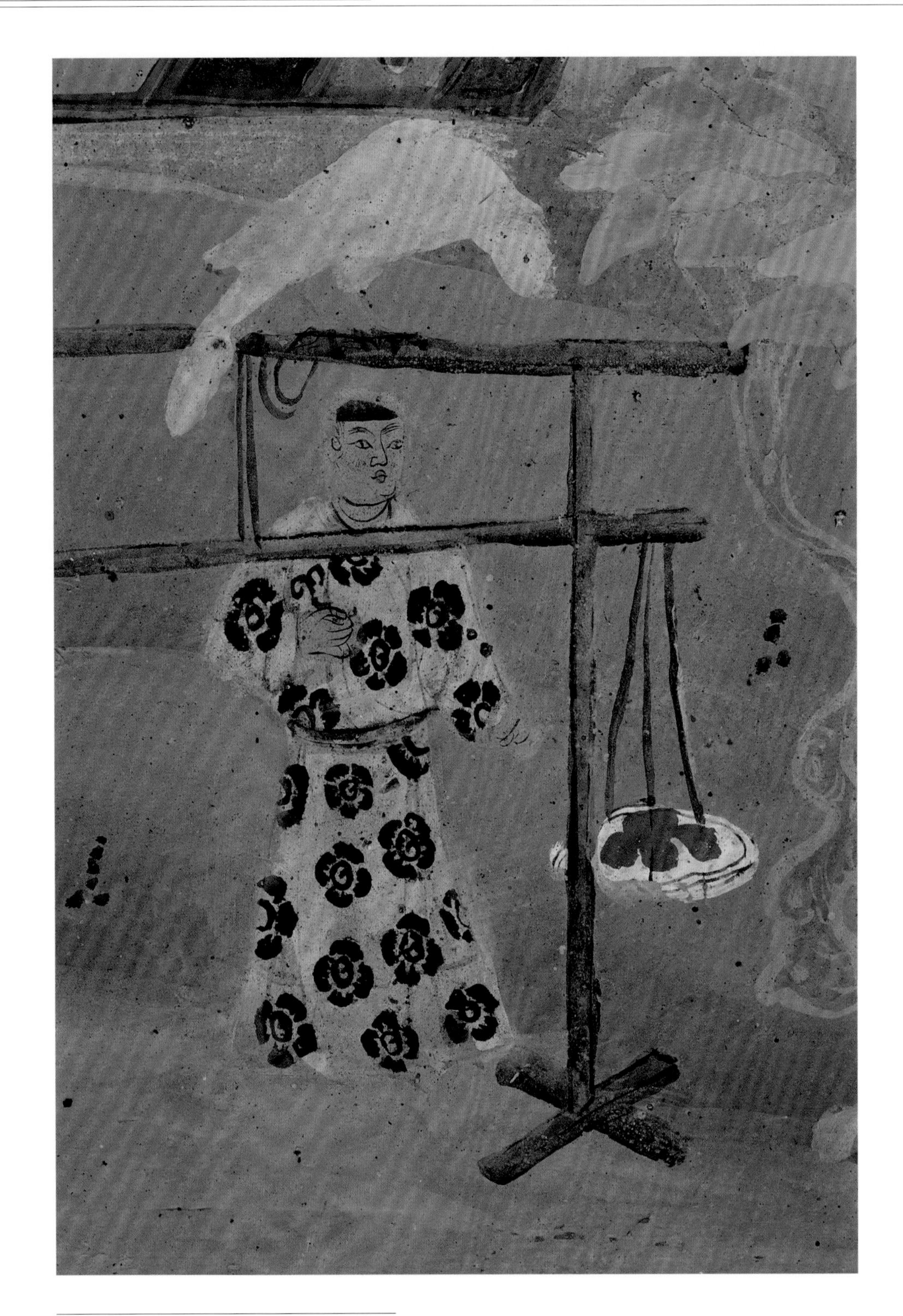

151 **商人團花袍服**

圖中掌秤者，身穿圓領團花襴袍，腰束革帶，樣式是最普遍的市井百姓的常服。在敦煌壁畫中所見的平民男子服飾大多是素色，甚至官員服飾也少見花色，此人穿團花袍服很少見。

晚唐 莫85 東坡

152 老人服飾

老人戴軟脚透額羅襆頭，著圓領白袍服，束黑革帶，穿軟鞋，拄杖，是典型的平民男子裝束。白色應是唐朝有一定地位或威望的老者慣用的衣料顏色。

中唐 榆25 北壁

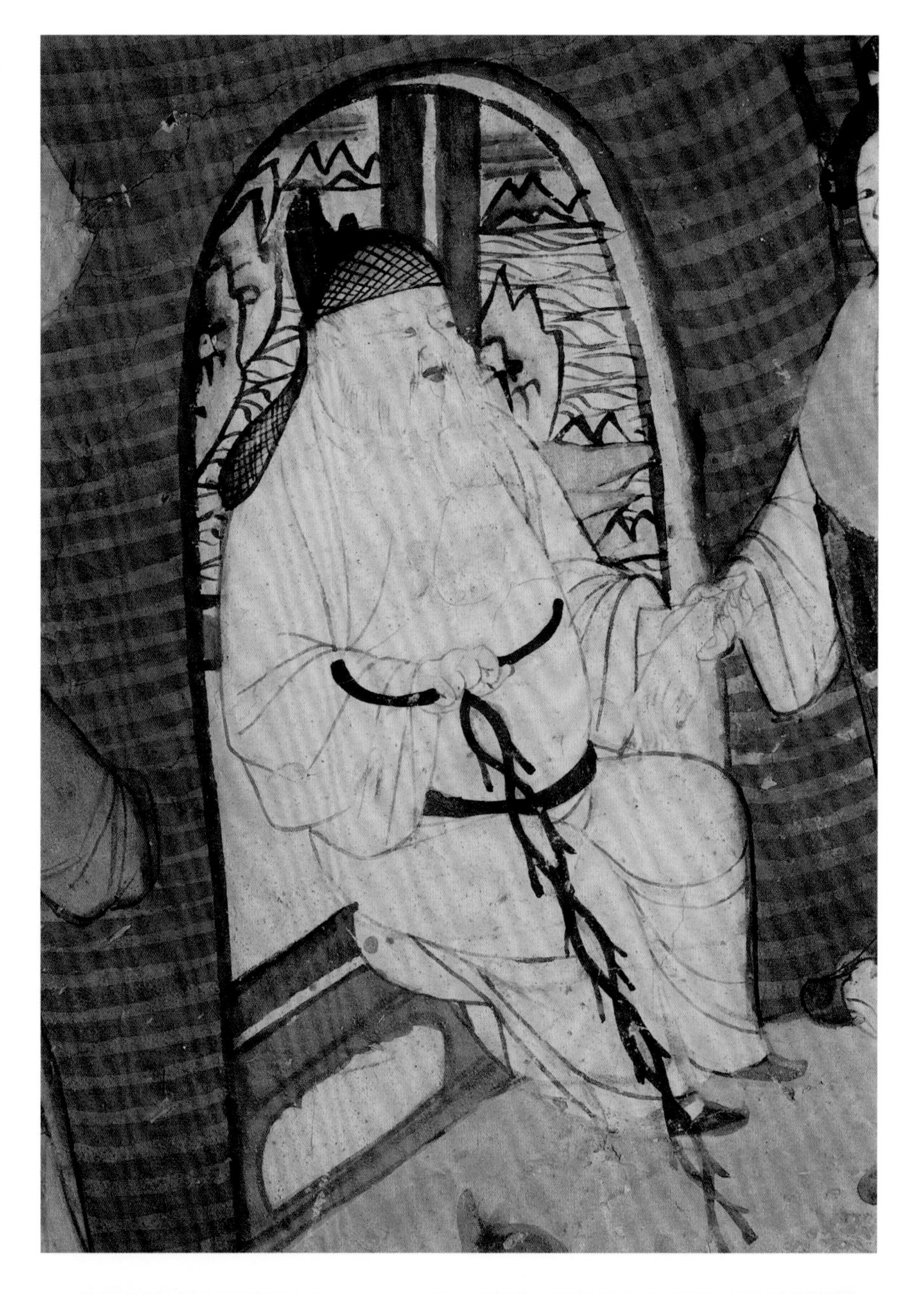

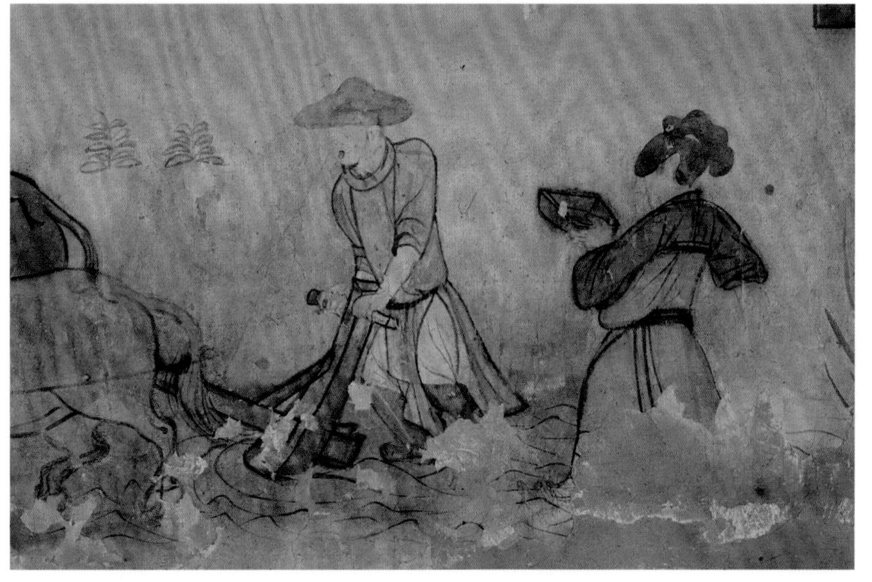

153 農家夫婦常服

正在耕作的農家夫婦。農夫扶犁耕地，戴竹笠，著缺胯衫，圓領、小袖，衣長至膝下，開四片前襟，束腰帶，下著白褲，長靴。農婦在後面撒種，頭梳倭墮髻，著上襦下裙。夫婦均是典型的農民裝束。

中唐 榆25 北壁

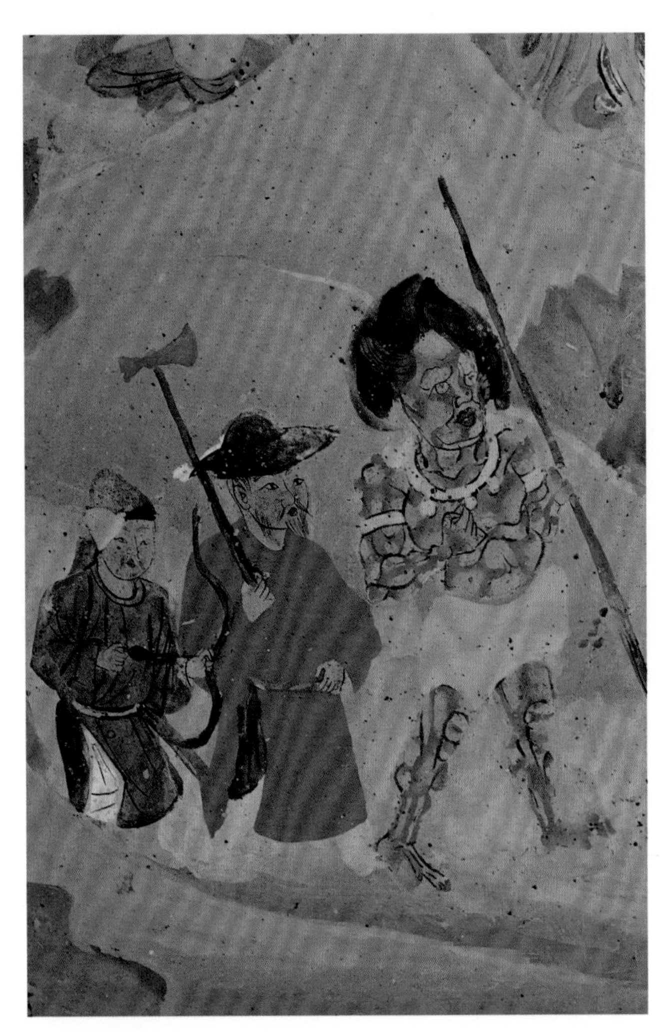

154 **獵人常服**

正在狩獵的三獵人：前者手持三叉戟，蓬頭，戴項圈、臂釧，著綠犢鼻褌。中間者持長柄斧，戴斗笠，穿圓領紅色大褶衣，後者持弓箭，襆頭，穿赭色缺胯衫。

晚唐 莫85 東壁

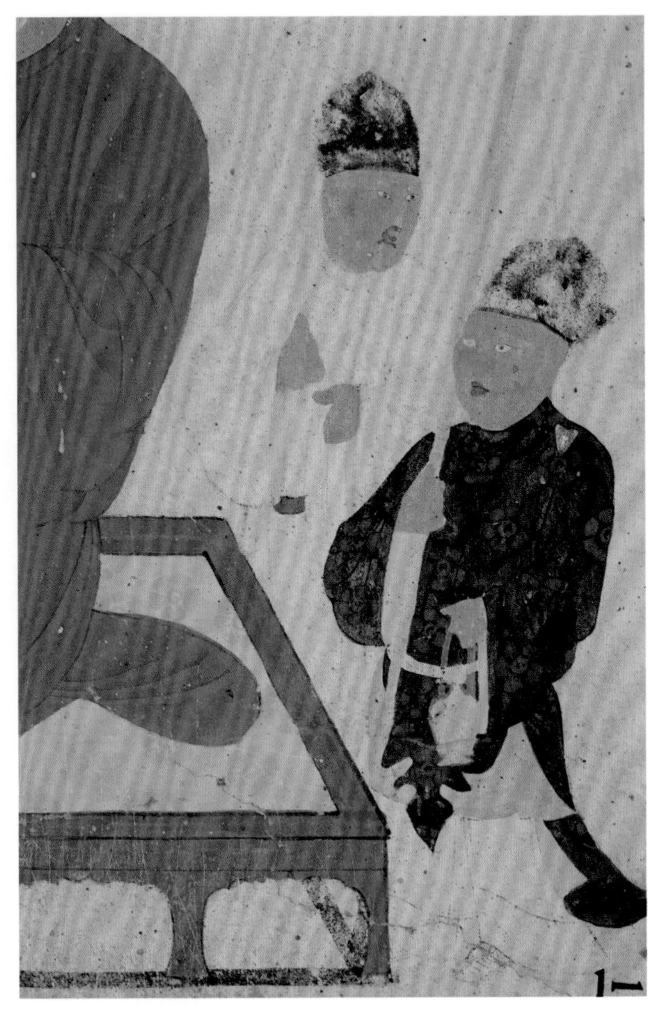

155 **侍從服飾**

侍從一著黑色五瓣團花紋圓領袍服，另一著白色團花圓領袍服，兩人均戴韋弁，下著白褲。黑袍者一手持杖，一手提水罐，因行動不便，只好把前裾上摺，塞在腰帶下。由此可見袍服本是一種悠閑階層的服裝，在勞動生產中很不利於勞作。

晚唐 莫144 東壁

156 高鼻履

唐代男子常穿烏皮靴、長靿靴和絲鞋、麻鞋外，還出現高鼻履，因前頭隆起而得名。是一種僧人穿的鞋，也可僧俗通用。中世紀傳入日本，直至近代，日本僧人在朝儀或法會時還穿着。

晚唐 莫17 床座下

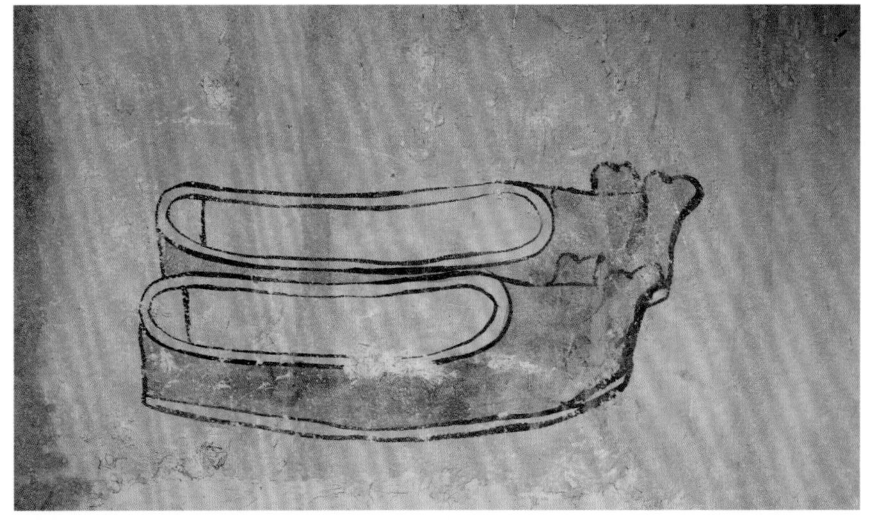

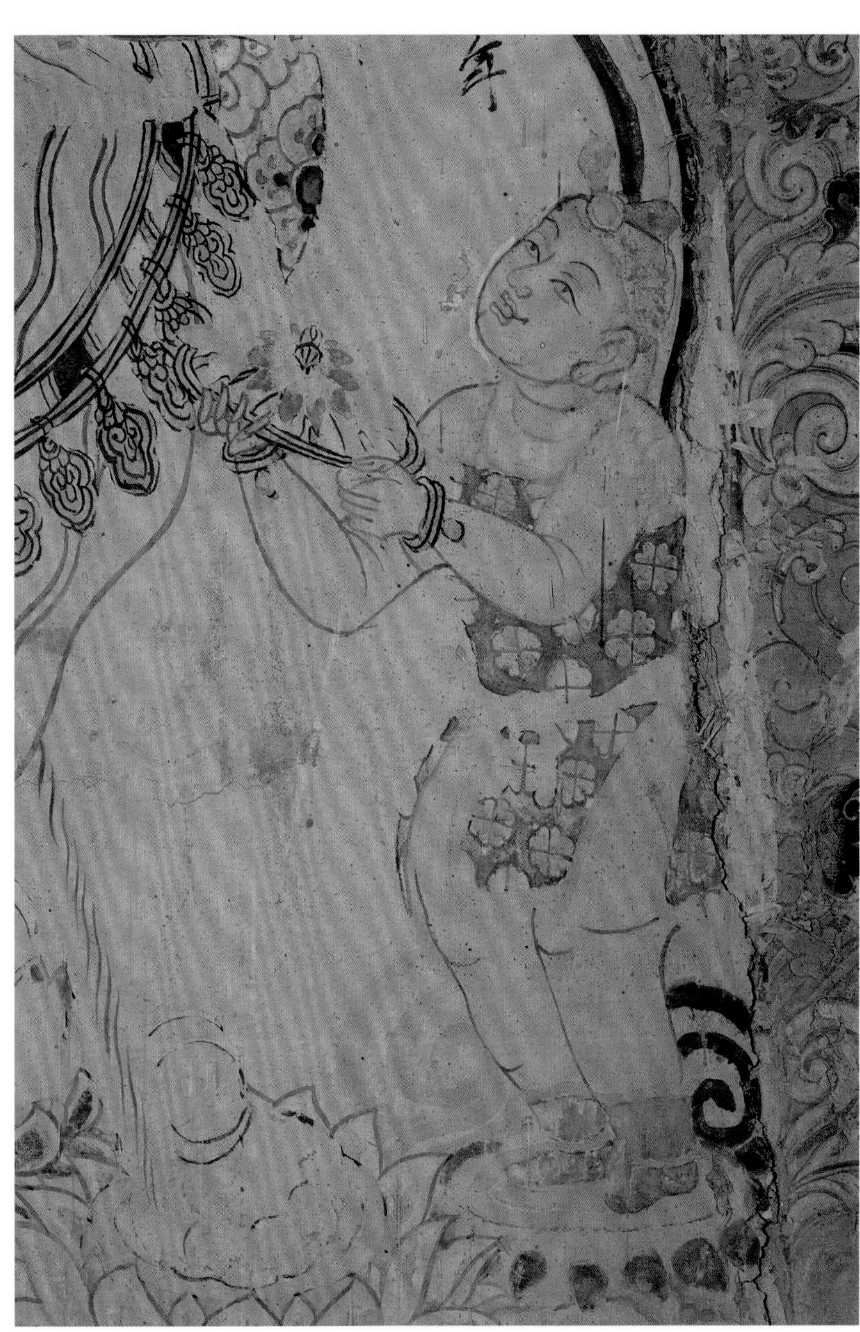

157 兒童丸髻與兜肚

供養童子是壁畫中常見的人物，其服飾應是敦煌當地兒童的真實寫照。圖中的童子頭梳丸髻，用紅帶束縛。身著紅襯地綠色四瓣團花紋兜肚，穿紅色矮皮靴。丸髻和兜肚是漢族幼兒的裝束，直至今天邊遠鄉村仍然保留這一習俗；皮靴則是西域風俗。中西交融在這一童子的裝束上突顯出來。

中唐 莫153 南壁

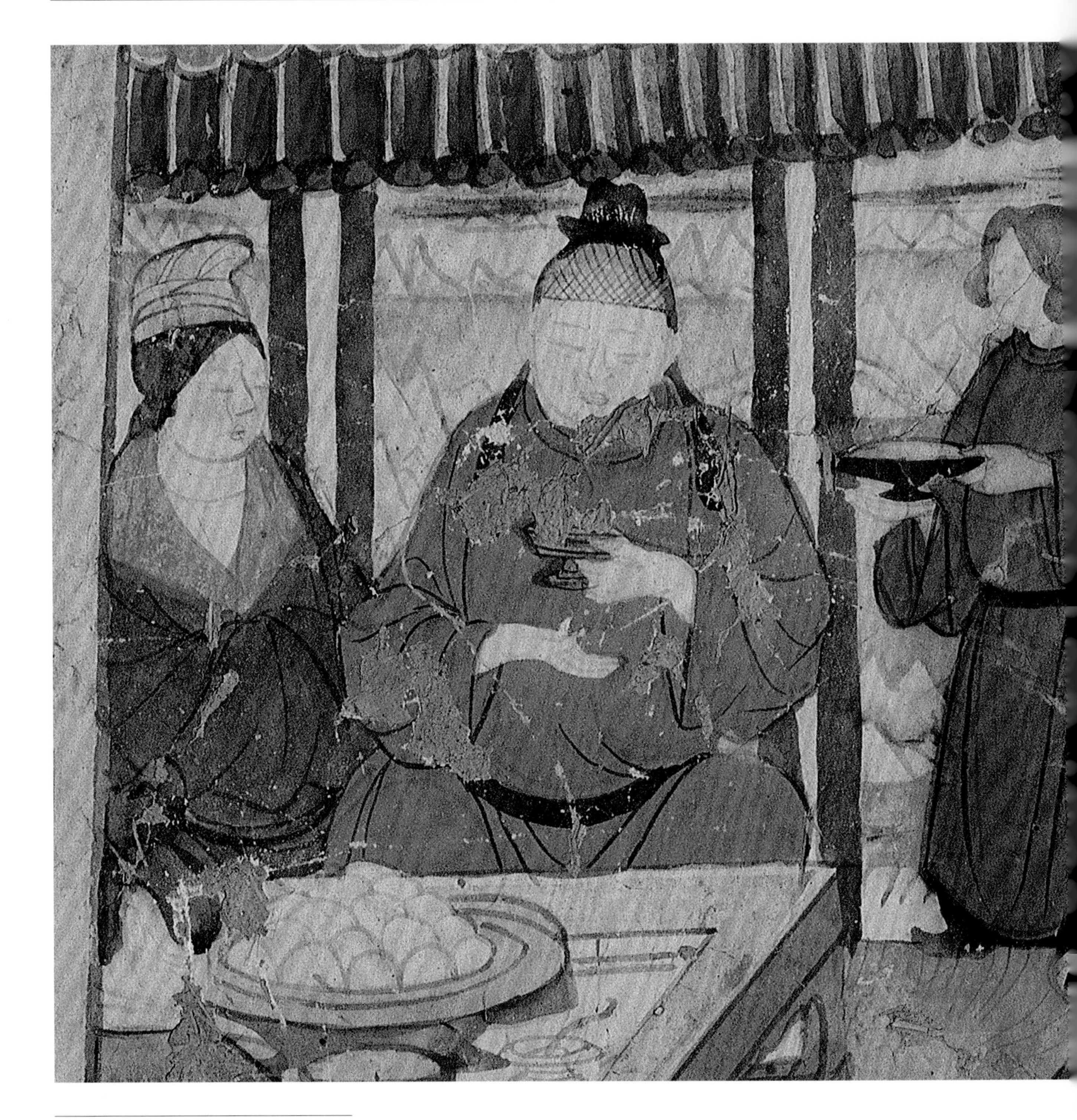

158 吐蕃貴族服飾

在吐蕃族婚禮上，端盞而飲的吐蕃男子是身份高貴的人，戴透額羅軟腳襆頭，頂有一小禮帽，著圓領紅袍服，其服飾融合了漢裝與吐蕃裝。旁有夫人著吐蕃裝，另有奉侍的兩侍女，著漢族男子裝。由此可見吐蕃貴族階層的服飾潮流。

中唐 榆25 北壁

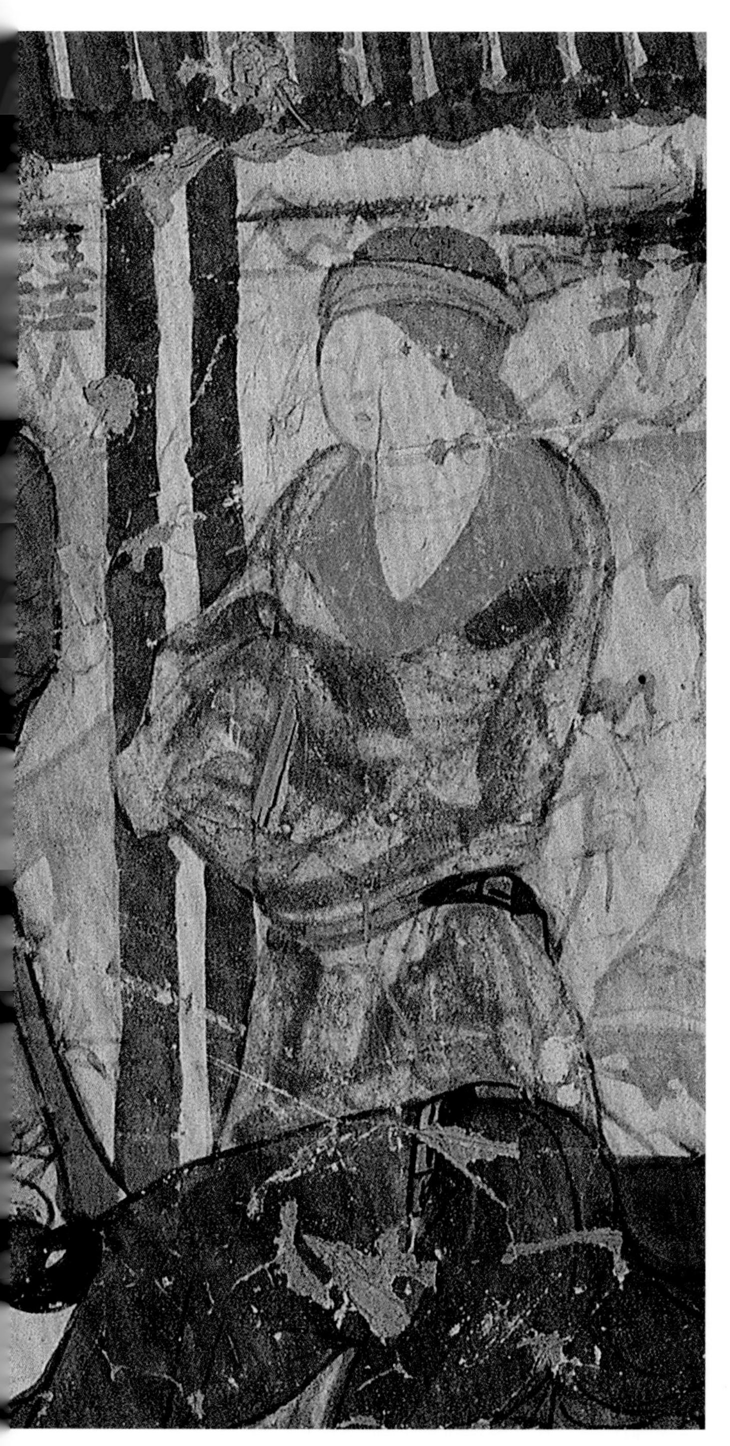

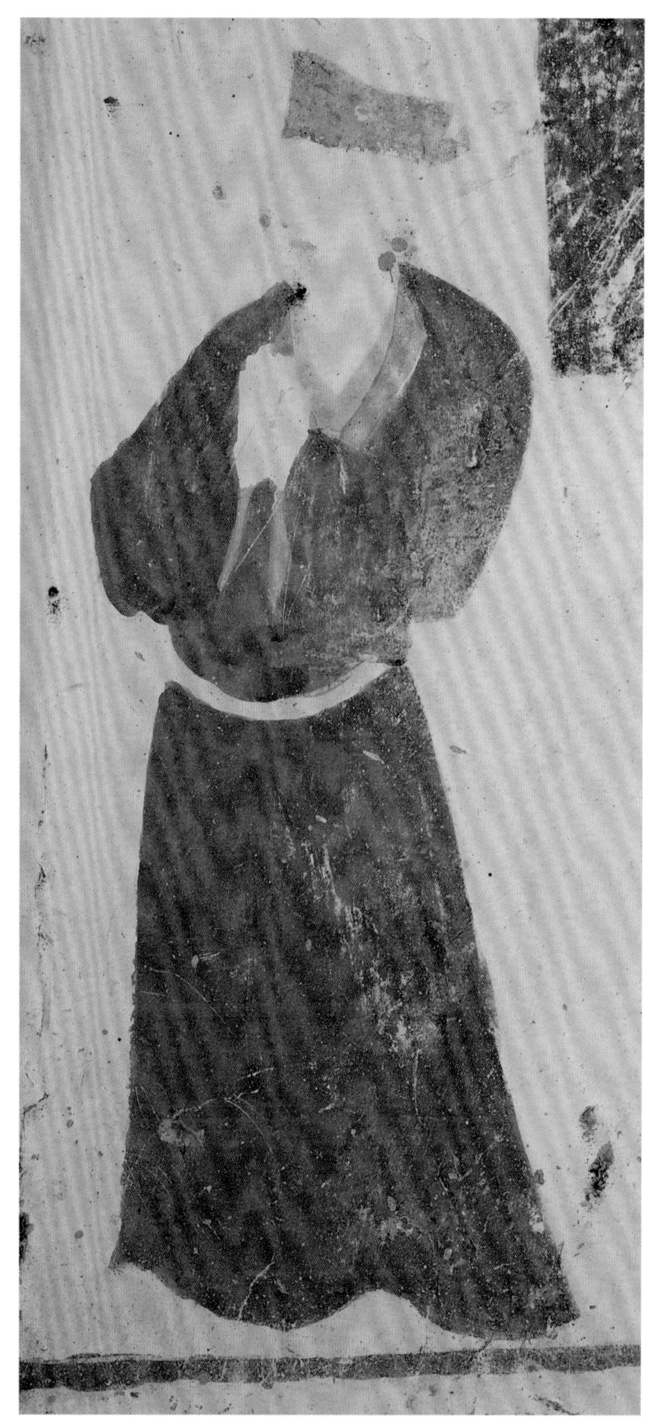

159 男子吐蕃裝

男子戴朝霞冠，垂珥璫，身著紅袍衫，翻綠領，帛帶束腰。

中唐 莫359 北壁

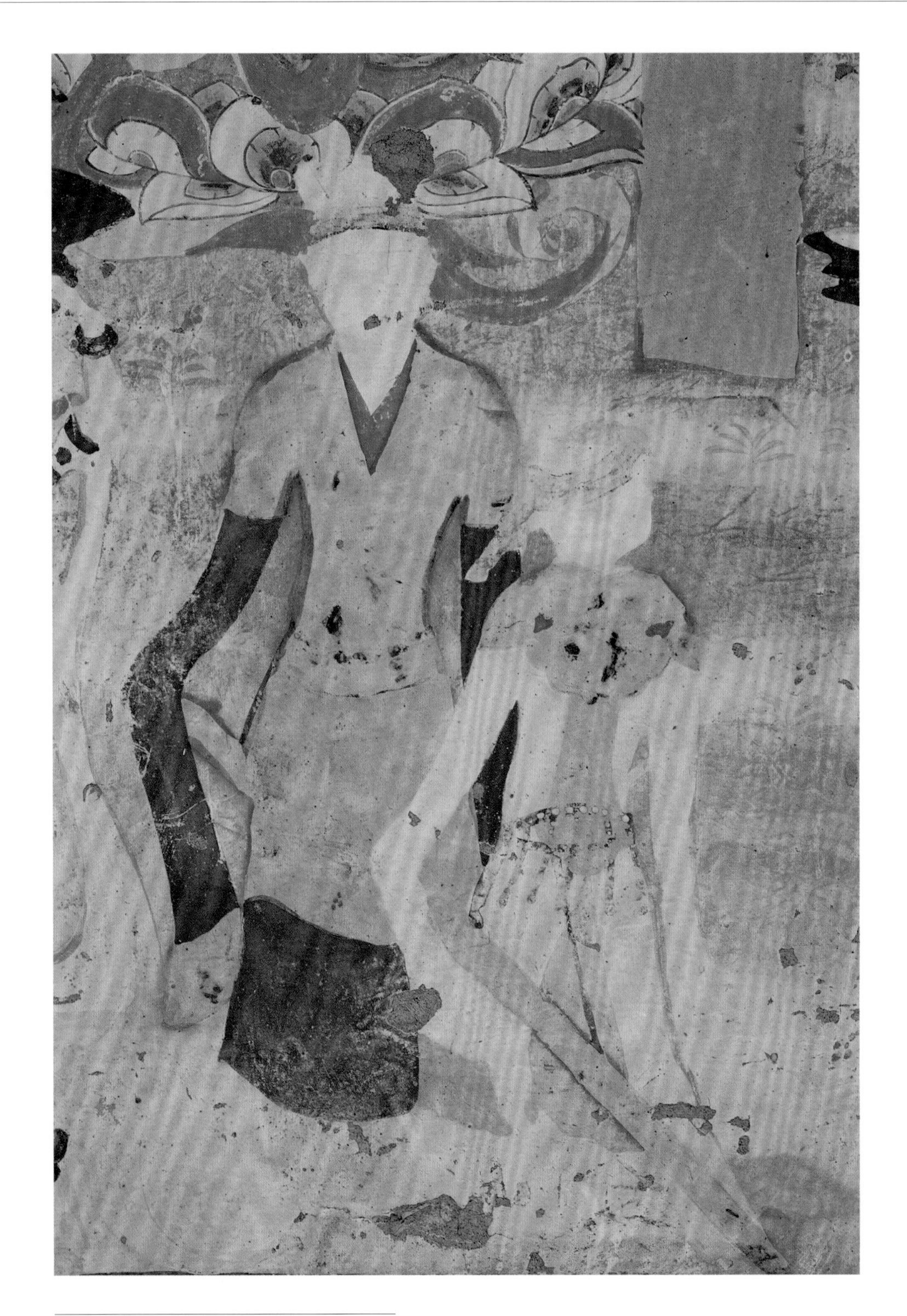

160 男子與兒童吐蕃裝

男子與兒童均裹紅抹額，男子著緊身長袖上襦，下著重裙，長袖與重裙都是上下兩種顏色，並著白長褲，腰束蹀躞帶。兒童著緊身長袖素色袍，披雲肩，背後垂綵帶，腰束蹀躞帶，懸掛的佩物在身後。

中唐 莫359 東壁

第三節 華麗女裝的回潮

唐代後期敦煌壁畫中表現的婦女服飾，吐蕃統治時代與晚唐歸義軍時代的風格差別較大。在吐蕃的統治下，經濟凋零，社會動盪，婦女服飾逐漸失去了盛唐時期富麗、華美、精緻的風格。到了晚唐歸義軍時期，隨着與中原王朝密切聯繫和農業經濟的復甦，崇尚華美之風又在社會上回潮，唐代前期壁畫中尚未出現的王妃、貴婦專用的花釵禮衣、翟衣等，首開五代、北宋典雅之風的先河。同時女裝的另一大特徵是在盛唐胡風與漢風融合的基礎上，又滲入了吐蕃新元素，增添了來自青藏高原粗獷質樸的風格。

一、更趨寬鬆的漢族女裝

花釵禮衣：唐代王妃和貴婦階層的盛裝是花釵禮衣，是等級顯赫的禮服之一，由花釵冠、寬袖織錦衣、長錦裙、畫帔組成，連小小的裙腰亦精心彩畫，全身上下花團錦簇，艷麗照人。花釵冠本是后妃命婦所戴的禮冠，在頭髮上插滿精緻的金銀珠寶鑲嵌的花釵，還可配以龍鳳、博鬢，以花釵數量的多少來區別尊卑等級。此制源自商周以來的六笄六珈。唐制規定，一品官的夫人用花釵九支，二品官的夫人用花釵八支。敦煌壁畫中出現戴花釵冠者，多是四支到六支不等。莫高窟第9窟是晚唐節度使索勛及張承奉等所建，壁畫中表現了整鋪的女供養人羣像，都是節度使的女眷。她們穿著花釵禮衣，正是對節度使身居一品高官的炫耀，又是家族的標誌。根據身份高低，女眷戴花釵數量七支至十支不等。這裏出現十支花釵，與禮制不符，或是對女主人的溢美之意，或是筆誤，也反映了唐朝禮制在西北邊塞的鬆弛狀況。

到唐代後期服制等級逐步衰落，在敦煌壁畫中花釵禮衣蔓延到平民階層，成為庶女婚嫁的嫁衣。平民的花釵數量沒有禮制的制約，禮衣也多為素色，只在邊緣做花色裝飾。

翟衣：從敦煌壁畫的女供養人服飾推測，貴婦中最高級別的服裝還有翟衣。這本是唐代王后、命婦的禮服，因衣上繪繡有山雉圖案而得名。翬翟，即雉，是一種長尾野雞。翟衣以山雉的多少來辨別等級，最高等級的一品夫人著九等翟衣，二品夫人著八等翟衣，以下類推。至於各等翟衣上繪繡山雉的具體數目，不得而知，從敦煌壁畫的翟衣分析，應是等級越高，山雉越多。莫高窟第138窟的節度使張承奉的女眷中就有一位著翟衣者，青色的寬袖袍服上彩繪了許多形態各異的山雉，下著曳地數尺的長裙，顯得莊重華貴。從其戴九支花釵和題名判斷，應是唐末歸義軍節度使張承奉的母親，敕授為"郡君太夫人"。

襦裙：與唐代前期一樣，貴婦仍然

以上襦下裙為主，很講究色彩的搭配，一般是錦襦素裙，或素襦錦裙。這一時期婦女上衣的袖子越來越寬大，裙子越來越長，這應是盛唐已出現的風尚。從敦煌壁畫看來，晚唐貴婦禮衣的袖子從胸部直至膝下，闊約三尺左右，長裙曳地在一尺以上。

平民婦女服裝款式整體上更顯得寬鬆，也以上襦下裙為常服。上襦有交領、方領和袒胸，以直袖為主。鑲邊的寬袖袍服，本為高貴的禮服，此時士人之妻也可穿著。長裙備受青睞，裙腰至腋下，裙長至地。襦裙的花紋崇尚橫紋暈染，形成一種紗縠的感覺。在質料上應以布帛、繒、練、絁、羅、絹等為主。裙帶前束，還有腰裙，既是一種裝飾，又可保護胸及腹部。長帔巾仍然盛行不衰，繞肩而下，直與裙齊，有素色、雙色、彩畫等，更顯女子分外妖嬈。

二、吐蕃女裝的流行

吐蕃女裝頗具特色，多著男裝，一般是左衽翻領素色長袍。吐蕃貴族婦女頭裹紅抹額，或戴朝霞冠。她們的裝束基調是粗獷而質樸，少有脂粉艷妝。莫高窟第225窟是中唐開鑿的石窟，有一吐蕃女裝的供養像，從題名看供養人應是漢族，但從服飾看卻是吐蕃族，這有兩個可能：一是漢人著吐蕃裝，另是吐蕃人滯留敦煌百年之久，受漢化影響，改用漢人姓名。

莫高窟晚唐第147窟壁畫中的兩名女居士，其服飾為典型的吐蕃裝，一人著翻領直袖、下襬緣邊的上襦，帛帶束腰，下著長褲，類似袴褶之制；另一人左衽翻領半臂，半臂的袖子為雙層，上層至肩部，下層異色至臂肘，有緣邊，帛帶束腰，下著重裙，上為腰裙，鑲寬緣邊，下為長裙。兩人均梳漢妝花髻，兩鬢垂髻，頂束髮作花狀，又飾以吐蕃的瑟瑟珠。由此證明，經過漢化的吐蕃裝也是敦煌地區的漢族或少數民族婦女的常服。

三、流行髮式多樣化

唐代前期婦女流行的椎髻、丸髻、倭墮髻、驚鵠髻、峨髻、回鶻髻、望仙九鬟髻等十餘種髮式，依然盛行不衰，在唐代後期的敦煌壁畫和雕塑中貴婦和平民普遍流行以下幾種髮式：

倭墮髻：集髮於頂，挽成一髻，髮髻偏垂一側。漢樂府《陌上桑》有："頭上倭墮髻，耳中明月珠"的記載，隋唐時期是敦煌地區婦女普遍梳妝的髮式。

拋家髻：兩鬢或一鬢抱面，一髻束頂拋出。《新唐書．五行志》記載："唐末，京都婦人梳髮以兩鬢抱面，狀如椎髻，時謂之'拋家髻'。"此髻流行於中晚唐時期。

百花髻：束髮於頂，呈花朵盛開狀，並綴以花釵，多為少婦、少女的髮式。《妝台記》："魏武帝令宮人梳反綰髻，插雲頭篦，又梳百花髻。"

瑟瑟珠：此時婦女流行佩戴瑟瑟珠，這與吐蕃的習俗有關，《太平寰宇記》曰：吐蕃風俗"重漢繒而貴瑟瑟，男女用為首飾。"《文獻通考》記載高居誨"經吐蕃，男子冠中國帽，婦人辮髮，戴瑟瑟珠，云珠之好者，一珠易一良馬。"可見吐蕃對瑟瑟之器重，婦女頭上及珥璫翠綠色的珠子即瑟瑟。

四、化妝與頸飾

唐代後期婦女面部化妝可說是日趨複雜，從花鈿、畫眉、斜紅、點唇、妝靨到胭脂紅妝等一系列程序，在貴婦身上逐步完備起來。而在社會上普遍流行的還是以花鈿、畫眉、點唇為主。

畫眉：主要有兩種：∾形的長蛾眉，在貴婦中流行；細而彎的柳葉眉屬於尊卑皆宜，經久不衰，到明清以至今天一直沿用。

花鈿：除了前面介紹唐代前期的花鈿品種仍然盛行以外，還有一種花鈿可能與佛教的影響有關。相傳佛有三十二大人相，其中之一是在眉心之上有一白毫，呈蛇蟠狀。印度婦女則於眉間點吉祥紅痣，此俗傳入中國後演變為花鈿。以五色花紙、金銀箔、雲母片或魚鰓骨等材料，製成各種特定形狀的飾物，用呵膠粘貼於眉間。

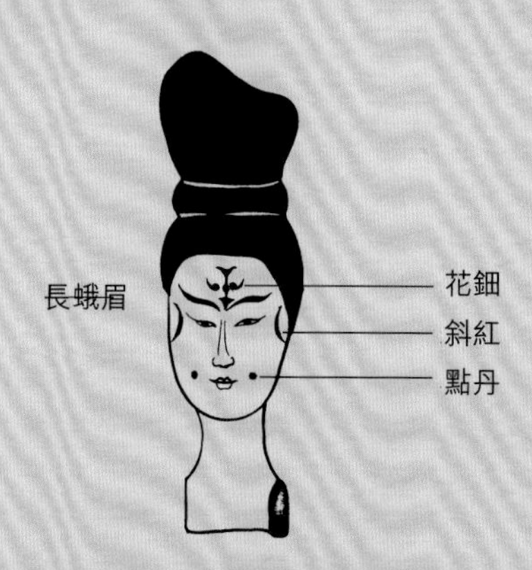

唐代後期婦女面部化妝

頸飾：此時婦女裝束更加講究頸飾，應與穿袒胸衣有關，以頸飾裝點裸露的胸部。瓔珞屬於頸飾的一種，從佛教造像中的菩薩，到印度王公貴族，以至吐蕃贊普及漢族貴婦都佩戴瓔珞頸飾。敦煌壁畫的頸飾可分三种：一種是瑟瑟珠瓔珞，整個頸飾以瑟瑟珠串成，下垂各種珠玉，正面懸掛一顆大瑟瑟珠，這是最高級別的頸飾；一種是多重珠瓔珞，上下各有一串大珠串成的項鏈，下部還有各色珠玉寶石墜子，中間為小珠串成的五至九串項鏈，把整個脖子都戴滿了，這也是貴婦的裝飾。另一種是單一的串珠項鏈，為一般平民婦女所戴的項飾。

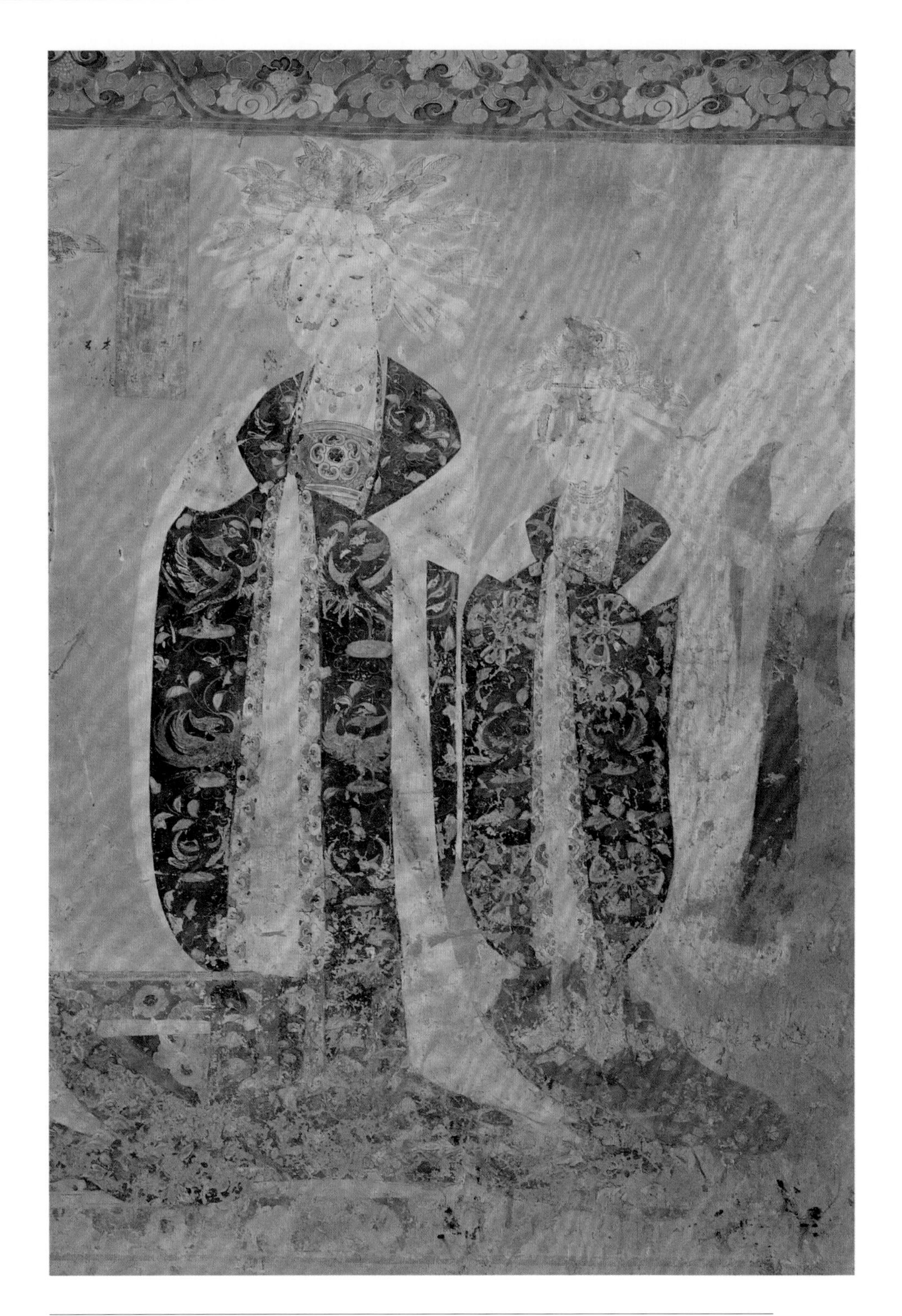

161 **郡君太夫人花釵翟衣**

晚唐節度使索勛及張承奉等所建的洞窟有貴族婦女著花釵禮服的形象。是唐代後期敦煌壁畫中最尊貴的貴婦禮服。貴婦面部胭脂紅粉妝，有花鈿、斜紅、面靨。戴九支花釵冠，據唐朝禮制規定，屬於一品夫人。項部多重珠串瓔珞。著青色寬袖袍服，上彩繪山雉，下著曳地數尺的長裙，顯得莊重華貴。從"郡君太夫人"榜題判斷是張承奉之母。身旁張承奉之女也戴花釵冠、著翟衣，但山雉數目較少。

晚唐 莫138 東壁

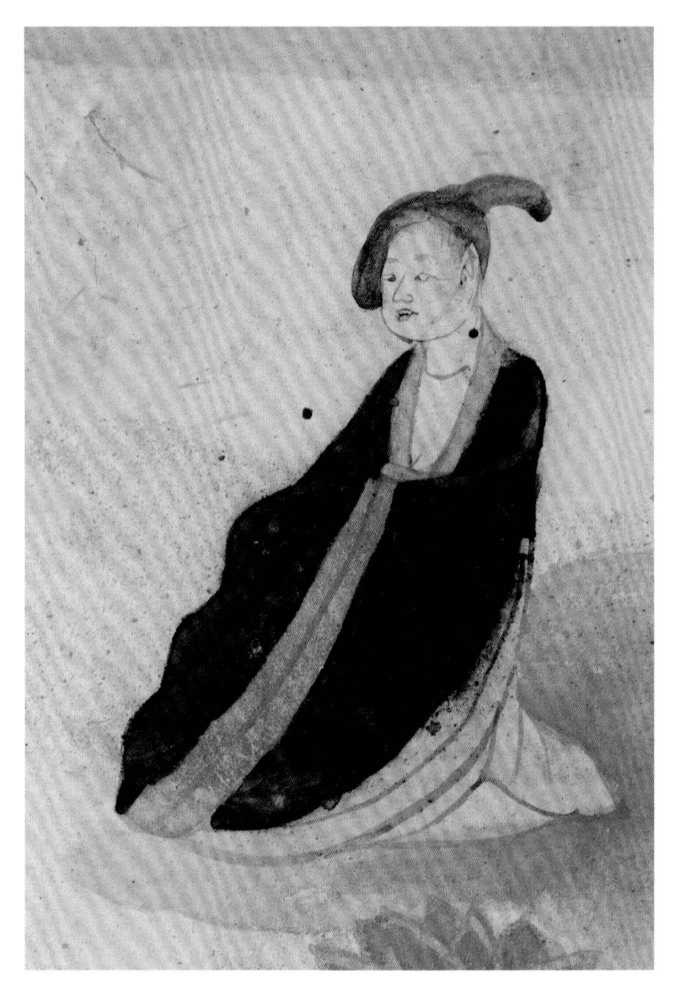

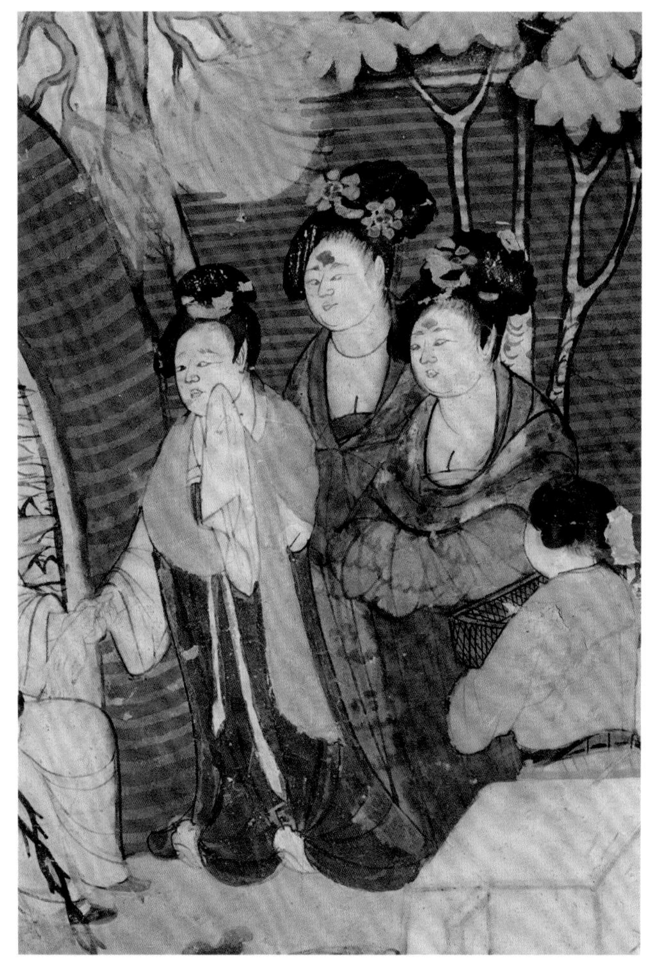

162 王后常服

王后頭梳椎髻，右側一髻抱面。身著寬袖綠緣邊赭色上襦，白長裙，服飾高貴典雅。

中唐 榆25 東壁

163 婦女服飾

正在依依送別親人的三婦女。前為老婦，梳回鶻髻，身著白襦，醬色裙，綠帔，笏頭履。後二人為少婦，梳倭墮髻，上插花釵、角梳，著袒胸上襦、畫帔、長裙，飾花鈿。由此可知花鈿屬於濃妝，年老的婦女額頭不飾花鈿。高髻上插角梳，從隋唐以來在貴族中一直很流行，到宋代極為普及，尊卑通用。

中唐 榆25 北壁

164 貴婦髮式與襦裙 見下頁 ▶

吐蕃時期漢族婦女仍然以漢裝為主，頭梳百花髻，髮髻上有花釵、步搖、牡丹花、角梳。著襦裙，上著廣袖紅襦，下著長裾曳地綠裙，叢頭履。從髮飾到襦裙，很講究服飾整體色彩的搭配。

中唐 莫144 東壁（段文杰摹）

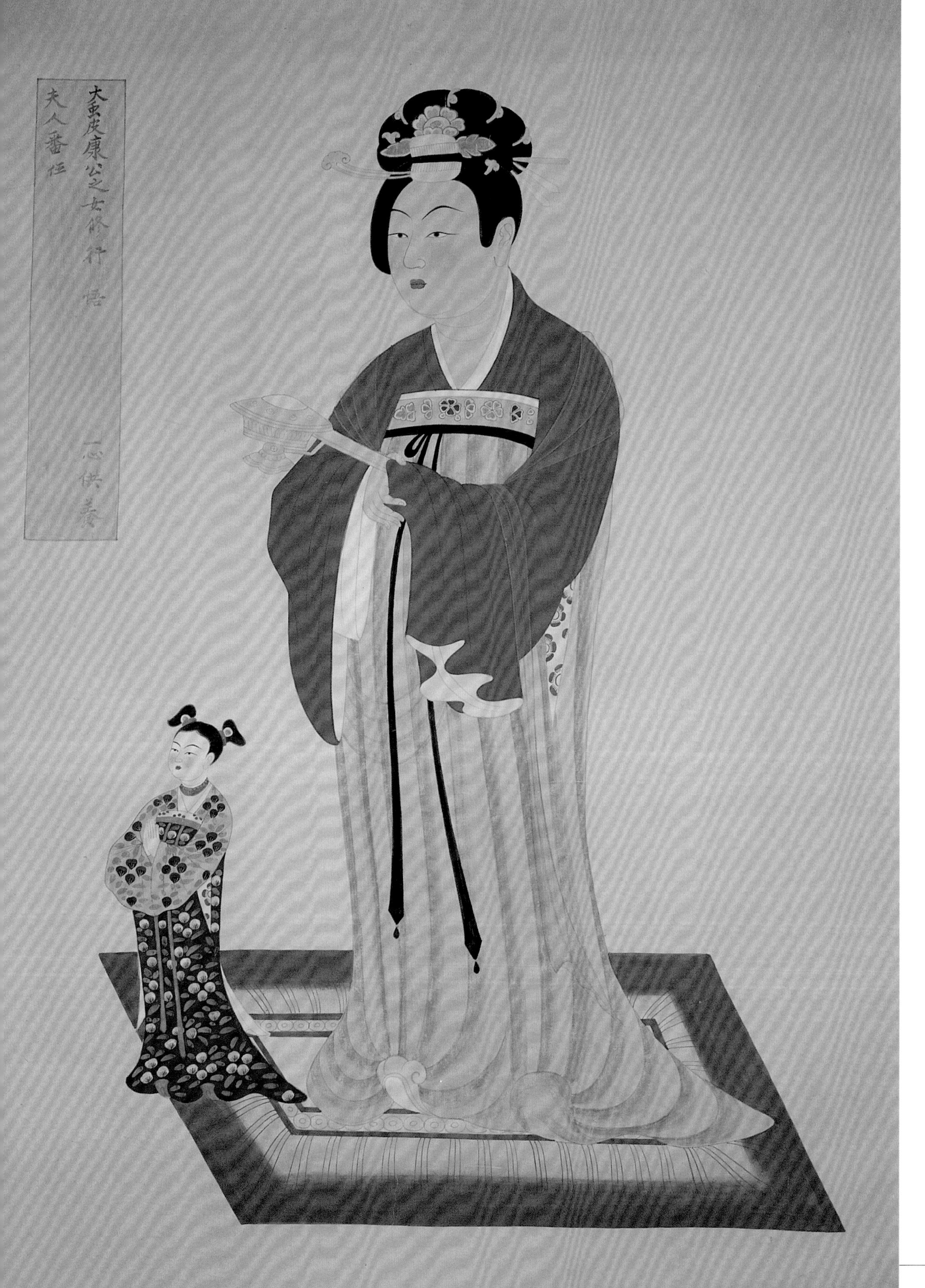
大蕃庆康公之女修行语 一心供養
夫人

165 貴婦與侍女服飾

貴婦頭梳百花髻，肩披紗縠帔巾，織錦上襦，纈染長裙，垂襳褵。侍女梳雙垂髻，著男式圓領花缺胯衫，帛帶束腰。唐代後期婦女著男裝雖然還少有出現，但與盛唐不同，多是身份較為低下的侍女。

中唐　莫231　東壁

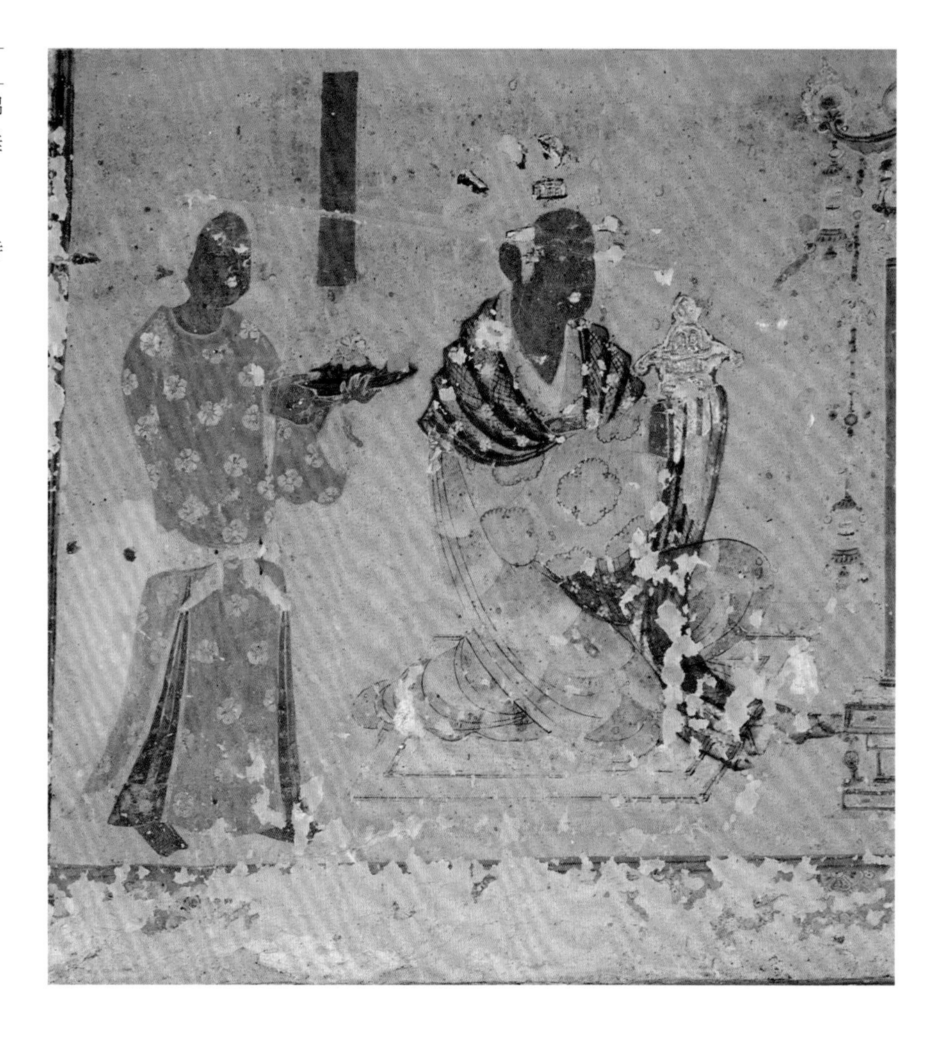

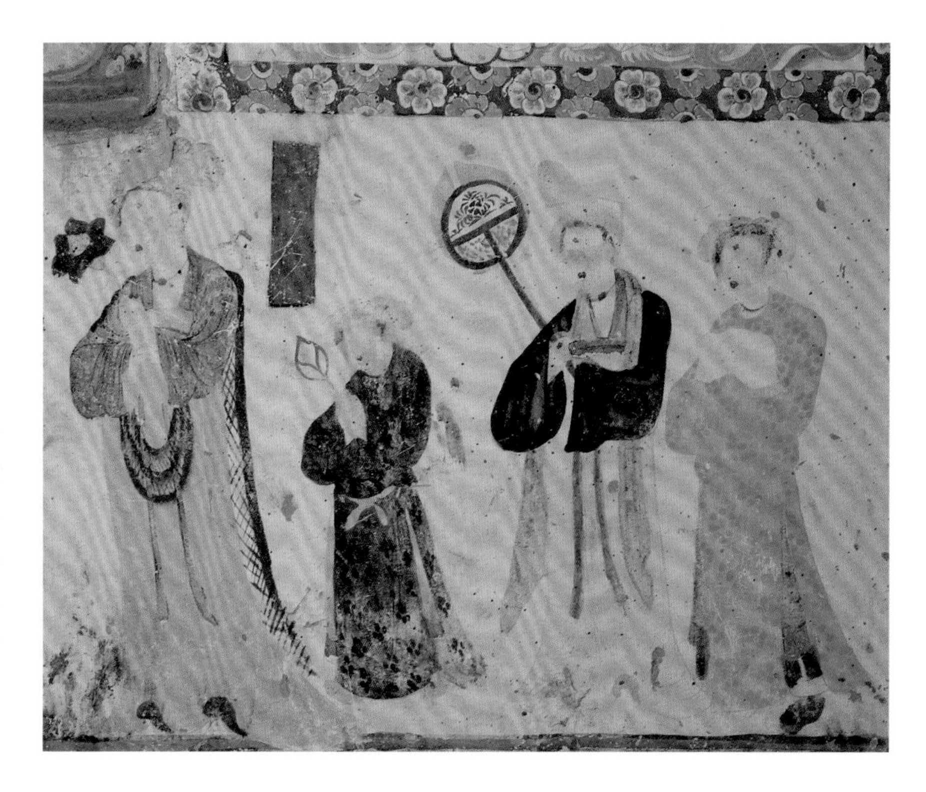

166 貴婦與侍女服飾

兩名手持蓮花的貴婦為供養人，均穿著漢裝襦裙，有網紋紗帔，穿叢頭履。前者梳釵髻，後者梳錐髻。隨後的兩名侍女均穿著圓領團花袍服，梳雙丫髻。表現了吐蕃統治時期的敦煌地區，從貴族婦女到市井民女都是漢裝、胡裝和吐蕃裝混雜，同為常服。

中唐　莫468　西壁

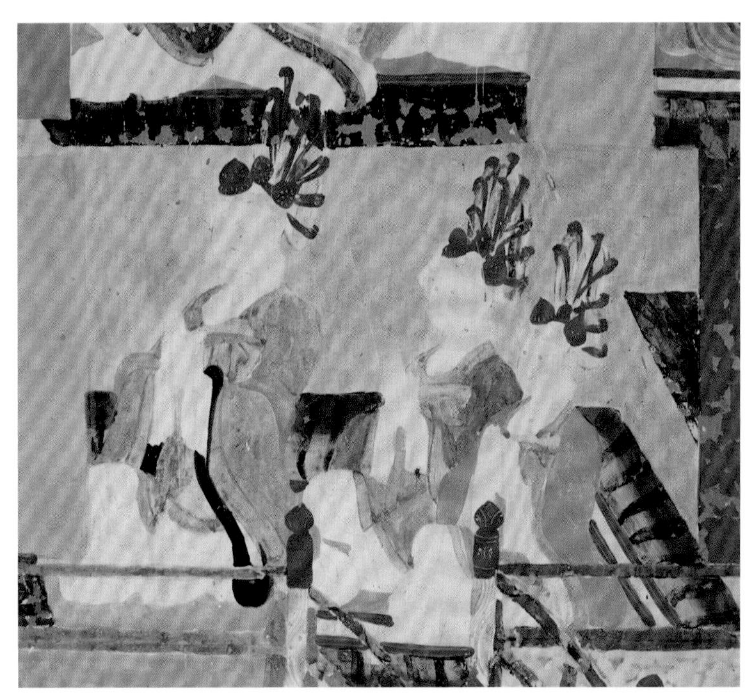

167 女信徒服飾

神態虔誠的聽法婦女，梳多寰高髻，這種冠應在佛教女信徒中很流行。身著紅上襦，綠帔巾，淺粉色長裙。

晚唐 莫196 南壁

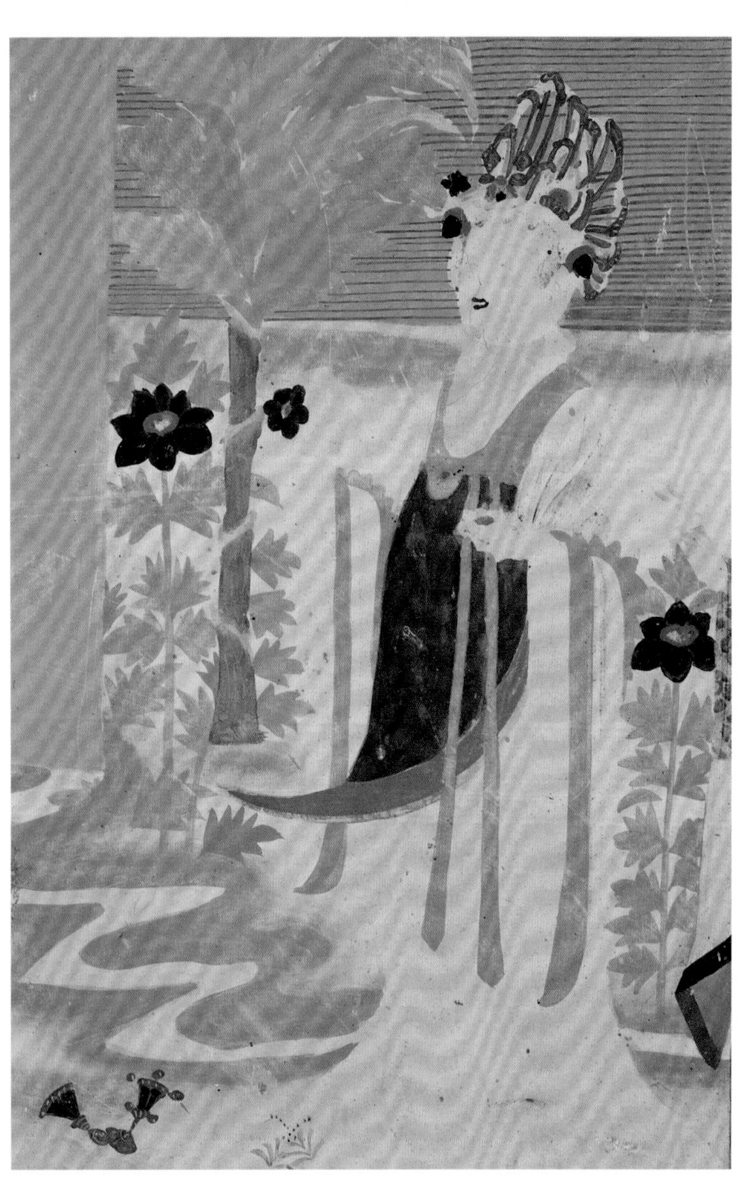

168 天女服飾

天女梳多寰高髻，其間還有花簪作裝飾。著淺粉色寬袖襦裙，有綠緣邊和帛帶，衣著淡雅。

晚唐 莫9 北壁

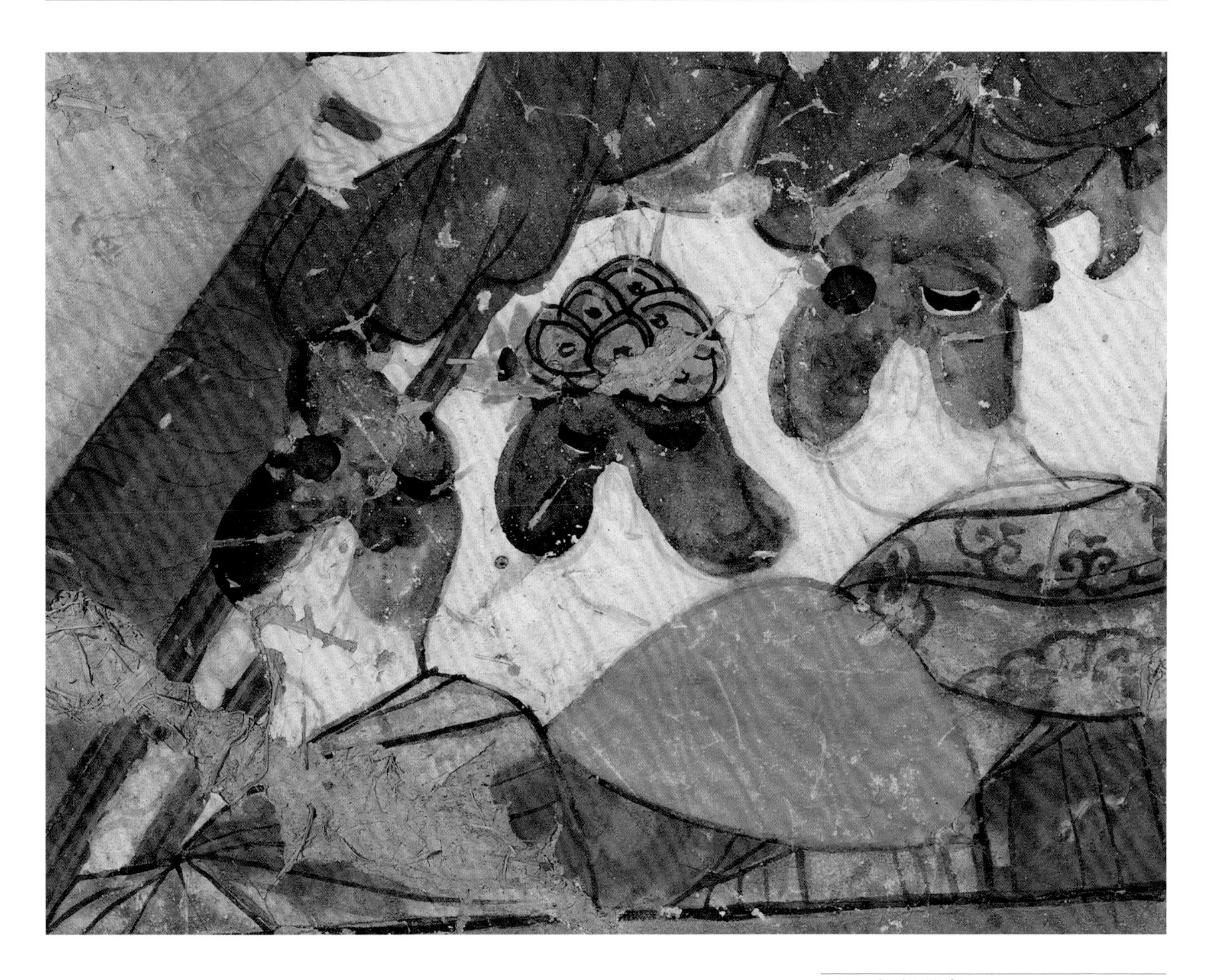

169 **少女髮式**

圖中三少女頭梳中唐流行的拋家髻，兩側鬢髮抱面，髮髻上插綠色花釵，中間一人戴花冠。三人均披彩畫帔巾，有的作雲紋，具有漢風，多用於建築或器物上，在服飾上少見。畫面為背影，更顯少女的嫵媚風韻。

中唐 榆25 北壁

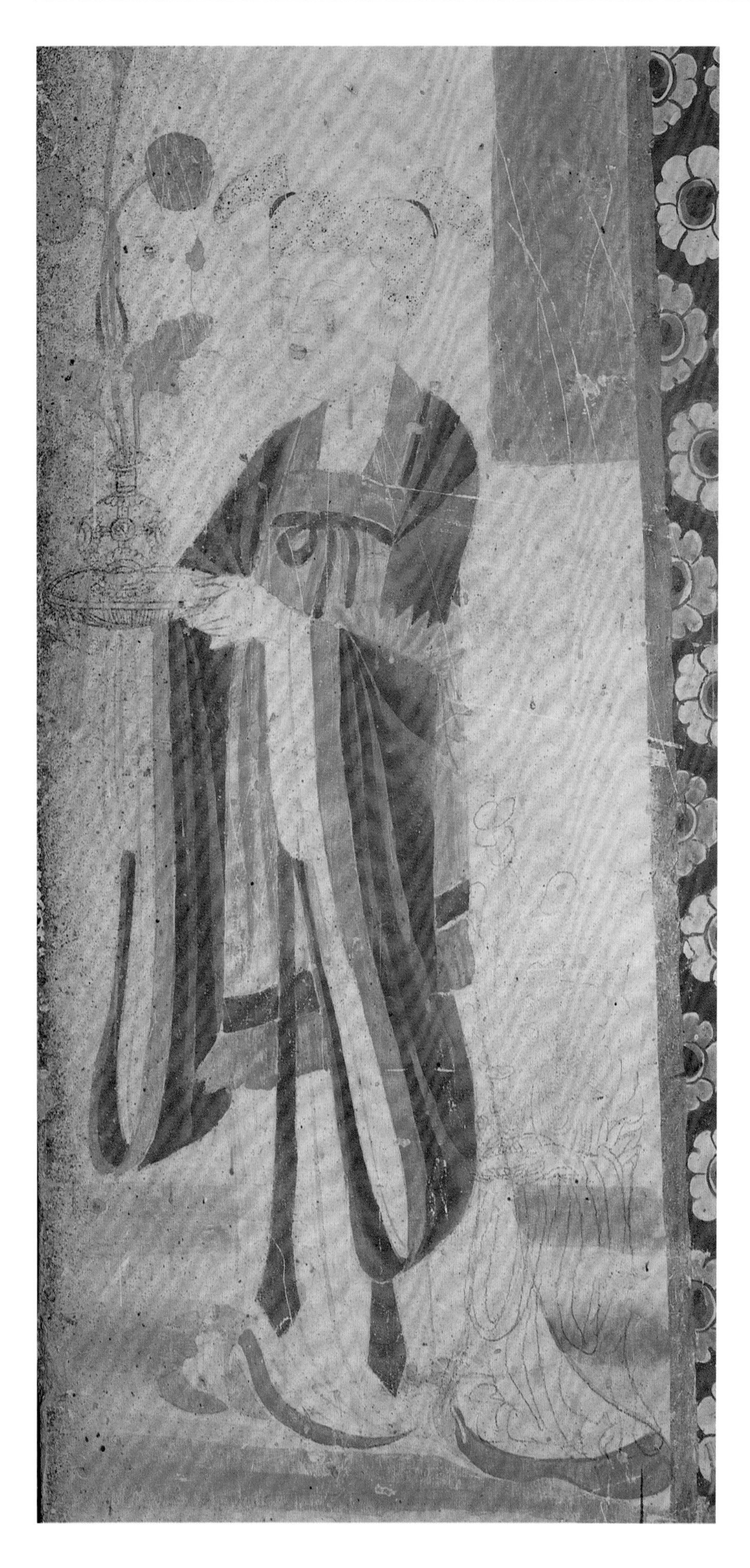

170 少女常服

少女頭梳雙丫髻，寬袖紅色襦衣，繫綠色腰裙，下著鑲邊白色長裙，穿歧頭履，是典型的少女常服。

中晚唐 莫144 東壁

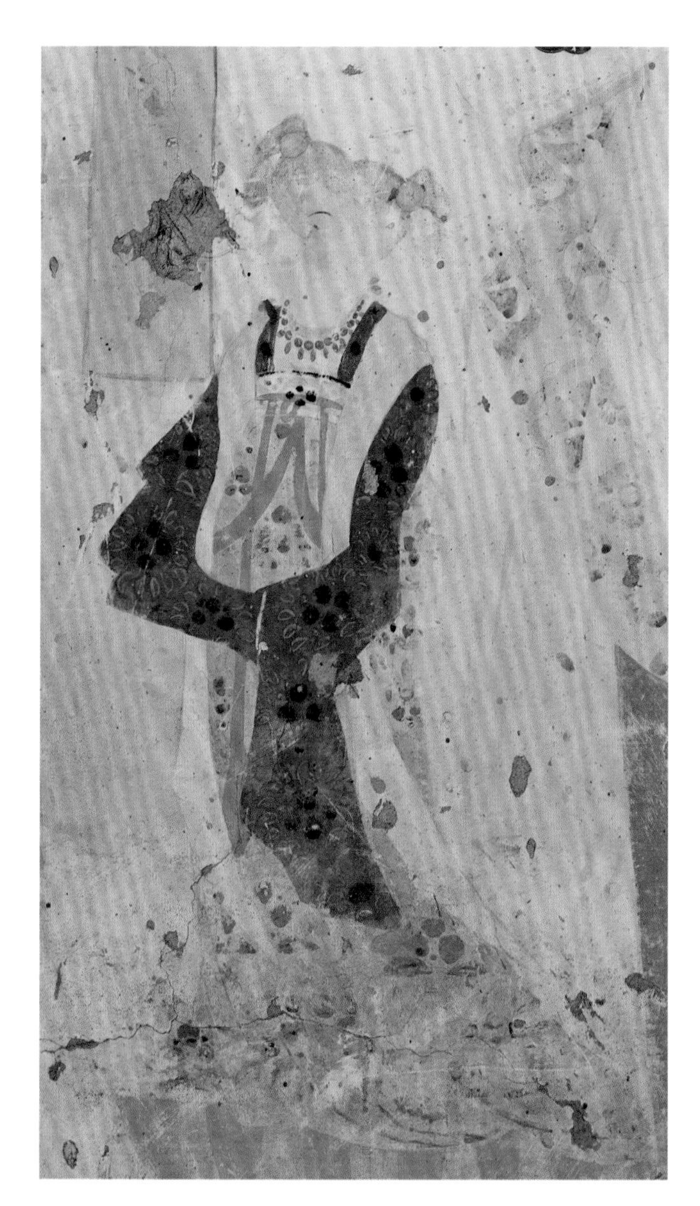

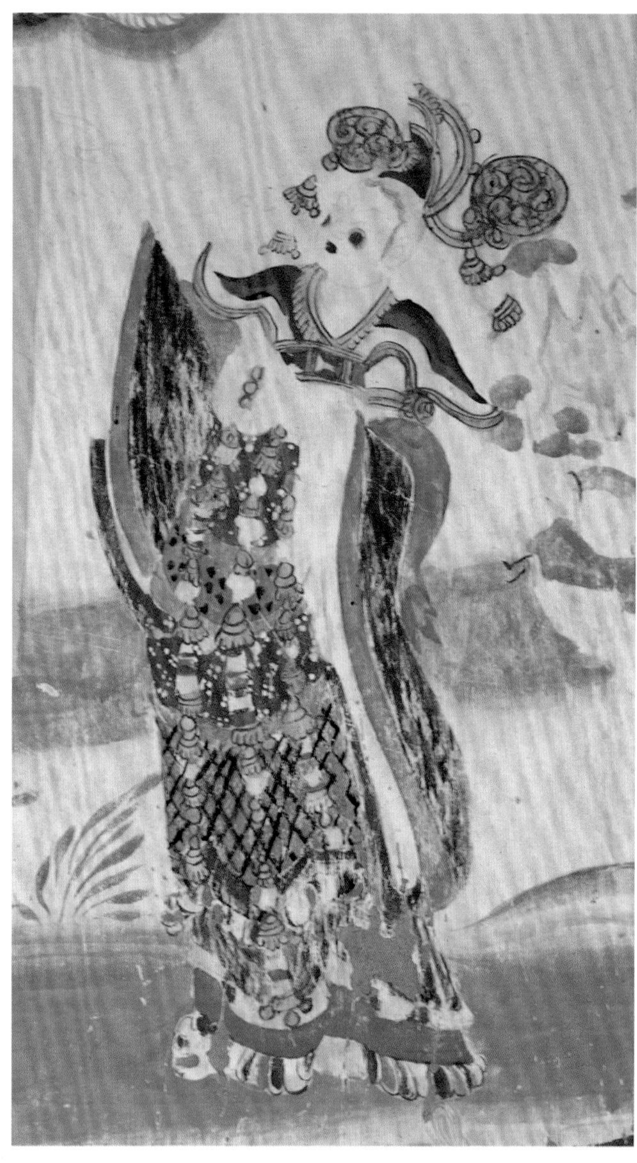

171　**少女常服**

少女頭梳雙丫髻，有花釵，戴項鏈，身著黃色團花襦裙，綠色花帔巾，色彩清雅。

晚唐　莫9　東壁

172　**外道女服飾**

外道，專指不信奉佛教者，在敦煌壁畫中的外道女多是淫蕩婦女的形象。頭梳假髻，上插花釵，一髻已經被大風吹散。身著雲肩花釵彩錦禮衣，身上垂三組玉佩，長裙有團花、菱形等紋樣，色彩艷麗，應為織錦紋樣。

晚唐　莫196　西壁

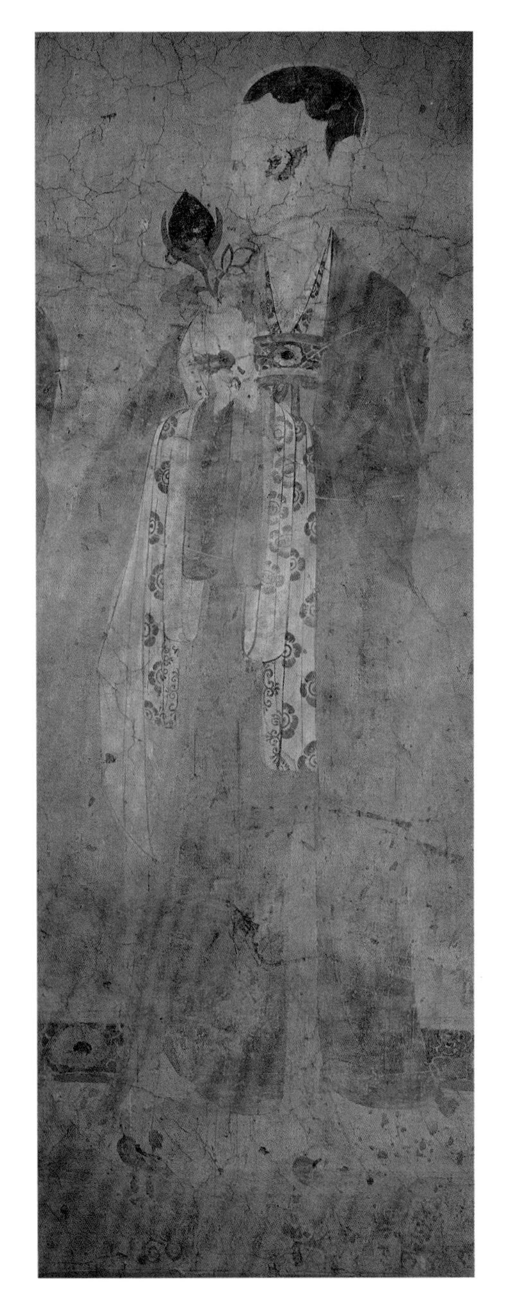

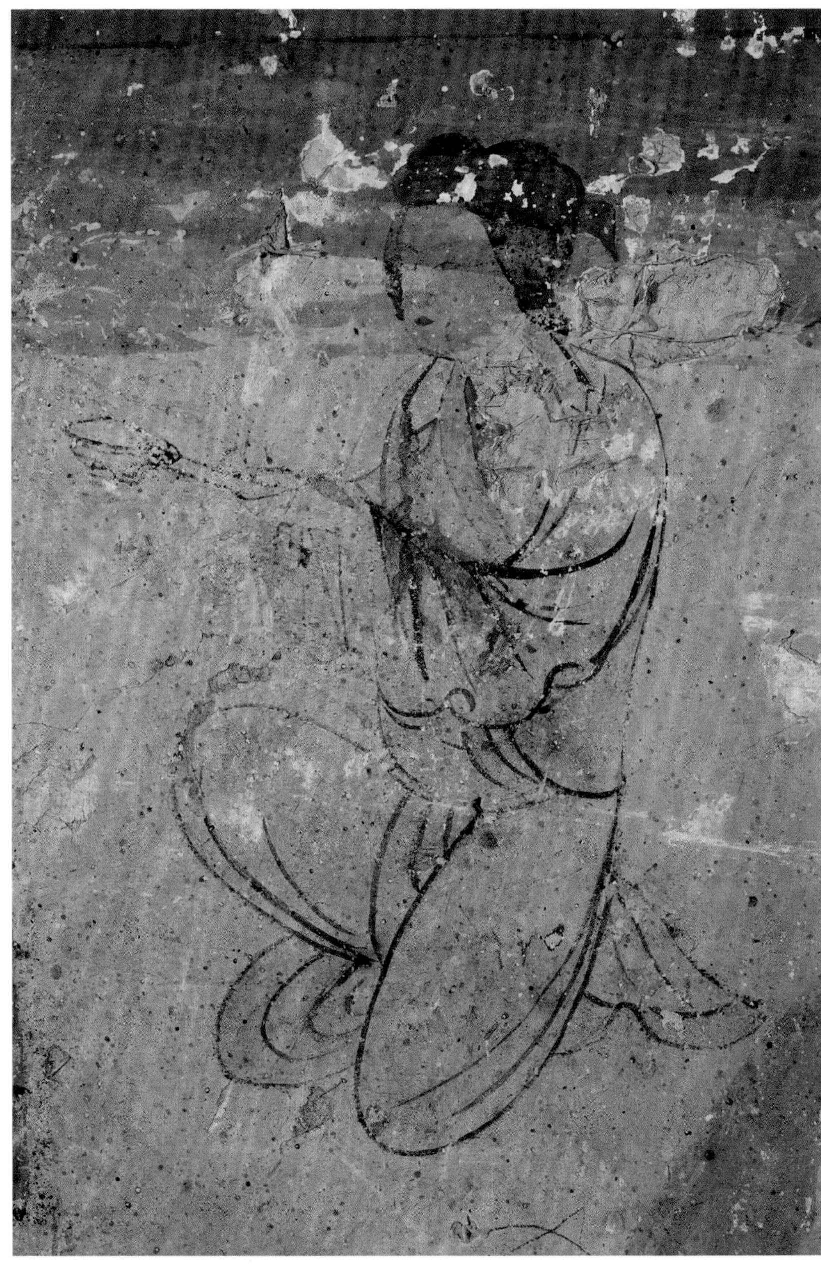

173 **女尼服飾**

晚唐時期的女尼供養人手持蓮花，額髮和鬢角作雲朵狀。身著紅色寬袖襦裙，內、外衣均鑲團花紋邊飾，左臂搭綠色隨坐衣。僧侶本應穿著素色僧衣，而此女尼色彩繽紛的服飾，氣質相當高貴典雅，其裝束與貴族婦女無異，是晚唐崇尚華美之風在社會上回潮之現象。

晚唐 莫138 北壁

174 **吐蕃女王沙奴服飾**

吐蕃女供養人王沙奴，柳葉眉，朱唇，頭裹紅抹額，身著左衽翻領長袍，旁有題名："佛弟子王沙奴敬畫千佛六百一十軀一心供養，"已有殘損。從其名字看應是漢族，從服飾看應是吐蕃族，或為漢人著吐蕃裝，或為吐蕃人改用漢人姓名。

中唐 莫225 東壁

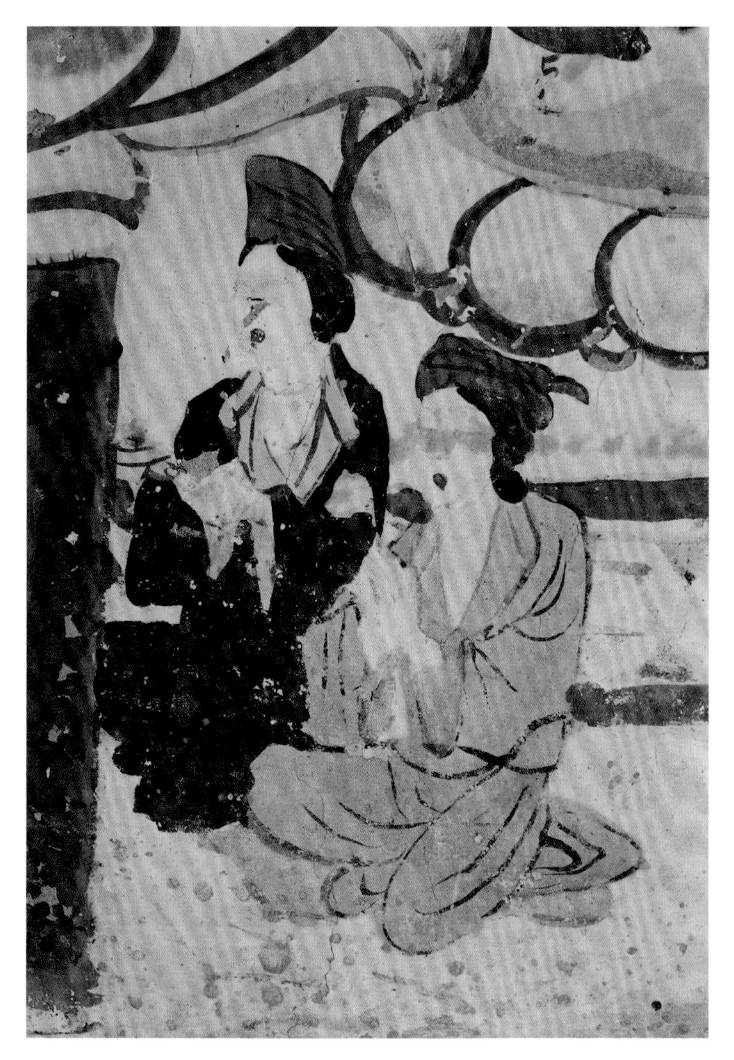

175 吐蕃婦女服飾

正在聽法的二位吐蕃婦女，一戴朝霞冠，一裹紅抹額，均塗紅唇，著翻領左衽長袍。從服飾分析，應屬於吐蕃貴婦。

中唐 莫220 甬道南龕

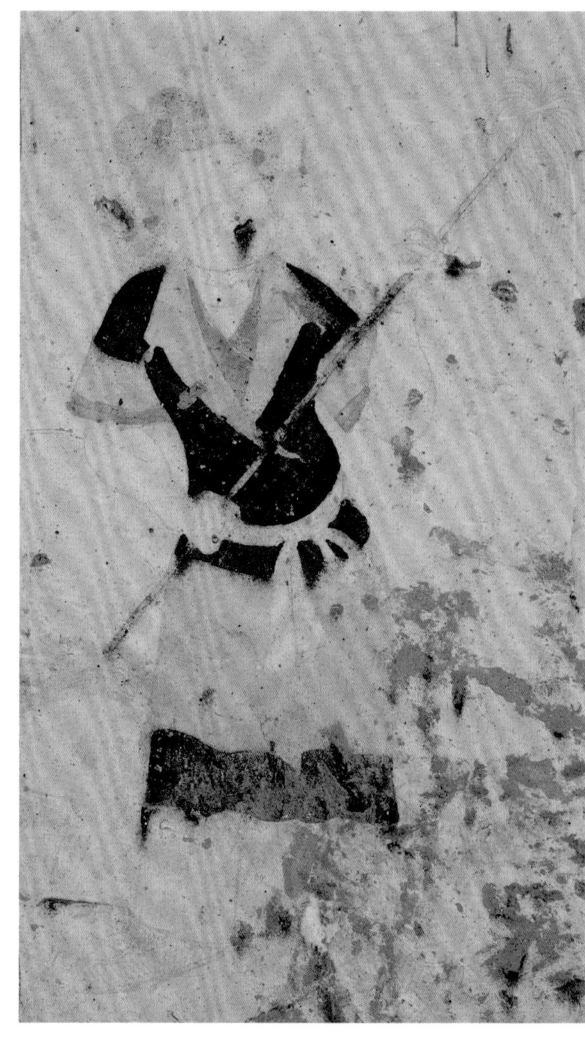

176 吐蕃裝婦女

婦女頭梳瑟瑟花髻，翻領左衽重袖半臂，帛帶束腰，腰裙鑲邊，下著長裙。這是吐蕃裝的一種流行樣式，也適宜勞作，應是日常勞動婦女的常服。

晚唐 莫147 西龕

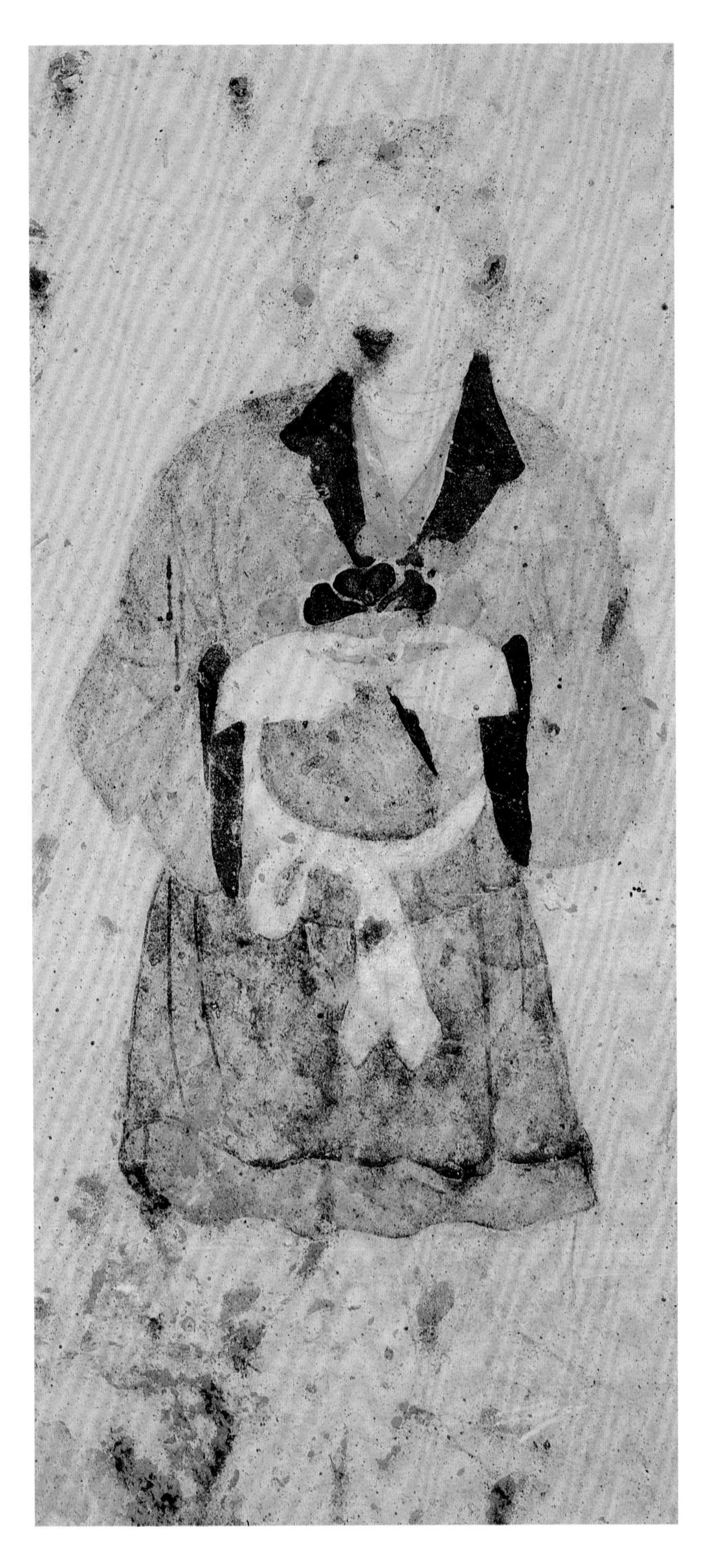

177 **吐蕃裝婦女**

婦女頭梳瑟瑟花髻，身著左衽翻領上襦，長至膝，帛帶束腰，下著長褲。這種裝束比漢裝襦裙更便於勞作。

晚唐 莫147 西龕

第四節 與盛唐相媲美的華麗紋樣

從唐代後期敦煌壁畫和雕塑的各種人物服飾可以看到，紋樣同服裝潮流是同步發展的。吐蕃統治的中唐時期，與盛唐相比有倒退，素色服裝較多見，紋樣的種類比較單一，沒有太多的新紋樣出現。此時各類佛像的服飾突顯出來，珠光寶氣，錦繡衣裙，一種帶有西域風格的捲草團花紋盛行起來。到歸義軍統治的晚唐時期，帶有紋樣的服飾較為普遍，講究華貴氣質、色彩艷麗的各種新紋樣湧現出來，藝術水平和工藝水平可與盛唐時期相媲美。

晚唐壁畫和雕塑上從朝廷命婦、達官貴人到普通平民百姓，在服飾上追求華美艷麗，甚至出家的女尼也穿著帶有色彩繽紛的花邊內衣和外衣，各類佛像更是極盡民間錦繡華貴於一身。這些作品中表現的服飾質料也很講究，有錦緞、紗縠、羅絹、紈綺等絲織品，特別是色彩斑斕的織錦、花紗、花綾、花緞等，更受到貴婦的青睞。在工藝上流行纈染、貼金泥銀和刺繡。貴婦襦裙上的動物圖案如雉翟等，還採用了工藝很複雜的堆綾貼絹法，如溫飛卿詞："新貼繡羅襦，雙雙金鷓鴣。"婦女服飾紋樣進一步趨向民族傳統化，除了前文提到的最高級別的花釵禮衣和翟衣以外，在唐代前期已經相當成熟的團花紋此時更加普及，仍然是主流紋樣，例如花枝紋、捲草團花紋、寶相花紋、狻猊花鳥紋、花葉團窠紋等，都屬於團花紋體系。而細碎小花紋也開始流行起來，到宋代發展成為主流紋樣。

唐代後期流行的主要紋樣如下：

捲草團花紋：是在隋以前忍冬紋的基礎上發展而來，盛行於唐代，故又稱唐草。其源流來自波斯的金銀器圖案，唐代成為建築、服飾、日用瓷器等方面裝飾圖案的主流。此紋樣以"S"形為基本骨架，兩邊分別生長出雙葉或單葉，或相背，或相向，豐富多樣，有亂中見規整的藝術效果。由於採用渦旋形、波形、S形幾何曲線為組合骨架，有一種"運動"與"生長"的趨向。這類紋樣其形式審美域寬廣，藝術生命力強，在服飾上多用在醒目的部位，例如做領或袖的鑲邊、圍裙或帔巾等紋樣。

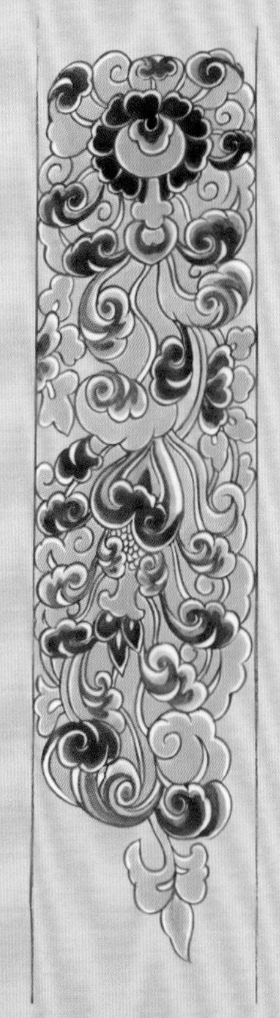

中唐莫高窟第159窟捲草團花紋

寶相花紋：比唐代前期的寶相花更

複雜而精緻，多重花瓣富變幻，團花之間點綴小葉，增添生氣。

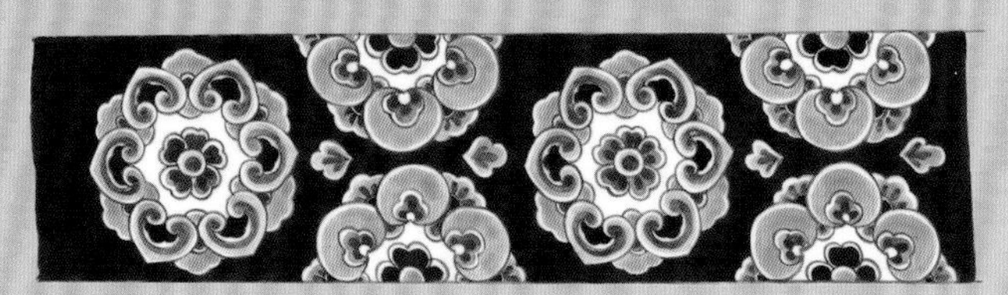

中唐莫高窟第159窟寶相花紋

鸞鳳紋：貴族禮服上所繡的山雉圖紋，即翟或翬的紋樣，也是冕服的十二章之一。《禮記‧王制》孔疏：“華蟲者，謂雉也。”因其色彩鮮艷，紋章華美，故名華蟲。衣上繪繡鸞鳳紋又是一種等級的標誌，也説雉性有耿介的本質。在藝術處理的過程中，雉往往被美化成鸞鳳。

狻猊花鳥紋：狻猊即獅子，乃百獸之王，圖案上狻猊在雲頭上飛舞，突出其神格化。以團窠花紋為骨架，鳥兒在花叢中翱翔，在紅底色的映襯下，畫面呈現出較強的宗教色彩，莊重而熱烈。此紋樣也是服飾的等級標誌，似應比鸞鳳紋的等級略低。

聯珠小團花紋：

外圓以聯珠構成，內填簡單花紋。為大眾化的一種紋樣，更是晚唐時期婦女服裝上流行的各種團花圖案之一。這種團花和週邊鑲嵌的連聯珠紋，最早來源於通過西域傳入的歐、亞各國的金銀器圖案，是唐代王室貴族喜愛的圖案，不僅在金銀器、瓷器上使用，也在絲綢紡織品上使用，顯示了富貴華美。

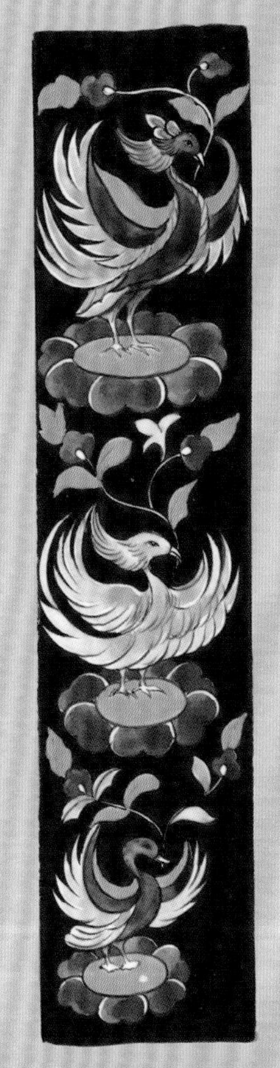

晚唐莫高窟第138窟鸞鳳紋

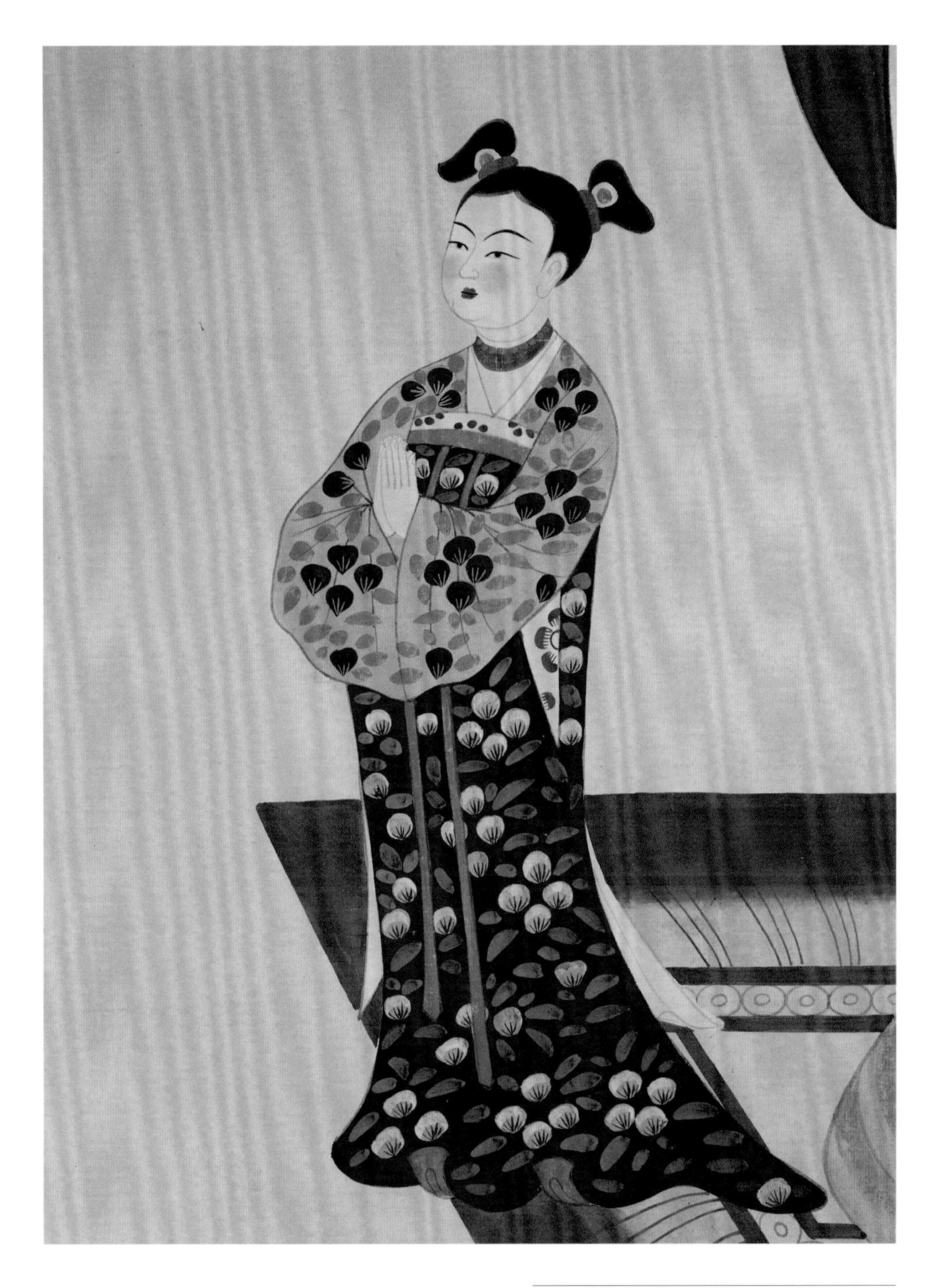

178 少女襦裙紋樣

吐蕃時期少女身著漢裝襦裙，小團花紋樣從初唐直至元代都很流行。

中唐 莫114 東壁（段文杰摹）

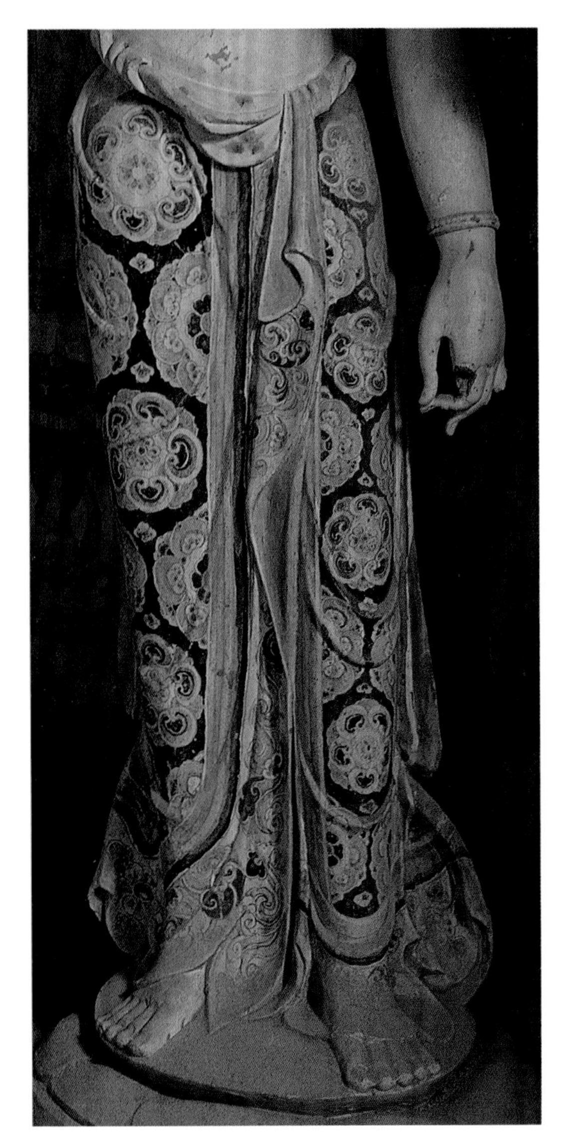

179 **菩薩服飾寶相花紋樣**

菩薩著彩錦長裙，佈滿寶相花紋，色彩絢麗。

中唐 莫159 西龕

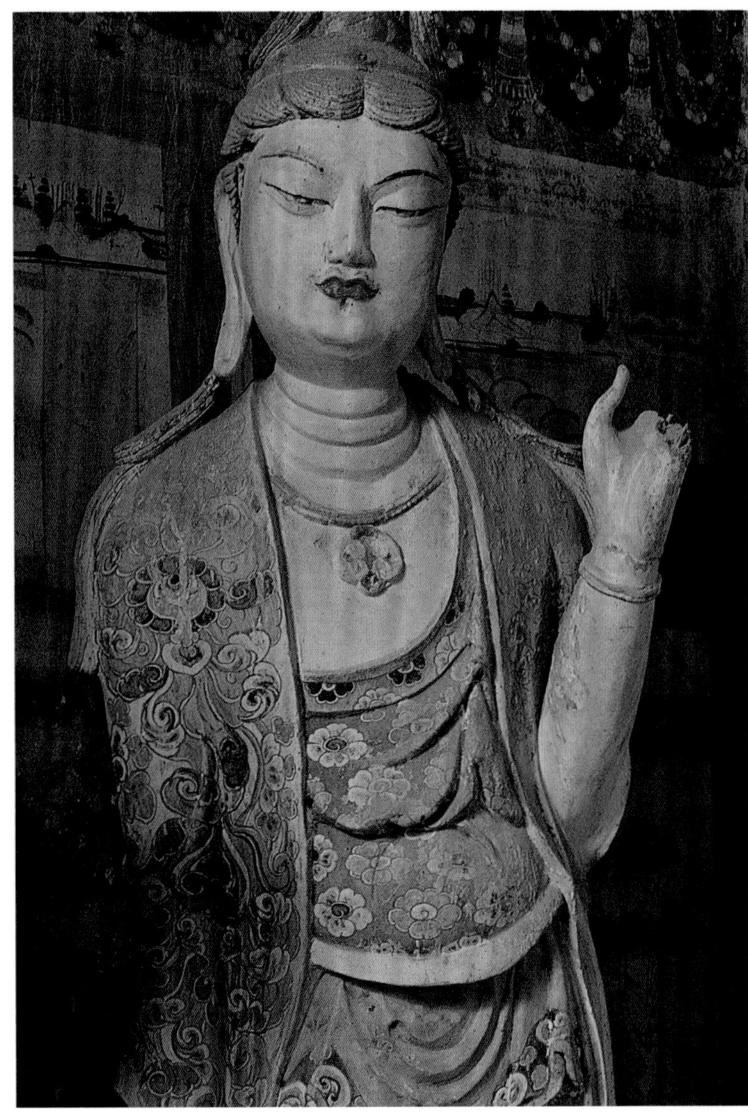

180 **菩薩服飾捲草團花紋樣**

菩薩梳望仙九鬟髻，身著織錦衣裙，上身著紅襯地白、綠五瓣團花的袒胸覆膊衣。帔巾紋樣為唐代流行的捲草團花紋。

中唐 莫159 西龕

181 **菩薩佩飾與紗羅裙紋樣**

金剛母菩薩戴花寶冠，花鈿長眉，有珥璫、項鏈、臂釧、手鐲、足釧，頸部有瑟瑟珠瓔珞，用串珠替代了長帔巾。上身袒胸，著透明的小團花紗羅裙。

晚唐 莫14 南壁

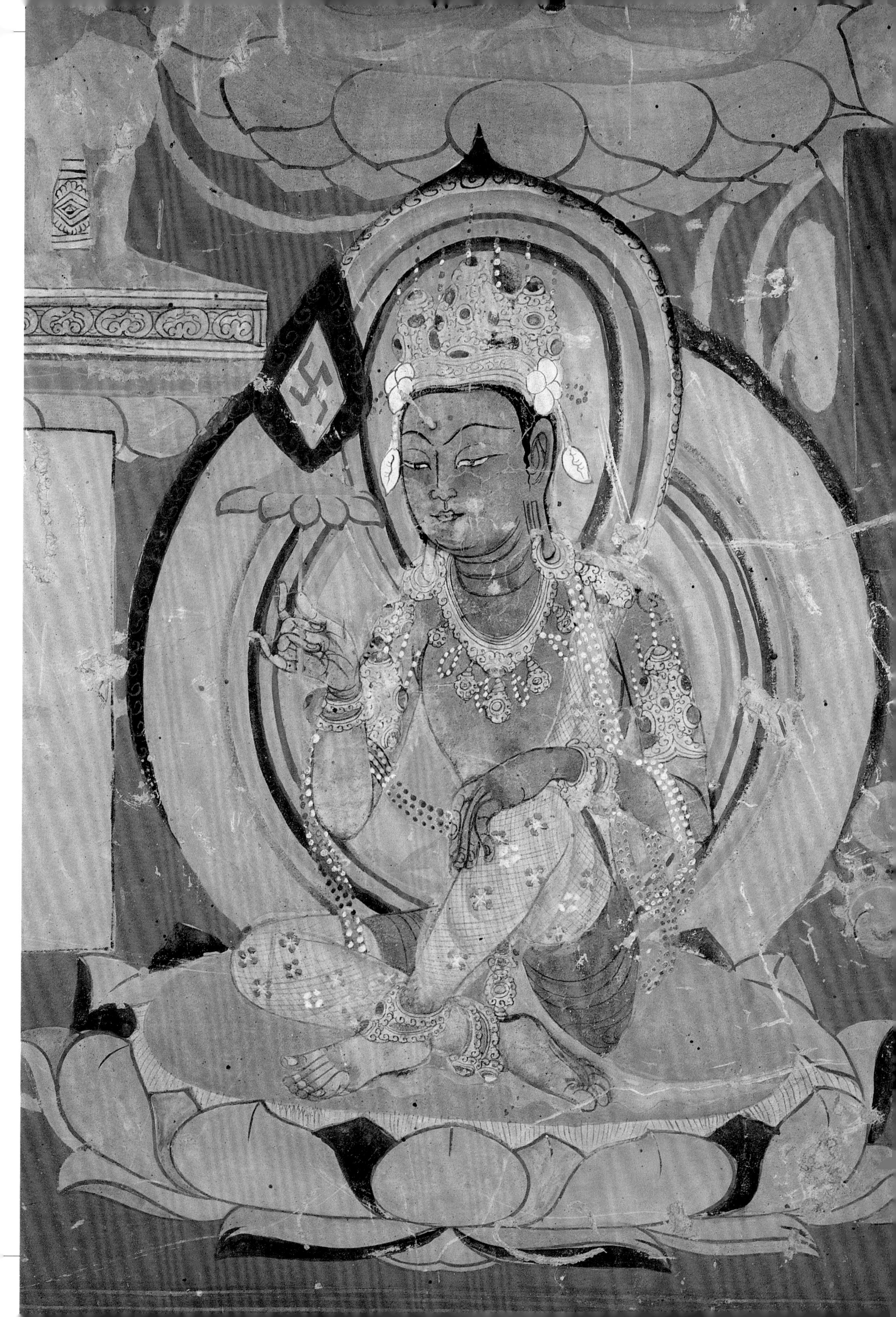

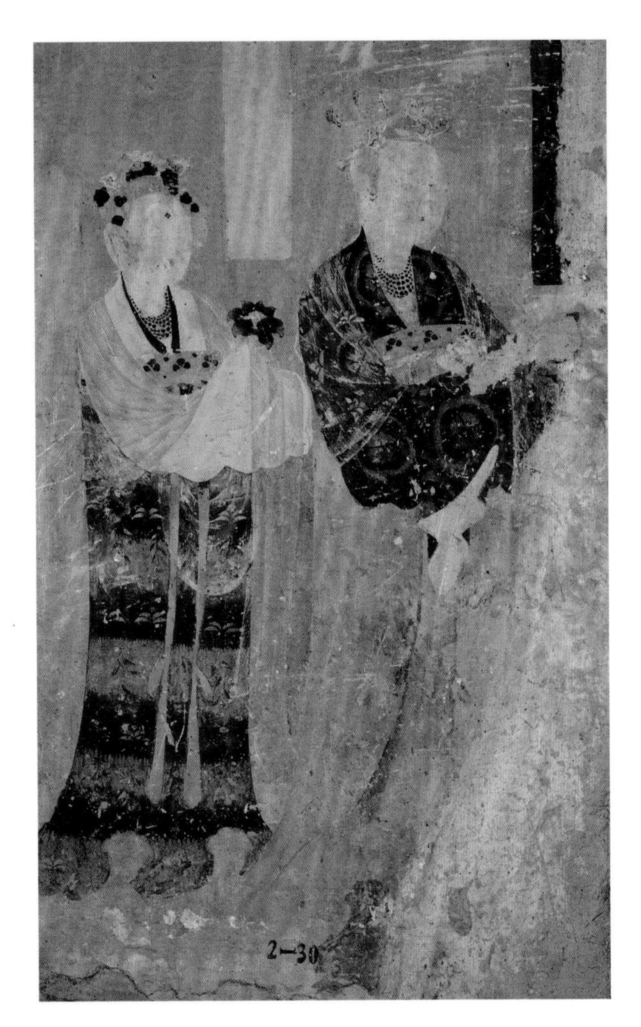

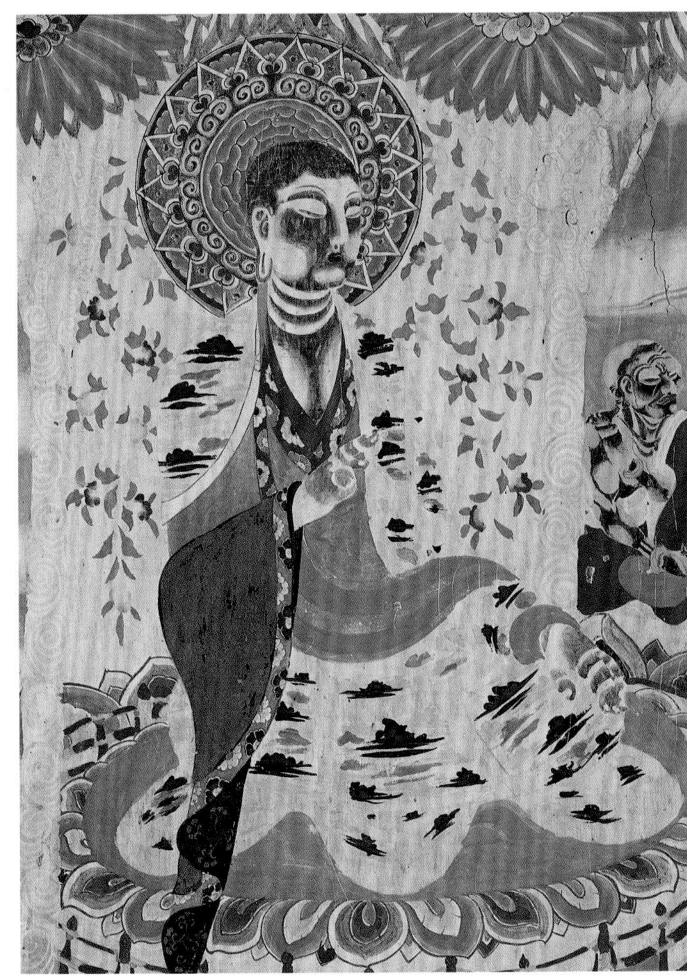

182 **母女襦裙紋樣**

母女兩人均為上襦下裙。色彩很講究搭配，母親上襦是彩色大團花草葉紋織錦，下著石綠色素裙；女兒是石綠色素襦，下著紅紫相間襯地折枝花草紋暈染長裙。

晚唐 莫12 東壁

183 **山水紋袈裟**

舍利弗身穿山水紋袈裟，這是隋代以來僧人的常服。晚唐的山水紋比隋代更加細緻，用石綠點綴水的顏色，山的峰巒有了遠近的層次感。

晚唐 莫196 西壁

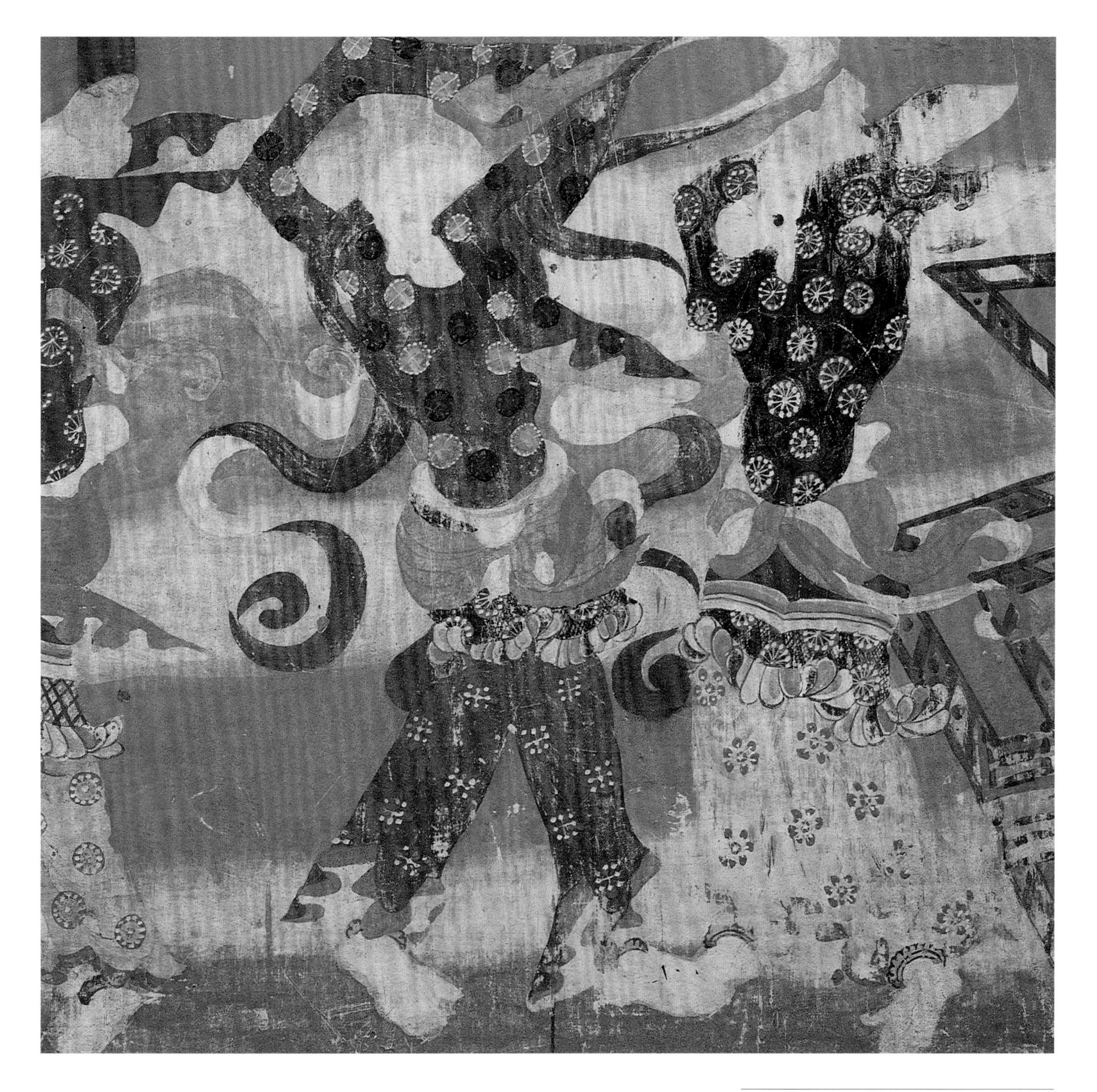

184 **魔女襦裙紋樣**

圖中魔女服飾應來自民女的常服。其中上襦有聯珠小團花紋，從隋代至唐代為大眾化的一種紋樣，在敦煌壁畫中出現最多的紋樣之一。左側者下褌為幾何形小點花紋，右側者為團花。

晚唐 莫196 西壁

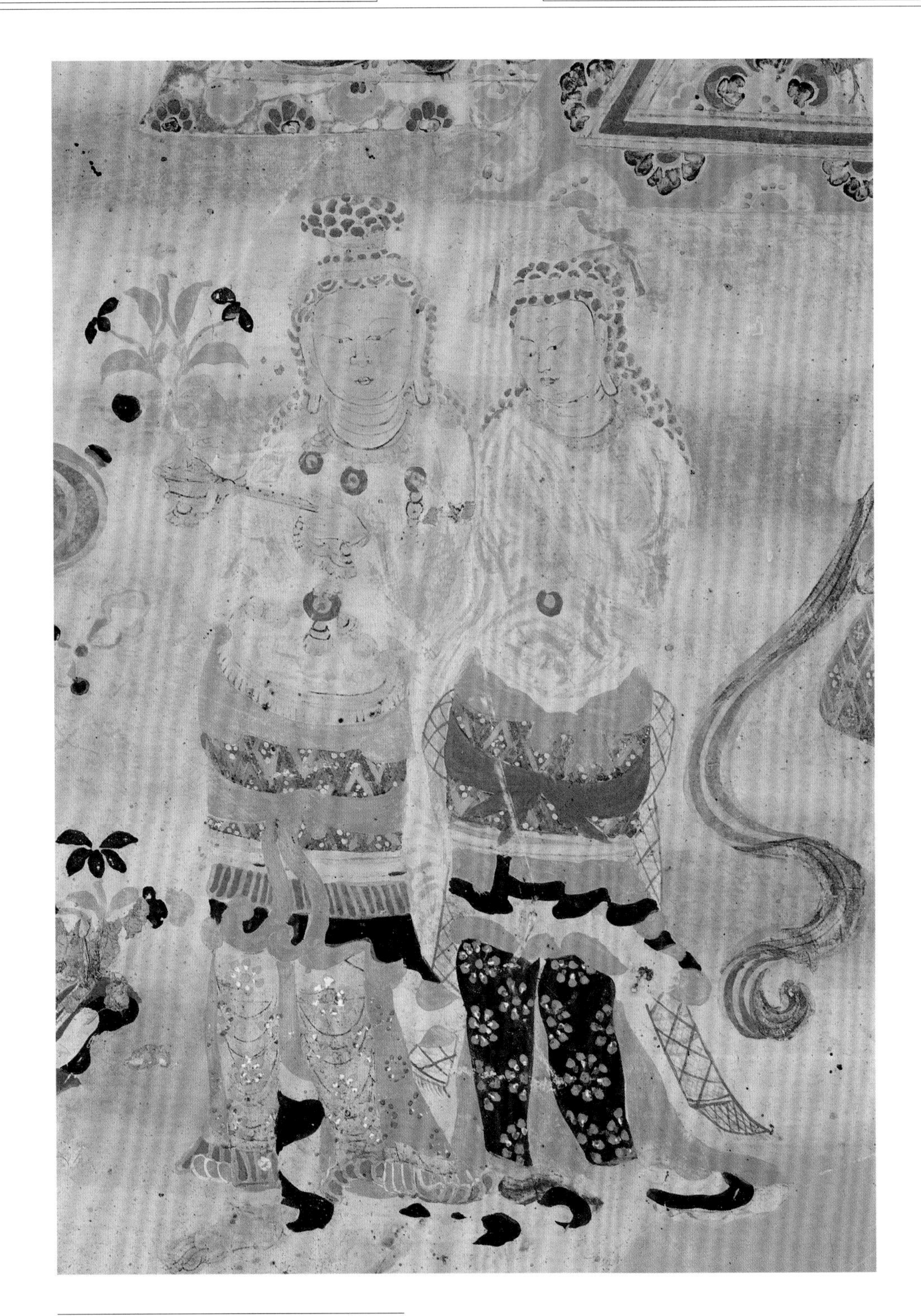

185 外道女裙褲紋樣

外道女二人梳回鶻髻，垂髮辮，戴項鏈，著薄紗上襦，中有菱花紋腰裙，下著團花紋彩褲，帔巾繫腰垂後。

晚唐 莫9 南壁

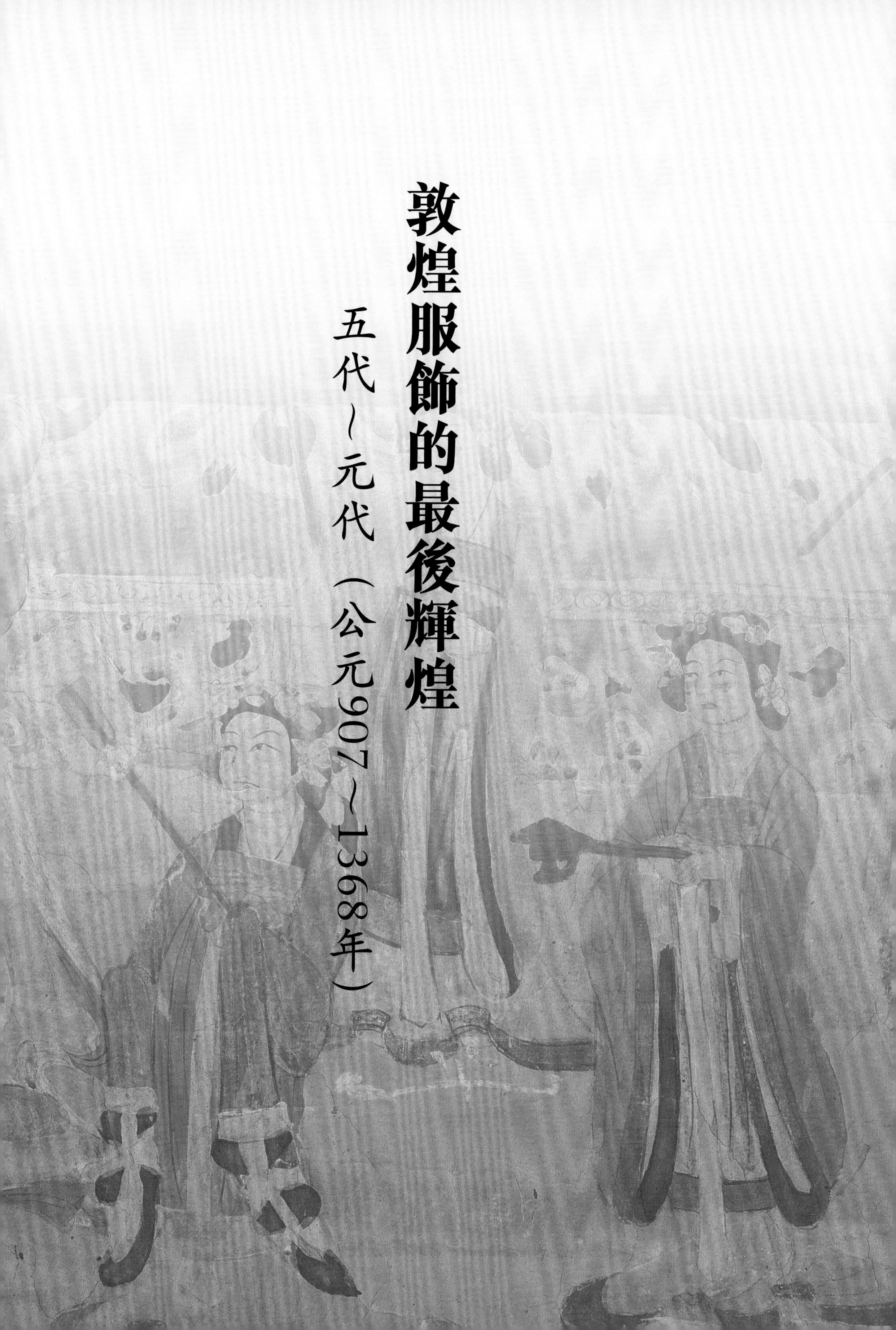

敦煌服飾的最後輝煌

五代～元代（公元907～1368年）

從五代開始，中國進入了四方藩鎮張揚跋扈的時代。而僻處一隅的敦煌卻未經戰亂，自從晚唐張議潮率兵歸唐以後，五代時期歸義軍政權又歸屬於曹氏繼續主掌，由此取得了長期的安定局面。曹氏政權的統治跨越五代和北宋兩代，這一時期敦煌壁畫中的服飾，以唐宋的服制及風尚為主流，官服和命服，更是以中原禮制為正統。特別是宋代中原地區文人階層流行的製作精緻、風格雅致的服飾，一度在敦煌地區傳播開來。

這一時期婦女的服飾與唐朝相比，總體風格顯得內斂而儒雅，色彩柔和。另一方面，宋朝雖然長期與遼、金對抗，但是貴族婦女卻以胡服為時尚，敦煌壁畫強烈反映出這一時代特徵，如男女通用的重裙、半臂和男子的衫裙褲套裝以及彩畫鎧甲等，都屬於胡服。敦煌壁畫中還表現了豐富的婦女裝飾，從首飾、面飾到頸飾都相當齊備，不少都是史籍記載缺乏而又見所未見的。如于闐國皇后的供養像，其頭飾為鳳鳥高高站立在雙重蓮花冠上，全部綴滿瑟瑟寶珠，僅一側的步搖瑟瑟寶珠就達二十二顆之多。

約在北宋景祐三年（公元1036年）以後，敦煌又為沙州回鶻、西夏、蒙古及元朝所統治。敦煌壁畫中保留了大量的少數民族統治者的形象，使這一時期西部民族的服飾原貌得以再現。尤其在蒙元統治時期，各種色彩艷麗充滿遊牧風格的金錦服飾，與宋代文人雅致風格的服飾形成了強烈的對比。少數民族建立的各政權從西北的草原大漠進入中原，特別是進入繁華的大都市以後，都在尋求漢化的發展之路，開始倣效漢族的服飾和宋朝的服飾制度，特別是為了“使貴賤有等”，對衣服的用料、顏色、圖案等都制訂了嚴格的禮制，敦煌壁畫也充分反映了這一時期民族融合的多元性。

第一節 五代至宋代禮制鬆弛的官服與戎裝

曹氏政權統治時期跨越了五代和北宋兩代，敦煌壁畫中帝王和百官的官服基本上沿襲唐制，例如唐代《輿服制》中記載的各種官服禮制，在諸多的傳世繪畫、出土墓葬壁畫和陶俑中，所見官服形象都很零碎，無法見到全貌。敦煌在盛唐時期，由於地處偏僻一隅，盛唐的信息還來不及全面傳達到這裏，因此壁畫中的供養人表現官場盛裝的場景較少，官服禮制的信息也不豐富，很顯單薄。而五代時期由於地方統治者具有強烈的權威感，他們極力倣效盛唐帝王和百官的冠服，塑造了豐富多彩的王室貴族供養人的形象，生動再現了盛唐的官服禮制。同時，隨着大唐盛世的消亡，五代至宋代的官服禮制總體上有明顯的簡化趨勢。

一、漢族王侯冕服

五代王侯的官服仍實行盛唐傳統的冕服禮制，但是從冠帽到袍服已經大大簡化了。如王侯本應戴五或七旒冕，而莫高窟第6窟五代壁畫的禮佛王侯戴三旒玄冕，身著寬袖袍服，內為曲領中單，這是唐制規定的卿大夫的朝服。至於冕服制中規定的主題圖案十二章紋，壁畫上王侯的袍服上只有少數幾種章紋，如日月紋、兩條昇龍之間飾以雲紋、左右各一宗彝。在十二章紋的次序中，日月與龍均列首位，宗彝也在前列。日月表示肩負重荷，光照人寰。龍乃人君之象，從天子到王侯都以龍象自詡，以示其神化之功。宗彝為宗廟祭器，代表了儒家的孝道觀念。這幾種章紋把冕服上最重要的帝制思想已表達出來了，其餘的章紋都簡略了。從冕旒到章紋都作簡化的現象看來，儘管邊塞割據政權對帝王禮制仍然亦步亦趨，但是五代以後唐朝制訂的服飾禮制確已動搖了。

由此可見，中原傳統的冕服發生了很大變化，首先是對龍的誇張，不用降龍只用昇龍，這也是晚唐以後四方藩鎮分裂割據，中央集權衰落的具體表現。還有一個值得關注的問題，就是敦煌壁畫中每個歷史時期都普遍存在禮制鬆弛的現象，各階層的人物服飾或多或少逾越高位，誇大身份，但是只有帝王冕旒則是降級低微，其中原因有待探討。

二、唐制官服的演變

除了王侯的冕服以外，五代至宋代敦煌壁畫中朝廷各級官服也仍然沿襲唐制，文官戴進賢冠，著寬袖袍服，曲領中單。武官戴介幘，內著寬袖袍服，外著彩畫胄甲。地方衙府的高級官員如節度使等，均著紅色圓領袍服，內為白紗羅或小白綾中單，並用繡花邊作襯領。

官服：隋唐以來，以服飾的顏色來區分官品之高下的禮制，在五代以後明顯鬆動，唐制規定三品以上為紫色；四品、五品為緋色；六品、七品為綠色；八品、九品為青色。但五代以後的官服在紫、緋兩色的區分上並不嚴格，五品以上者均著紅色袍服，這可能是壁畫受顏料的限制，風化後壁畫褪色，由緋變紅。而五品以下的官職，仍然不得穿紅袍服，如敦煌莫高窟220窟的翟奉達供養像，本人屬於歸義軍衙府的幕職人員，是士人初仕起家之官，他們的階品為低級官吏，所以均著青色袍服。

官服頗講究的腰帶，也以顏色、質料區分等級，革帶有紅、黑色之分，唐代天子專用紅色，黑色貴賤通用。從敦煌壁畫觀察，五代以後原有的嚴格限制已經被打破了，四品以上都可用紅色，如翟奉達等低級官吏青色袍衫上束紅革帶，而庶民不得通用。五代至宋代官服的腰帶上仍然有銙飾和鉈尾，王建《宮詞》云："新衫一樣殿頭黃，銀帶排方獺尾長。"反映的就是帶銙、鉈尾的形態。

另外一種重要的顯示身份官品的裝飾物，就是唐代禮制中規範的腰帶左側下垂的佩魚，宋代也沿襲下來。《宋史·輿服志》記載："其制以金銀飾為魚形，公服則繫於帶而垂於後，以明貴賤。"宋代的佩魚只是身份的一種象徵，已無唐代憑證之功用，時有"唐以袋貯魚，宋以魚飾袋"之說。三品以上穿紫服的官員飾以金佩魚；五品以上穿緋服的官員飾以銀佩魚。莫高窟第427窟宋代節度使曹氏供養像，著紅袍服，腰帶左側懸掛有佩魚之飾，應為金佩魚。

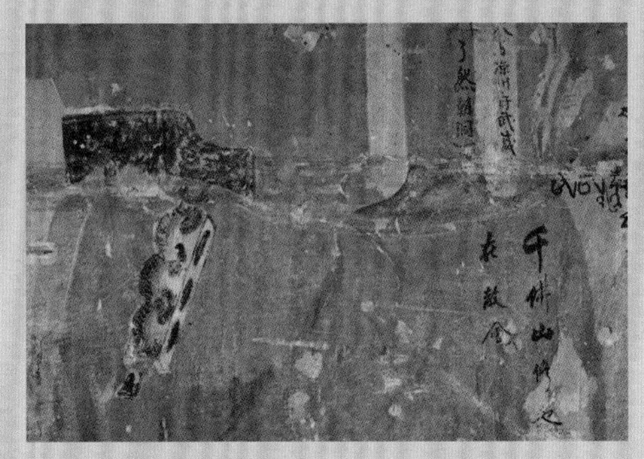

宋莫高窟第454窟佩魚

腰帶為花犀帶，上有雕鏤花紋，下垂一佩魚，上刻三條小魚，應為五至三品官員之腰飾。

據《宋史·輿服制》記載，宋代的文武官服的衣料大致可以分為錦、繡、印染、彩繪四種。北宋法令禁止平民使用印染的衣料，並且因為專限皇家儀仗隊的高級軍官穿著用印染絲綢製作的軍服，不許印染絲綢花紋的印花版流入民間，直至南宋這項法令才解禁。

但是，宋代官服總趨勢是更加崇尚典雅、精緻之風，比起盛唐華麗繁縟的服飾要簡練一些，宋神宗將唐代以來官服的四等顏色，簡化為三等，即一品至四品為紫色、五品至六品為紅色、七品至九品為綠色。敦煌壁畫中的宋代官員形象顯示了這一特徵。

襆頭：五代以來官員的冠帽也沿襲唐制，襆頭佔據主流地位，廣泛流行的有兩種形制：一種為展腳襆頭，以銅鐵為骨，兩展腳作細長狀直伸而出，到宋代展腳越來越長。據宋人記載，因百官上朝時經常交頭接耳談私事，所以朝廷將展腳加長，使官員在朝上彼此保持一定距離；另一種為漆紗襆頭，以紗羅製成，外塗漆，展腳作橢圓狀，這種形式的襆頭一直沿用到明代，長達三百年。宋代還有男人愛好插花的習俗，每逢喜慶大典或良辰佳節之時，從帝王到公卿百官，以及隨同的騎從衛侍，無不在冠帽上插簪花，以增加喜慶氣氛。宋人詩曰："牡丹芍藥薔薇朵，都向千官帽上開。"敦煌壁畫上宋代官員供養人，常常在襆頭上插花朵，是為花裝襆頭。

三、實戰與儀仗的戎裝

五代至宋的戎裝基本沿襲晚唐的定制，在形制、質料上有所變化。製作鎧甲的質料仍以鐵、皮、布帛為主。從功能分為兩種，一種用於實戰，一種用於儀衛。敦煌壁畫中符合實戰要求的長身緊身鎧甲大量出現，武士頭戴尖頂有纓飾的兜鍪，額前有眉子。甲身長至膝，有護膊、護臂，下有腿裙，背後有鶻尾，均鑲寬緣邊，足蹬靴。全副鎧甲顯得緊身窄袖，融合了中原、吐蕃、高昌諸多鎧甲的特點，更突出了輕捷靈便、防禦性強的優勢。正如宋詩所言："山僧見我衣裳窄，知道新從戰事來。"南北朝以來盛行的裲襠鎧在唐代前期開始衰落，唐代後期僅在天王戎裝上可以找到痕迹，五代以後基本退出戰場，而唐代後期出現的長身緊身鎧甲更加盛行。

五代至宋儀仗軍隊作為炫耀權威的重要形式，儀仗鎧甲仍然講究樣式和色彩。《宋史．儀衛制》詳細記載了皇家儀仗隊高級軍官穿著用朝廷專限的印染技術製作的鎧甲，"甲以布為裏，黃絁（粗絹）表之，青綠畫為甲文，紅錦緣，青絁為下裙，絳韋（皮）為絡，金、銅、鐵，長短至膝。"莫高窟五代第108窟壁畫中的儀衛穿著一種五色介冑，就是用印染絲綢縫製的，黃絁為面，以布作裏子，以青綠畫成甲葉的紋樣，上下並加紅錦緣邊，以紅皮為絡帶，從背後至前胸襻繫。外披護膊，內著寬袖衫，袖端以紅錦緣邊，下著裙，這種五色彩裝增添了儀衛的風采，顯示了威武氣勢，再現了宋史記載的皇家儀仗隊高級軍官的鎧甲樣式。

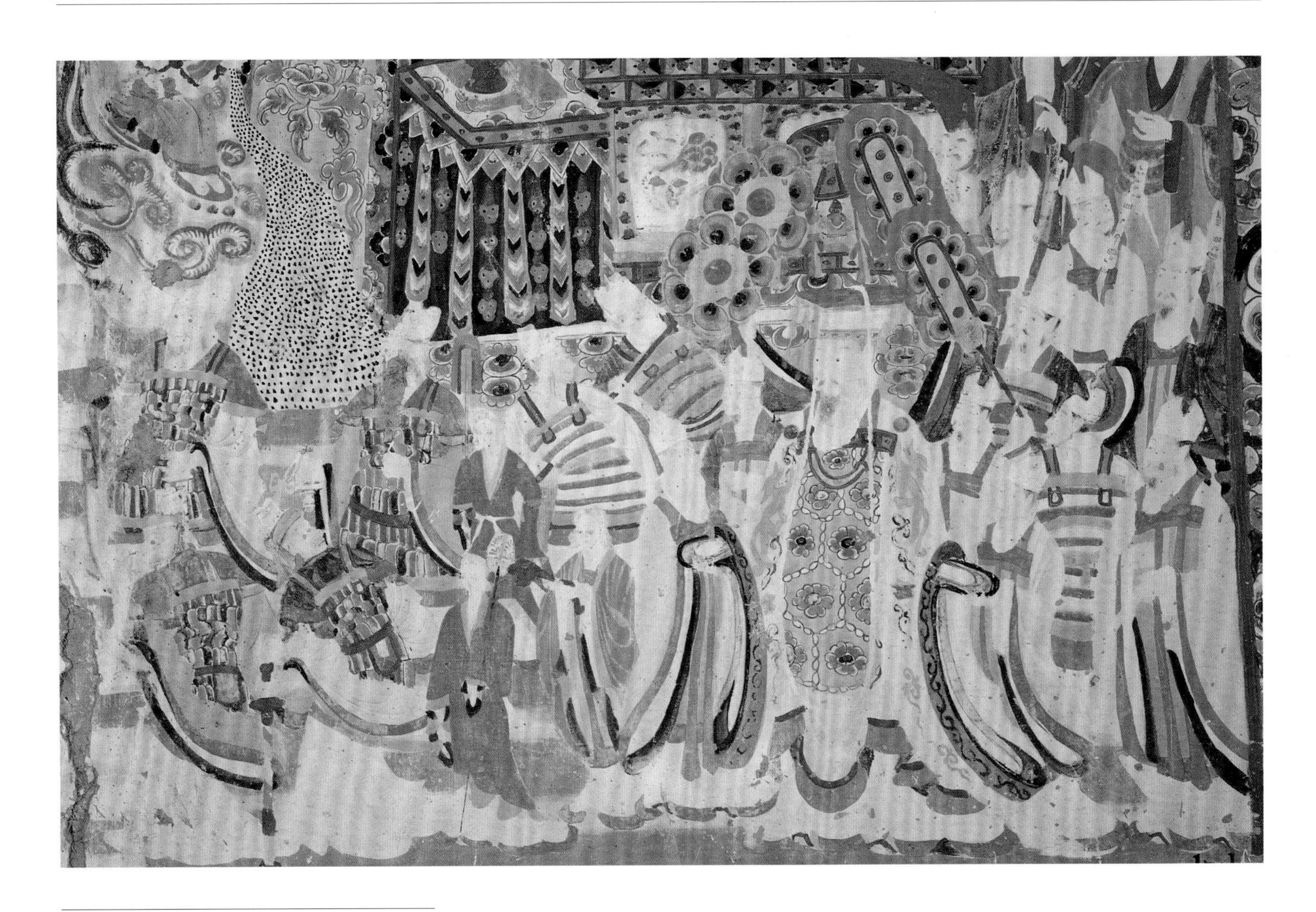

186 **王侯冕服**

這是王侯率領百官禮佛的場面。正中為王侯，頭戴三旒冕，身著寬袖袍服，上有日月、雲紋昇龍及宗彝章紋，前有龜背紋團花蔽膝。前有侍從引導，頭戴襆頭，身著裲襠甲。兩側的文臣頭戴進賢冠，寬袖袍服，有蔽膝；武將頭戴介幘，寬袖袍，外披五色介冑。

五代 莫6 東壁南

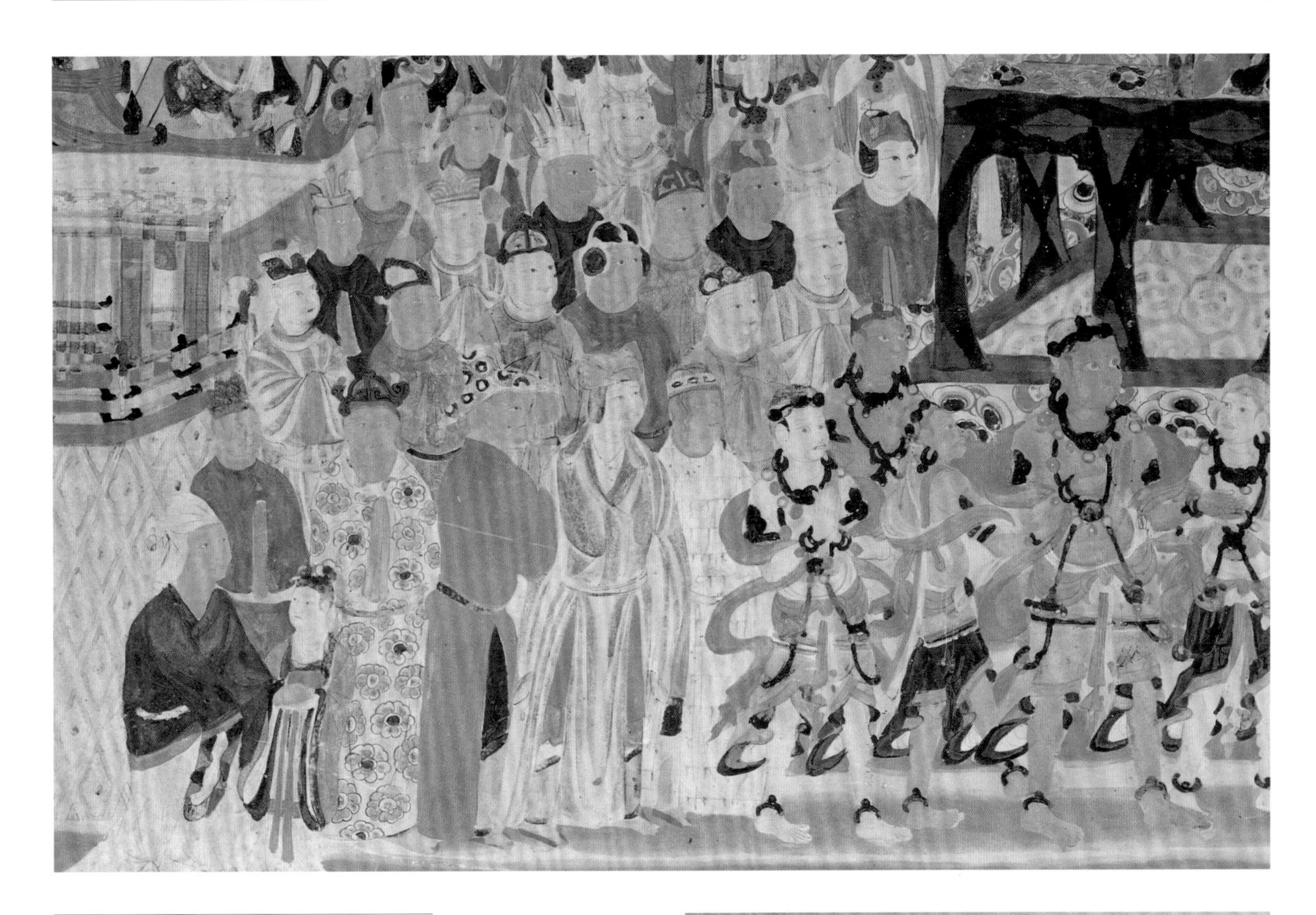

187 各國王子禮服

五代的《各國王子禮佛圖》較唐朝後期有變化，吐蕃贊普不再領頭，隋唐以漢族帝王為統領的列隊形式也消失，他們以平等的身份禮佛。各國王子仍然頭戴各具特色的冠帽表示自己的民族，禮服多為圓領袍服，一著翻領吐蕃裝者，應是吐蕃王子。

五代 莫61 東壁北側

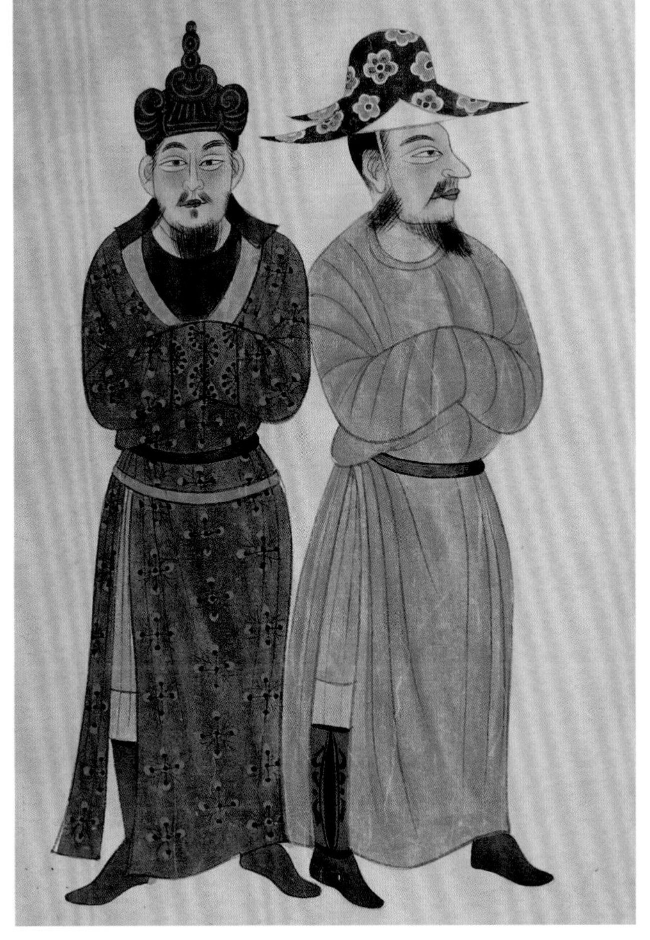

188 西域王子的錦袍和冠帽

西域王公貴族以穿著織錦為尊貴時尚。一王子穿織錦翻領回鶻式長袍，紋樣有聯珠紋和十字花葉紋，是典型的西亞傳入的紋樣。另一穿唐制袍服的王子，頭戴團花紋樣錦帽，也是尊貴的禮帽。

五代 莫98 東壁（段文杰摹）

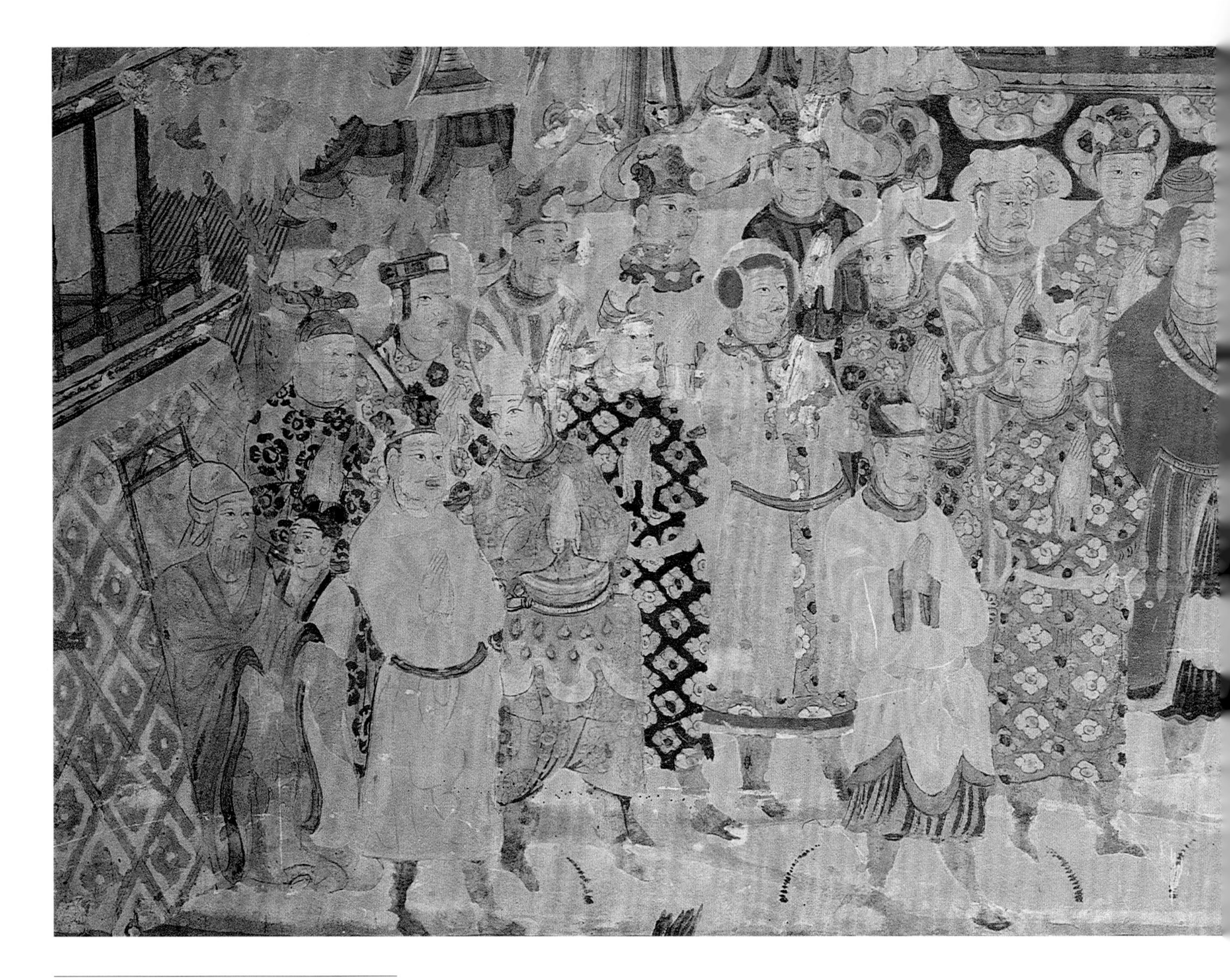

189 **各國王子禮服**

此圖與五代略有變化，由印度王子為前導，他戴寶冠，上身袒裸，有披巾，著短褲，赤足。周邊有侍從，身後跟隨各國王子，著圓領袍服者眾多，其中著華美錦袍者大增，不僅反映了中亞、西亞與中國的交往仍然很頻繁，也突顯了宋朝上流社會講究精緻生活之風氣波及敦煌。

宋 莫454 東壁

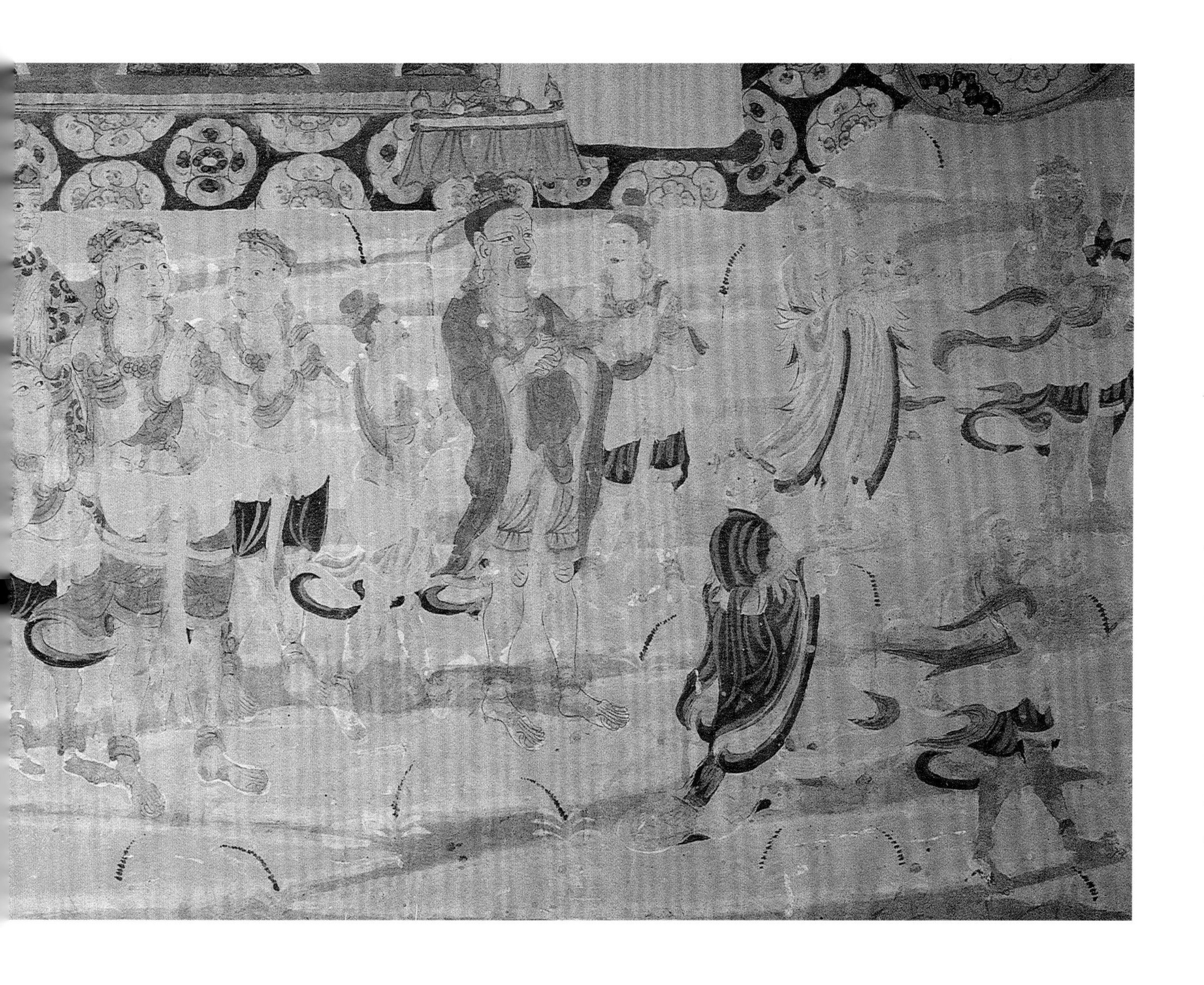

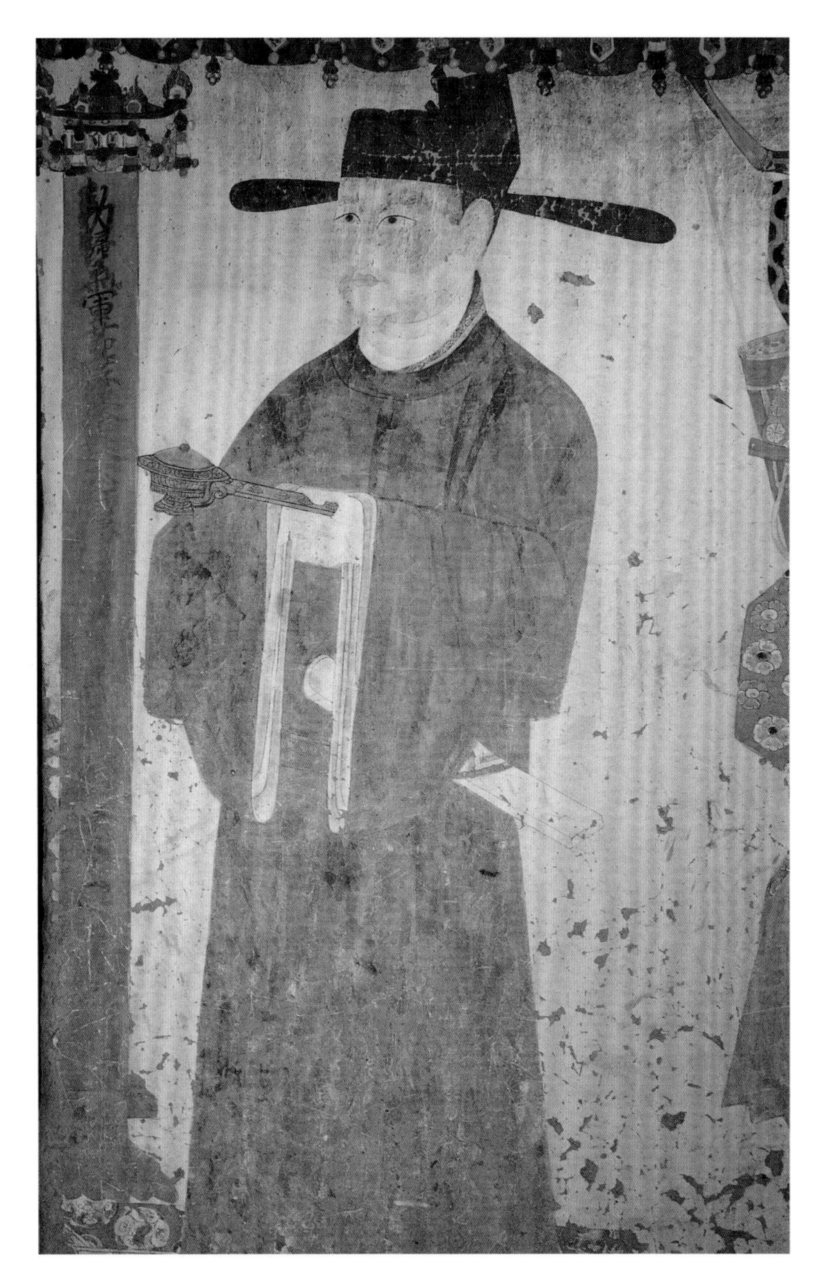

190 **節度使曹議金官服**

頭戴展腳襆頭，圓領大袖紅袍衫，內著花邊白紗羅中單，紅鞓束腰。五代著大袖者多為高官，其他款式並無官位的區別。由於五代以後服飾禮制對於顏色的規定有所鬆弛，因此紅色成為備受高官青睞的顏色。敦煌壁畫中五代時期統治階層的供養人多穿著紅袍。

五代 榆16 甬道

191 **曹議金的三褶襆頭**

展腳襆頭出現三褶，是向硬腳襆頭過渡的形式。

五代 莫108 甬道

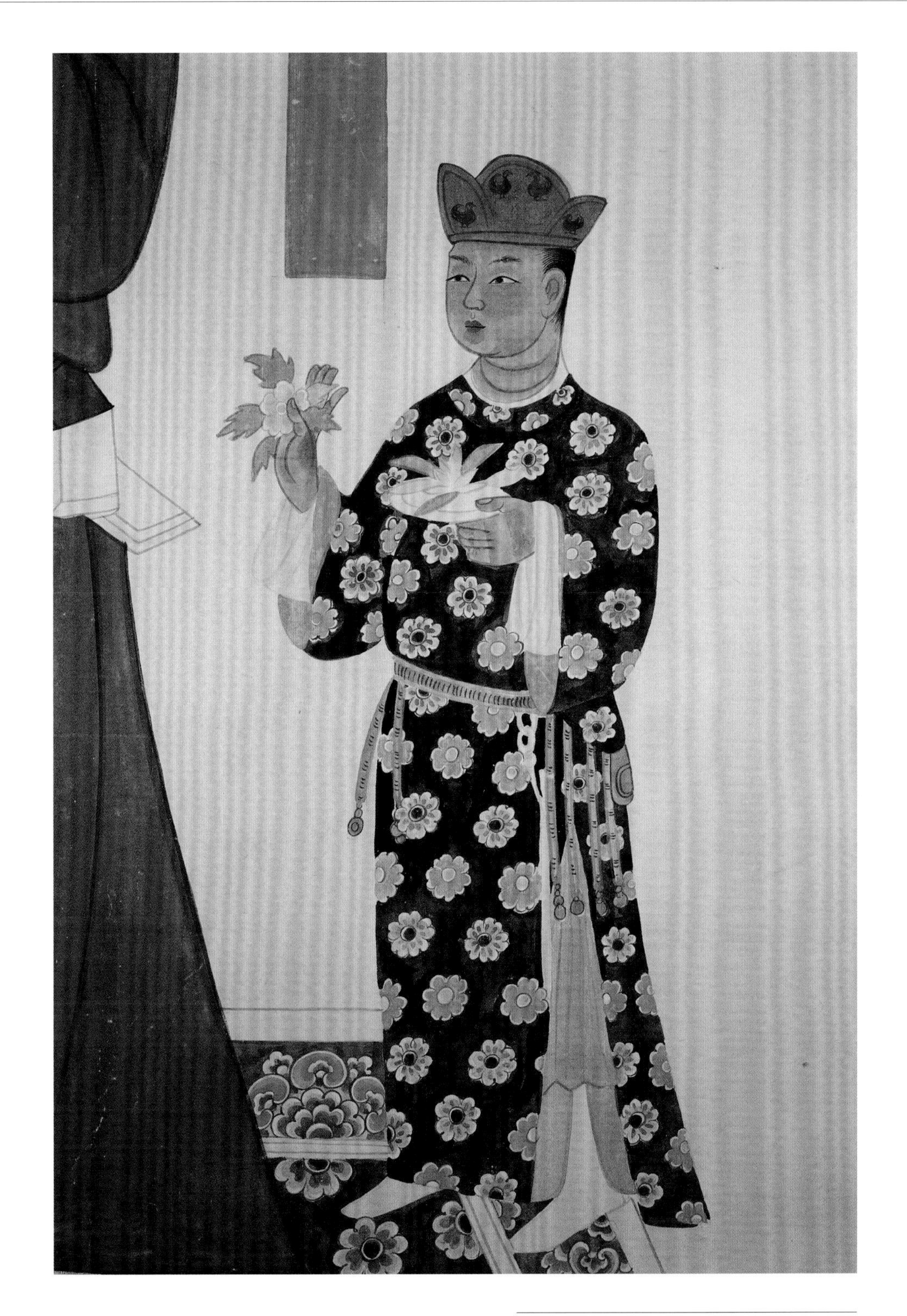

192 曹元忠之子的團花紋袍服

五代歸義軍政權、回鶻、元代的高官以團花為官服紋樣，元代的官服禮制中還有嚴格的團花等級標準，花朵大小區別官位尊卑。節度使曹元忠之子是歸義軍中職位顯要的高官，著團花袍服。應是受到回鶻等西北民族以團花為官服標誌的影響。

五代宋初　榆16　南壁（段文杰摹）

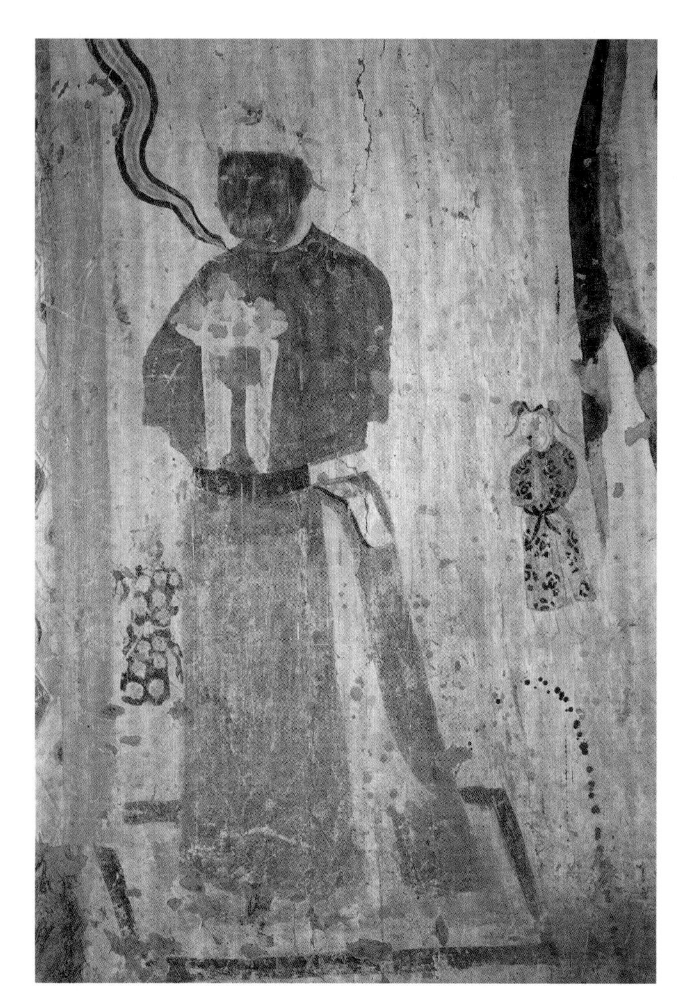

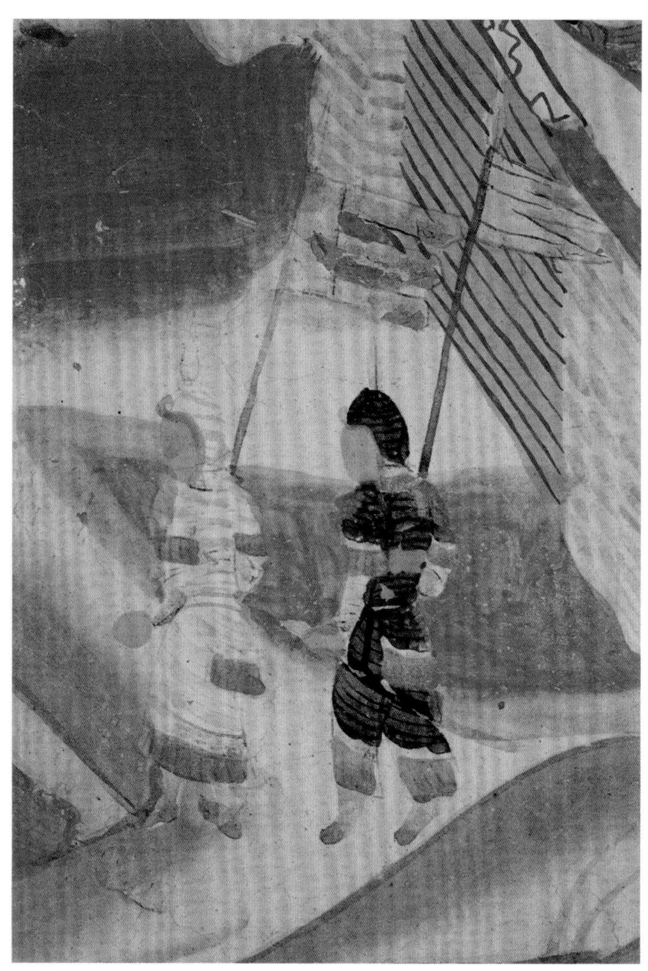

193 宋代官服

襆頭上插簪花，即花裝襆頭。宋代在喜慶大典或良辰佳節之時，帝王出行，從帝王到隨同的公卿百官、騎從衛侍無不頭插簪花，以增加喜慶氣氛。此官員頭戴花朵，也是應時之舉。身著圓領紅袍，內有中單，革帶束腰，上有帶銙。

宋 莫431 東壁

194 武士鎧甲

武士頭戴兜鍪，甲身長至膝下，有護膊、臂鞲，背後有鶡尾。前者有腿裙，後者有甲裳，二人均穿靴。這種實戰鎧甲沿用到宋代。

五代 莫61 南壁

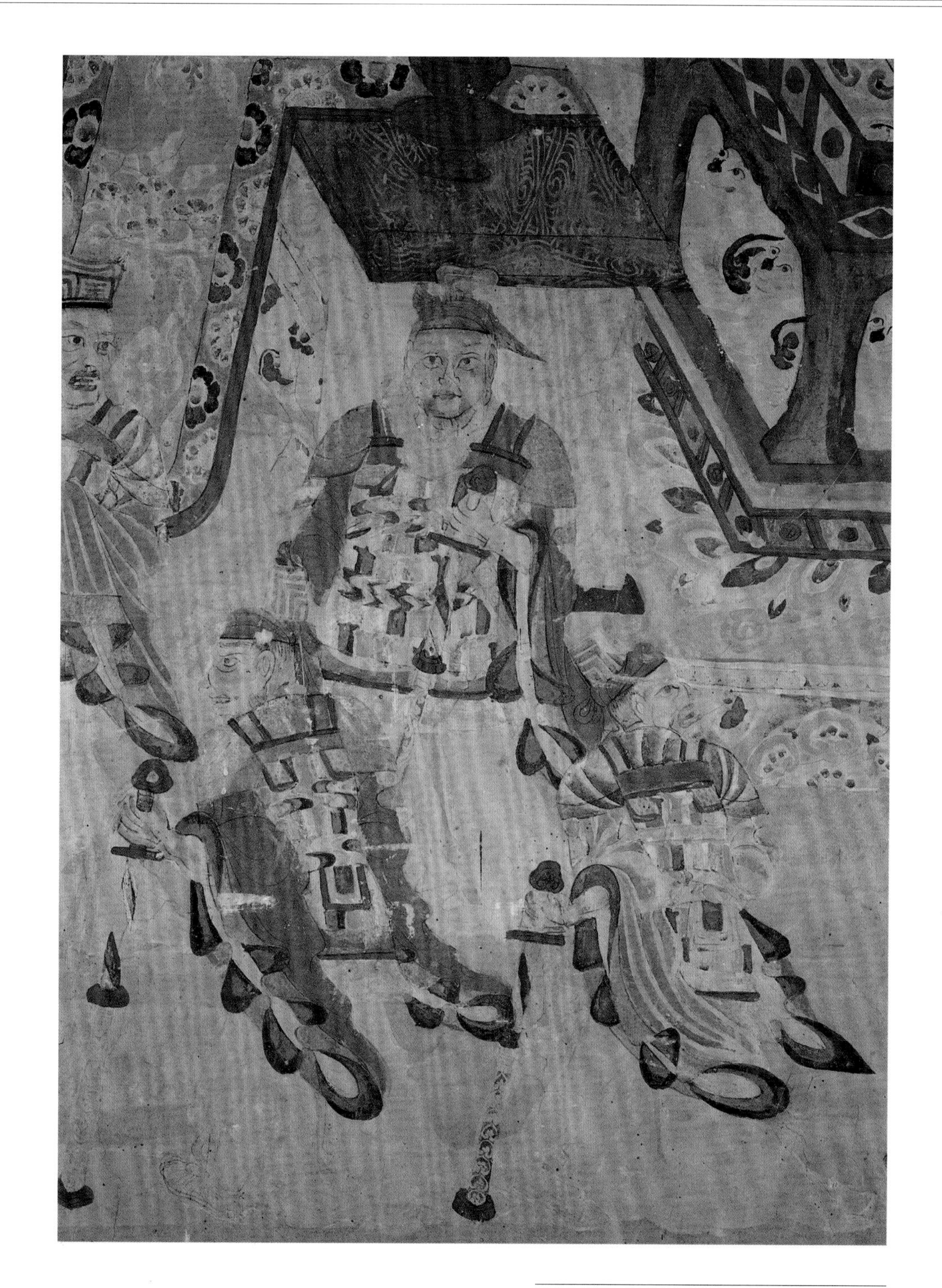

195 儀衛五色介冑

這是儀仗鎧甲。儀衛頭裹紅抹額，身著五色介冑，用粗絹為面，以布作裏子，以青綠畫成甲葉的紋樣，上下並加紅錦緣邊，顯示了威嚴氣勢，但不具備實戰的防禦功能。這種儀仗鎧甲沿用到宋代。

五代 莫108 東壁

第二節　北方民族統治者的錦繡華服

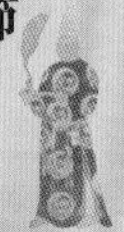

北宋景祐年以後，敦煌先後為沙州回鶻、西夏、元蒙所統治，時間長達四百年。敦煌壁畫中保留了大量的這一時期少數民族統治者的形象，使中國中古時期西部民族的服飾原貌得以再現。

北方少數民族在統治眾多漢人的過程中，經過不斷的民族衝突，逐漸認識到必須用漢族的傳統禮制才能夠統治漢人。西夏就是典型，他們“稱中國位號，仿中國官署，任中國賢才，讀中國書籍，用中國車服，行中國法令”，把推行中國傳統服飾禮制作為漢化的重要內容。另外，自隋唐以來，西北各民族大量南遷內地，歐亞各國的商旅定居中原、都城長安的僑民多達一、二十萬人，他們都是漢化過程中不容忽視的社會基礎。這一時期敦煌壁畫中的服飾也證實了胡服胡風雖然盛極一時，但是，漢化運動的潮流更加無法阻擋。

一、少數民族政權的官服

于闐國王冕服

五代時期，地處塔里木盆地、屬於印歐語系伊朗語族的于闐國，素與唐朝友好，又與沙洲歸義軍交往甚密，世代聯姻，互為援助。于闐國王尉遲沙縛婆，因前代有功於唐朝，賜姓李，名李聖天。他娶節度使曹議金之女為王后，又將其第三女回嫁曹議金之孫曹延祿為妻，于闐國王還多次通過敦煌遣使拜訪中原王朝。因此這一時期有大量于闐人長期留居敦煌，在敦煌莫高窟留下豐富的于闐供養人像。第98窟于闐國王李聖天供養像是等級最高的人物，天福三年（公元938年）他被後晉高祖石敬塘冊封為于闐國王，其朝服以漢族帝王的冕服為基礎，局部略有變化。頭戴北斗七星平天冠，六旒玄冕，每旒以十二或十四顆綠玉、紅珠相間貫串，王侯玄冕的最高級別。比較特殊的是冕版上有五朵團花，其中有二狻猊和七斗星，冕下為珠玉金寶冠，顱後垂帶飾。于闐盛產美玉，即今天的和田玉，因此國王的冕旒上佈滿美玉。國王的玄冕是橫向的，與中原傳統的玄冕前後向有異。李聖天的冕服仍然遵循唐制，即玄衣纁裳、前有蔽膝，並有多種章紋：肩上日月，袖有二昇龍，下有黼紋（即斧形）和粉米紋，衣襟上有黻紋（兩弓相背），蔽膝上有雲龍紋、火紋，有玉佩劍。從隋代以來，冕服均佩玉劍，而李聖天的玉劍柄端卻是佛教密宗的四拳印之一的如來拳，以拇指壓於食指外側，此印相是表示地、水、火、風、空等五大法性之理塔，融入了濃重的佛教色彩。

回鶻官服

回鶻族是今天新疆維吾爾族的前身，唐朝時在西北地區建立政權，五代至宋代活躍在瓜洲、沙洲。五代首任節度使曹議金娶回鶻公主為妻，這就是敦煌莫高窟55窟、61窟等供養人題記中的“北方大回鶻國聖天的子敕受秦國天公主隴西李氏”。另外曹議金又把自己的長女嫁給回鶻國可汗。十世紀後期至十二世紀初，世代居住在瓜洲和沙州的回鶻部落逐漸形成強大的勢力，在公元1037-1068年間建立了沙州回鶻政權，並大肆興建和重修敦煌石窟，因此在敦煌壁畫中留下了豐富的回鶻圖像。

敦煌莫高窟409窟壁畫中的回鶻王，氣宇軒昂，盡顯帝王氣派。他身著圓領窄袖團龍紋錦袍，與唐代帝王朝服無異。頭戴尖頂金鏤高冠，是一種仿古波斯風格的尖頂形金冠，以紅組纓繫於頷下，後垂辮髮或長帶。這種高冠用毛氈製作，初唐來自西域的波斯商人帶入中原，在長安相當流行，也受到婦女的青睞。回鶻官服衣料的顏色以暖色為主，尤其喜用紅色。官服用質地厚實的織錦製作，領和袖均鑲嵌有織金錦緣邊。腰間的蹀躞帶上綴方形帶銙，下垂短劍、小刀、火石及解結錐等物。解結錐又名解針，以黃羊角尖做成，用以解繩結。高官的蹀躞帶還以玉銙為飾，垂物也較多。蹀躞帶在唐代流行，五代至宋代在西北地區的少數民族中依然盛行不衰，多是由王朝贈與的禮品，作為一種寵信的表示。回鶻王和高官的蹀躞帶，可能來自中央政權或節度使的贈品。

回鶻官服禮制的另一重要標誌，是以錦袍的紋樣區別等級的高下，惟王者以龍紋為飾，貴族高官以團花為飾，餘者以瑞花、散花為飾。在金代和元代的官服禮制中也都規定了嚴格的團花等級標準，以官服織錦圖案的花朵大小，區別官位尊卑。因回鶻官服深受遼金元的影響，由此推測，也應實行金、元禮制。此外，五代節度使曹議金的侍官、曹元忠之子也都身著團花，似應是深受西北各族的民風所致。

西夏官服

約在宋神宗年間，西夏攻佔沙州，敦煌歸屬西夏党項族統治，直至公元1227年敦煌歸入蒙古帝國的版圖為止。據《宋史．夏國傳》記載，元昊統治時（1032～1049年）倣效中原政權制訂服制，文武官服與唐宋官服相似。但是目前文獻和考古發現的西夏官服形象極少，主要來自敦煌莫高窟和榆林窟壁畫，由此了解了西夏上層階級的服飾接近宋朝和回鶻風格。西夏文武官員都是體魄魁偉，流行穿著右衽交領或圓領緊袖口長袍，頭戴尖頂雲鏤冠或襆頭，腳穿長靴，服飾崇尚紅色，束腰和蹀躞帶顯示了西北遊牧民族的本色。

元代官服

西夏滅亡後，敦煌歸入蒙古版圖，成為八都大王的封地，至元十四年（公元1277年）元朝才把敦煌收歸中央政府管轄，重新設置沙州。

元代服飾是繼盛唐以後的又一繁榮期。敦煌壁畫中表現的元代官服有三种：一種是高級官服，頭戴大珠鈸笠，身著圓領窄袖辮線袍，有雲肩，腰間釘有辮線細襴，束帶兩側掛荷包，可能是算囊之類。革帶上有銙，以質料區分級別；第二種是一般官員和貴族服飾，頭戴小珠鈸笠，內著窄袖交領右衽長袍，外著長比肩，上為雲肩，腰束有銙的革帶或素帶；第三种是平民百姓的常服，頭戴鈸笠，著交領袍服，帛帶束腰，帶頭前垂為長帶。元代的服飾以鈸笠頂上的珠子大小區分等級，以有無珠子區分官民。此外官員均穿長靿靴，有紅皮、烏皮、本色皮等，以紅色為貴，烏皮次之。

敦煌榆林 6 窟壁畫中還有蒙古王族形象。男者戴寶頂蓮花冠，即在鈸笠的外緣飾以蓮花瓣，冠旁插一羽狀飾物，頭髮挽成環狀，分垂於後。內著窄袖質孫錦衣袍，外著短比肩，上為雲肩狀，下有蔽膝。“質孫”為蒙古語，意譯“一色衣”，其形制為上衣連下裳，衣式緊窄，下裳較短，或腰間作無數襞積，或肩背間貫以大珠，元代定為禮服。比肩是一種背心，元代貴族多以納石失錦製作。

二、北方民族的戎裝

北方民族的軍隊對鎧甲十分重視，西夏的鎧甲已經使用了先進的冷鍛工藝，“非勁弩不可入”。元代的騎兵都配備有鎖子甲，晚唐時的鎖子甲，是用比較簡單的長環鐵絲相連，元代的鎧甲用鐵絲、銅絲將鐵甲片連接起來，內裏牛皮做襯，在中世紀的鎧甲中以製作工藝精良而著稱，適宜在草原、沙漠等環境惡劣的條件下遠距離作戰。在敦煌壁畫中元代的天王多穿着這種鎖子甲，用鐵絲將龜甲紋六角形的甲片上下左右緊密勾連，只要箭簇射到任何一處，便會做出迅速反映，重新排列。同時在身體的主要部位都增加了保護裝置，又講究美觀效果，以對襟的形式，在領、襟、下襬均以紅革鑲邊，並綴以團花紋。兩胸上還加圓護，護膊及護腹均為虎頭吞口造型，外加皮革護髀。甲裳有腿裙及吊腿，腳蹬六合靴。這種鎧甲彙集了堅固、安全、威武與華麗之特點，標誌着鎧甲製造工藝的進步。

196 回鶻王禮服

回鶻王頭戴尖頂高冠，組纓繫頷，身著皂色圓領團龍紋錦袍，窄袖，腰束蹀躞帶，下穿長勒六合靴。隨後的侍從頭戴平頂扇形便帽，後垂髮辮，身著大褶衣，內著白褲，腰束蹀躞帶，穿靴。

五代 莫409 東壁

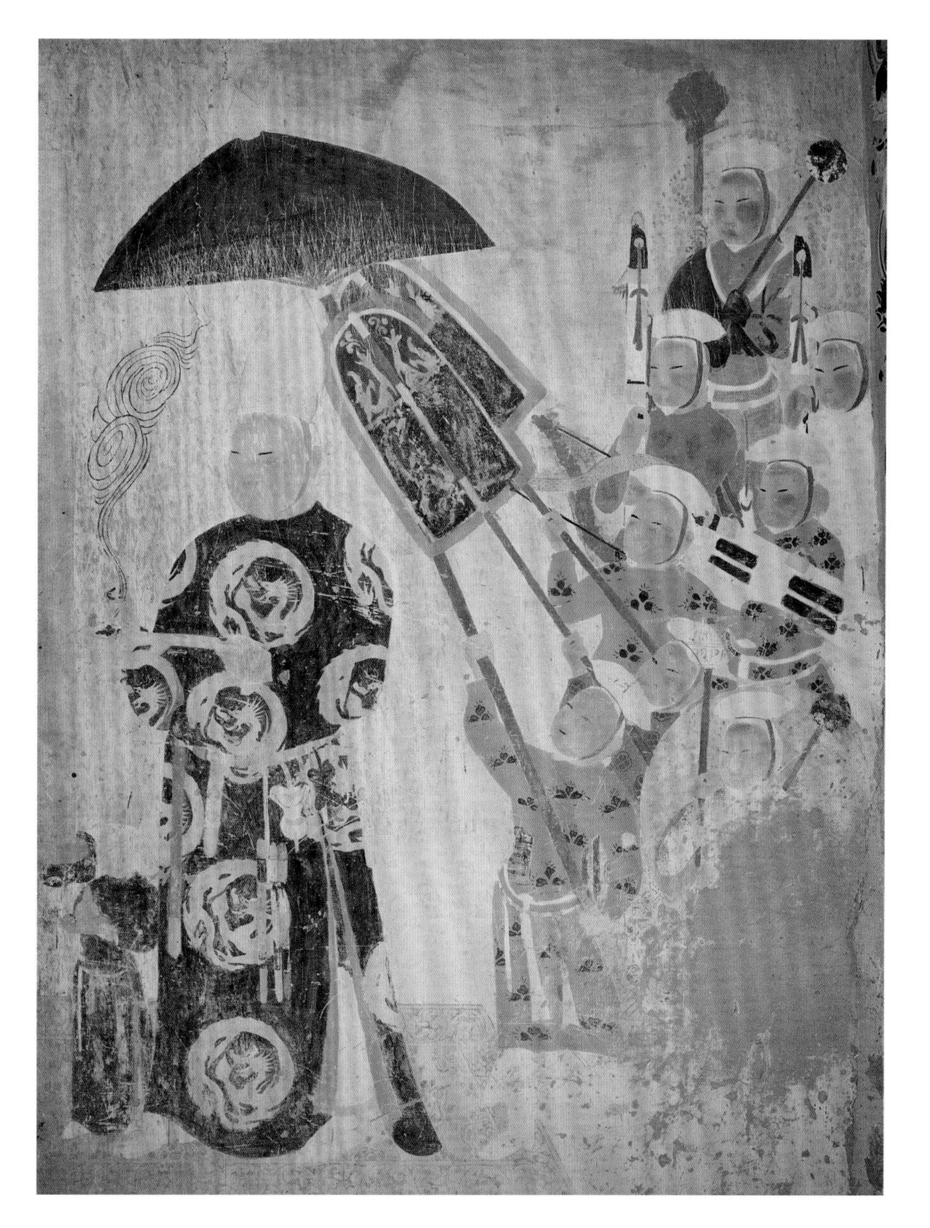

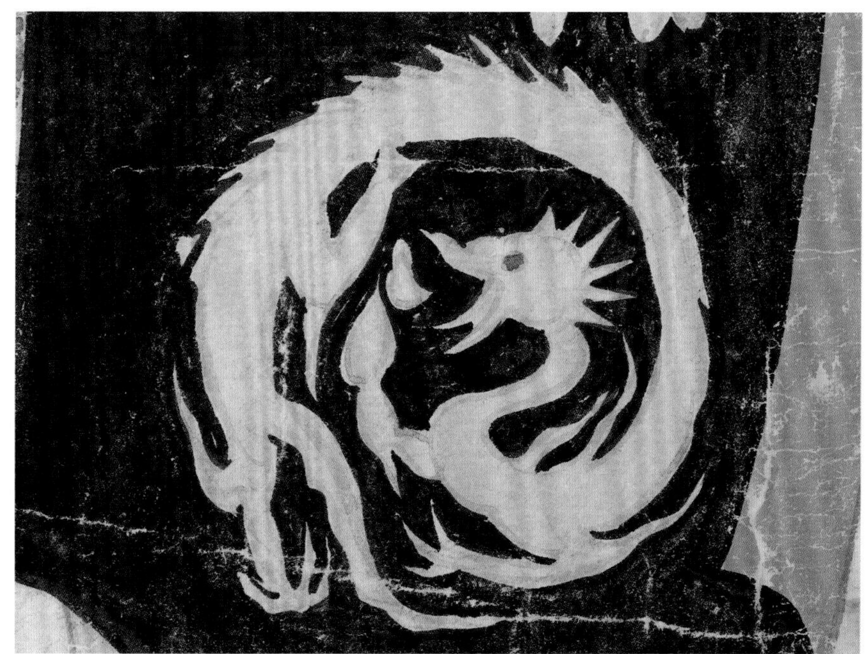

197 團龍紋

禮服上細緻描繪的團龍紋是權利的象徵。直至明清皇帝的龍袍以及皇宮建築、用具等圖案，大致都以團龍作為主題。

五代 莫409 東壁

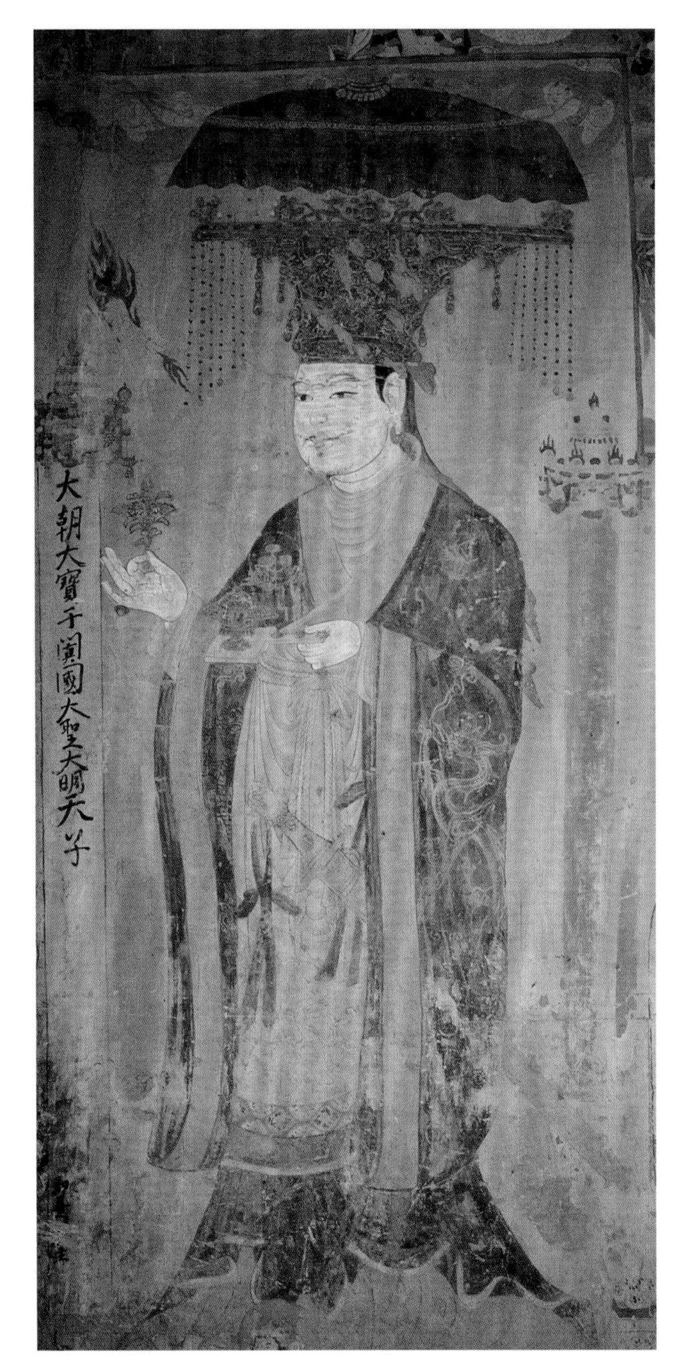

198 于闐國王冕服

于闐國王李聖天頭戴六旒玄冕，冕板上有團花、狻猊及七斗星紋樣，下為金玉珠寶冠。冕服的章紋有日月、雲紋昇龍和黻紋，佩蓮花拳玉具劍。按于闐族的習俗，還配飾垂珥璫，雙手的小指均戴寶玉指環。于闐以盛產玉石聞名，所以國王從寶冠到指環都是寶玉裝飾。

五代 莫98 東壁

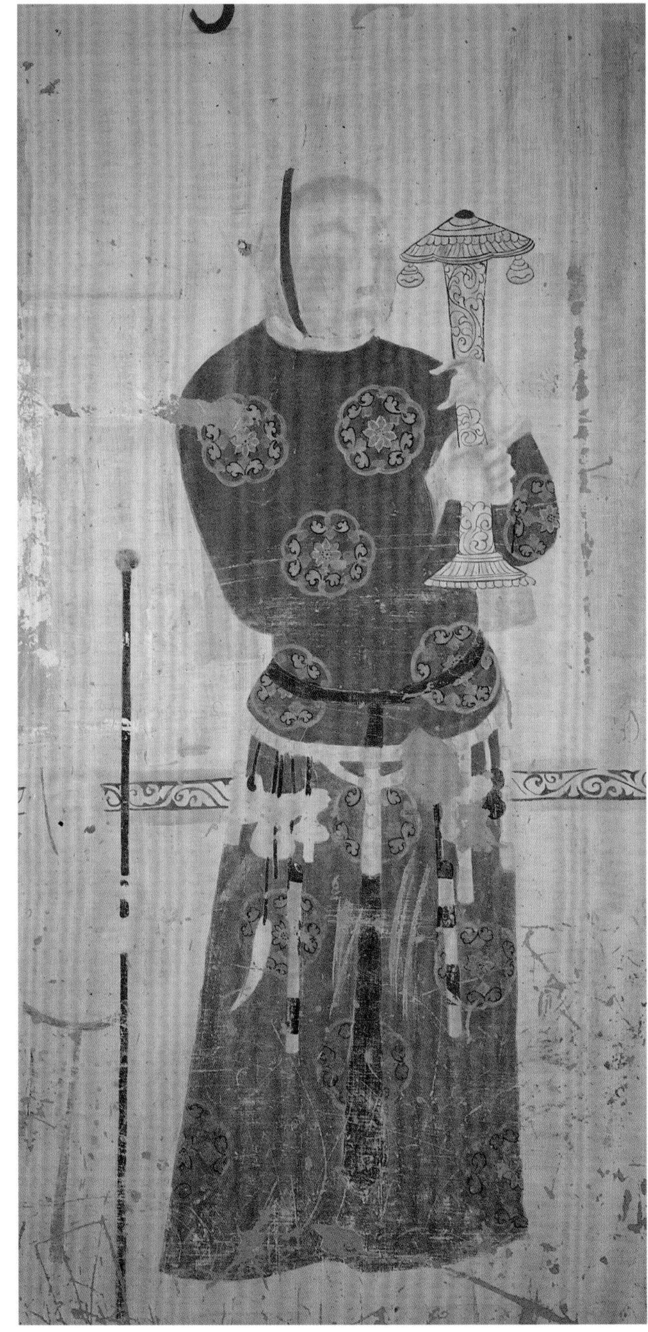

199 回鶻貴族禮服

回鶻貴族頭戴尖頂高冠，組纓繫頷，著圓領窄袖團花錦袍，應為織金絲織品，腰束帛帶及蹀躞帶。團花是高級官位的標誌。

五代 榆39 甬道

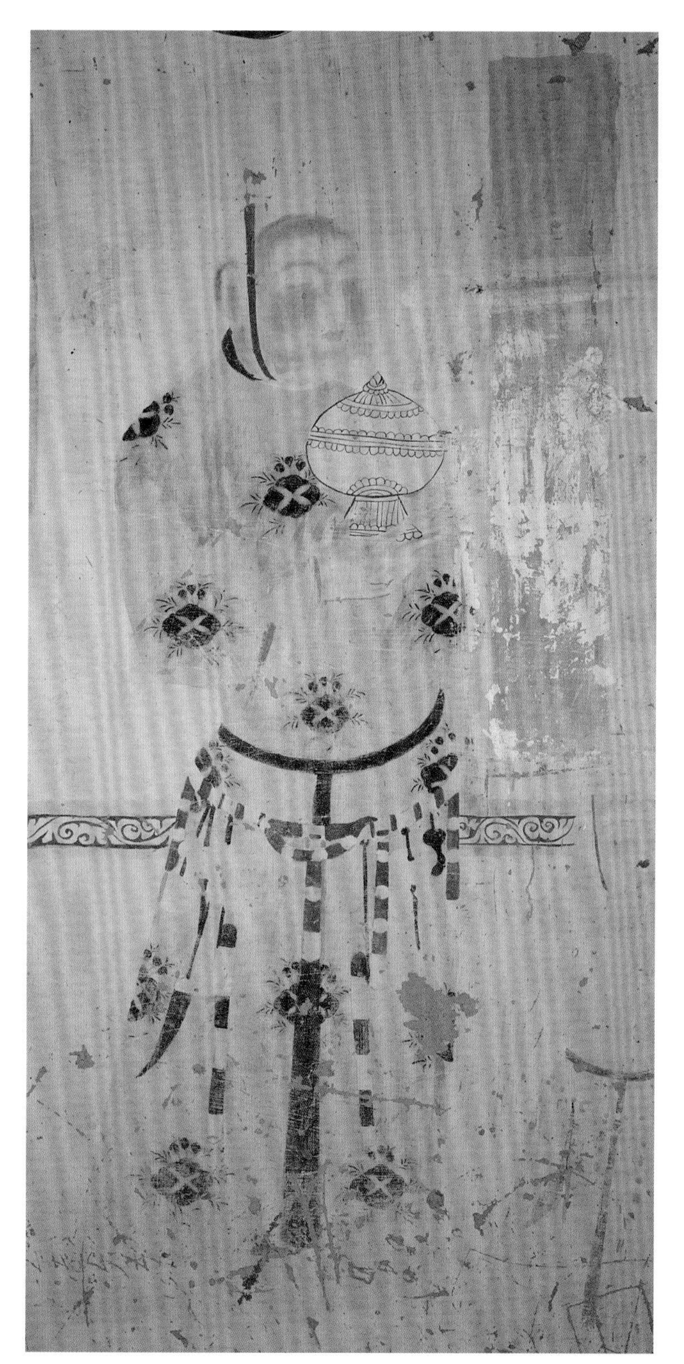

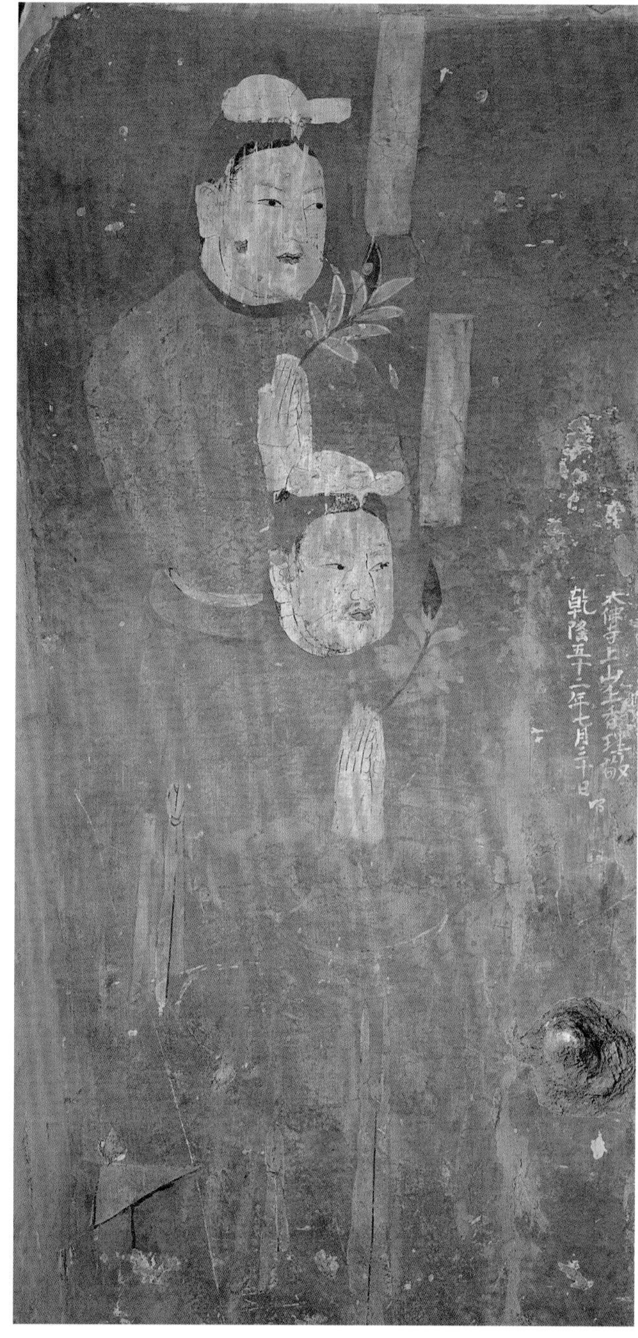

200 回鶻貴族服飾

身著圓領窄袖窠花袍服，內著白褲，腰繫二帶。地位應低於團花衣者。

五代 榆39 甬道

201 西夏武官服飾

武官高大魁偉，戴金帖起雲鏤冠，冠頂一團白雲狀，下有金邊閃閃發光。著綠襴袍，兩帶束腰，上帶繫結後長垂於前，下為蹀躞帶，其體形和裝束都具有北方少數民族的豪放氣概。據《宋史．夏國傳》"民庶青綠，以別貴賤"的記載，綠色似與武官的身份不符　。

西夏 莫148 東壁

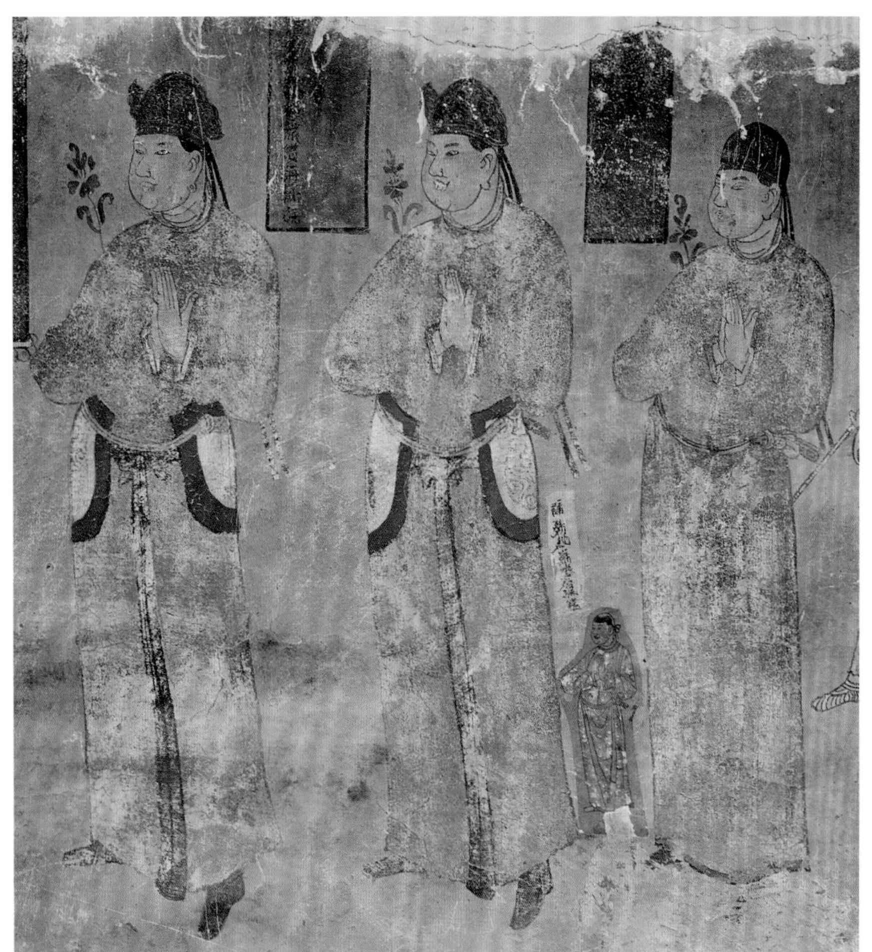

202 西夏武官服飾

前二人是沙州監軍和瓜州監軍，乃當地的軍事首領，他們戴金錦暖帽，冠沿雙層。著紅色圓領窄袖長袍，與唐代男子常服相似，兩帶束腰，一為帛帶，繫結後帶頭長垂於下；另一帶繫在胯兩側的護髀上。第三人戴黑漆冠，著襴袍，帛帶束腰，官位應在前二者之下。三人均在冠後垂長帶，腳穿烏皮靴。

西夏 榆29 南壁

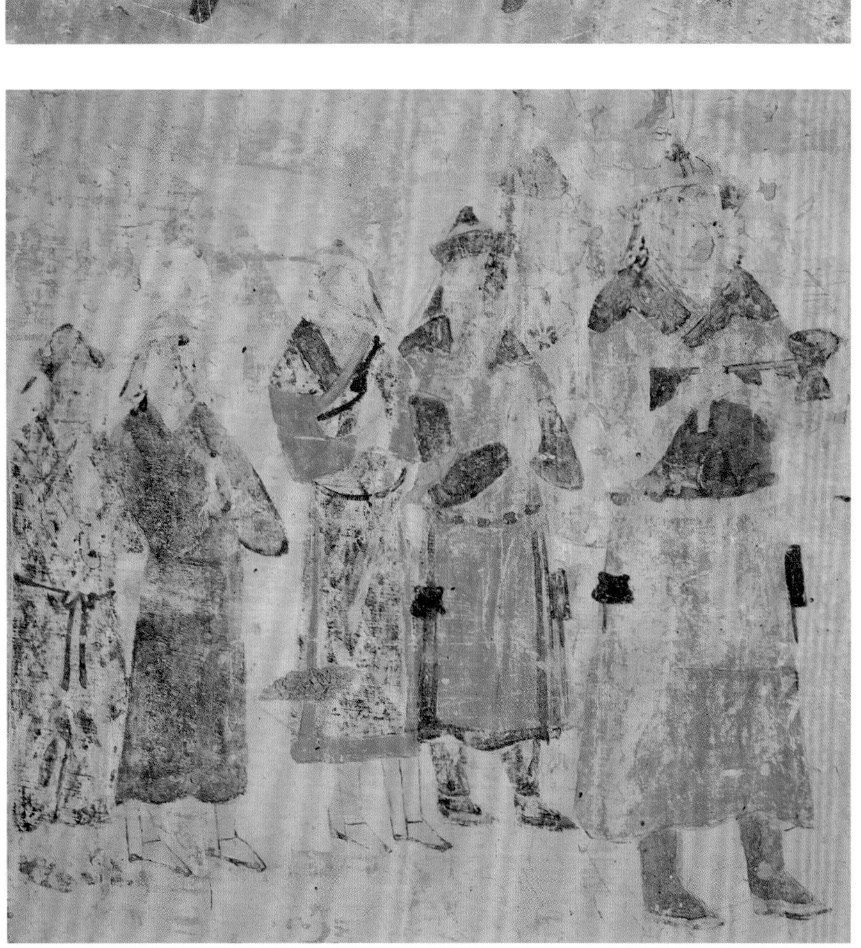

203 蒙古官員與平民服飾

前一人是高官或貴族，頭戴大珠鈸笠，垂辮髮，身著辮線袍，上有雲肩，腰兩側垂袋囊，穿紅長靿靴。中間兩人地位遜於前者，頭戴小珠鈸笠，內著窄袖襯袍，外套比肩，上雲肩，穿六合靴。後兩人頭戴鈸笠，無飾珠，是平民身份，身著窄袖交領袍，穿六合靴。

元 莫332 甬道

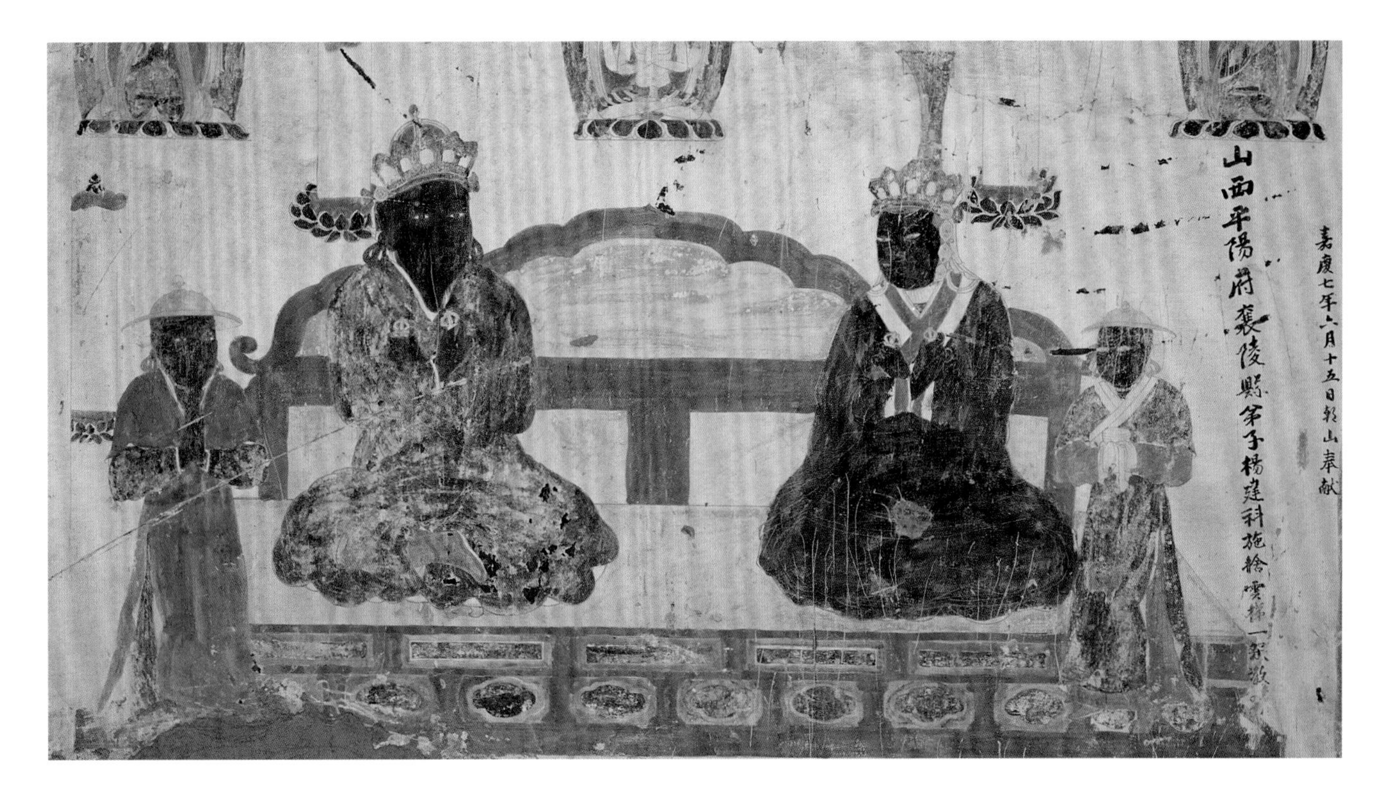

204 蒙古貴族夫婦服飾

二人坐在蓮花座上，男子戴寶頂蓮花冠，內著質孫錦衣，外比肩，上有雲肩，下有蔽膝。夫人戴姑姑冠，冠旁插翠花羽飾，後垂辮髮，鬢邊垂珠串，著交領右衽寬袖大袍。後面的侍從頭戴鈸笠，垂辮，有珥璫，交領窄袖袍，白褲，穿靴。均為蒙古典型服飾。

元　榆6　前室西壁

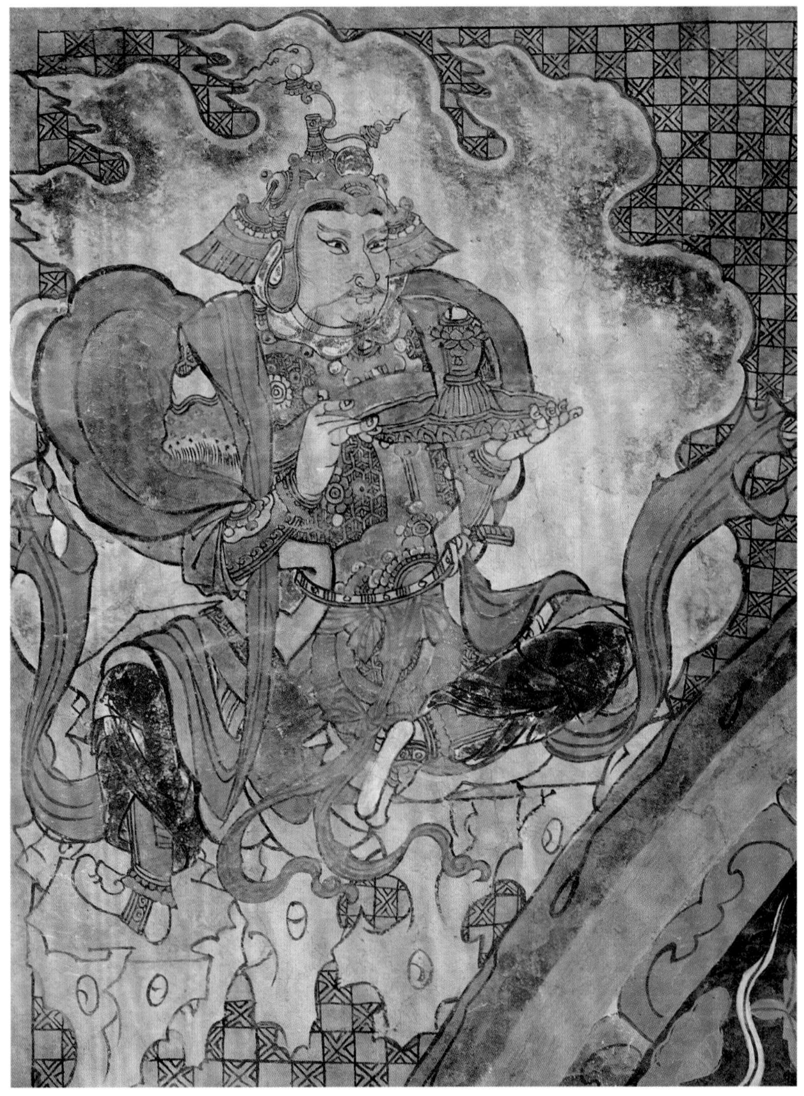

205 元代天王鎧甲

天王著龜背紋連環鎖子甲，紅皮緣邊，有護項、護肩，護膊及護腹作虎頭吞口，有圓形護胸及革製護髀，下有腿裙及吊腿，穿六合靴。其裝束大致來源於元代武士的軍服。作為神格化的需要，天王飄帶繞身。

元　榆4　東壁

第三節 漢族與少數民族的平民男裝

由於邊遠地區的交通不便和戰亂，這一時期中原的改朝換代對西北邊陲的平民百姓影響比較緩慢，在敦煌壁畫中表現的五代至宋代的漢族平民階層男子的服裝，與唐代變化不大，沿襲了唐代以來的士人之服，圓領袍服仍然佔據主流。地位低下的勞動者中也依然通行著唐朝的缺胯衫，便於勞作和脱卸的交領佔很大比例，只是衣衫越來越短小，越來越簡樸，顯示了戰爭帶給老百姓的窮困生活。

敦煌進入回鶻、西夏、蒙古及元朝等少數民族政權統治以後，各民族的平民男子在保持原有服裝風格的同時，也在逐步漢化，而髮式卻還大多保持本民族的特色，尤其回鶻和吐蕃的辮髮、元朝蒙古人的髡髮等，影響廣泛而深遠。

一、漢族平民男子服飾

這一時期雖然禮制鬆弛，但是各階層漢族男子的服裝，仍然保留着等級尊卑的區別。尤其是宋代，服裝標識着一個人身份的尊卑，主要是對質地和顏色有明確的規定，官員穿錦袍，平民穿布衣，即用麻或布製作的長袍。平民只允許穿黑色和白色的衣服，嚴禁穿官員專用的顏色。另外，帝王和高級官員佩帶貴重的腰帶，如玉帶、金帶等，更是嚴禁平民佩帶。因此，敦煌壁畫中的眾多人物，其身份地位、尊卑貴賤，從服飾裝束上可以一目了然。

缺胯衫：敦煌壁畫中表現勞動階層的服裝受經濟凋敝的影響最直接、最顯著。由於五代北方長達半個世紀的戰亂，稍後的宋朝與北方少數民族政權的戰爭，更加劇了政局的混亂。宋朝政府屈辱求和的政策使政府對農民的苛捐雜税更加沉重，税收名目之多為歷史所少見。窮困交加的勞動者，穿著比前朝更加簡樸，初唐時勞動者中已出現的缺胯衫，當時使用的範圍還不太廣泛，進入宋代以後，缺胯衫普遍流行，幾乎成為下層社會各個行業勞動者的通服。

敦煌壁畫中無論是從事勞作，還是出門遠行，都穿著圓領缺胯衫，內穿短衣，下有長褲，或縛腿、或大口。這種服飾主要是便於勞作，行動利索。缺胯衫總體有越來越短小的趨勢。其長度沒有定制，身份越低，生活越貧困，缺胯衫越短小；身份級別越高，缺胯衫越長，有的高級侍從衫長至膝下。例如壁畫中節度使的侍從都著圓領半臂缺胯衫，下白褲，內穿長袖短衣。侍從頭戴的花帽有典型的西域風格，説明歸義軍衙府的侍從多為少數民族，可能是唐代“以胡兒為小廝”習俗的遺風。

缺胯衫的顏色可用雜色，紅黃藍白均可，而褲子多是白色。這是魏晉以來流行褲褶的遺風，褲褶的下褲都是白色，隋唐還明確規定庶人服白。另一方面是由於敦煌當地出產棉花，用棉紗織成白布，是庶民喜用的衣料。

敦煌壁畫中還出現了缺胯衫中更粗俗的一種短衣，又稱短褐，多用麻、葛或粗毛織成，是最貧困、低賤的勞動者穿的粗衣。短褐長至臀部，圓領窄袖，束腰。短衣下著圍裙，裙長至膝，用皮帶或帛帶束腰。

襆頭與巾幘：這一時期平民階層的冠帽總的趨勢是處於襆頭軟裹與硬裹交替之際，官員以展腳襆頭為主，庶民仍以軟腳襆頭為多，士人及下級胥吏則以短硬腳襆頭居多。以敦煌莫高窟五代第61窟維摩詰經變中的酒肆為例，小小的酒店中，各式各樣的襆頭都同堂出現了，其中有軟長腳襆頭、朝天襆頭、硬腳襆頭等，都是平民階層常見的樣式。初唐時為士民所有的長腳襆頭，五代以後成為庶民的冠帽。朝天襆頭多是儀衛或皂吏的冠帽，兩腳如葉瓣形在頭頂上翹。曲腳襆頭多為舞伎所用，雙腳彎曲朝上，在曲腳還可綴以花飾。庶民也戴硬腳襆頭，硬腳向兩側伸出的長度，比官員襆頭的展腳略短一些。

庶民中裹巾幘者，多為幹苦力的輿夫和農夫，巾幘比襆頭更便於勞作，可以隨手取下來當作汗巾揩拭汗水。

鞋履：敦煌壁畫中平民男子仍以皮履為主，或長勒靴，或單底短靴。行腳僧則多穿木屐，底為木製，前後有屐齒，屐面很可能以皮革做成，結實耐磨，適宜遠行。宋元以來木屐多被作雨鞋用。

敦煌壁畫中還表現了從事各行各業的人，穿著不同的職業服飾。例如製陶的工匠成天和泥土打交道，所以全身袒裸，只著一條犢鼻褌。專業的樂伎和舞伎，由於表演形式不同，衣著也不同，坐着彈奏的樂伎，因為活動量不大，穿圓領袍衫；舞伎由於舞蹈動作量大，穿一種特殊的衫袖特長的缺胯衫，長袖成為舞蹈動作專有的一種裝飾。

二、少數民族平民男子服飾

回鶻男裝：回鶻族的平民男子頭戴平頂冠，是一種扇面形的氈製便帽，後垂帶飾，身著大褶衣，長至膝下，白褲，下穿靴，是魏晉以來袴褶的演變。服飾紋樣多以小花、散花為主，或素色。腰間無蹀躞帶，很少垂物。

西夏男裝：西夏平民男子的服裝同官服一樣，也吸納了回鶻和中原的風格。史書記載，西夏身份高貴者時尚白色，官服為緋色（近似紅色），地位低下者著青綠色。而在敦煌榆林窟29窟的西夏侍從、兒童衣著近似緋色。莫高窟148窟壁畫中的西夏武官，則身穿窄袖綠色襴衫。這兩例的人物身份與史書記載的服裝顏色不符，或證明西夏對於服裝顏色的禮制並不嚴格。

元代男裝：元代法律規定，小官吏和平民只能夠穿棕褐色的衣服。當時的高官穿紅色絲織品，工匠發明的紅色品種有九種。而平民使用的棕褐色有二十多種。由於棕褐色的品種繁多，元代帝王也破例使用棕褐色。此外，帝王百官衣著絲綢錦繡，而平民百姓衣著麻、葛和棉布。

蒙古平民男子身著交領窄袖袍，下著褲，穿靴。或內著襯袍，外罩長比肩，但無雲肩之飾。蒙古族不論官民，其袍服有個共同的特點，腰下兩側開衩較長，便於乘騎跨越。最具有遊牧民族風格的是常見的冠帽——鈸笠。笠帽在中原地區早已是外出旅行或在戶外從事農業勞作者的必備之物，用竹蓖編製而成，可遮陽蔽雨。五代以後又是西域少數民族常戴的冠帽，如敦煌壁畫中的元代男子多戴鈸笠，新疆伯孜克里剋石窟的《供養禮佛圖》（現收藏於德國柏林印度藝術館）中的西亞貴族也戴笠帽。

三、北方民族男子的髡髮

北方遊牧民族，在征服漢族的過程中，雖然服飾經歷了漢化演變，但髮式卻始終帶有鮮明的民族特徵，是頑強堅守的“堡壘”。自漢唐以來，突厥、党項、契丹、女真、蒙古等民族男子的基本髮式是削髮，稱為“髡髮”，並被各族統治者視為嚴格的禮制。例如西夏党項族的舊俗是披髮，李元昊統治時期，頒佈禿髮令，他先自禿髮，並下令國人必須在三天之內剃髮，不從者殺，於是“民爭禿髮”。各民族的髡髮樣式略有不同，敦煌壁畫表現的党項族的髡髮，大致有四種：一是與蒙古族定式相同；二是前額留一條短髮，左側留一縷長髮垂肩，其餘是削光；三是頭頂正中削光，週圍留一圈短髮；四是全部禿髮。蒙古族的髡髮，據史書記載有十餘種，敦煌壁畫中蒙古族最多見的髮式是兩耳旁用髮辮各結一環，前額有一下撮垂髮，作成小桃形，成為元朝男子髮式的定式。據《蒙韃備錄》記載：“上至成吉思汗，下及國人，皆剃婆焦，如中國小孩留的三搭頭”。至今在一些邊遠農村中，兒童還保留着類似的“三搭頭”，應是蒙古族髡髮的遺風。而顯示帝王與平民的差異大概是根據前額短髮的各種樣式、耳旁髮辮的各種樣式和數量，如髮辮結環，可能是結環越多，地位越高。

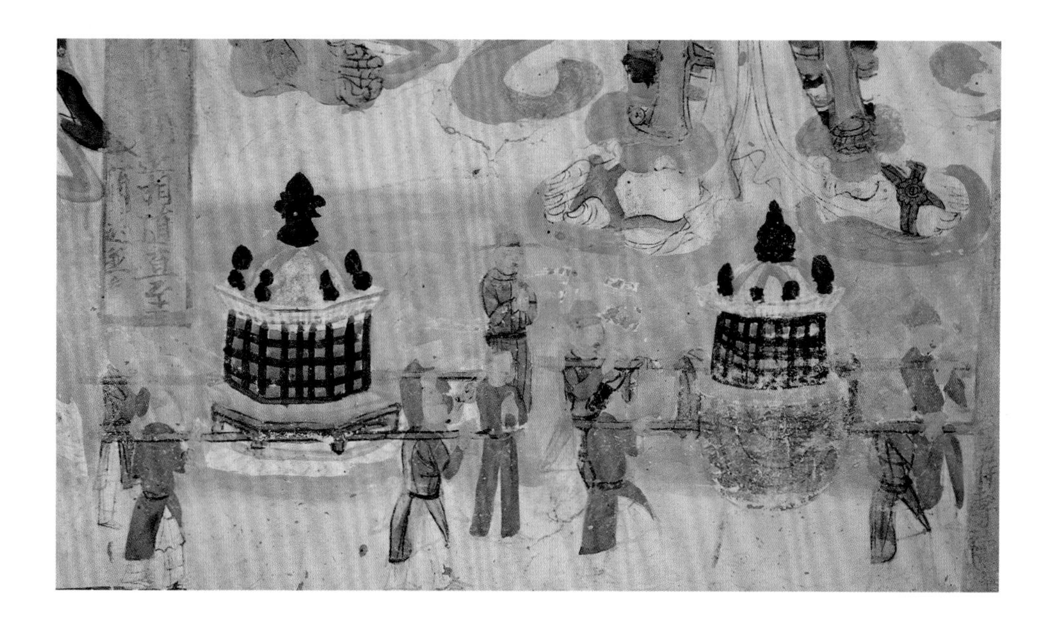

206 官員與輿夫服飾

一隊抬轎的輿夫，均頭裹巾幘，穿著缺胯衫和白褲。其間另有兩人，頭戴硬腳襆頭，身著圓領袍服，為隨行的官員。五代至宋代禮制規定，士庶只允許穿黑白兩色粗麻布衣。此圖官民服飾的樣式有尊卑，但均服紅色，服色不分等級，或是敦煌禮制鬆弛，或是畫師隨意所致。

五代 莫146 西壁

207 平民男服

屋內的六名酒客從外側左起：戴八字形硬腳襆頭、軟長腳襆頭、硬腳襆頭；內側：朝天襆頭、曲腳襆頭、八字形硬腳襆頭，均著圓領束腰袍服。室外的舞伎戴曲腳襆頭，穿圓領長袖束腰缺胯衫，內著短衣，下白褲。由此可見五代時期襆頭的種類之繁多。

五代 莫61 東壁

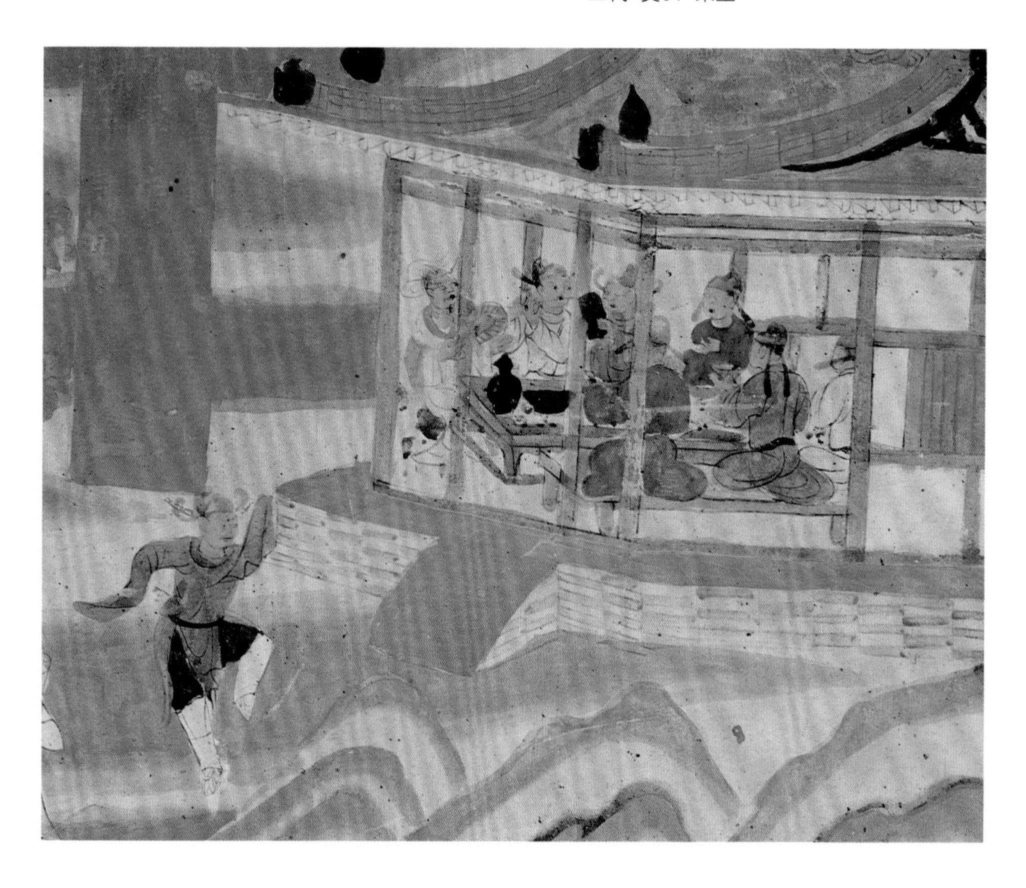

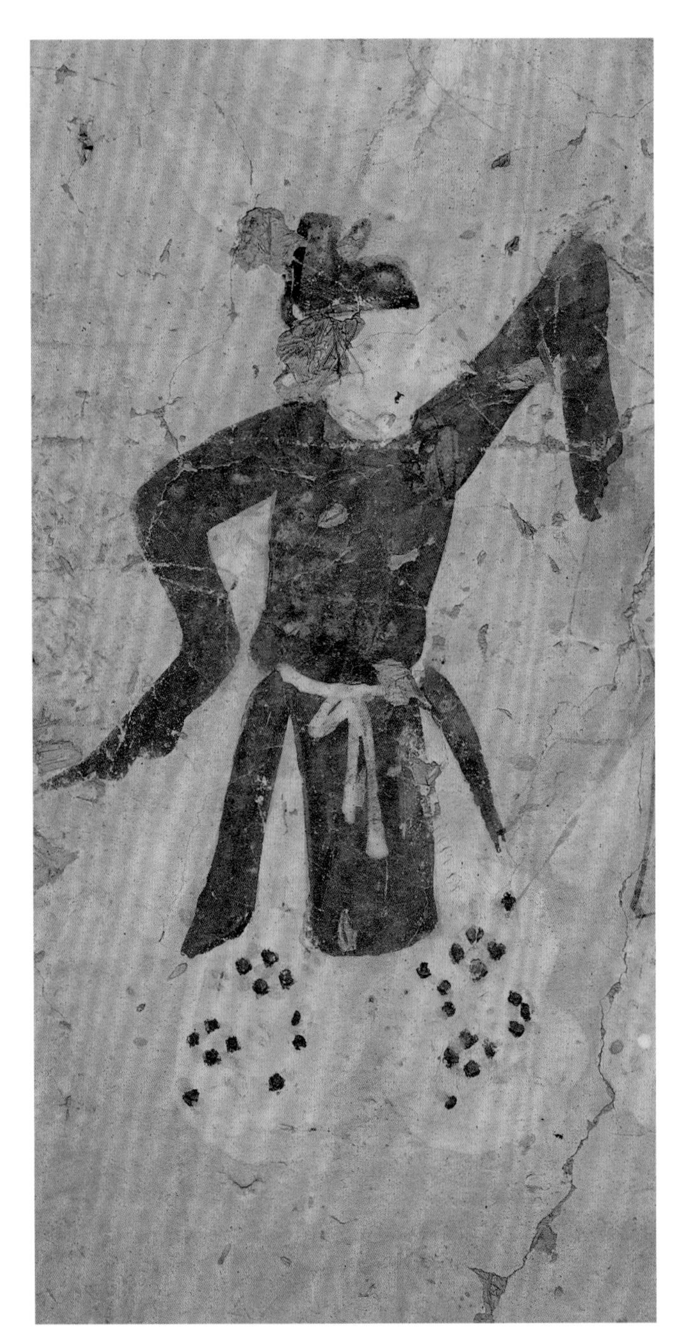

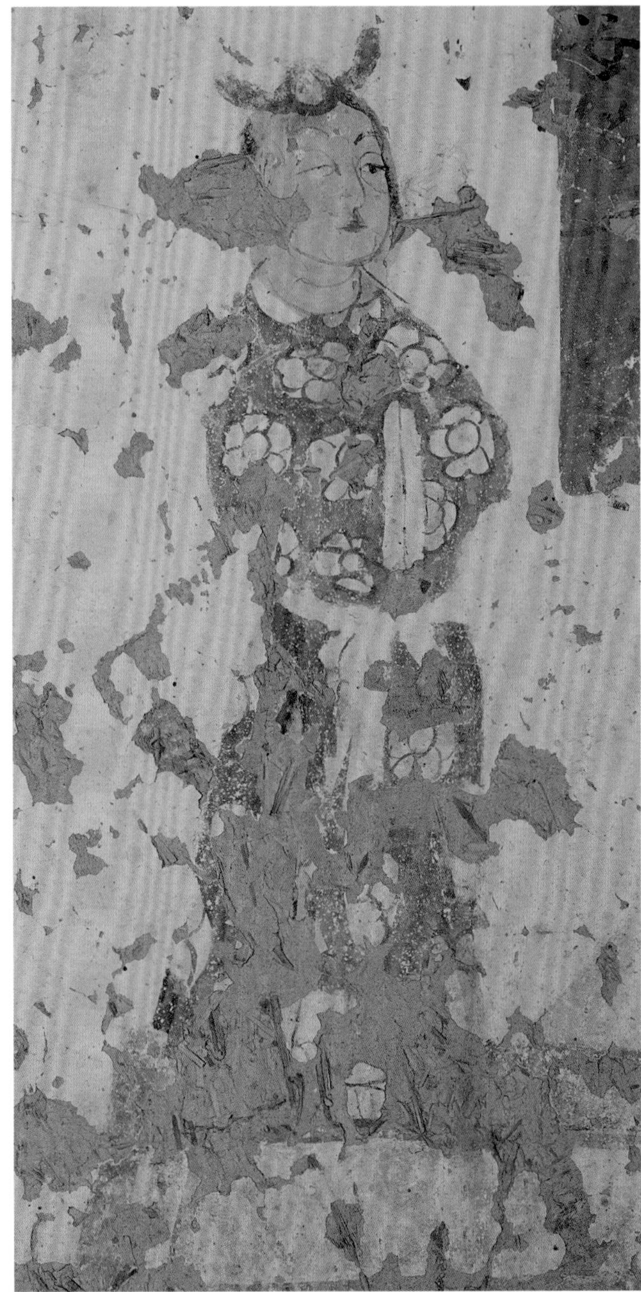

208 **舞伎服飾**

舞伎頭戴雙腳反搭襆頭，著圓領長袖青色缺胯衫，帛帶束腰，白底團花大口褲。

五代 莫100 南壁

209 **男童服飾**

男童頭束丸髻，以紅帶繫紮，兩端上翹，著紅色盤領窄袖團花袍，腰束帛帶。臉部也精心妝扮，眉間點白點，象徵佛的白毫之相，額部還有白色花子，既有祈佛護佑成長的含義，又襯托出兒童的天真活潑。

五代 莫129 東壁

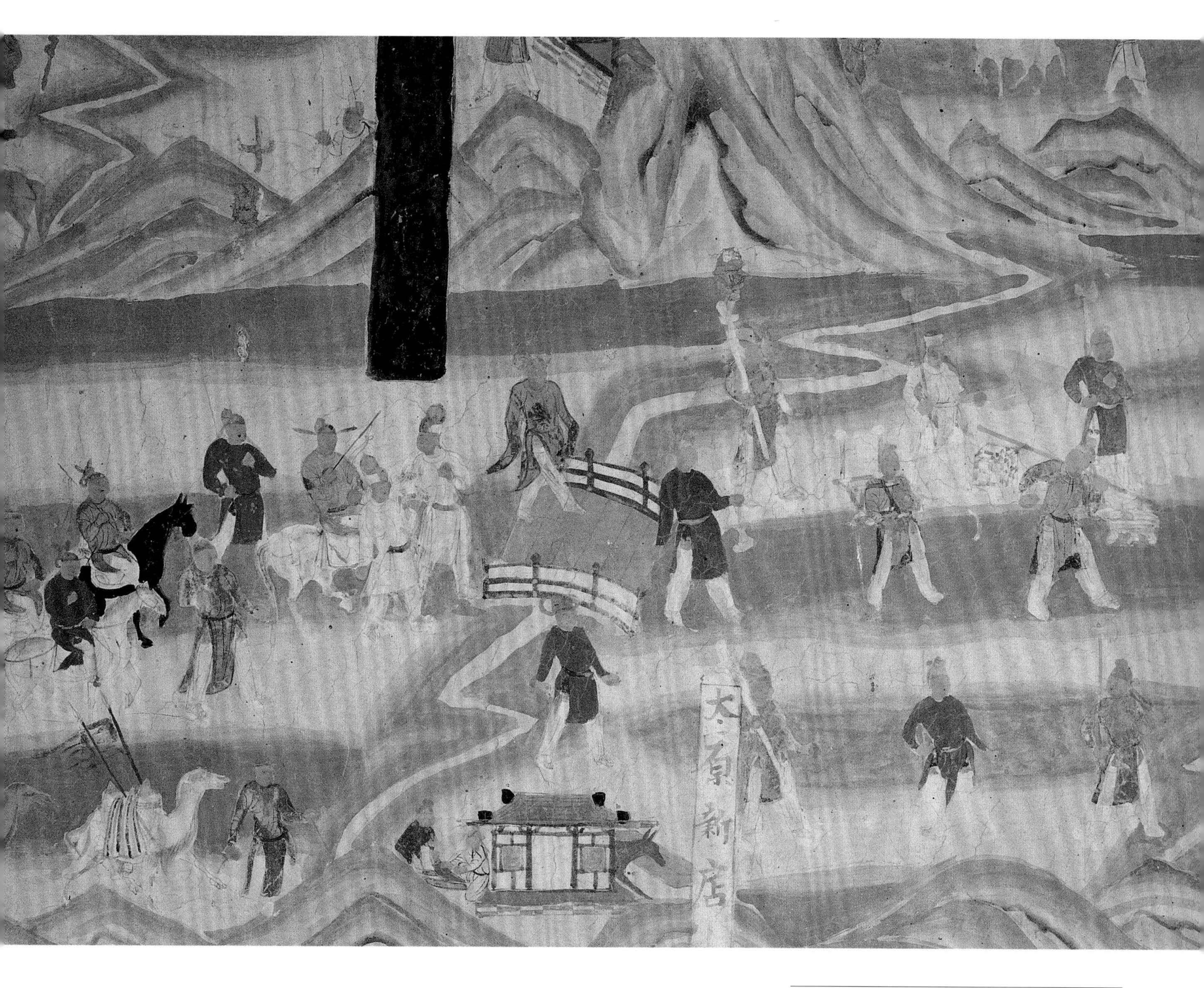

210 行旅者服飾

正在五台山中的行旅者，庶民戴軟腳襆頭，個別戴曲腳襆頭或戴笠帽，著圓領束腰缺胯衫和白褲。走在橋上著長袖缺胯衫者為樂舞伎，橋左側馬上戴展腳襆頭者為送供使，其前有兩名著袴褶的侍從，後面三人戴朝天襆頭者為鹵簿儀衛。各階層等級身份，從衣著上一目了然。

五代 莫61 西壁

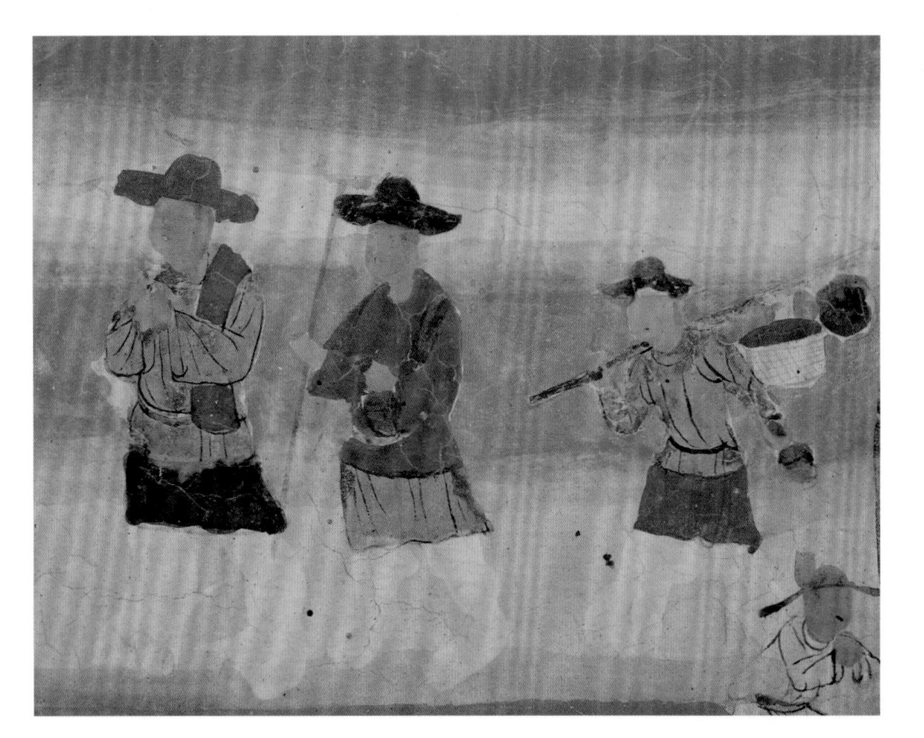

211 **農夫服飾**

三男子頭戴笠帽，上著短褐衣，有腰裙，下著白縛褲或大口褲。或手持農具，或肩扛竹筐，其身份應為農夫。

五代 莫61 西壁

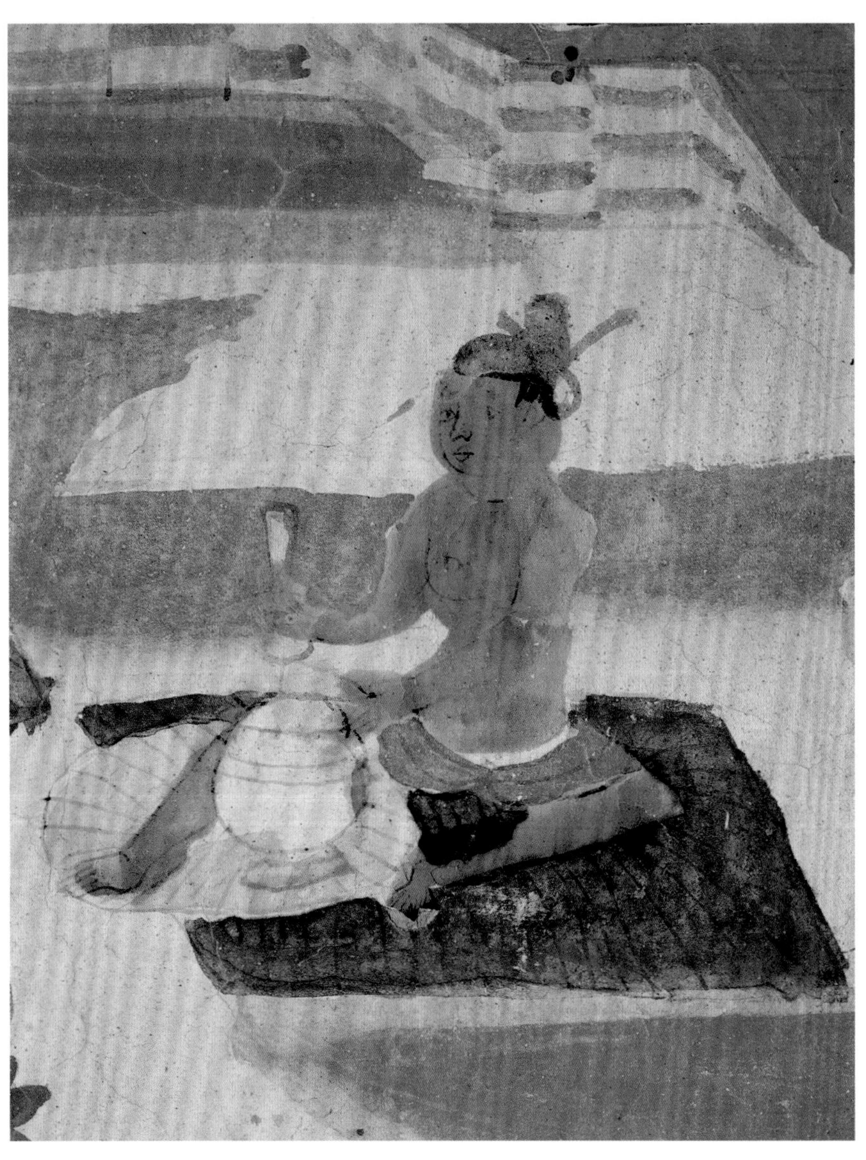

212 **工匠服飾**

燒製陶器的工匠，頭戴雙腳反搭襆頭，上身裸體，著犢鼻褲。這種襆頭在非體力勞動者中未出現過，由於軟長腳襆頭在勞作時諸多不便，於是把雙腳反結於腦後，便於肢體的動作。

五代 莫61 南壁

213 **吐蕃射手服飾**

射手頭束紅抹額，身著左衽交領半臂衫，有臂鞲，腰束花紋革帶，束綁腿。從額飾看，射手似為吐蕃族。

五代 莫346 南壁

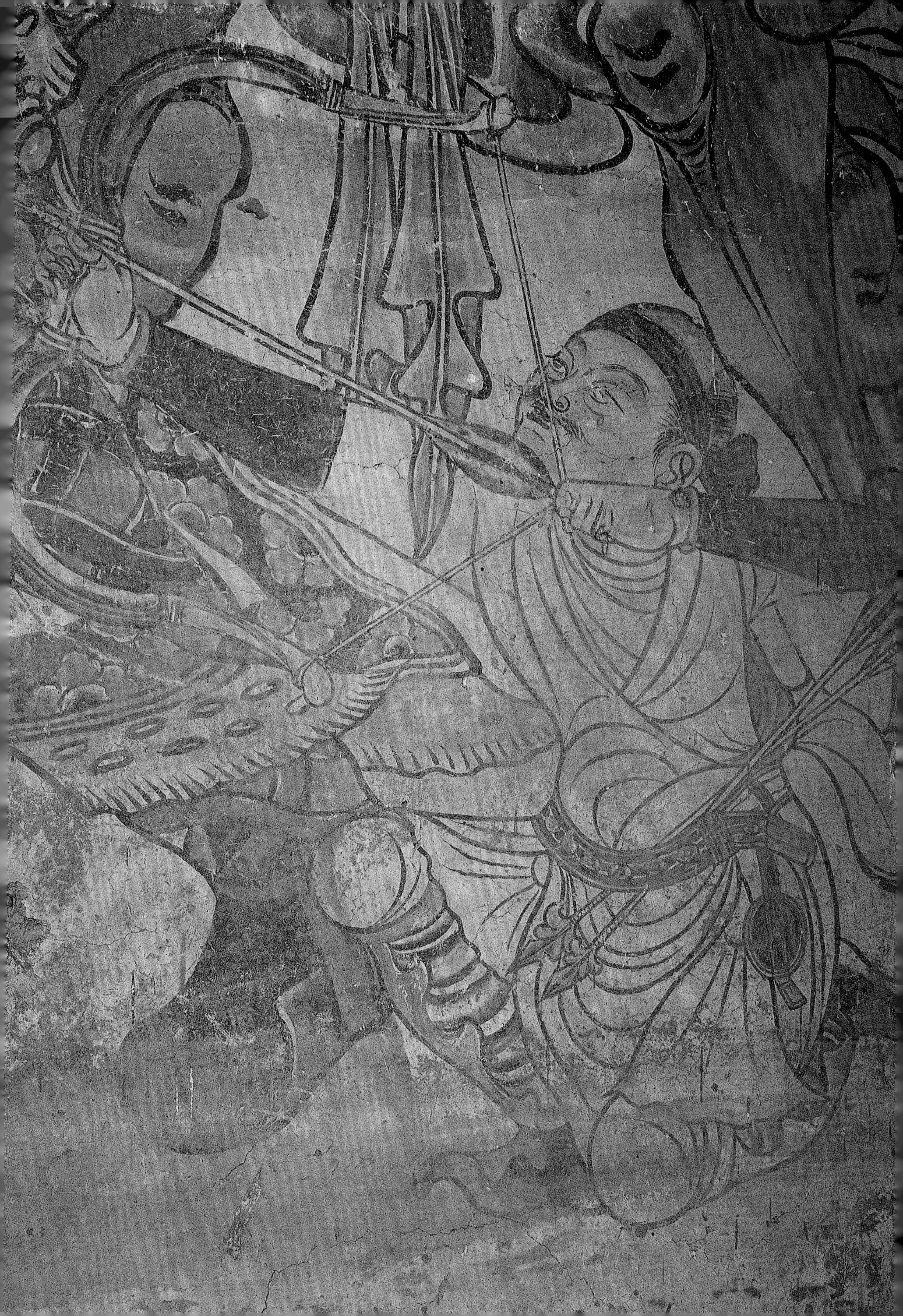

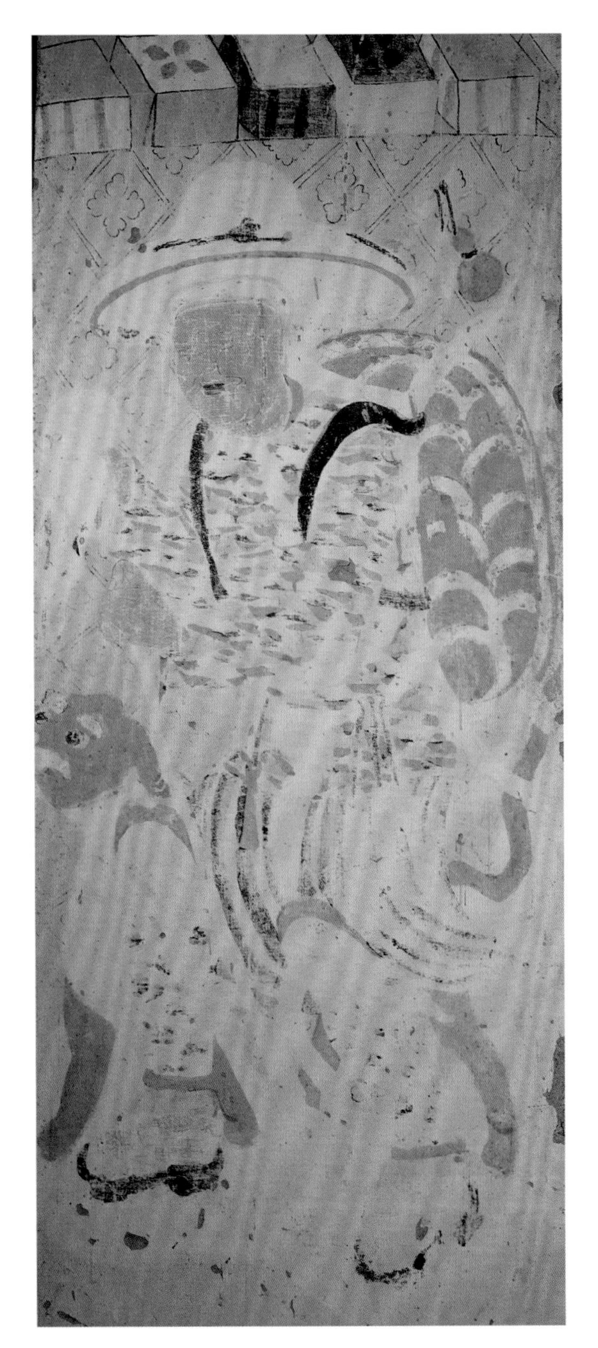

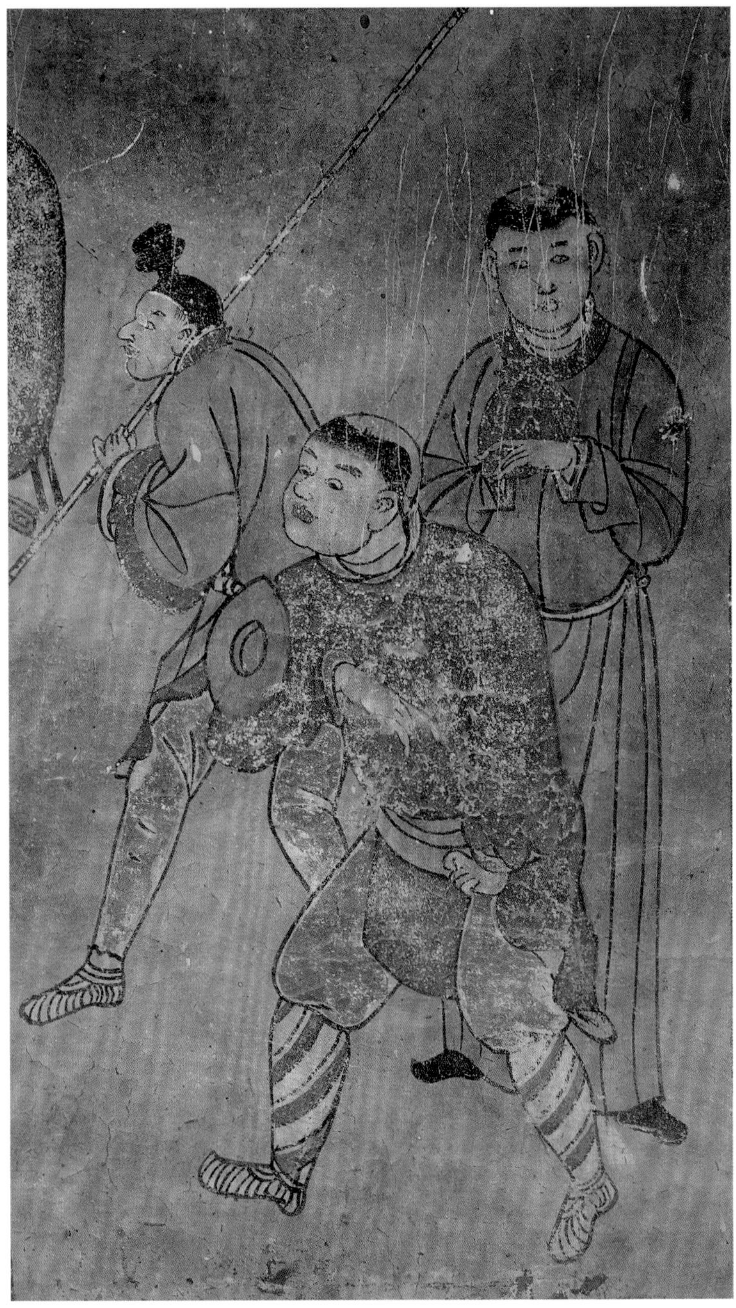

214 行腳僧

雲遊四方的僧人，戴斗笠，著山水紋衲衣，腰掛拂子，揹負盛放經卷的竹木笈，上繫盛水的葫蘆，穿木齒屐，還有狻猊（獅子）伴行。服飾既保持僧人的本色，又要符合行旅的需要。其木屐相傳最早是為紀念始於春秋時期的介子推而製。東漢以後木屐盛行，男女日常生活通用，漆畫屐成為婦女的嫁妝，甚至南朝官吏朝參亦可著屐。

西夏　莫308　甬道北

215 西夏小童服飾

後排左側小童頭頂髡髮，前額及兩鬢留一圈短髮，著盤領窄袖袍服，帛帶束腰，烏皮靴。前後各有二侍從，老者繫頭巾，著缺胯衫，小口褲；少者頭頂髡髮，前額及兩鬢留一圈短髮，耳後各留一綹長髮，下垂至肩。身著缺胯衫，下著縛褲，裹行縢，二侍從均穿麻鞋。

西夏　榆29　南壁

216 西夏雜技表演者服飾

三人均頭戴幞頭，上著長袖百戲衣，下為小口褲，穿麻鞋。

西夏 榆3 東壁

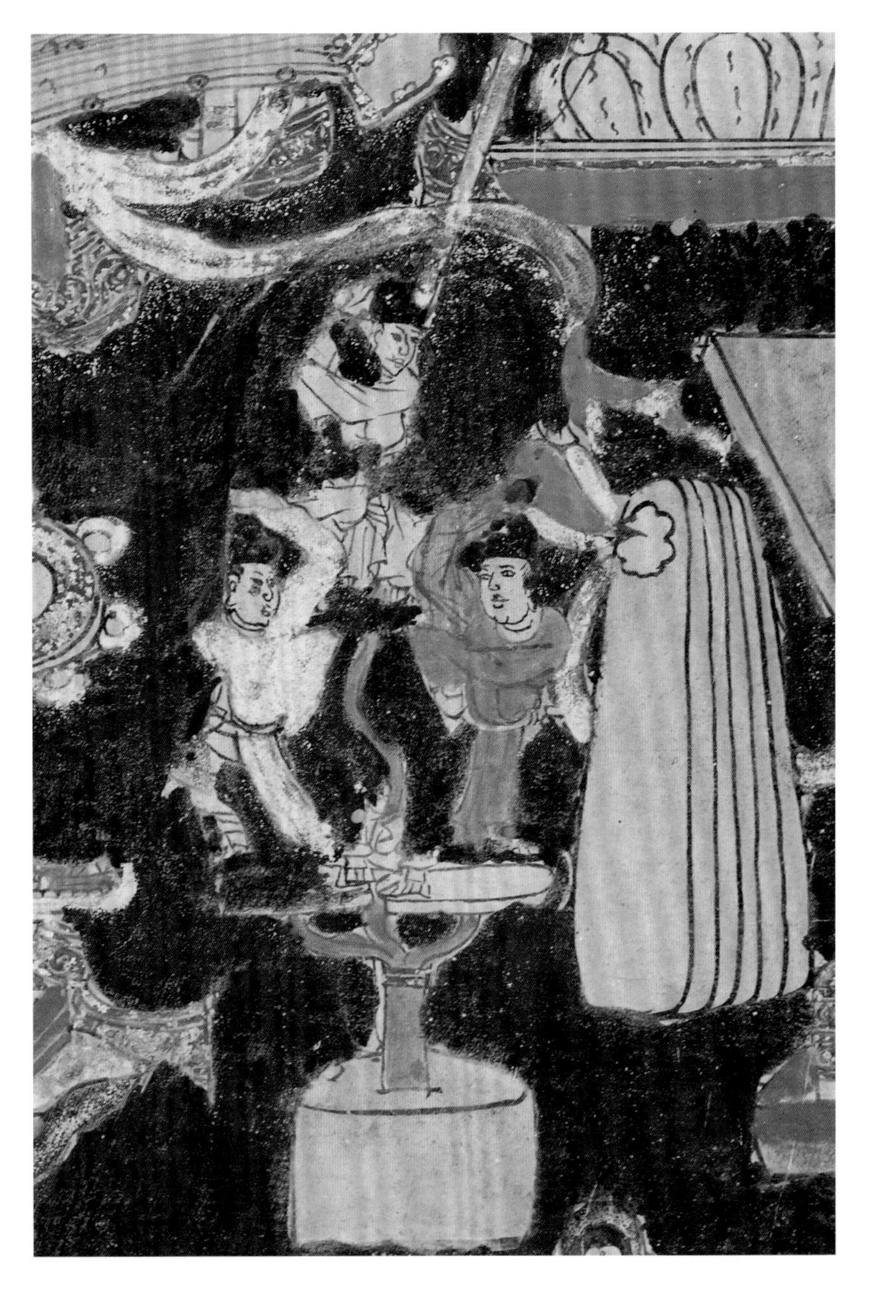

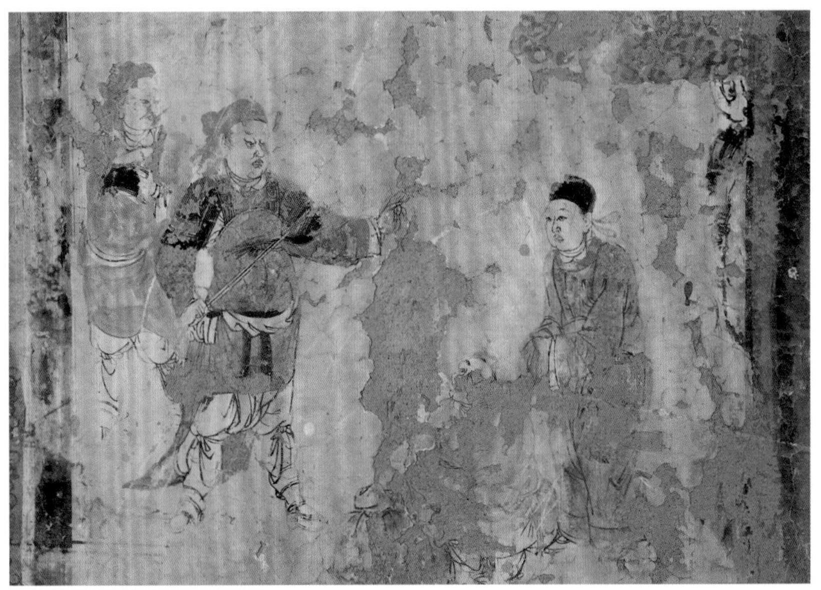

217 西夏商人與強盜服飾

這是佛經故事中商人遇強盜的場面。商人的裝束與士人相同，頭戴軟腳幞頭，著袍服，繫革帶，戰戰驚驚，對強盜拱手相求。強盜頭裹巾，身著袴服，帛帶束腰，縛繫白褲，穿圓口麻鞋。外套一皮甲，在肩部襻帶繫結，與五代至宋代武士的絹帛五色介冑樣式相似。

西夏 榆2 東壁

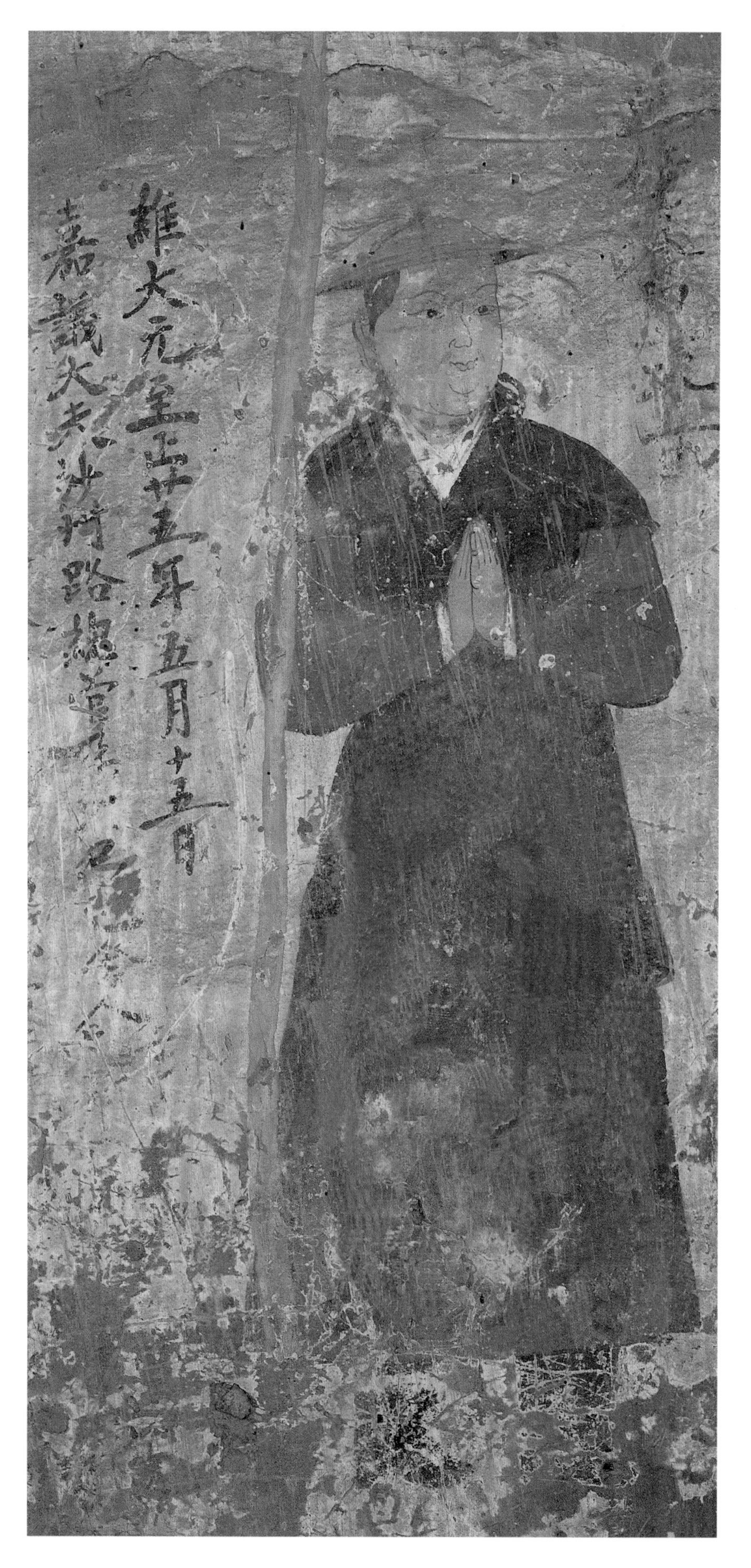

218 蒙古男裝

戴鈸笠，後垂辮髮，內著白色中單，外著綠色窄袖袍服，有比肩，長鞦靴。宋代禮制規定，八、九品官服綠色，從鈸笠和綠袍看，此蒙古人似為低級官吏。

元 榆3 甬道

第四節 漢族婦女服飾

敦煌壁畫上的五代婦女與內地相比，服飾的變革稍顯緩慢一些，具有濃厚唐風的襦裙仍佔據主流，同時從髮式到襦裙的局部都在不斷變換，新潮裝飾大量湧現出來，尤其唐朝少見的最高等級后妃禮服也躍然壁上。五代以後，由於宋代儒學禮儀的強化，漢族婦女服飾由唐朝盛世追求自由開放、張揚個性、變換頻繁轉而變為內斂儒雅、精緻簡約。

這一時期影響婦女髮式和裝飾變化的另一因素，是宋代都市的繁榮。宋代是中國商業都市興起的重要時期，宋神宗時期全國有城鎮一千八百多個，由此帶動了城市居民生活面貌的變革。城市中的王公貴族、市井小民、百工百業，均有服制規範，促進了服飾樣式的多元化。到元代服飾名目更加繁多，男服名目有數十種，女服名目有百餘種，且有南北之分、漢蒙之分，由此帶動了都市中從事髮髻、花冠、珠寶佩飾、服裝等各種行業商鋪的興起，分工細密。總之，這一時期的婦女以修長清瘦的體形為美，服飾也完全脱離了唐代雍容肥大的習俗，講究清秀柔媚的風格。

一、漢族貴族婦女服飾

晚唐以後藩鎮跋扈之風，反映在五代至宋代敦煌壁畫中的貴族婦女服飾上是競效盛唐后妃之裝，追求華麗高貴，珠光映鬢，彩錦繞身。最高等級的婦女禮服仍然是鳳冠、花釵冠和翟衣。

鳳冠：這是唐宋以來從皇后到貴族婦女最為貴重的禮冠。敦煌最早出現的鳳冠，是中唐吐蕃時期的莫高窟第158窟一王后戴鳳冠，樣式比較簡潔。在莫高窟五代至宋代的第341窟、第427窟、第256窟、第192窟等壁畫中忽然大量湧現出貴婦戴鳳冠的形象，她們都是歸義軍節度使夫人及眷屬，比晚唐的節度使夫人更加大膽地效倣唐宋皇后禮制。

節度使夫人的鳳冠比皇后的鳳冠略小，正中有一展翅的鳳立在蓮花座上，兩側是步搖花釵，滿飾翠綠玉珠，華麗之至。

花釵冠：比鳳冠低一等的禮冠，在唐代晚期壁畫中已經出現，此時樣式沒有變化。唐制規定，一品夫人的花釵九支，二品八支。宋沿其制，並規定大小花釵的最高數為二十四支。敦煌壁畫中多為四至六支，少於晚唐最多的十支花釵。可能是由於鳳冠已經獨佔極品，成為節度使夫人的新寵，花釵冠降為屈就地位，地位較低的婦女也可以戴，她們對花釵的數量也不計較，於是敦煌畫師就草率行事了。

白角冠：五代以來白角冠常與花釵合為貴婦冠飾。五代沿襲唐風，常用數把大小不等的角梳插在髮髻上以為裝飾，稱為“白角冠”。五代至宋代有大發展，製作材料越來越講究，由原來的金、銀、犀、玉進一步改用象牙、玳瑁；插梳的數量也越來越多，由一兩把發展到十多把，所謂"滿頭行小梳，當面施圓靨。"梳子越來越大，至宋代，梳子一般長四、五寸，有的長至一尺二寸。冠高達三尺者，以至坐轎時得側身而入，所以又把這種冠稱等肩冠、垂肩冠，前者是指冠的橫向寬度，後者是指冠飾的垂直長度。敦煌壁畫中可以看到最多為六梳，分三對，兩兩上下相合，中間的一對較長大，兩側的略短。在顏色上是綠、白交錯相間，很可能是以珍珠和翠玉製作的。

宋代婦女講究戴各種花冠，一時帶動了大都市專賣和修理花冠、角梳、珠寶佩飾以及梳頭的商鋪生意很興隆。這些行業分工細密，商鋪是專門服務於貴族的，還有許多沿街挑擔叫賣的小販，平民婦女是他們的主顧。這些行業一直延續到元代。

翟衣：在最隆重的典禮場合穿著的禮服，大祭時也必穿翟衣。五代以後的翟衣比唐代樣式增加，宋代又有新的禮制規定，將翟衣細分為九色、五等級，從皇后到士之妻都可以穿翟衣，以顏色和花紋區分尊卑，並且根據禮儀的不同場合，穿不同的翟衣。敦煌壁畫中的翟衣以紅色為主，樣式基本沿襲唐式，由寬袖織錦衣、長錦裙、畫帔組成。主題圖案就是雉和花草紋。

花釵禮衣：唐代多為青色禮衣，五代有紅色和青色兩種，均以錦、綺、綾製作四季之服，精緻華美，上有各式花草紋樣，色彩絢麗，配以花釵首飾，從上至下把麗人裝扮得花團錦簇。

褙子：五代貴婦的常服中出現一款長袖、對襟、直領，下長過膝，罩在上襦之外的褙子，宋代成為平民婦女的常服，男子也可服，相當流行。貴婦的褙子尚絳色（近紅色），《宋史·輿服志》記：后妃背子生色領，皆用絳色。《師友談記》：太后暨中宮皆衣紅背子。《武林舊事》也有酒樓的歌舞妓皆珠翠盛飾，着金紅色背子的記載。莫高窟第100窟壁畫中節度使曹議金夫人身着紅褙子，是典型的五代貴婦的常服。

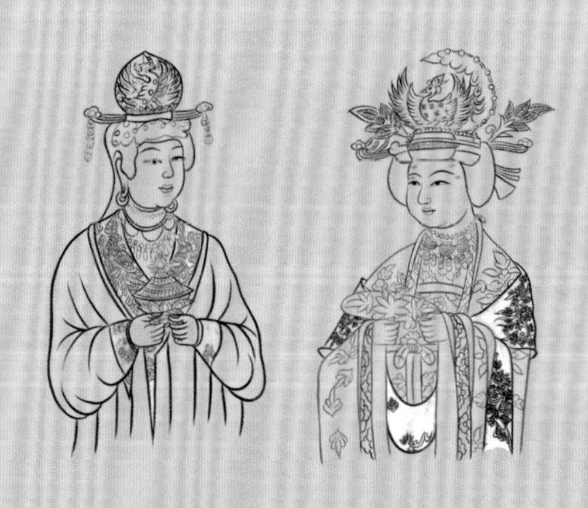

五代供養人的花釵禮服

折枝花葉紋禮服　　翔鳳花葉紋禮服

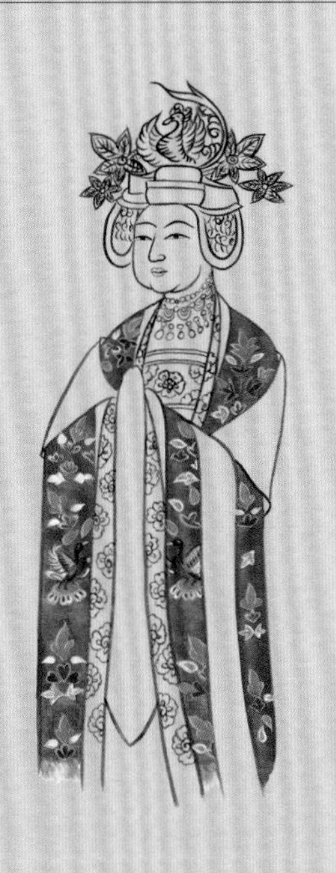

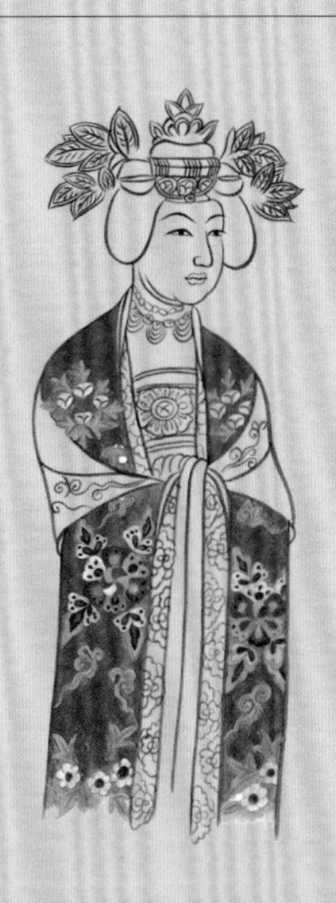

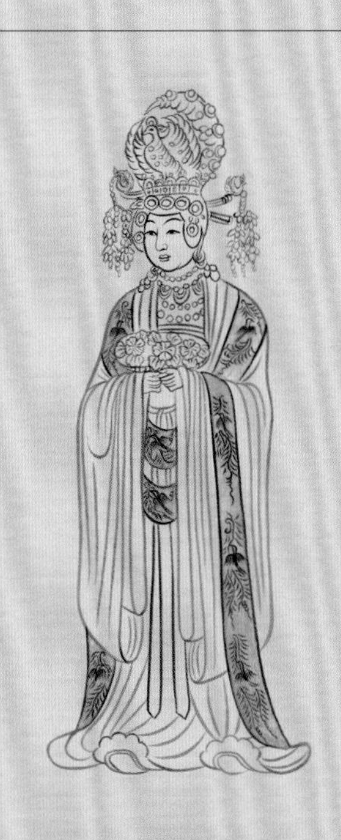

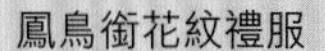

鳳鳥銜花紋禮服

彩蝶撲花紋禮服

飛鳥戲柳紋禮服

二、貴族婦女化妝與項飾

化妝：進入五代以來，敦煌壁畫中從王宮后妃到貴婦化妝和面飾比唐代更加講究精緻、細膩。節度使夫人和女眷們在重大的社會活動中都精心妝扮，從額頭、兩鬢、眼瞼、面頰的上部和下部、酒窩處，用圓點、花草、飛蝶、鳥蟲等花鈿點綴，正如《女冠子》詞曰："薄妝桃臉，滿面縱橫花靨。"花靨製作的方式有直接描畫，也可以用紙、金箔、魚腮骨、田螺殼、蜻蜓翅、雲母片及翡翠等膠貼於臉上。粘貼主要原料是呵膠，產於遼水之間，原來用於粘合羽箭，唐代以後成為婦女化妝必不可少的用品。

頸飾：五代以後，敦煌壁畫中貴婦的頸飾可說是融串珠、項鏈和瓔珞於一體。從隋代、初唐簡單的串珠，發展到六、七重的瓔珞，不但飾滿了整個脖子，多者還掛到了領子外面。有的珠子還垂以墜飾，或作滴露形，或作花蕾形，或作流蘇狀。頸飾的製作材料有水晶、瑪瑙、琥珀、琉璃、玉石、珍珠、金銀等。宋代出現佩戴珍珠的時尚，皇后宮女到官僚命婦的冠帽上，都鑲嵌有珍珠。因此珍珠倍受寵愛，身價高漲，據史書記載，當時的汴梁和臨安二京城，珍珠行鋪生意興隆。熙寧年間，皇宮內庫藏有珍珠 2340 多萬顆。最珍貴的珍珠有產於今天廣西合浦的南珠，還有從南海進口的珍珠。為此宋代在南海專門設立海舶司官和採珠專官，管理珍珠貿易事宜。在宋朝向遼金求和時，將大量珍寶獻給遼金，其中包括珍珠也源源不斷流向北方。因此敦煌壁畫五代以至回鶻、西夏、元代從貴婦到平民女子的髮式上多用珍珠，甚至各種佛尊像上也都有珍珠飾物。

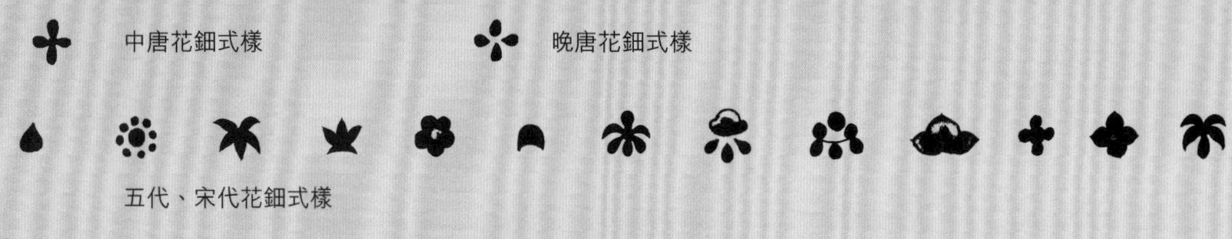

唐代至宋代各種花鈿式樣

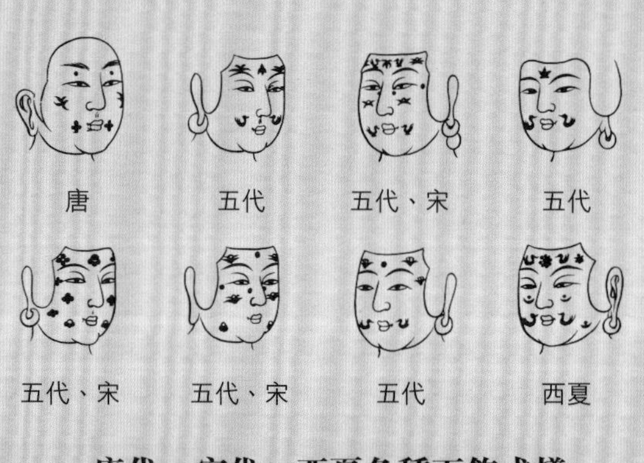

唐代、宋代、西夏各種面飾式樣

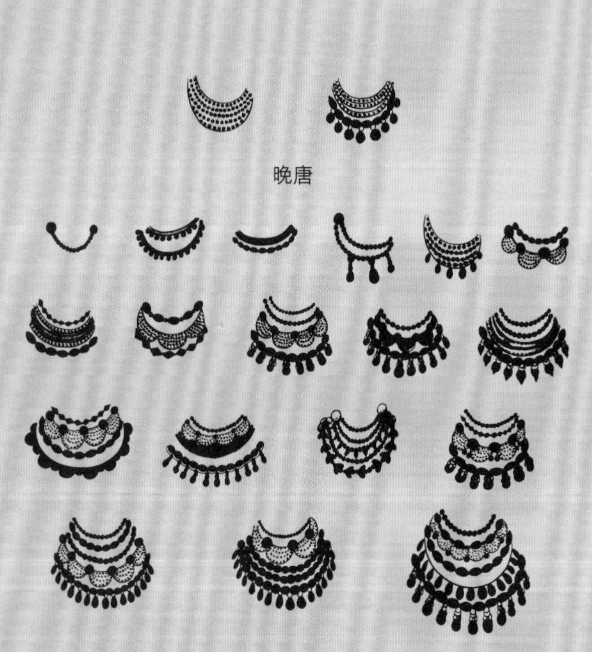

唐代至宋代各種項飾式樣

三、漢族平民婦女的服飾

普通婦女的服飾仍是以襦裙為主，晚唐以前的上襦比較短小，束在長裙的裙腰下，裙腰高至腋下，上襦只在肩頭部位顯露出來。五代至宋的裙腰下至胸腹部，而且上襦可直接穿在外面，成為名副其實的短衫，衣袖有直袖和寬袖。襦裙多為素色，不如唐代色彩艷麗，或在領部和袖口鑲邊。勞動婦女出於生產和生活的實際需要，還加繫圍裙。婦女帔巾的風尚仍沿用不衰。

此外平民婦女的衣服還有如下款式：

女著男裝：五代以後還保留有少量的女著男裝的現象，主要在侍女中流行著圓領袍服、帛帶束腰之男裝。這在當時是一種身份的象徵。

女裝缺胯衫：原本是男式粗陋的衣服，唐代後期在勞力者中很普及。而五代以後成為王宮貴族家侍女的常服，敦煌壁畫中如王侯侍女、節度使侍女等，多著男裝缺胯衫，這種裝束便於乘騎及勞作。而缺胯衫的質料發生了變化，為了顯示主人家的身份，侍女的缺胯衫可用繒帛或錦、綺、羅等衣料。

四、平民婦女的髮式

五代至宋代平民婦女的髮式與貴婦同樣繁多而豐富，唐代髮式仍在流行，又增加了許多新樣式，但總體上比唐代婦女的髮髻略小一些。在敦煌壁畫中比較多見的有如下幾種：

拋家髻：早在盛唐就很流行的一種大眾化髮髻，五代以來，平民婦女多梳此髻。直至清代在《桃花扇》中有："重點檀唇胭脂膩，匆匆挽個拋家髻"的記載，可見流傳至清代。盛唐的拋家髻無過多的釵鈿之飾，但在五代以後，在髮髻上插各種花釵，還用紅色絲羅結成雲朵、山嶽等造型，作為髮髻的飾物。這種髮式被視為新奇之裝。

雙鬟高髻：將髮挽成雙鬟，交叉高聳，其式扭轉自如，似遊蛇蜿蜒蟠曲，故又名靈蛇髻。據説此髻為魏文帝皇后甄氏所創，每日甄后梳妝時，必有一綠蛇盤結，甄后很驚異，遂倣效盤蛇成髻，以後廣為流傳。敦煌從唐至宋均流行此髻式，鬟髻前也如拋家髻，有紅羅結成的飾物。

百花髻：髮髻上插滿了各式花朵，簪花之俗自秦漢以來直至清代，為廣大婦女所喜愛。唐代婦女多戴牡丹，象徵富貴。而宋代婦女簪花種類繁多，頗有講究，多含寓意。簪花有三類：一類是鮮花，婦女講究用四季的鮮花妝扮，謂之"一年景"，常用牡丹、杜鵑、月季、菊花、玫瑰、海棠等。婦女的年齡不同，插花也不同，海棠花是少女的插花，如敦煌曲詞《虞美人》曰："金釵釵上綴芳菲，海棠花一枝。剛被蝴蝶繞人飛，拂下深深紅蕊落，污奴衣。"通過蝴蝶的繞飛，烘托花髻少女的艷麗。一類是像生花，即以通草、絨絹等材料製成的假花，酷似真花。所謂"姹紫嫣紅映，花枝愛像生。鬢邊嬌欲語，活色畫難成。"還有一類以金銀、紗羅等材料製成的花朵，富麗華貴，多是富家女的裝飾品。

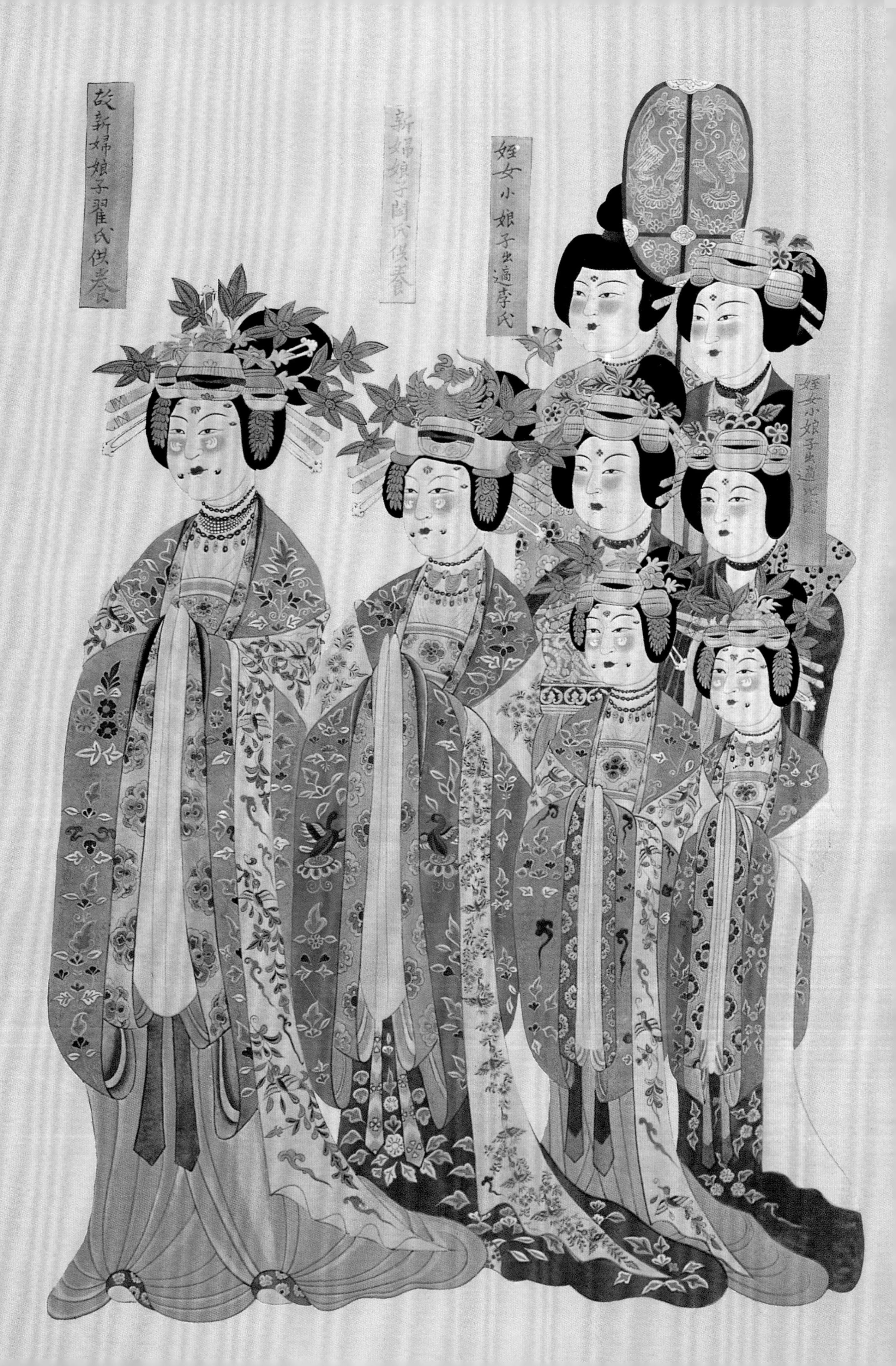
故新婦娘子翟氏供養
新婦娘子閻氏供養
姪女小娘子出適李氏
姪女小娘子出適

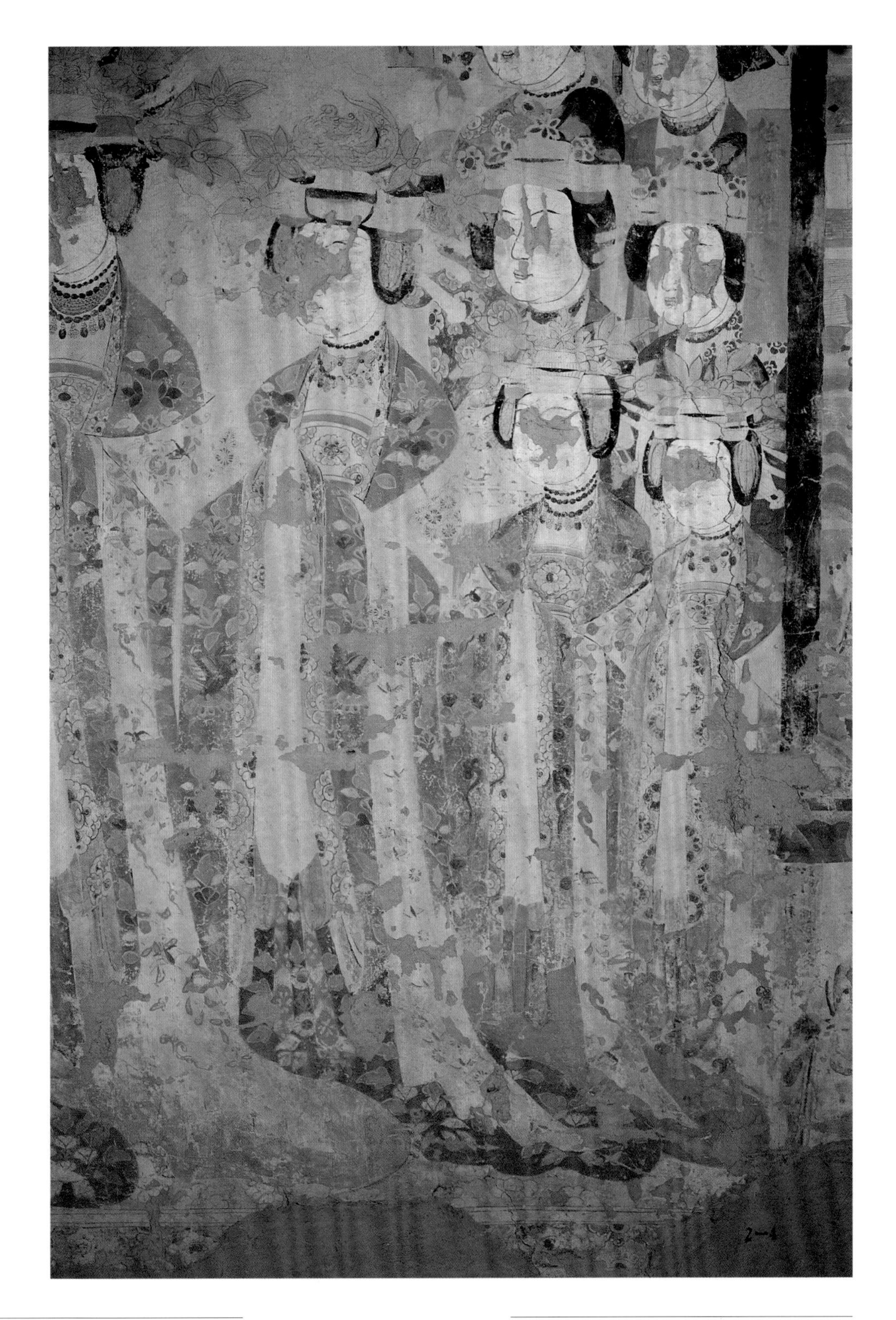

219 節度使曹議金家族貴婦服飾

歸義軍節度使曹議金家族的女眷頭戴鳳冠、花釵冠和白角冠，有頸飾，均著曳地長裙，有畫帔，垂纖襹。正中者著翟衣，兩旁著花釵禮衣。面部有多種花靨，是五代貴婦倣效唐代后妃的盛裝。再後的四侍女，頭戴白角冠，有插花，著素色或散花長裙，面部花靨略簡單。從頭飾、化妝到衣裙都較貴婦簡樸。

五代 莫98 東壁（范文藻摹）

220 節度使曹議金家族貴婦服飾

此供養像壁畫已殘，但貴婦禮服仍清晰可見。

五代 莫98 東壁

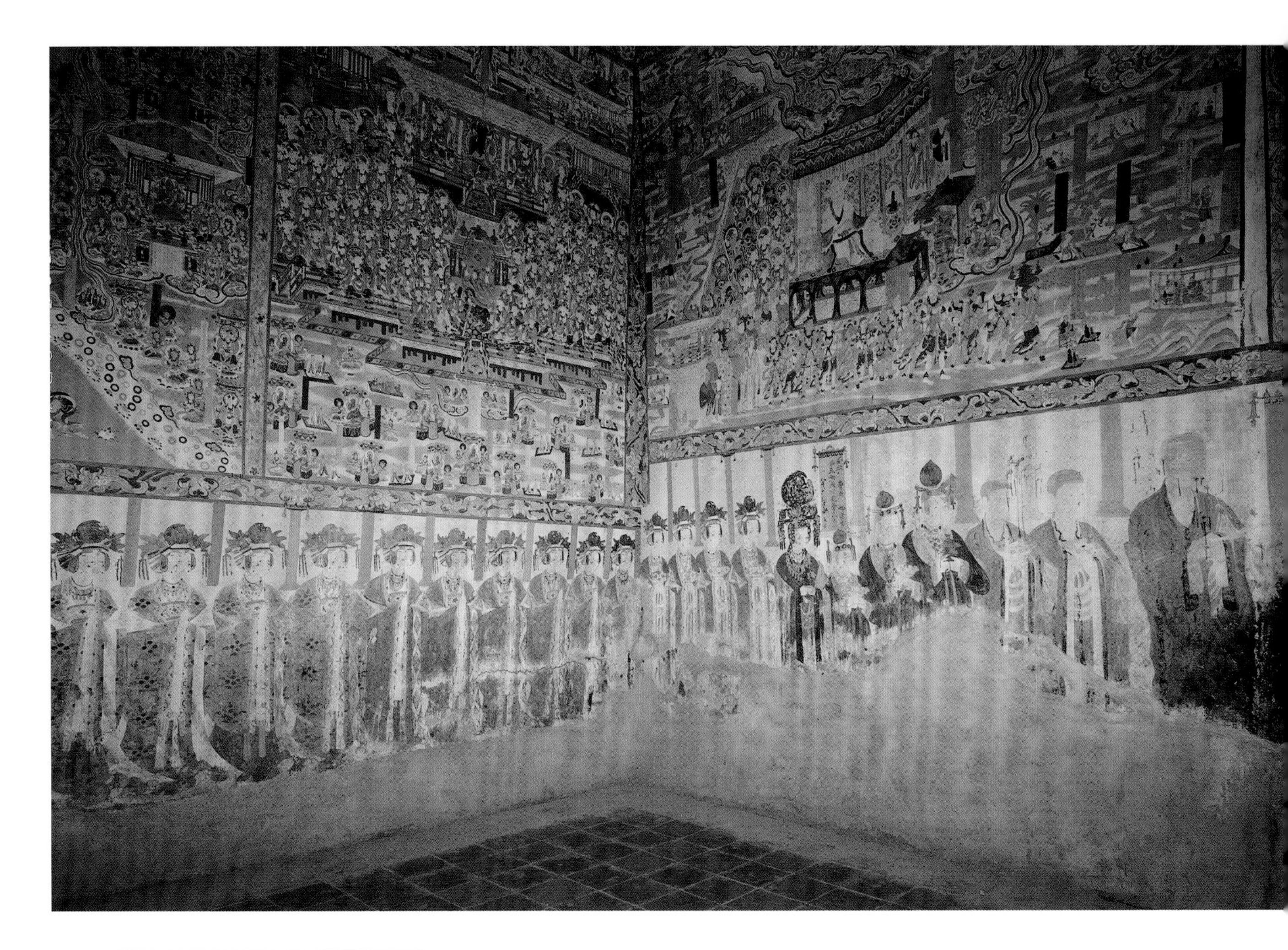

221 女供養人服飾

五代歸義軍節度使曹議金家族開鑿洞窟的女眷供養人像，從前到後按輩分和家庭地位排列，這是敦煌石窟中女供養人羣像數量最多、體積最大、畫面最絢麗多彩、表現唐朝前期的貴族婦女服飾最豐富的一組壁畫。其服飾的基本模式與前圖同。

五代 莫61 東壁、北壁

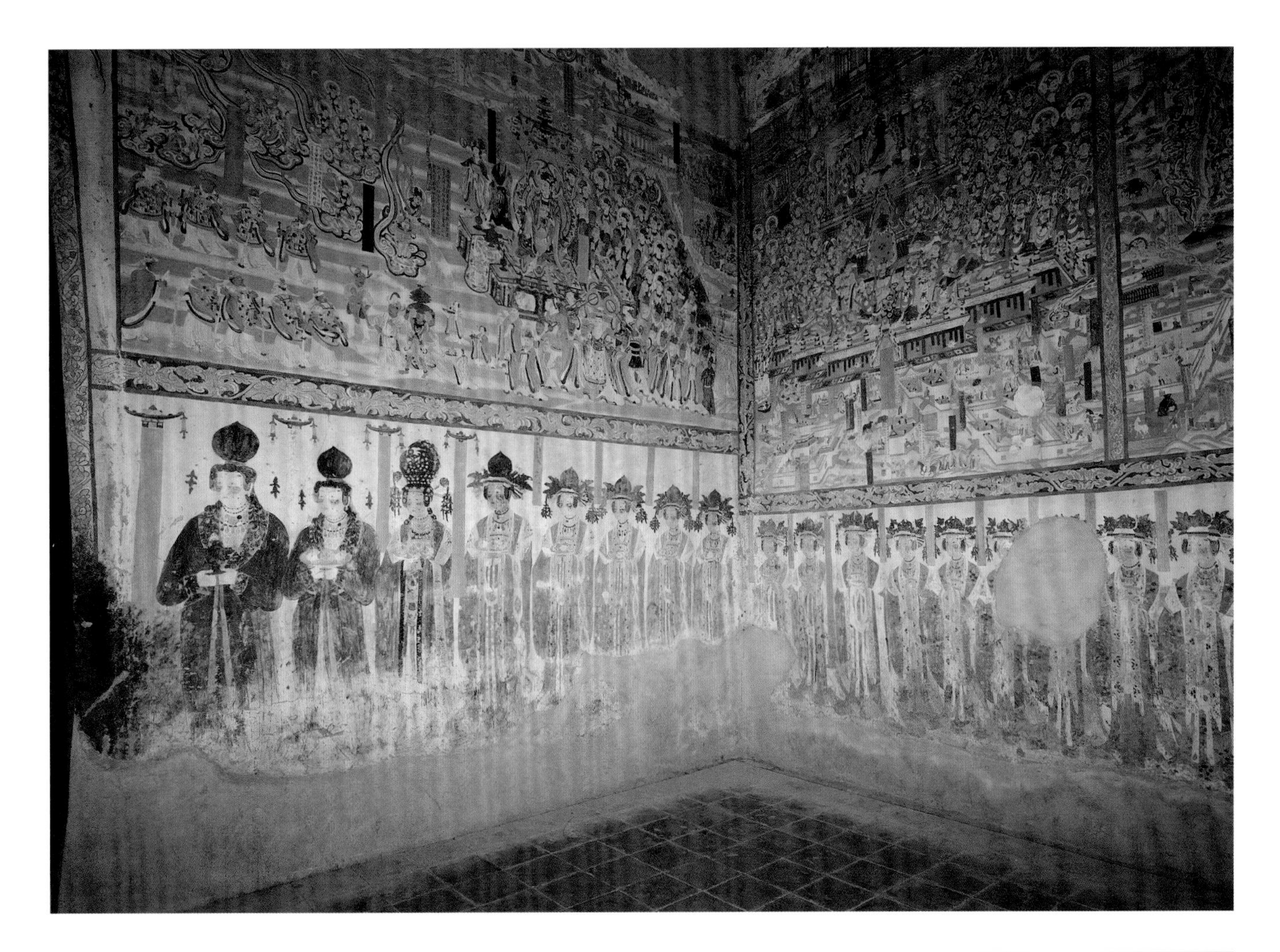

222 女供養人服飾

前二人為回鶻裝：桃冠、翻領、窄袖袍。第三人為漢裝：蓮花鳳冠、花釵禮服，餘者均為漢裝鳳冠、禮服。

五代 莫61 東壁、南壁

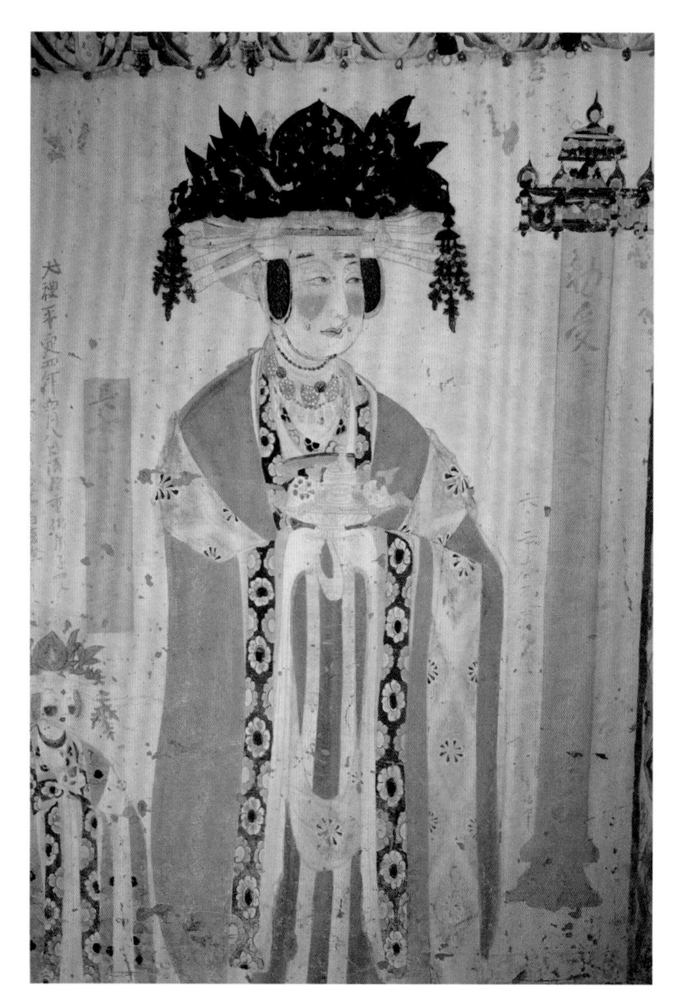

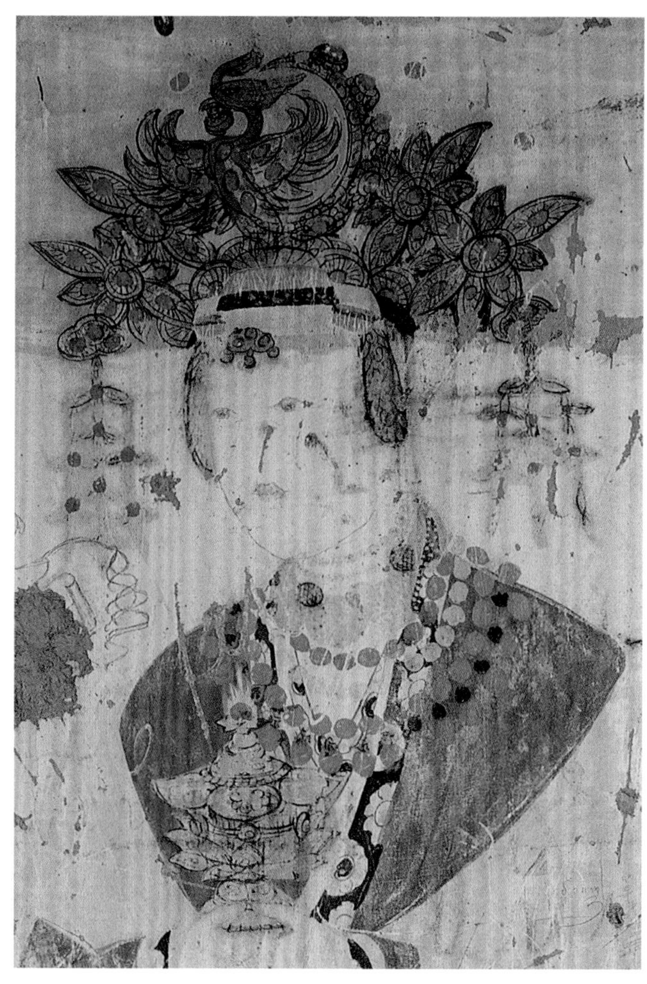

223 涼國夫人服飾

節度使曹元忠夫人，即涼國夫人翟氏，頭戴鳳冠，上插角梳、衡笄、步搖。面部化妝，有花靨。戴多重頸飾，似用瑪瑙、翠玉、水晶、珍珠製作。著鑲邊長裙，有畫帔，垂纖襳。

五代至宋初 榆19 甬道

224 涼國夫人鳳冠

涼國夫人頭戴鳳冠，正中一展翅飛翔的鳳立在蓮花座上，兩側有步搖和花釵，下面插有三對角梳，前額戴一翠玉佩飾。整個鳳冠和花釵似用金銀製作，上面滿飾翠綠玉珠，華麗之至。

五代至宋初 莫427 甬道

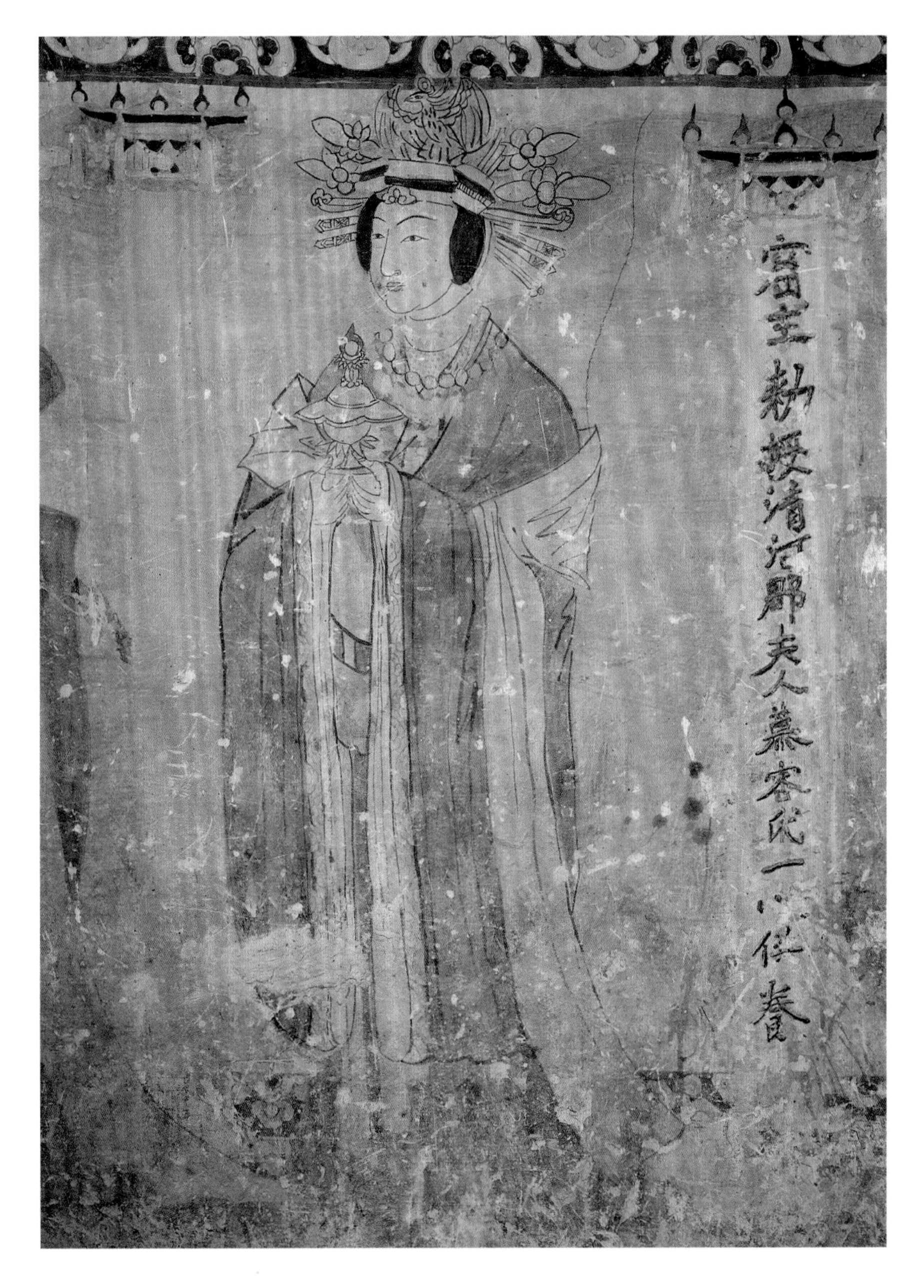

225 節度使曹延恭夫人服飾

曹延恭是曹元忠之侄，繼任節度使。夫人服飾與涼國夫人大致相同，但省略步搖，花釵減少花朵，少有翠玉裝飾。

五代宋初　莫454　南壁

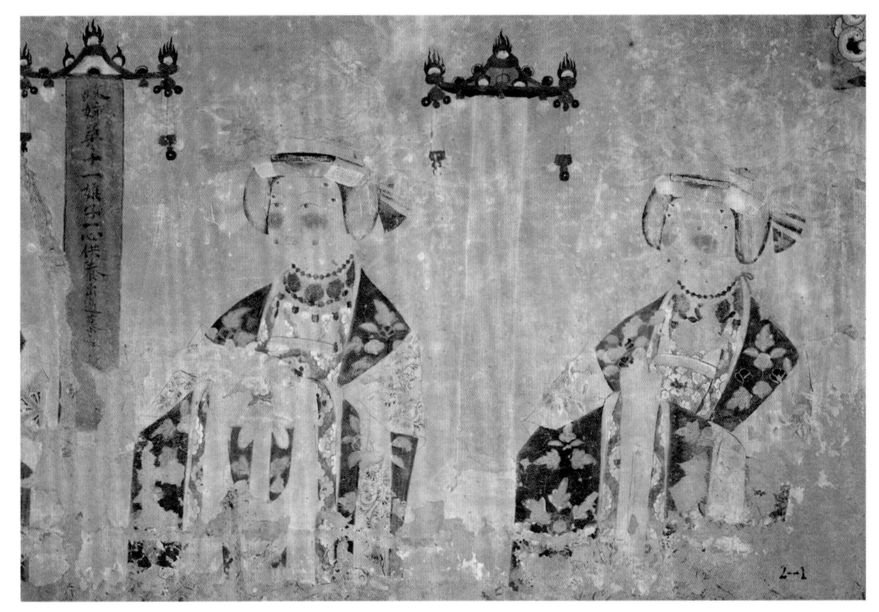

226 貴婦化妝與項飾

二貴婦戴花釵冠，插有角梳和翠玉飾。面部化妝，以在眉間、額頭、酒窩處點花靨為特色，面頰和雙唇畫紅粉妝。頸飾有多重，融串珠、項鏈和瓔珞於一體，似用貝殼、瑪瑙、翠玉串成。著花釵禮衣，為唐至五代常見的團窠紋和折枝花葉紋，色彩明麗活潑。

五代　莫108　東壁

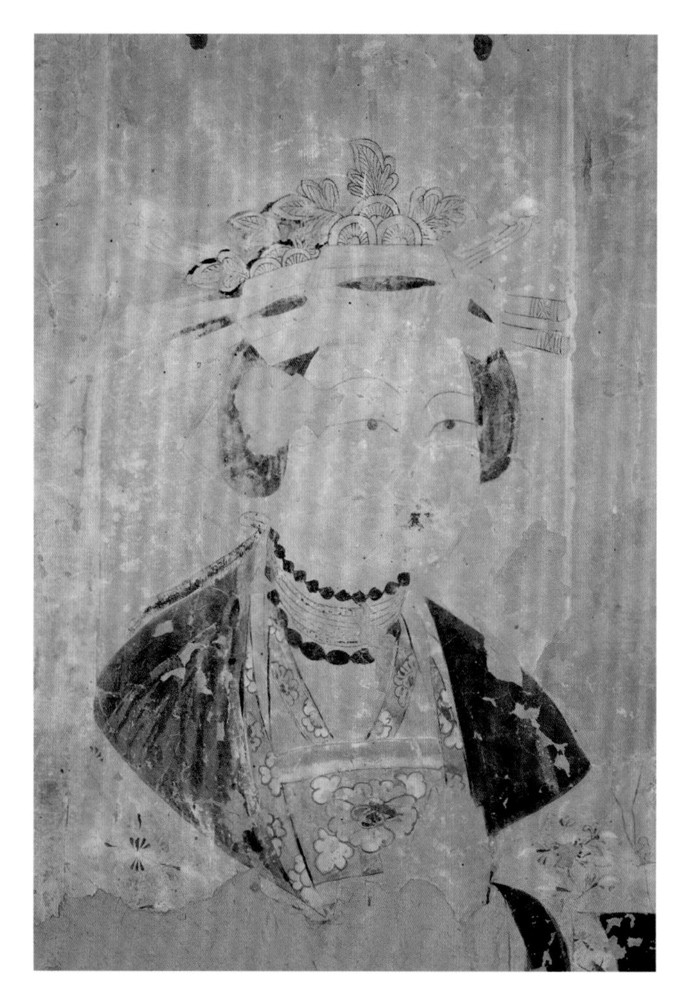

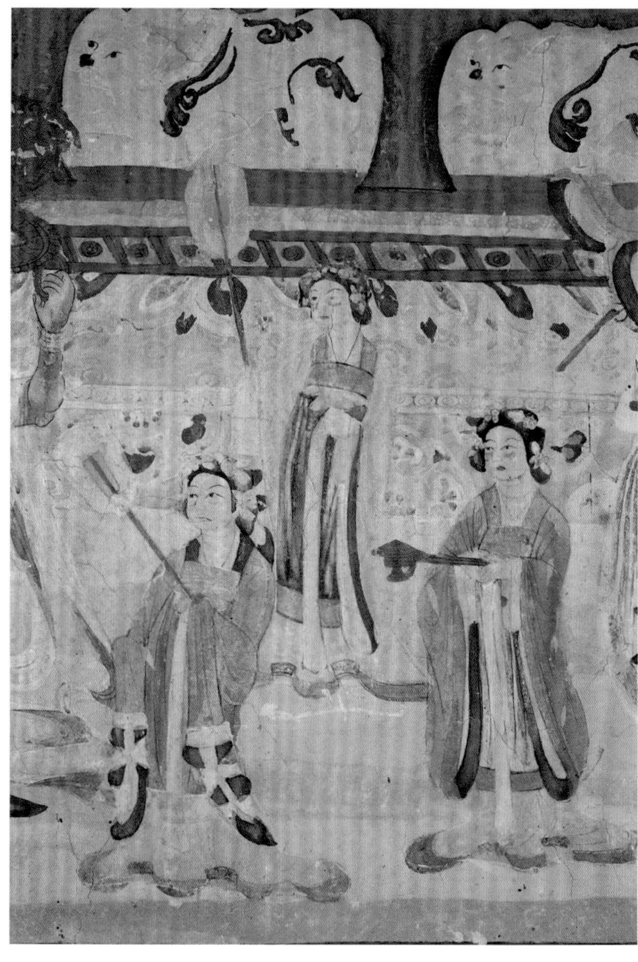

227 **花釵冠**

貴婦戴花釵冠，插有角梳，面部無化妝花靨，項飾簡潔，似為年齡較大婦女的裝束。

五代 莫108 東壁

228 **王宮侍女服飾**

王宮三侍女，梳百花髻，面頰有紅粉妝，頸飾簡潔。著寬袖襦衣長裙，加腰裙，垂纖䙞，是少女的裝束。

五代 莫108 東壁

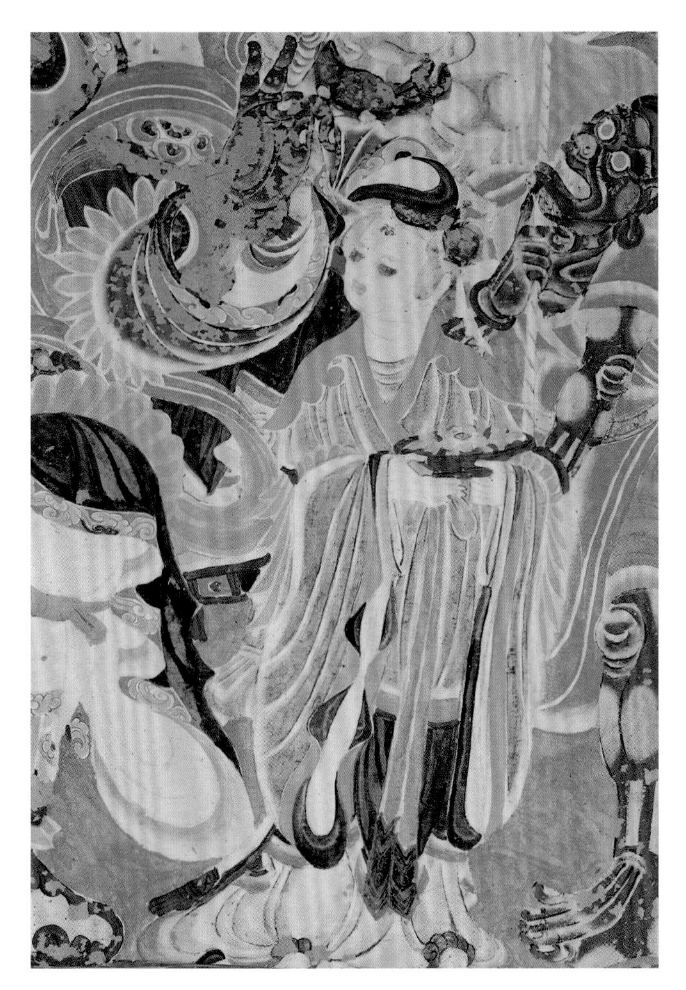

229 **少女服飾**

侍女頭戴很少見的平冠 ，額頭有花鈿，身著彩條紋襦裙，雙肩有雲紋，垂襳褵，是少女的裝束。

五代 莫146 窟頂西南角

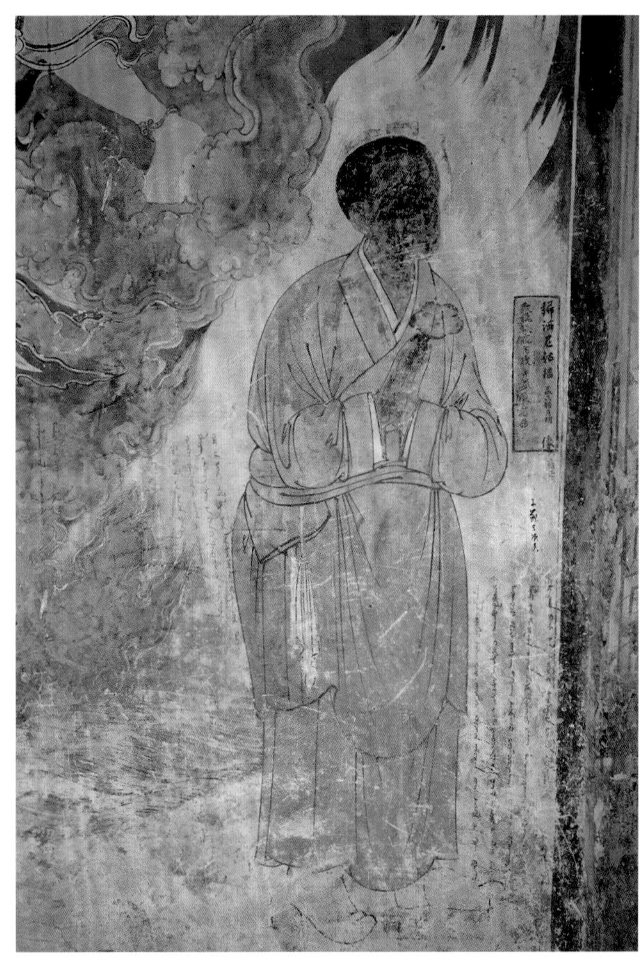

230 **僧尼服飾**

僧尼身著左衽交領布袍，帛帶束腰，圍腰上有絹巾，穿高鼻履。

五代 莫61 甬道

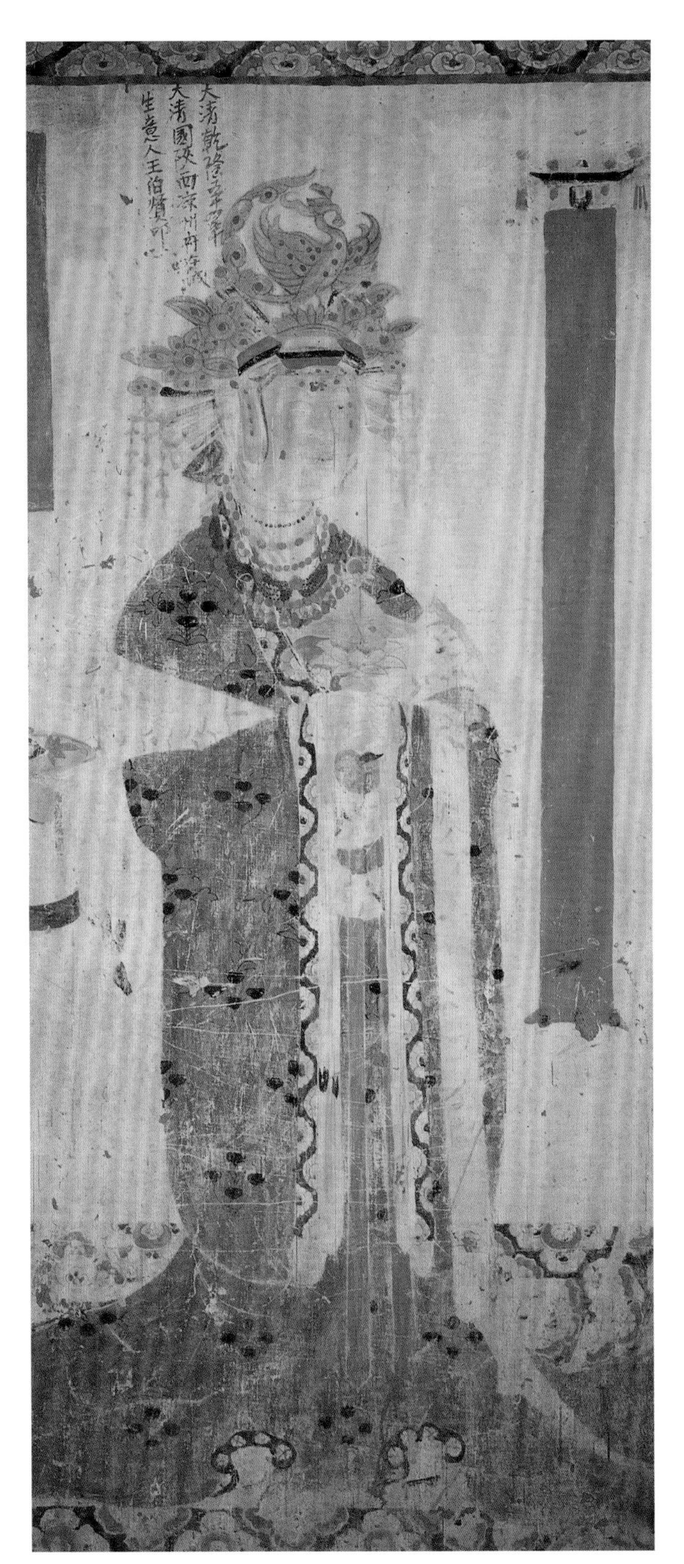

231 **花釵禮衣**

貴婦頭戴鳳冠，插角梳和步搖，佩戴多重頸飾，面部化妝的花靨依稀可見。著花釵禮衣上有折枝花葉紋，穿叢頭履，宋代的花釵禮服基本繼承唐制。

宋 莫256 東壁

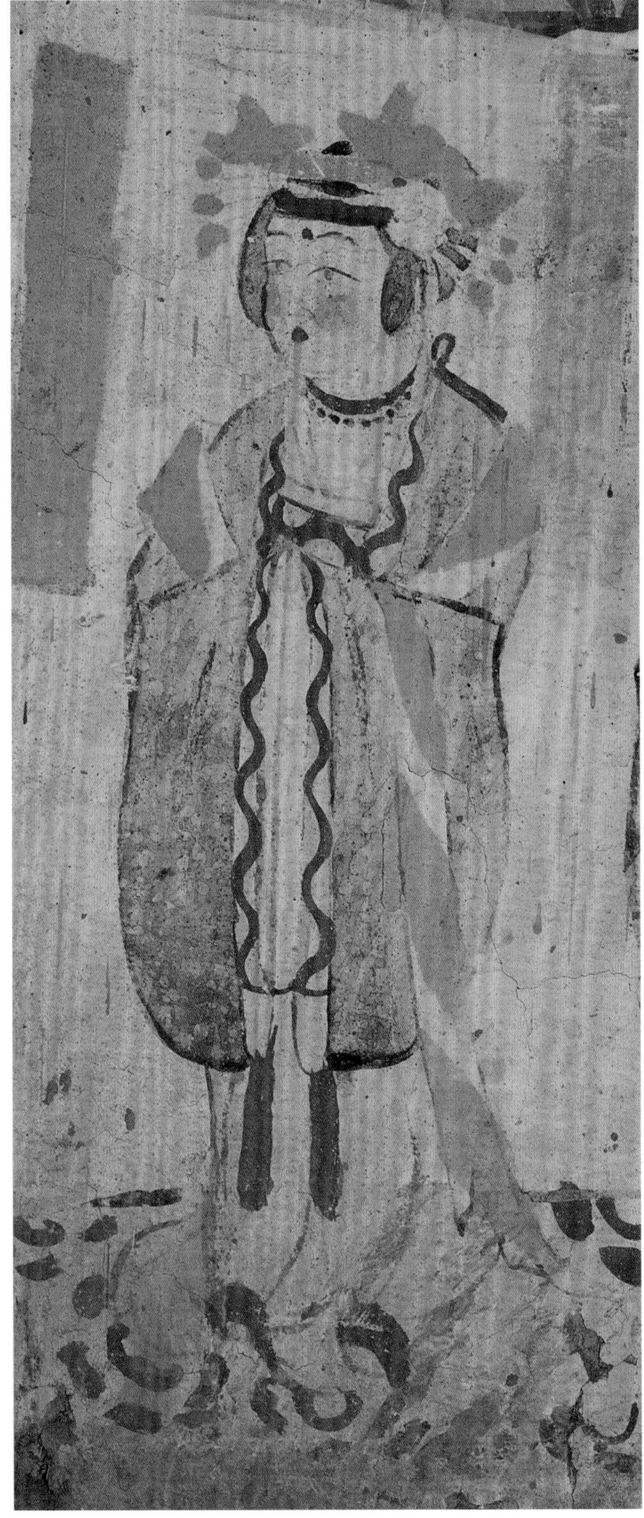

232 **貴婦服飾**

貴婦頭戴花釵冠，插角梳，眉間有花靨，面頰紅粉妝。著襦裙和披巾，穿叢頭履。但是繪畫草率，應不屬於顯貴世族。

宋 莫192 東壁

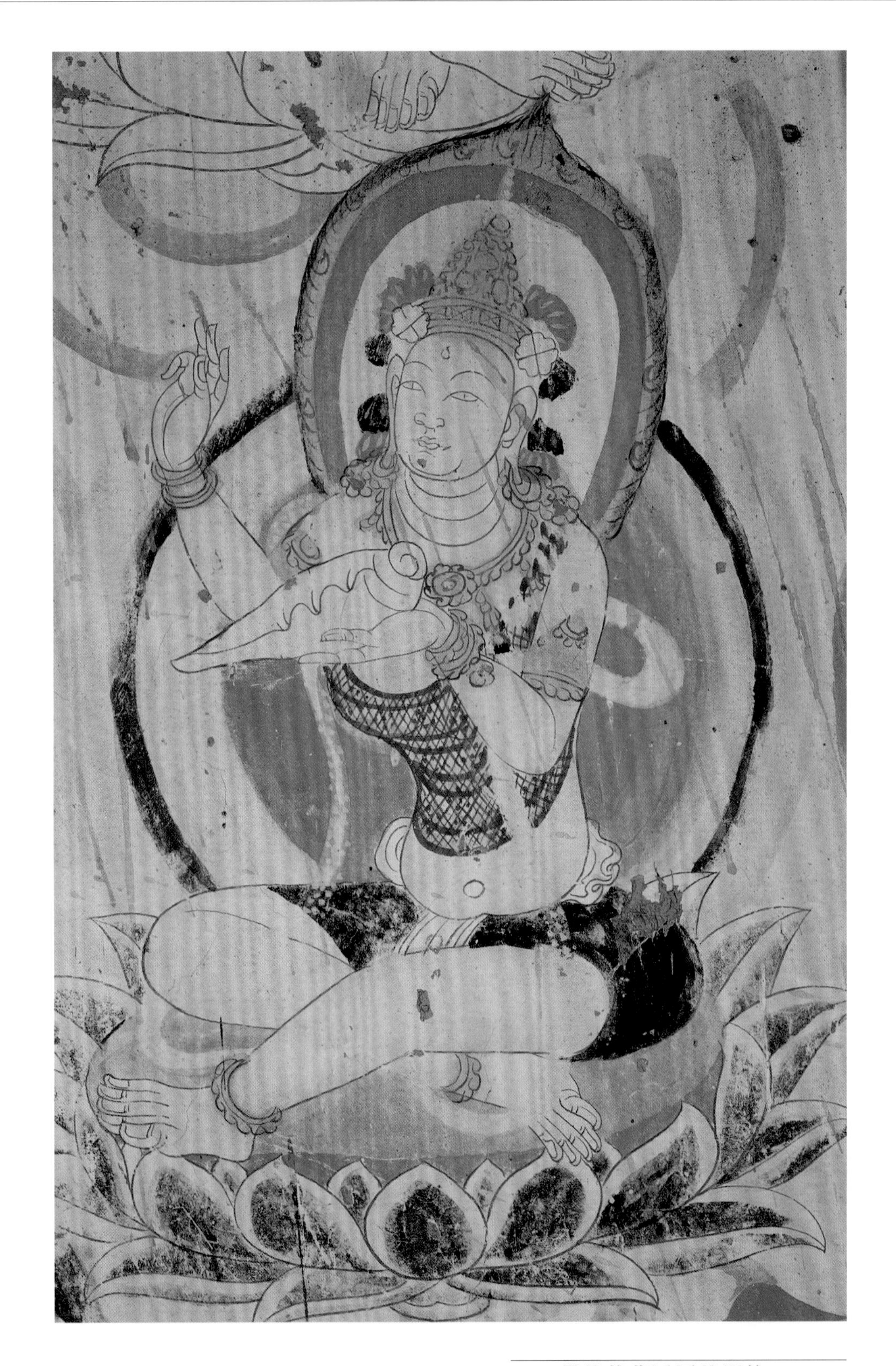

233 供養菩薩透羅紗服飾

供養菩薩上身著透明胸衣、以鮮艷的紅色透羅紗製作，上面還點綴有彩繡，應是一種高級絲織品。下著短褲。

宋 莫234 南壁

第五節 少數民族婦女服飾

敦煌壁畫中的于闐、回鶻、西夏、蒙古及元朝等少數民族的婦女服飾，同男服一樣保持了獨特的民族風格，例如回鶻族的桃形鳳冠和弓履、西夏党項族的四瓣蓮蕾珠冠、元朝蒙古族的姑姑冠等。由於這些少數民族常年生活在北方寒冷地區，婦女中世代相傳的防寒特效的化妝妙法經久不衰。同時婦女服飾也在逐步漢化，唐制禮服是少數民族王室女眷和貴婦等上流社會倣效的典範，漢裝的主流襦裙、宋代中原婦女時興的褙子等，也成為少數民族平民婦女的常服。

敦煌壁畫中各民族婦女和漢族婦女時常混合在一起，也有漢族著胡服、胡族著漢服的現象，在五代至元代更為突出。主要流行的少數民族服飾如下：

回鶻王室女眷服飾

五代至宋代，回鶻政權勢力很強大，與節度使曹氏家族世代聯姻，因此敦煌壁畫中回鶻婦女的形象更加豐富，她們的服飾是回鶻裝與漢裝並存。

節度使曹議金娶甘洲回鶻可汗（國王）之女李氏為妻，位居三位夫人之首，為第一夫人，敕封秦國天公主、國母聖天公主等。在敦煌壁畫中有多處李氏供養像，都排列在洞窟的重要位置，如莫高窟第100窟，李氏排列在曹氏家族眾多女眷的第一位，以表現她在家族中最高的身份。李氏的禮服與前面提到的節度使夫人相同，為唐制禮服。

以後曹議金又將與李氏生育的女兒遠嫁甘洲回鶻可汗為妻，稱為“回鶻天公主”。她身著典型的回鶻裝，頭戴桃形冠，冠上飾鳳鳥，上插釵鈿和步搖，兩鬢抱面，以瑟瑟、玉珠為飾。鳳冠的祥雲用旋繞盤曲線構成，鳳鳥在雲紋簇擁之中，顯示了淩空飛翔之情態。鳳鳥前有一對綠色的瑟瑟寶珠，增添了桃形冠的高貴。腦後還垂有長帶，《宋雲行紀》則說是垂絹帶。臉部有紅粉化妝，前額和面頰有花靨。身穿翻領、窄袖、長裾曳地的錦袍，領部及袖部均鑲嵌彩繡花邊，腳穿平底繡花鞋。與《宋雲行紀》：“（回鶻）王妃亦着錦衣，垂地三尺，使人擎之”的記載相符。

從敦煌壁畫看，回鶻婦女無論尊卑，多頭梳高聳的回鶻髻，束髮於頂，呈高丸髻狀，根部以紅絹繫裹，髮髻上飾以花釵，與《新五代史·回鶻傳》記載：“婦人總髮為髻，高五六寸，以紅絹囊之”的記載相符，這種回鶻高

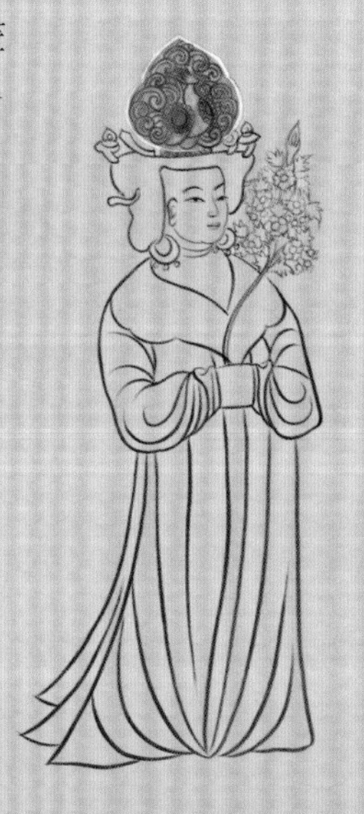
回鶻公主桃形鏤金雲鳳翠珠紋鳳冠

髻早在隋唐時期已經在中原相當流行，宋、元代依然盛行，直至明代以後逐漸衰落了。回鶻女裝也很有特色，多身著翻領窄袖緊身衣裙，主要特點是“小腰身”，所以更能顯現出婦女的窈窕身態。

于闐王室女眷服飾

于闐國也與沙洲曹氏歸義軍政權有親密聯姻關係，在敦煌壁畫中有于闐國王、王后和公主的供養人像，並有榜題可以準確確定其身份，因此尤為珍貴，這是其它地區或史料中極其少見的于闐國的人物形象。

于闐公主是于闐國王李聖天的第三女，沙洲歸義軍節度使曹延祿之妻。莫高窟第61窟壁畫有于闐公主形象，她與三貴婦共同禮佛，四人雖然同屬曹氏家族，卻來自不同民族，顯示了敦煌地區民族的多元性。于闐公主的裝束基本倣效唐制禮服，與前面介紹的節度使夫人的服飾相同，頭戴鳳冠，上有花釵步搖，身着翟衣。鳳冠和項飾上鑲滿翠玉寶石，顯示出于闐國盛產寶玉的地方特色。其後還有眾多曹氏宗族女眷相伴，公主在人羣中十分醒目，更加突出其顯赫的身份和地位。

于闐王后曹氏是歸義軍節度使曹議金之女，遠嫁于闐，公元938年受後晉冊封。在莫高窟第98窟壁畫的于闐國王身就後是于闐王后，其裝束與于闐公主基本相同，由此可見于闐國上層社會的服飾倣效唐制，追求漢風達到了極至。

西夏婦女服飾

西夏婦女的服飾深受宋朝漢裝的影響，貴族婦女着右衽窄袖通裾大襦，下為百褶長裙，外衣兩側腰下開衩，領、袖、衩及下襬均鑲邊，特別是大襦的下襬鑲較寬的異色褶邊，形成三重衣的視覺。還流行着漢裝褙子，對襟、直領，腋下開衩，下長至膝，着時罩在上襦之外，是西夏婦女的常服，貴賤通用。而冠帽和鞋保留了民族特徵，她們頭戴四瓣蓮蕾珠冠，蓮瓣的邊沿均飾以珠寶，兩側有步搖，下佩珥璫、頸飾。腳穿尖鈎鞋，即弓履。

西夏平民婦女着交領右衽雲肩寬袖上襦。雲肩為披肩的一種，遼代稱作賈哈，《事物異名錄》：“遼俗有一制：圍於肩背名曰賈哈，銳其兩隅，其式如箕，垂於兩肩，以錦貂為之。”衣袖的臂肘處有羽袖裝飾，繫沿邊腰裙，腰裙下垂一長帛，與蔽膝近似，應是北方民族通行的服飾。

西夏婦女與男子不同，沒有特殊的髮式，流行漢族的雙丫髻、鳳冠髻等。

元代貴婦的服飾

元代后妃和有爵位的貴婦頭戴一種

樣式很獨特的冠帽，稱為姑姑冠，又作罟罟冠、顧姑冠等。《草木子》記載：“元朝后妃及大臣之正室，皆戴姑姑、衣大袍。其次即戴皮帽。姑姑高圓二尺許，用紅色羅，蓋唐金步搖冠之遺制也。”《黑韃事略》：“姑姑之制，用畫（樺）木為骨，包以紅絹，金帛頂之。上用四五尺長柳枝或鐵打成枝，包以青氈。”從敦煌壁畫圖像看，與南薰殿舊藏的元世祖皇后像所戴之姑姑冠相似。姑姑冠用木或鐵枝做成一上大下小的圓柱形，用紅羅絹或絨錦包裹，外飾以珠玉花釵，後披辮髮，有的在辮髮上飾以翠花羽毛，兩鬢垂以珠串，類似漢族的步搖。后妃和貴婦身着寬袖交領大袍，或花錦、或金錦製作，袍長曳地。《蒙韃備錄》記載：“（貴婦）有大袖衣如中國鶴氅，寬長曳地，行則兩女奴拽之。”元朝貴婦以紅色為尚，如同中原后妃的禮衣。腳穿軟底錦鞋。

蒙古平民女子頭戴皮帽或鈸笠，穿著與男子相同，內著窄袖袍服，外罩長比肩，腰下開衩，穿軟底鞋。

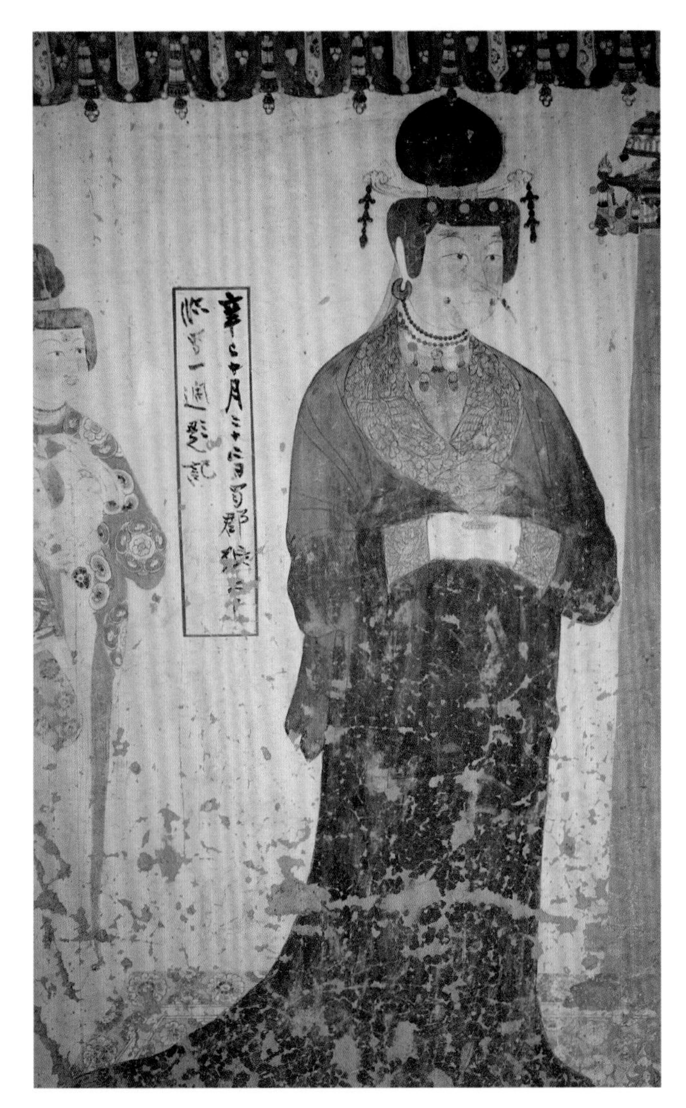

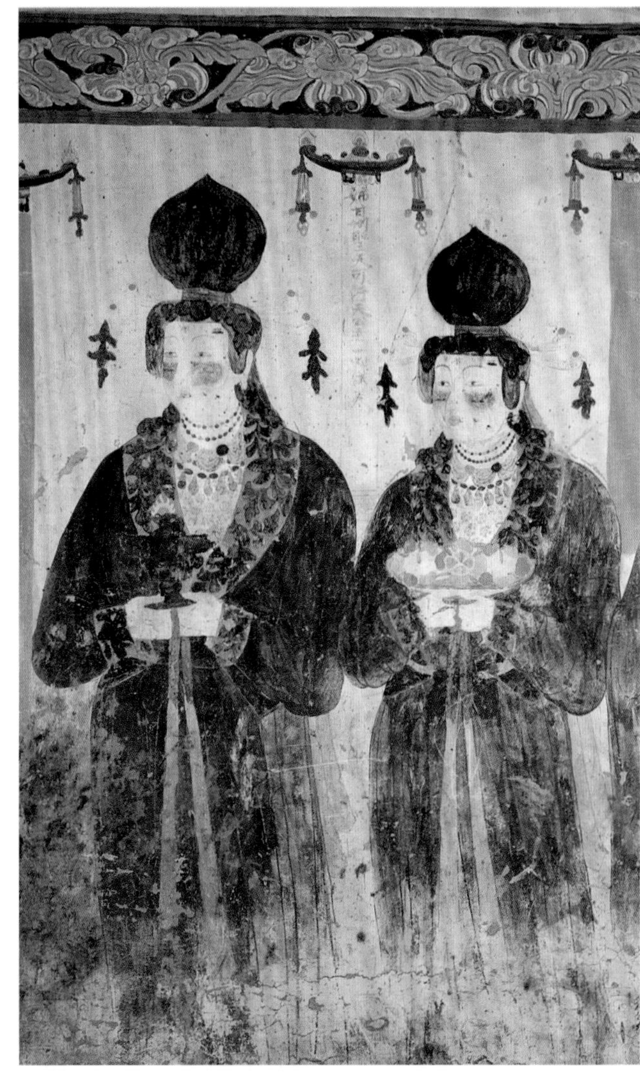

234 回鶻公主服飾

曹議金夫人是回鶻公主，稱為“秦國天公主”。身著回鶻裝，頭戴桃形寶冠，飾步搖，上嵌瑟瑟珠，背後有垂帶。面部化妝有花靨，頸戴多重珠寶串飾，身著翻領、窄袖、通裾大襦。翻領和袖口有精美的鳳鳥花草紋錦繡紋樣。在敦煌壁畫中如此精細寫實的紡織品紋樣十分難得。

五代 榆16 甬道

235 回鶻公主禮服

曹議金與李氏之女，遠嫁甘洲回鶻可汗為妻，衣著為典型回鶻裝。頭戴桃形冠，冠上飾以花紋，上插釵鈿和步搖，兩鬢抱面。腦後還垂有長帶，臉部有紅粉化妝和花靨。身穿翻領、窄袖、長裾曳地的錦袍，領部及袖部均鑲嵌彩繡花邊。其位置排在女眷之首，可見地位之顯赫。

五代 莫61 東壁

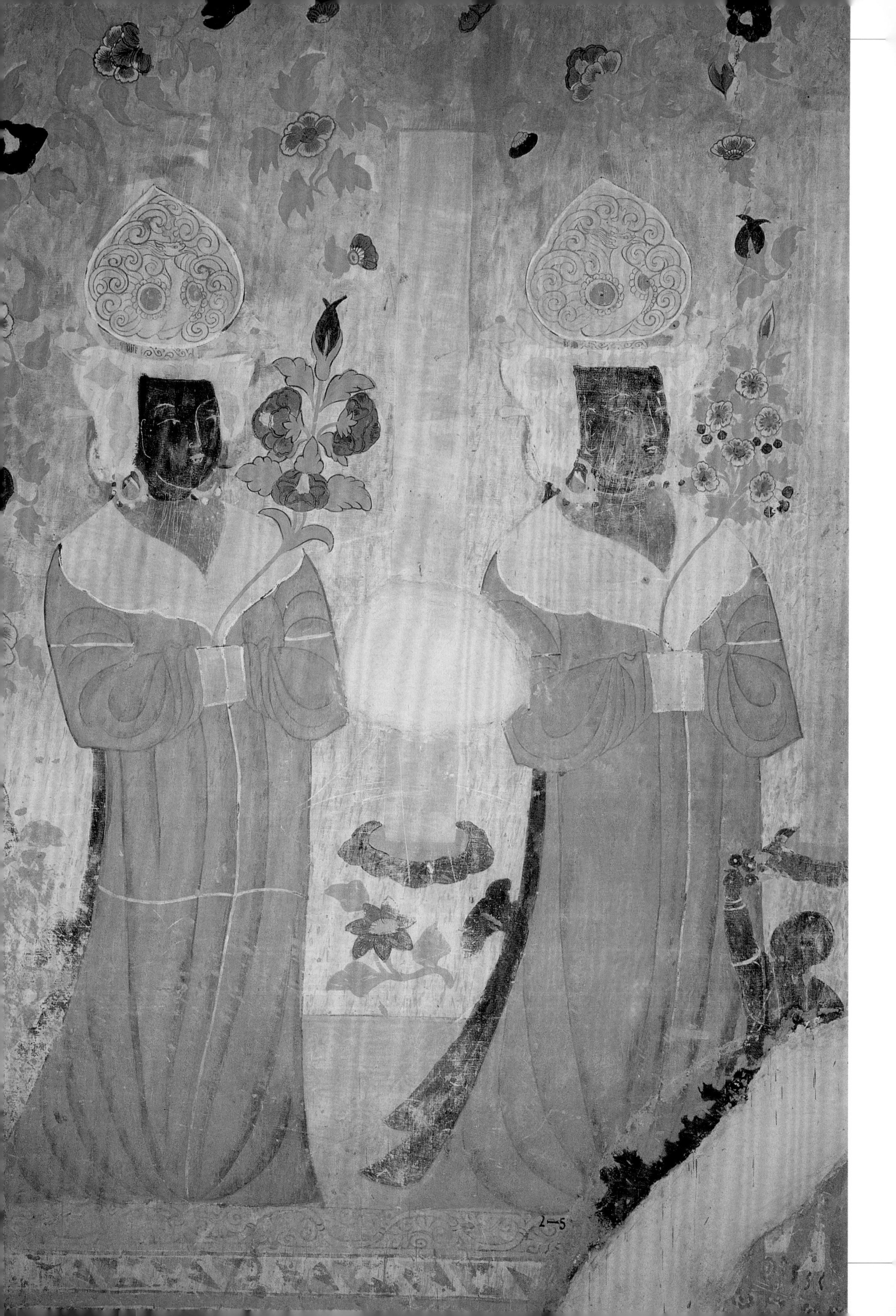
2—5

236 回鶻王妃禮服

回鶻王妃頭戴桃形鏤金鳳冠，上飾瑟瑟珠，後垂長帶，兩鬢抱面，佩珥璫。身著大翻領、窄袖、長裾曳地的錦袍。

五代 莫409 東壁

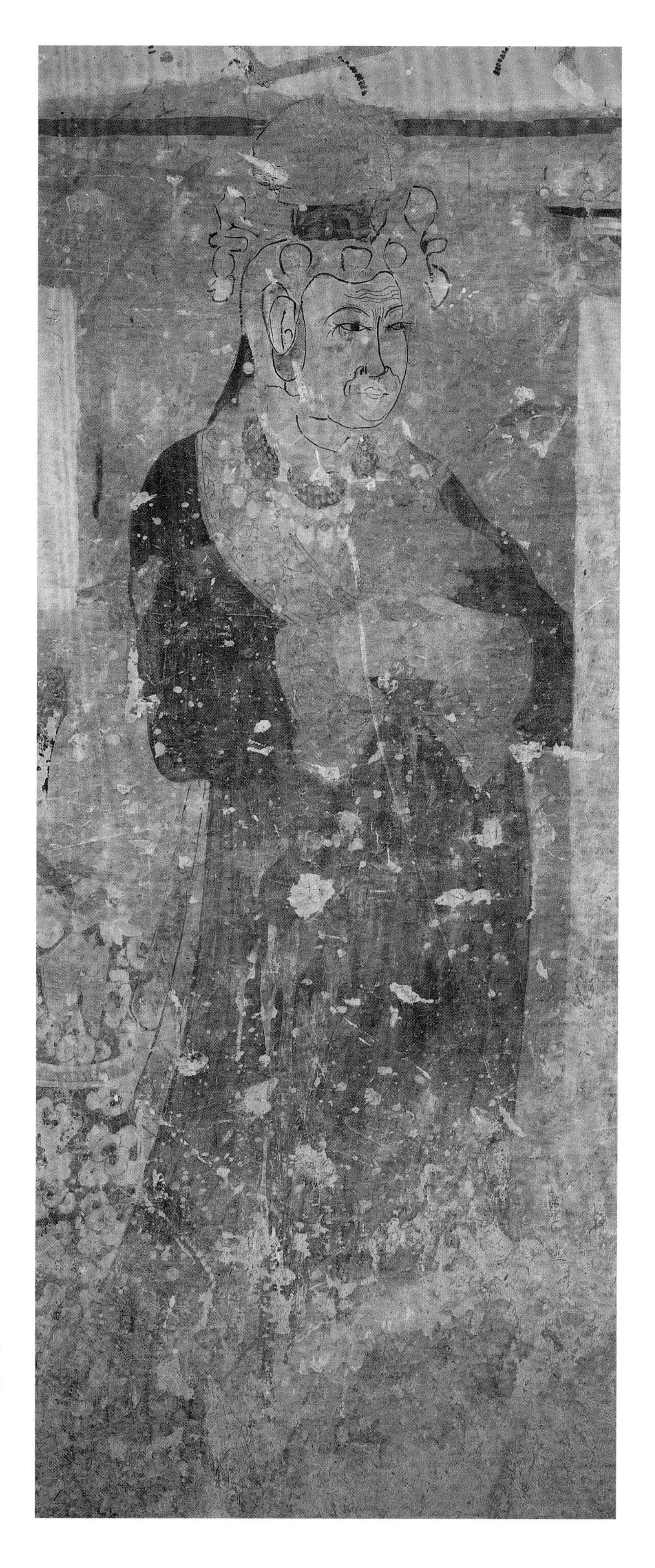

237 回鶻老婦服飾

回鶻老婦頭梳回鶻髻，上飾瑟瑟珠，兩鬢抱面，佩珥璫。身著大翻領、窄袖錦袍。這是回鶻上層婦女老少通行的禮服。

宋 莫454 東壁

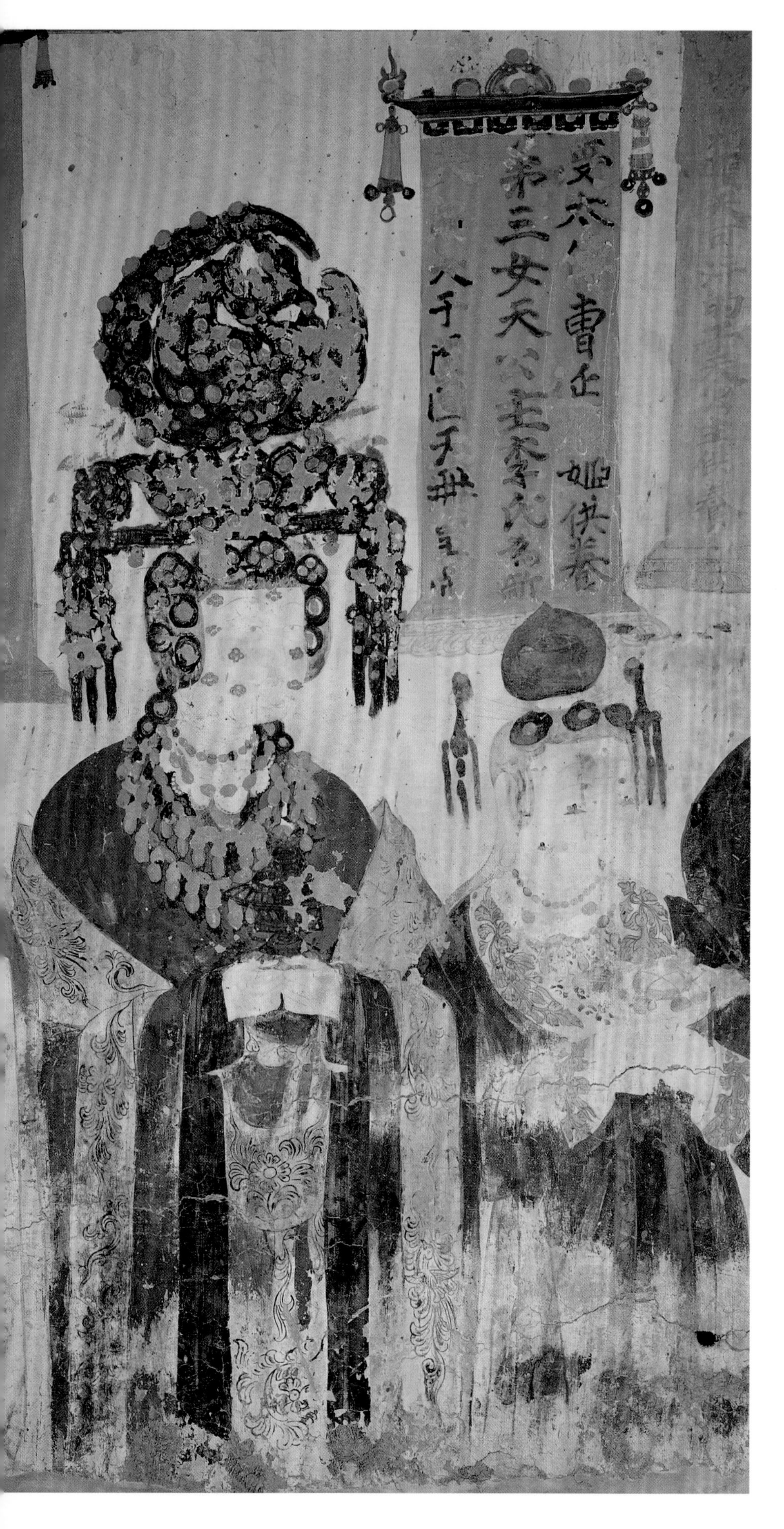

238 于闐公主禮服

于闐公主是沙洲歸義軍節度使曹延祿之妻，身著高貴的唐制禮服，頭戴高聳的大型蓮花鳳冠，上有花釵步搖，身穿翟衣和帔巾。鳳冠和項飾上鑲滿翠玉寶石，顯示出于闐國盛產寶玉的地方特色。臉部也倣效漢裝，精心化妝和貼花鈿，既大且密。其裝束高貴而艷麗，表現出顯赫的身份和地位。

五代 莫61 東壁

239 西夏貴婦

頭戴四瓣蓮蕾形珠冠，上插步搖，有珥璫，頸上戴串飾。身著交領左衽窄袖大襦，腰下開衩，下著百褶裙，腳穿尖鉤鞋。冠帽和鞋保留西夏民族特色，襦裙則具有中原漢風，與宋朝女子常服無異。

西夏 榆29 南壁

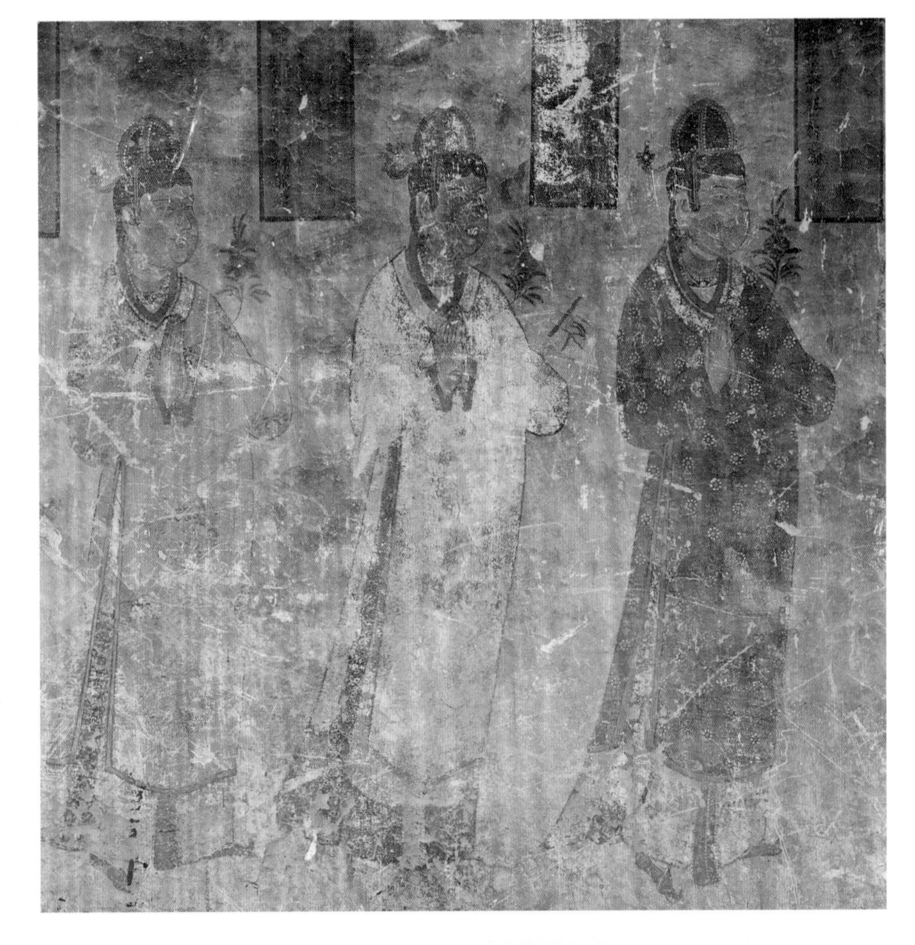

240 西夏婦女服飾

兩西夏婦女正在釀酒，一人燒火，一人站立觀看。兩人均在髮髻上插鳳釵，外著褙子，內著襦裙。其裝束與中原婦女相同，由此可見西夏平民婦女的服飾深受宋朝影響，以漢裝為主。

西夏 榆3 東壁

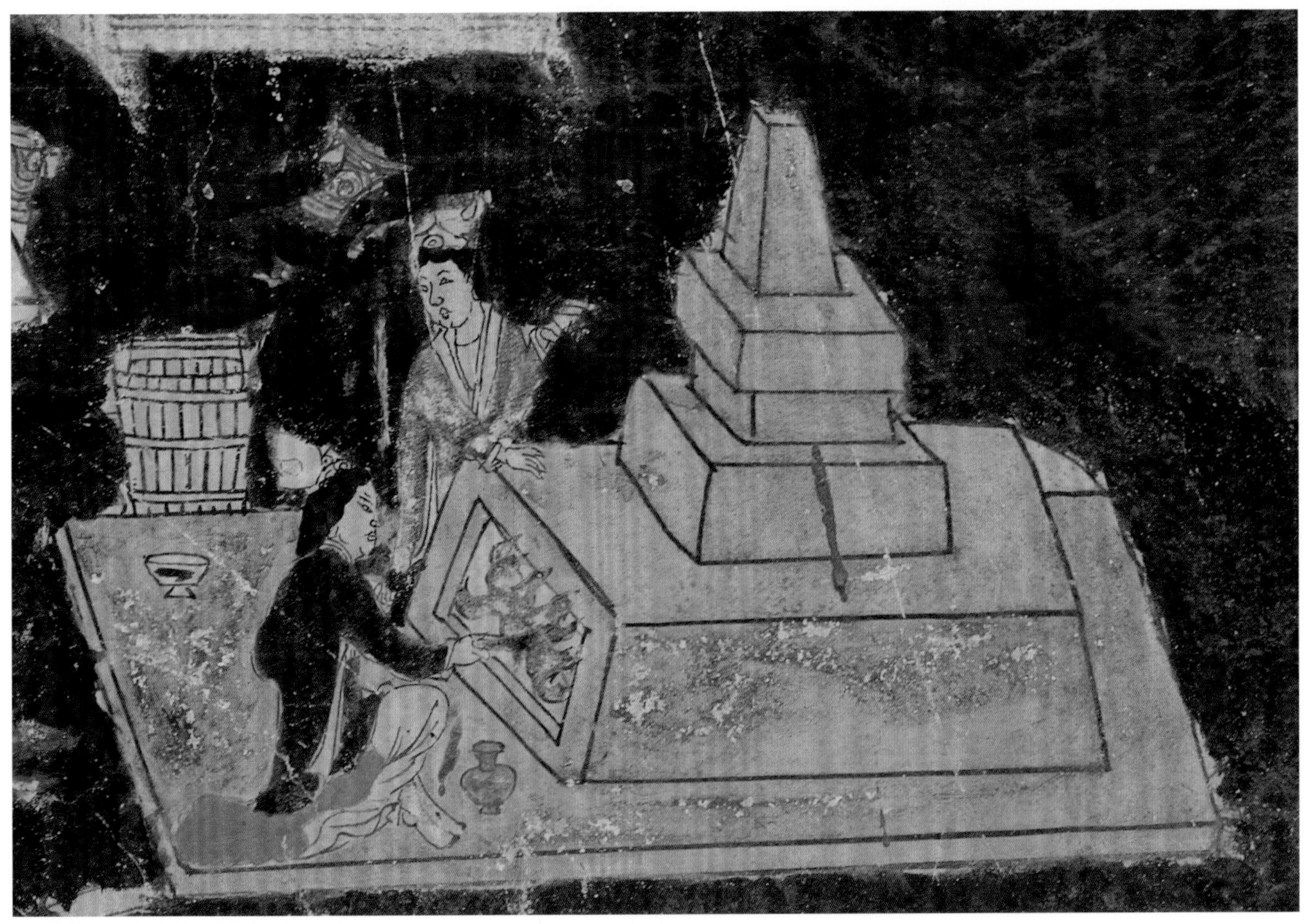

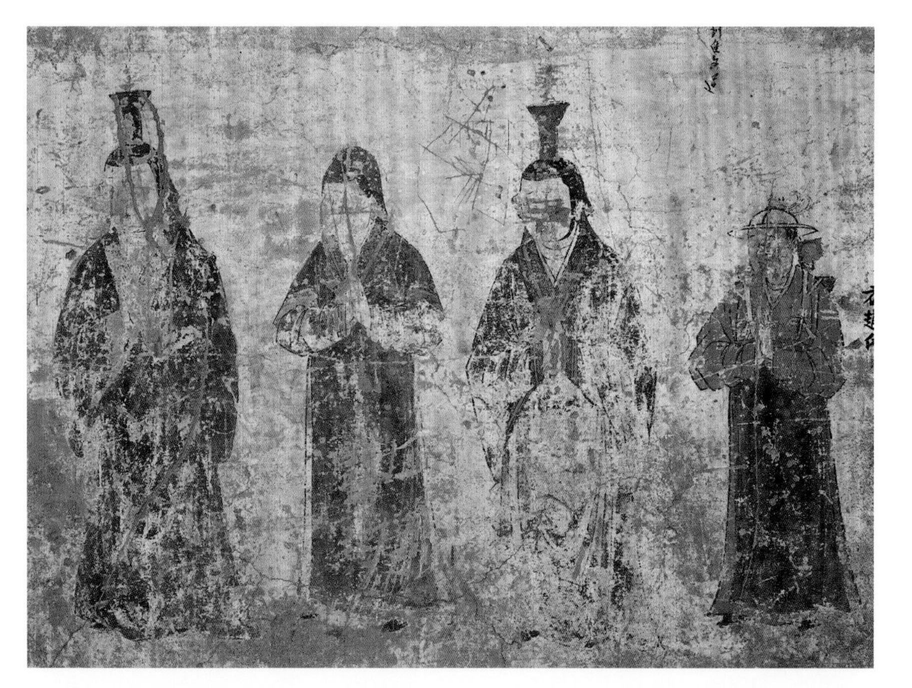

241 蒙古貴婦服飾

兩名貴婦戴姑姑冠，著寬袖交領大袍。身後各有一名侍從，前者戴皮帽，內著長袍，外罩長比肩，穿軟鞋。後者戴鈸笠，著長袍。

元 榆4 西壁

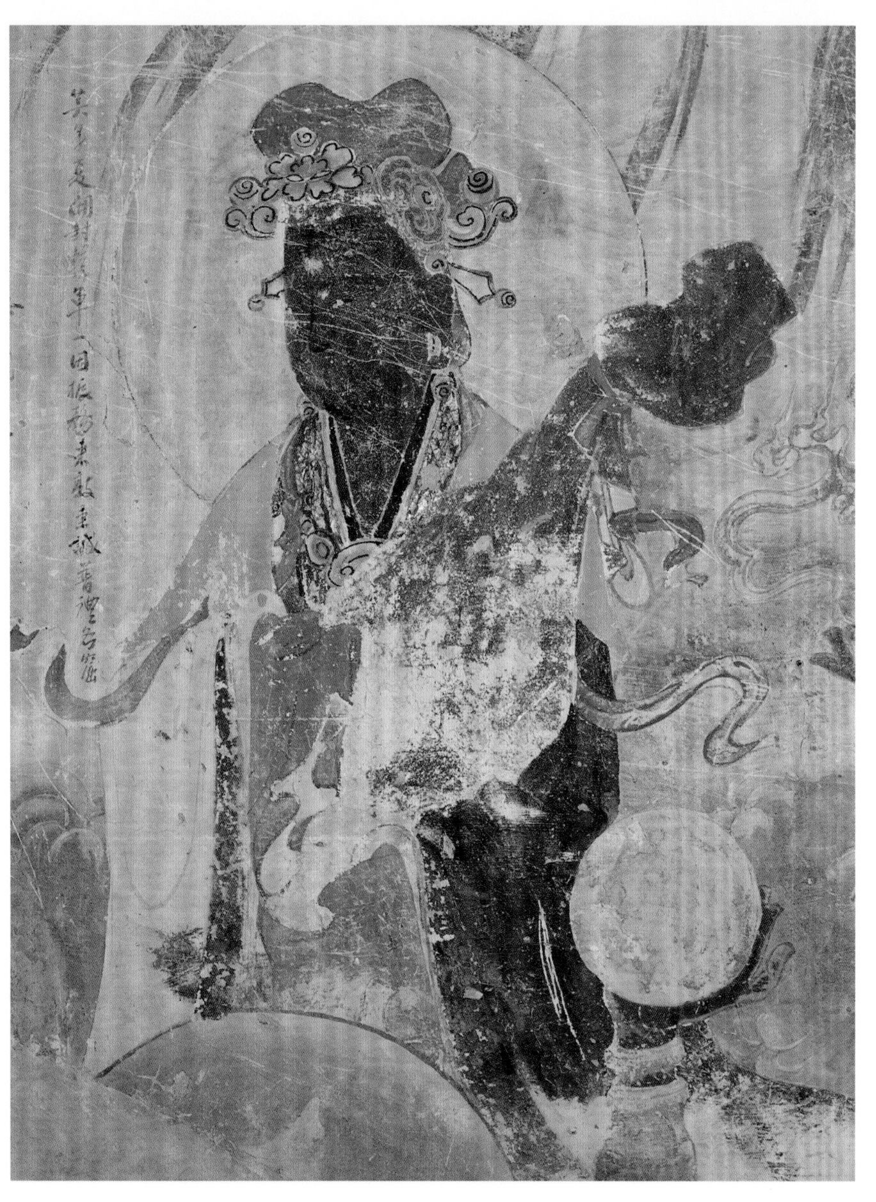

242 元代婦女髮式

婦女頭梳百花髻，高髻為雙丫式，上面插有牡丹、靈芝和雲紋釵，不見唐宋時興的角梳。靈芝是名貴藥材，象徵長壽如意，牡丹是深受婦女喜愛的花髻裝飾，自唐宋直至元明清一直興盛不衰。此圖可見元代漢族婦女或着漢裝的少數民族婦女從服裝到髮式都沿襲唐宋風格，與五代南唐《宮中圖》、《韓熙載夜宴圖》、宋代《半閑秋興圖》中的貴婦、樂伎的裝束相同。但是唐宋最多見的角梳，元代已經衰落。

元代 莫61 甬道南壁

243 天女服飾

天女頭戴花冠，身著寬袖襦裙，有雲肩，外披長帔巾，繫寬腰帶，前重纖襹，腰的側面可見有羽狀物的裝飾。

元代 榆3 北壁

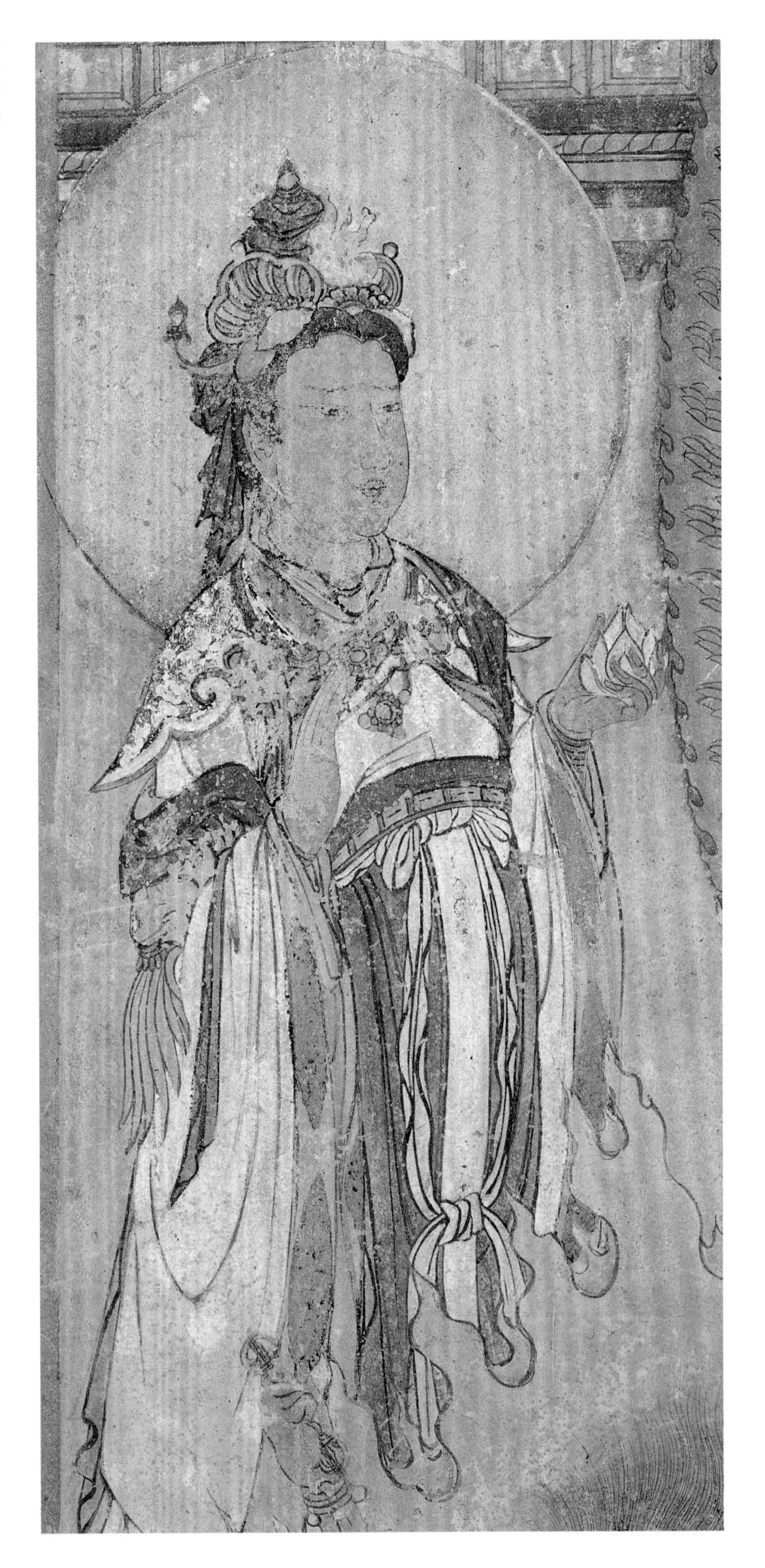

附錄　服飾名詞圖釋

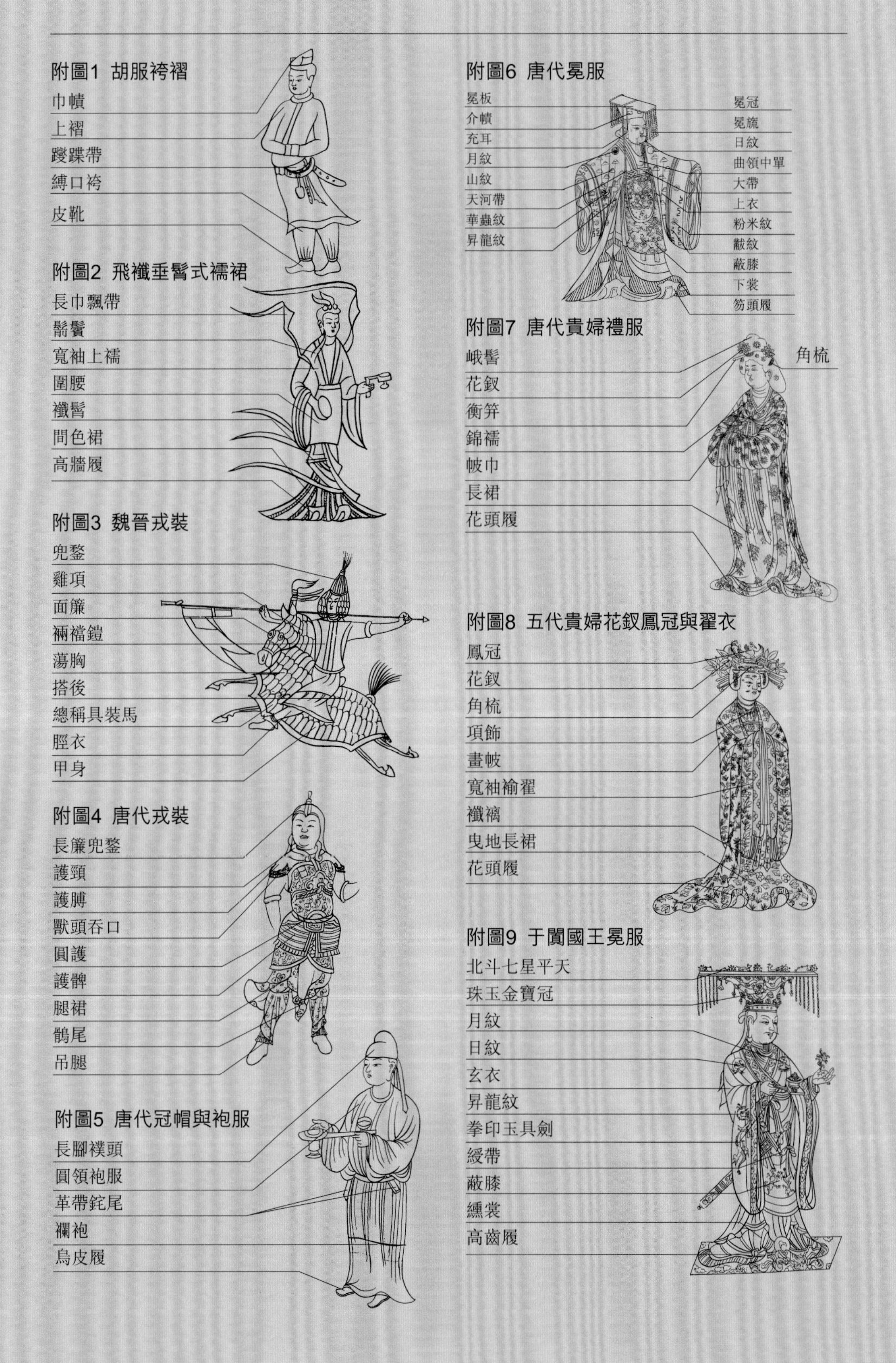
附圖1 胡服袴褶
巾幘
上褶
蹀躞帶
縛口袴
皮靴
附圖2 飛襳垂髾式襦裙
長巾飄帶
髾鬢
寬袖上襦
圍腰
襳髾
間色裙
高牆履
附圖3 魏晉戎裝
兜鍪
雞項
面簾
裲襠鎧
蕩胸
搭後
總稱具裝馬
脛衣
甲身
附圖4 唐代戎裝
長簾兜鍪
護頸
護膊
獸頭吞口
圓護
護髀
腿裙
鶻尾
吊腿
附圖5 唐代冠帽與袍服
長腳襆頭
圓領袍服
革帶鉈尾
襴袍
烏皮履
附圖6 唐代冕服
冕板
介幘
充耳
月紋
山紋
天河帶
華蟲紋
昇龍紋
冕冠
冕旒
日紋
曲領中單
大帶
上衣
粉米紋
黻紋
蔽膝
下裳
笏頭履
附圖7 唐代貴婦禮服
峨髻
花釵
衡笄
錦襦
帔巾
長裙
花頭履
角梳
附圖8 五代貴婦花釵鳳冠與翟衣
鳳冠
花釵
角梳
項飾
畫帔
寬袖褕翟
襳襹
曳地長裙
花頭履
附圖9 于闐國王冕服
北斗七星平天
珠玉金寶冠
月紋
日紋
玄衣
昇龍紋
拳印玉具劍
綬帶
蔽膝
纁裳
高齒履

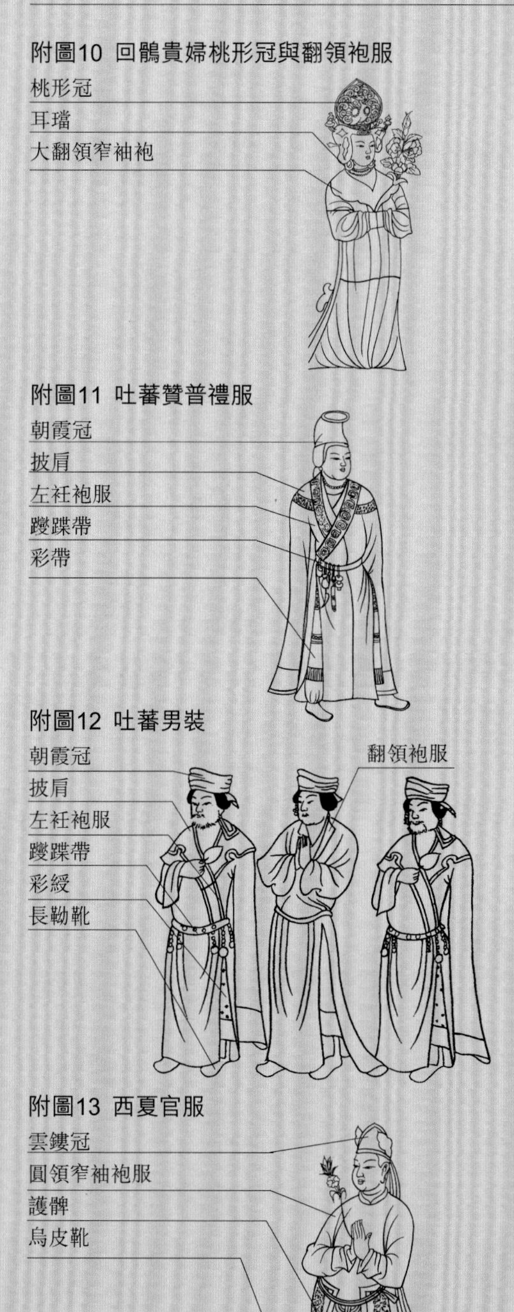

附圖10 回鶻貴婦桃形冠與翻領袍服

附圖11 吐蕃贊普禮服

附圖12 吐蕃男裝

附圖13 西夏官服

附圖14 西夏貴婦花釵冠與多襉裙

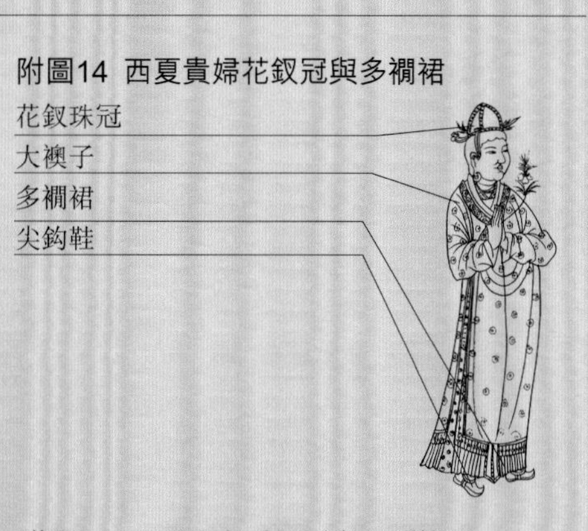

附圖15 西夏婦女垂鈿髻與雲肩襦裙

垂鈿髻
雲肩
羽袖
圍腰
下裙

附圖16 蒙古貴婦姑姑冠與團衫

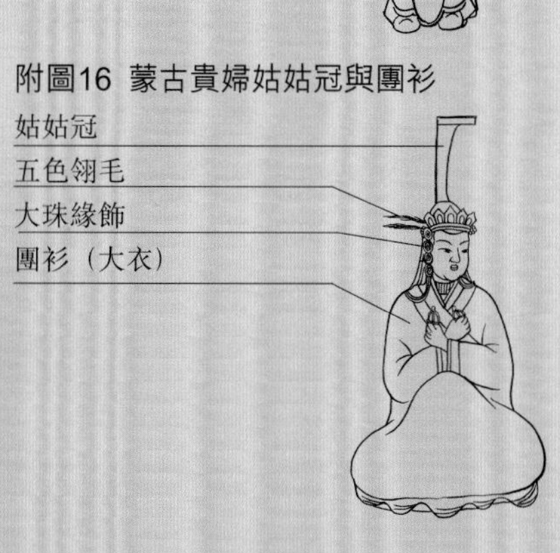

附圖17 蒙古貴族七重頂冠與質孫服

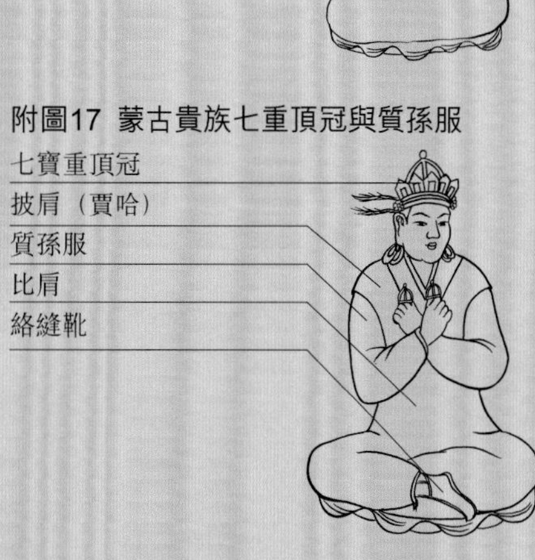

圖版索引

插圖索引

敦煌石窟分佈圖

本全集所用洞窟簡稱：莫即莫高窟，榆即榆林窟，東即東千佛洞，西即西千佛洞，五即五個廟石窟。

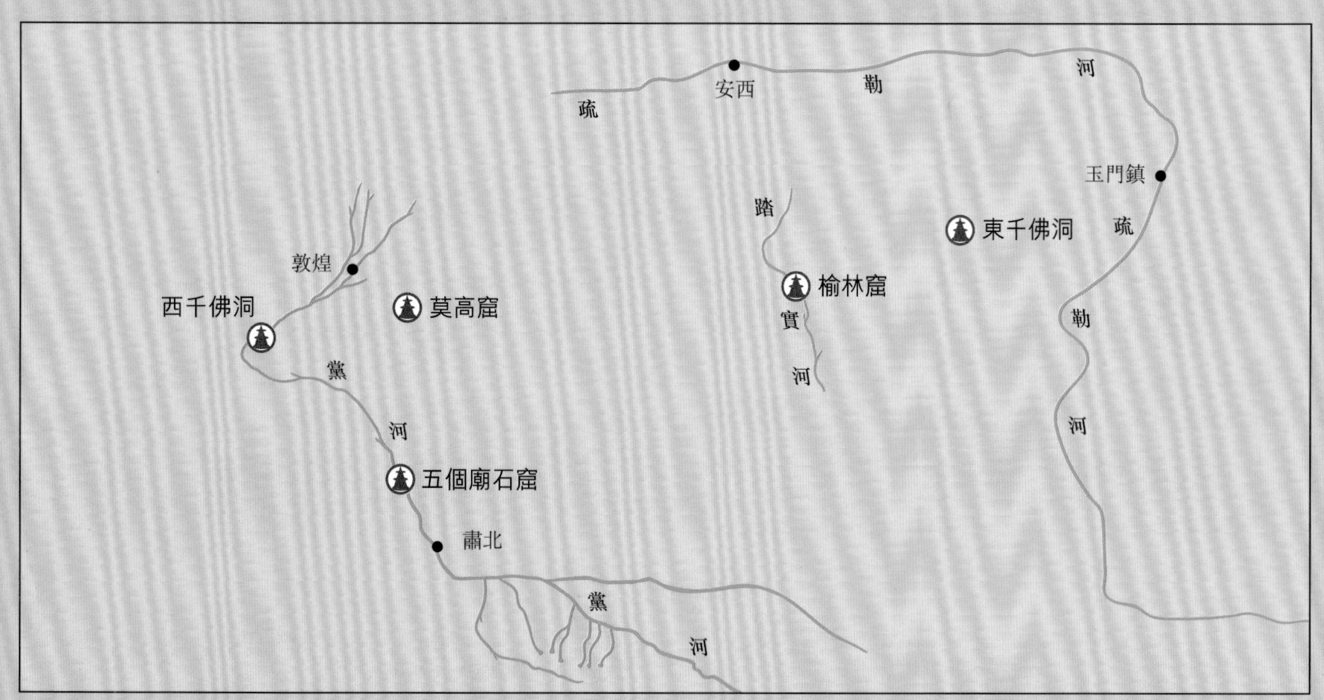

敦煌歷史年表

歷史時代	起止年代	統治王朝及年代	行政建置	備　注
漢	公元前111～公元219	西漢 公元前111～公元8 新 公元9～23 東漢 公元23～219	敦煌郡敦煌縣 敦德郡敦德亭 敦煌郡	公元前111年敦煌始設郡 公元23年隗囂反新莽；公元25年竇融據河西復敦煌郡名
三國	公元220～265	曹魏 公元220～265	敦煌郡	
西晉	公元266～316	西晉 公元266～316	敦煌郡	
十六國	公元317～439	前涼 公元317～376 前秦 公元376～385 後涼 公元386～400 西涼 公元400～421 北涼 公元421～439	沙州、敦煌郡 敦煌郡 敦煌郡 敦煌郡 敦煌郡	公元336年始置沙州；公元366年敦煌莫高窟始建窟 公元400至405年為西涼國都
北朝	公元439～581	北魏 公元439～535 西魏 公元535～557 北周 公元557～581	沙州、敦煌鎮、義州、瓜州 瓜州 沙州鳴沙縣	公元444年置鎮，公元516年罷，為義州；公元524年復瓜州 公元563年改鳴沙縣，至北周末
隋	公元581～618	隋 公元581～618	瓜州敦煌郡	
唐	公元619～781	唐 公元619～781	沙州、敦煌郡	公元622年設西沙州，公元633年改沙州；公元740年改郡，公元758年復為沙洲
吐蕃	公元781～848	吐蕃 公元781～848	沙州敦煌縣	
張氏歸義軍	公元848～910	唐 公元848～907	沙州敦煌縣	公元907年唐亡後，張氏歸義軍仍奉唐正朔
西漢金山國	公元910～914		國都	
曹氏歸義軍	公元914～1036	後梁 公元914～923 後唐 公元923～936 後晉 公元936～946 後漢 公元947～950 後周 公元951～960 宋 公元960～1036	沙州敦煌縣 沙州敦煌縣 沙州敦煌縣 沙州敦煌縣 沙州敦煌縣 沙州敦煌縣	
西夏	公元1036～1227	西夏 公元1036～1227 蒙古 公元1227～1271	沙州 沙州路	
蒙元	公元1227～1402	元 公元1271～1368 北元 公元1368～1402	沙州路 沙州路	
明	公元1402～1644	明 公元1404～1524	沙州衛、罕東衛	公元1516年吐魯番佔；公元1524年關閉嘉峪關後，敦煌凋零
清	公元1644～1911	清 公元1715～1911	敦煌縣	公元1715年清兵出嘉峪關收復敦煌一帶，公元1724年築城置縣

資料來源：史葦湘《敦煌歷史大事年表》等；製表：《敦煌石窟全集》編輯委員會（馬德執筆）